中国新经济发展报告 2020

中国科学院大学动善时新经济研究中心　主编

電子工業出版社
Publishing House of Electronics Industry
北京 · BEIJING

图书在版编目（CIP）数据

中国新经济发展报告. 2020 / 中国科学院大学动善时新经济研究中心主编. —北京：电子工业出版社，2020.7
ISBN 978-7-121-39111-8

Ⅰ. ①中… Ⅱ. ①中… Ⅲ. ①中国经济－经济发展－研究报告－2020 Ⅳ. ①F124

中国版本图书馆 CIP 数据核字（2020）第 102100 号

责任编辑：邓茗幻
印　　刷：天津画中画印刷有限公司
装　　订：天津画中画印刷有限公司
出版发行：电子工业出版社
　　　　　北京市海淀区万寿路 173 信箱　　邮编：100036
开　　本：787×1 092　1/16　印张：25　　字数：480 千字
版　　次：2020 年 7 月第 1 版
印　　次：2020 年 7 月第 1 次印刷
定　　价：169.00 元

凡所购买电子工业出版社图书有缺损问题，请向购买书店调换。若书店售缺，请与本社发行部联系，联系及邮购电话：（010）88254888，88258888。

质量投诉请发邮件至 zlts@phei.com.cn，盗版侵权举报请发邮件至 dbqq@phei.com.cn。

本书咨询联系方式：（010）88254614。

《中国新经济发展报告 2020》

编　委　会

卷首语

孙子曰："善守者，藏于九地之下；善攻者，动于九天之上。"大智先贤早在两千多年前做出的极具想象力和创造力的论断，已经被当今新一代信息技术、集成电路、人工智能、生物医药、新能源等新技术转化而来的新经济变成了现实。

新经济是伴随新一轮科技革命产生的。其基本概念为，在经济全球化背景下，以信息技术革命为先导、以高新科技产业为龙头的经济形态和经济现象。新经济是相对于传统经济而言的，它涵盖了互联网经济、数字经济、分享经济等形态。我们以为，新经济与传统经济的区别在于，前者拥有不断进步着的信息化、智能化、高效化、迅捷化和网络化等特质，并具有开放程度高、成本低、效率高、创新力和扩张力强等显著特性。

纵观人类社会发展，语言文字、生活习俗、社会结构、经济制度、文化传统都具有明显的地域性、民族性和国别性，而新经济催生和优化的产业迅速成长，势如拂地春风席卷全球，超越了地域、文化和体制的界限。新技术、新产业、新模式、新业态所构成的新经济日新月异，无处不在，无时不彰，已经成为强大生产力，从而引领全球经济发展大趋势，已经嵌入人类日常活动而深刻改变了人的精神理念和物质生活。据统计，在 2019 年《财富》世界 500 强企业的前 30 强中就有 7 家新经济企业。苹果、微软、亚马逊、阿里巴巴、谷歌、脸书、华为、腾讯、京东等一大批新经济企业，在全球经济舞台上扮演着越来越重要的角色。新冠肺炎疫情突如其来，对各国经济造成了不可估量的负面影响，而电子商务、远程医疗、远程教育、生物医药、医疗装备制造等新经济企业成为全球经济发展的"逆行者"，在抗击疫情中显示出积极作用。

在新经济迅猛发展的大赛中，我们不再是旁观者，而是已踏上赛道的竞跑者。近年来，在党中央、国务院及国家有关部委的积极倡导和大力推动下，我国新一代信息技术、人工智能、高端装备制造、生物医药、新能源、新材料等产业的成长已呈加速上升之势，北京、上海、杭州、深圳、苏州等地新经济占 GDP 的比重已经超过 30%，涌现出了一批具有代表性和标志性的新经济企业，并在 5G、新能源动力电池等新经济细分领域成为全球领跑者。但也应该看到，我们的新经济发展质量仍然不高，我们的技术研发和人才集聚仍然不足，我们在多数新经济领域仍然是跟跑者。发展新经济，乃至成为新经济强国任重而道远。

过往四十年我国经济社会巨变的历史经验告诉我们：唯有坚定不移地走改革开放和创新发展之路，才能实现国家富强、社会进步、人民幸福，这是历史的规律和必然。加快发展新经济，既是改革开放和创新发展的着力点，也是实现经济高质量发展的动力源，没有科学技术的强大就没有新经济的强大，没有新经济的强大就没有国家的强大，这已经成为全社会的共识。“善建者不拔，善抱者不脱。”在确立了拥抱新经济的价值取向和宏大目标之后，必须以“不拔”和“不脱”的精神，百折不挠，开放包容，持之以恒地迅跑。

基于此，我们编著了《中国新经济发展报告 2020》，为助力我国新经济发展贡献一分绵薄之力。本书的主旨在于推动新经济发展，聚焦“新技术、新产业、新业态、新模式”，与读者分享新经济发展相关的知识、思想、政策和实践。本书汇集了专家学者、企业家、有关机构负责人等 50 多位撰稿人的真知灼见。全书分为宏观综合篇、产业发展篇、金融服务篇、平台支撑篇、政策法规篇等章节。我们衷心期望能够与广大读者，特别是与关心新经济发展的朋友分享这些理论和实践成果，衷心期望本书能够成为我国新经济发展跑道上的一块铺路石。

《中国新经济发展报告 2020》编委会

2020 年 5 月 10 日

目　录

一、宏观综合篇

二、产业发展篇

新一代信息技术篇

新零售、供应链和电商篇

生物技术、医疗篇

新能源篇

人工智能、高端装备制造篇

集成电路篇

三、金融服务篇

四、平台支撑篇

五、政策法规篇

一、宏观综合篇

新经济发展中的有为政府和有效治理[1]

林毅夫

我主要想谈三个方面的内容：第一，新经济是科技发展和市场竞争的产物；第二，需要有效市场、有为政府的结合才能比较好地推动科技发展，抓住新经济的机会，并且能够趋利避害；第三，对成都现在所做工作的期盼。

一、新经济是科技发展和市场竞争的产物

在经济增长当中有所谓前现代经济增长和现代经济增长，这是诺贝尔经济学奖获得者库兹涅茨提出的概念。18 世纪之前被称为前现代经济增长，因为当时经济增长的速度基本取决于人口增长的速度，人均收入水平基本不提高。西欧等发达国家在 18 世纪以后进入现代经济增长阶段，人均收入增长率从前现代社会大概平均每年 0.05%，增加了 20 倍，达到每年 1%。到 19 世纪末 20 世纪初以后又翻了一番，人均收入增长率达到每年 2%。这么大的变化实际上是由几次工业革命、技术革命带来的贡献导致的。首先是第一代的蒸汽化，其次是第二代的电气化，再次是第三代计算机、互联网的信息化，现在则进入第四次工业革命，即以大数据、云计算、人工智能为特征的智能化。为什么工业革命以后会出现一代又一代新的技术变化？为什么它能使我们的收入水平不断提高？

从经济学的角度来看，最主要的原因是，一种新技术发明以后会带来生产力水平的提高和收入的增加，但如果没有新技术的不断涌现，在给定技术条件之下，随着资本不断积累，就会出现资本的边际报酬递减、经济增长和收入水平提高的速度放慢等现象。而且经济竞争就如逆水行舟，不进则退，因为新的技术发明在刚开始时有专利保护，一段时间后专利保护期到期，其他国家的其他企业就可以不用支付

1 本文为作者于 2019 年 11 月 14 日在“新经济新治理与高质量发展”研讨会上的发言，文章经作者本人亲自修改。

费用来应用这个技术，模仿者的生产力就会跟发明者达到同一水平，发明者在市场上就没有比别人获取更高利润的机会，为了维持在市场竞争中的领先地位，就会出现诺贝尔经济学奖获得者保罗·罗默研究的“内生经济增长”。也就是说，处于技术前沿的企业会不断地从事新技术研发，进而促使新技术不断涌现，所以，工业革命以后出现一代又一代新的技术变革是市场竞争的结果。

此外，新技术会促使收入水平不断提高，除提高现有产业的劳动生产率之外，最主要的是新技术尤其是根本性、革命性的技术会带来新产业、新业态，出现新的经济增长点。比如，有资料显示，现在世界上 10 家市值最大的公司有 7 家属于新经济企业，包括中国的阿里巴巴、腾讯，以及美国的苹果、亚马逊、谷歌。

除会有新的经济增长点、新业态之外，这些革命性的技术还可以和已有的产业进行嫁接，让传统产业降低成本，产生新的竞争力。“互联网+”就体现了这个思路，互联网加上原来的传统产业，让传统产业的产品更方便地进入市场，或者让相关企业更方便地了解市场需求，让企业的生产能够更好地契合市场需求的多元化、个性化，这些都会带来效率的提高和收入水平的增加。

二、既要“有效的市场”，也要“有为的政府”

在当前以市场竞争为驱动力的新科技时代，政府的作用是不可缺位的。处理好政府和市场的关系是经济学上的世界性难题。关注科技创新的学者经常会强调企业家的重要性，有不少理论认为只要有市场的竞争就可以发挥企业家的作用，政府最好不要干预。但是，如果只有企业家，没有政府的“有为”来提供服务以克服在技术创新中必然存在的一些市场失灵等困难，新技术就可能不会出现，即便出现，新技术给社会财富带来增加的同时也可能会给社会带来很多意想不到的不良后果。

新技术离不开研发，但研发的投入非常大、风险非常高，而且失败的概率非常大。如果没有专利保护，那企业研发的积极性就很低。专利是由政府授予的，如果没有政府，新技术只能作为企业独家拥有的秘密，但独家拥有的秘密不容易被保护，所以最好还是由政府提供专利保护的服务。

此外，技术研发包括基础科研和新产品、新技术的开发。对于新产品、新技术的开发，企业有很大的积极性，因为开发成功就能够获得专利，即使风险很大，只要成功，就能“一本万利”。但是，在基础科研领域，企业家可能不太愿意投入，因为基础科研的成果通常只是一篇论文，是公共产品。但如果没有基础科研取得的成果，新技术、新产品的研发实际上就是无源之水，所以政府应该加大对基础科研的投入，这样才会有源源不断的新技术涌现。实际上第一次工业革命、第二次工业革命、第三次工业革命和现在的第四次工业革命，都是政府在基础科研上投资获得突破后所产生的结果。

除基础科研领域需要依靠政府之外，新技术出现后，还需要依靠很多硬基础设施和软基础设施才能得到应用。过去传统产业所需要的硬基础设施是“铁公基”，现在新经济所需要的基础设施则是云计算、大数据、物联网、5G。这些新的基础设施如果不存在，那么将来新业态就很难出现，就不能真正实现新技术带来的经济效率。

软的基础设施或制度安排也不可或缺。新技术需要有新的技术人才和生产人才，企业家自己很难凭空或从小学开始培养这样的人才，政府必须在高等教育阶段或研究生教育阶段，针对未来新技术革命以后所需要的技术人才进行前瞻性培养。

新技术取得突破后，有很多应用机会和应用场景，这都需要进行尝试，需要出现第一个“吃螃蟹”的人。新业态通常不是原来规模庞大、有根基的企业开发出来的，而是一些年轻人开发出来的，他们了解技术，依靠对市场的敏锐感觉，迸发出一些新想法，而要试一试这些想法，就要有孵化基地，通过不断地试错和培育，从而把这些想法变成在市场上可提供的产品。这些让年轻人能够异想天开、梦想未来的孵化基地，就需要政府的支持。如果已经有了想法，有了产品雏形，还需要包括风险投资在内的金融支持。当产品有了一定市场之后可以上市，还需要政府提供适当的金融市场的准入许可。当然，市场上可能会自发涌现出各种投融资服务，但是要让它们能够健康有序地发展，就需要政府在金融管理、金融法治上有所作为。

在现代化经济社会中，任何产业想在市场中形成竞争力都需要形成产业集群，尤其是产业链的配套，而形成产业集群有时是自发的。如果是自发的，可能需要很长时间才能在各种产业中出现一两个产业集群；如果有政府的引导，可能会比较快地形成产业集群，加快市场竞争力的提升。

所以，对新经济的发展来说，市场竞争是必不可少的，但如果没有有为政府的因势利导，就会因为存在企业家无法自己克服的市场失灵情况而最终延缓甚至丧失新技术、新产业涌现的机会。

另外，新经济有一个特性，它通常规模很大，“赢者通吃”，成功后可能迅速出现可以进入财富 500 强的大企业。“赢者通吃”的企业在市场上会有垄断地位，如果它只是在科技领域、经济领域利用其优势来获取竞争力，那是被允许的。但是在市场中，有了垄断地位、积累了财富，很容易就会利用财富争取政治地位，影响政策走向，以保护其垄断，妨碍科技和经济的进一步发展。所以，需要有一定的治理，在新经济的成功带来垄断时，不能妨碍下一轮新技术、新产业、新业态的涌现。

新经济的出现，刚开始处于探索过程，管理可能不到位，会让一些企业利用管理的漏洞，以牺牲大多数人的利益来攫取个别企业或个人短期的利益，互联网金融就有许多这样的例子。互联网金融有其优势，可以降低信息费用，更好地动员资本和配置资本，但近两年有很多互联网 P2P“爆雷”，出现几十亿元、几百亿元的恶性案件。随着新经济的不断增长，政府的治理要跟上，只有这样才能避免新经济可能给市场参与者带来的不利影响。

同时，伴随着新经济的垄断特性会导致收入分配差距的扩大，20 世纪 80 年代以后，许多发达国家就出现过这种问题，这也是《二十一世纪资本论》所发现的资本家的财富分配在经济当中的比重越来越高的情形，导致的结果是社会不满的增加和社会的分裂。所以，政府在支持新经济发展的同时也要考虑到可能带来的收入分配的差距，必须采取一系列措施来帮助在经济中处于不利地位的群体能够分享到新经济带来的好处。在这个过程中，一些旧经济会被新经济所取代，政府需要提高旧经济从业人员在新经济中的就业能力，这些从业人员在转业时需要政府能够提供必要的生活保障，也需要一定的二次收入分配，政府都应该责无旁贷。

三、从“成都实践”到“成都经验”

成都市现在率先推动新经济、新治理的探索，这是很有意义的事。改革开放以后中国之所以取得巨大成绩，地方先行先试是非常重要的一条经验。面对新机遇、新事物，可在地方先试点，然后总结经验，等到成熟以后再向全国推广。

成都市目前有些做法是值得肯定的，比如应用场景理论，围绕新技术、新业态、新模式及市场需求和城市治理来规划和培育七大应用场景（实体经济、智慧城市、双创平台、人力资源协同、消费提档升级、绿色低碳、现代供应链），通过这些场景为企业提供机会而不是单纯地向企业提供优惠。这样的做法非常有利于集中优势兵力打歼灭战，由点的突破带动面的发展。新经济有很多市场失灵困难需要政府来克服，包括新的基础设施、新的人才培养、新的孵化基地等。克服这些市场失灵困难需要政府财政和执行能力的投入，而政府又总是面临着预算和执行能力的约束。在有约束的情况下怎么能得到最大的效益？这就需要针对可能的应用场景来分析哪些场景最能够与成都市所拥有的比较优势结合在一起。比较优势要变成竞争优势还有哪些瓶颈需要克服？政府只有通过集中资源消除这些瓶颈，才能迅速将比较优势变成竞争优势，这样才能够使这些新经济变成成都市新的经济增长点。

如前所述，现代化产业到处都有竞争，都要形成产业集群，如果根据应用场景来公布机会，根据机会来吸引有创新能力的人才和企业进入，并且把这些场景变成市场竞争的一个个新业态和新的增长点，这是非常好的方式。成都市推行的这七大应用场景将来有可能都变成全国领先的产业集群，即使只有五个产业集群也足够使成都市变成引领全国发展的城市。等到成都市的试点经过两三年发展，再来总结经验，那时候有可能成为“成都经验”，有了“成都经验”就可以在全国其他城市、地区推广，帮助中国在走向民族复兴的过程中抓住第四次工业革命带给我们的机会，并且能够引领第四次工业革命。

作者简介：

林毅夫先生，北京大学新结构经济学研究院院长、南南合作与发展学院院长、国家发展研究院名誉院长，现任全国政协常委、经济委员会副主任、国务院参事，曾任世界银行首席经济学家、高级副行长。荣膺英国科学院外籍院士、发展中国家科学院院士，并被欧美 10 余所大学授予荣誉博士学位。

分享经济

分享经济在现阶段主要表现为利用网络信息技术，通过互联网平台将分散资源进行优化配置，提高利用效率的新型经济形态。

——《关于促进分享经济发展的指导性意见》(发改高技〔2017〕1245 号)，2017 年 7 月 3 日

数字经济引领高质量发展的机制与政策选择

汪寿阳　刘颖

数字经济成为高质量发展的重要引擎，具有通用型技术基础、高密度创新体系、平台生态型组织等基本特征。本文分析了数字经济引领高质量发展的增效机制与动力机制，系统梳理了数字经济发力的主要领域及相关数字业态。为了更好地发挥数字经济新动能，本文提出了根据经济贡献对不同数字经济业态实施差别化政策、在数字基础设施建设中应避免"重硬轻软"、发挥通用技术生态的协同作用、完善数字技术人才培养体系等政策建议。

一、数字经济的本质和特征

我国经济正处于增速换挡、结构调整、动力转换"三期叠加"的发展阶段，短期又受到新冠肺炎疫情的冲击，数字经济成为推动高质量发展的新引擎。2016 年 G20 杭州峰会通过的《二十国集团数字经济发展与合作倡议》为数字经济做了共识性定义，即"数字经济是以使用数字化的知识和信息作为关键生产要素、以现代信息网络作为重要载体、以信息通信技术的有效使用作为效率提升和经济结构优化的重要推动力的一系列经济活动"。联合国贸易与发展会议发布的《2019 年数字经济报告》指出，全球数字经济发展以中美两国为主要驱动力，以互联网为代表的数字经济正在引领经济发展的潮流。根据中国信息通信研究院的数据，2018 年我国数字经济规模达到 31.3 万亿元，占 GDP 的比例为 34.8%，提供的就业岗位达到 1.91 亿个，预计到 2025 年我国数字经济产值规模将达到 60 万亿元。

面对新冠肺炎疫情的冲击，数字经济开启了数字化生活生产方式，重塑了消费场景和零售渠道，接续了断裂的供应链、价值链和产业链，成为经济复苏的中坚力量。同时，新冠肺炎疫情也加速了整个社会的数字化进程，智慧医疗、在线教育、远程办公、直播带货等数字化业态加快用户积累和教育，跨越"S 形曲线"的非连续性鸿沟进入指数型增长模式，催生中国经济增长的新动能。数字经济对产业变革的推动，已从以互联网平台、移动互联应用为主导的“数字产业化”阶段，发展到人工智能、大数据、区块链等科技推动实体产业深度转型升级的“产业数字化”新阶段。

（一）数字经济的本质

数字时代的效率数倍于工业时代，淘宝用 13 年达到交易额 3 万亿元，同样的规模沃尔玛则用了 50 多年；Netflix 线上视频生态的形成速度比迪士尼影视业态也快了近 4 倍；抖音直播助农的效率比传统农产品销售渠道效率提高了上百倍。数字时代价值创造方式有什么本质变化？通过研究谷歌、脸书、阿里巴巴、腾讯、今日头条、滴滴等企业发现，它们的共同点是都有基于数据的大规模匹配算法，实现市场主体之间的高效连接，激活用户的多样化需求，并达到供需的精准匹配。在数字经济时代，企业的商业竞争规则、资源组织方式发生了根本变化，“数据+算法”成为价值链高地，数据作为新型生产要素，智能算法相当于数字时代的流水线，大幅减少了社会经济活动中的耗散和摩擦。

数字经济的本质是一种基于平台生态战略的双边市场经济形态[1]，其基于信息通信、网络连接、数据运算等数字基础设施，建立一个与物理世界互相映射、实时交互、高效协同的数字孪生世界，打破时间和空间的限制，通过“数据+算法”重构并引导物理世界的运行轨迹，从而用更低的成本、更高的效率实现物理世界的资源优化，构建了人类社会大规模协作的新体系。

（二）数字经济发展的特征

数字经济已经是国民经济中最具活力的领域，越来越多地渗透到社会经济的方方面面，其发展呈现如下三个典型特征。

一是通用型技术为基础设施。支撑数字经济的数字技术基础设施都具有“通用目的技术”（General Purpose Technology，GPT）属性，加拿大学者 Richard G. Lipsey 将通用目的技术定义为一种共性技术，在整个生命周期均可识别，在初期具有多种应用场景和广阔发展空间，最终被多个部门广泛应用，并具有溢出效应[2]。这种属性

1 吕本富. 从平台经济到平台经济学[J]. 财经问题研究，2018，414(5):12-16.

2 Richard G. Lipsey. Economic transformations: General purpose technologies and long - term economic growth[J]. The Economic History Review, 2006, 839-882.

使得数字技术的研发工作具有很强的“正外部性”，对产业转型和经济增长发挥乘数倍增作用。数字技术的发展呈现网络经济特征，在突破一定临界点后，增长速度极为迅猛，快速覆盖市场。

二是需求导向的高密度创新体系。数字经济时代企业的运营重点由经营产品转向经营用户，以市场需求为导向对用户全生命周期、全价值链、全渠道进行管理，最稀缺的资源是创意思想和创新型人才。数字技术使得大量重复性劳动被替代，人们将更多地从事创造性工作。数字经济降低了每个社会个体的创业创新门槛，激发了社会个体的积极性、主动性和创造性，其意义不仅在于优化了社会存量资源，更在于重构了社会的创新体系，提高了整个社会的创新密度。

三是平台生态型组织。数字经济的发展不仅需要技术支撑，还必须有杀手级应用构成生态，平台成为重要的组织形式。Evans 和 Gawer 认为平台作为市场双边的中介，将商品使用权与所有权相分离，交换价值和交易成本都发生了本质变化[1]。平台以强大的网络外部性形成正反馈，在市场上往往呈现“赢家通吃”现象。平台生态组织又可以分为以互联网企业为代表的综合型平台、以传统企业转型为代表的开放型平台、细分领域的垂直型平台三种类型。

二、数字经济引领高质量发展的机制

（一）数字经济的增效机制

根据新经济增长理论，创新是技术进步的原动力，也是经济增长的源泉。数字经济引领高质量发展的机理首先是效率的提升。全要素生产率作为衡量技术创新的重要指标，研究显示不论从全国还是地区来看，数字经济对全要素生产率的提升都存在显著促进作用[2]。数字基础设施是“数据+算力+算法”所构建的通用技术平台[3]，通过数字技术把各个产业、部门、个体连接起来，构建了“人、机、物”协同的技术底座，大幅提高企业服务半径和运营效率。相比于传统服务模式，数字基础设施可以助力实现各类需求的快速响应，例如，抗击新冠肺炎疫情期间，阿里巴巴开发

1 Evans, P. C. & Gawer, A. The Rise of the Platform Enterprise: A Global Survey[J]. 2016.

2 肖国安，张琳. 数字经济发展对中国区域全要素生产率的影响研究[J]. 合肥工业大学学报(社会科学版)，2019, 33(5):6-12.

3 毕马威，阿里研究院. 从工具革命到决策革命——通向智能制造的转型之路[R].（2019）.

的健康码等应用系统是以“天”“小时”为计的，敏捷背后的一个重要原因是基于“云+中台+工具”的系统结构。国际咨询机构 BCG 曾做过分析，由于互联网支付及移动支付的出现，2011—2020 年中国对各种金融支付基础设施的投入减少 1 万亿元[1]。2011 年万人 POS 机的拥有量、人均银行卡拥有量，美国是中国的 8 倍，而 2020 年中国移动支付的规模是美国的 80 倍。由此可见，数字基础设施的建设，通过数字孪生世界的全局优化方案，可以让不变或更少的物理基础设施创造更多的经济社会价值。

（二）数字经济的动力机制

人们对品质生活的追求和新需求的不断涌现，使得原有生产供应体系难以及时感知并适应市场潮流的变化。数字经济提供了一种新型的需求发现、服务评价、产品迭代的运行模式。一方面，数字时代的需求者也是数据的生产者，大数据记录了个人、企业、政府等市场主体的行为决策过程，并能有效发掘不同主体的隐藏需求，成为创新的起点。另一方面，数字经济重塑市场生产关系，创造新型商业制度，最大限度地开发社会个体的创新潜能，提供了源源不断的创新供给。产业分工逐渐进入一个知识分工的新时代，知识作为一种创新模块被封装起来，借助数字经济平台可以快速创造、传播、复用，进而构建一个知识赋能的新体系，使整个国家的交易成本大幅降低，释放巨大的数字红利。

（三）数字经济面临的挑战

在数字经济引领高质量发展的过程中，也面临三个方面的挑战：一是跨界融合中的知识集成，既需要了解产业的基础能力和业务特点，掌握其知识结构，也需要熟悉技术的适应条件和实施要点，涉及隐性知识的显性化、不同部门不同人群的协作等问题，可能影响跨界融合的质量和效率。二是体制机制的路径依赖，数字化路径与一个国家、区域、行业的制度基础有很强关联，例如，中国的小农经济决策特点决定了农业数字化路径与其他国家大农场制有本质差异。三是用户习惯的锁定，诸多线下场景已经形成了长期的用户习惯，突破用户习惯的锁定需要倍速效能或强制措施，比如新冠肺炎疫情使用户习惯从线下强行切换到线上，缩短了很多数字业态的用户培育时间。数字经济引领高质量发展的机制如图 1 所示。

1 波士顿咨询 BCG. 互联网金融生态系统 2020[R]. 2014.

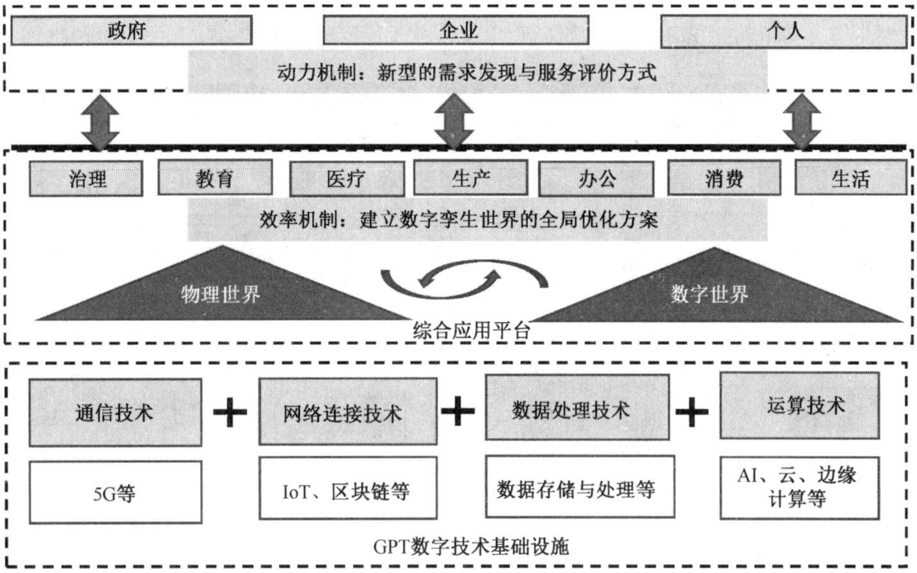

图 1　数字经济引领高质量发展的机制

三、数字经济发力的主要领域

美国学者克莱顿·克里斯滕森在研究科技变革时提出了“颠覆性技术”的概念，总结过去的创新现象发现，颠覆性技术往往从边缘市场或新需求切入，随着性能与功能的改进完善，最终取代已有技术，形成新的价值体系[1]。数字技术的影响也从满足特定场景的个性化需求开始，逐渐过渡到主流市场和主流人群。回顾数字经济发展历程，除经典的社交网络、搜索引擎、电子商务等互联网业态外，数字技术对社会经济影响最深远的领域有医疗健康、教育培训、生活服务、工业生产、商贸零售、社会治理，通过对这六大领域进行功能拆解和价值重构，衍生了数十个数字新业态，代表了技术组合力量与人们新需求结合的进化方向。

在这些数字业态蓬勃发展的背后，依然遵循一些共性的数字技术发展定律，比如关于通信技术的吉尔德定律指出，构建在通信成本下降通道的商业模式更容易抢占先机；关于网络价值与连接节点关系的梅特卡夫定律，为平台生态竞争指引方向；关于运算技术的摩尔定律，依然能有效描绘 AI、云计算、边缘计算等趋势；关于数据处理技术的新摩尔定律，指出了数据要素的存储与处理等技术在企业数字化转型

1 克莱顿·克里斯滕森. 创新者的窘境[M]. 胡建桥，译. 北京：中信出版社，2014.

中的重要性。数字经济发力的主要领域及数字业态如图 2 所示。

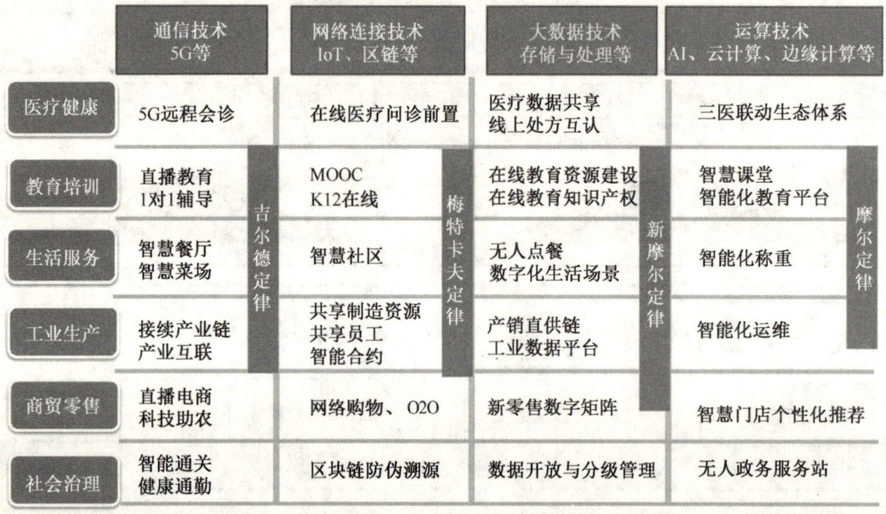

图 2　数字经济发力的主要领域及数字业态

（一）科技赋能医疗，数据共享加快研发效率

我国医疗资源分布不均、供需局部失衡是主要矛盾，科技赋能医疗体系，为优化医疗资源配置、提升医务人员效率、缩短研发周期提供了解决方案。在线医疗将问诊前置，解决了大量轻度、疑似患者的病症诊断问题，减少了在医院的停留时间，避免交叉感染。5G 远程会诊实现在会诊中无延迟传递医疗影音和图像资料，扩大了优质医院、医务工作者的覆盖范围，缓解了医疗资源不平衡问题。医疗数据共享研发模式打破机构之间的数据孤岛，实现医疗信息互联互通、有效整合，加快了研发速度。大数据和人工智能等技术的应用有利于患者进行健康管理，医生做出精准诊疗方案，保险公司进行个性化保险定价。科技医疗的下一阶段将搭建医疗、医药、医保的三医联动生态体系，构建以个人健康为中心的医疗服务生态体系。

（二）在线教育与学校教育双向融合，打造智慧学习新生态

自 2014 年以来，我国在线教育迎来快速发展，新冠肺炎疫情期间各类在线教育平台进一步完成用户积累，加快了向三、四、五线及以下的城市下沉。在线教育打破了人数、地域、距离的限制，知识来源逐渐多样化，教育方式呈现大规模社会协同现象，在线教育与学校教育的双向融合成为新趋势。在大数据、人工智能、5G 等技术的支撑下，人才教育模式将越来越强调创新能力培养，教育环境越来越智能化、个性化。教育公共服务的目标是打造智慧学习生态，政策上应该对各种优质网

络教育资源实行国家级收储，就像粮食收储一样，为全国学生提供公平开放的教学资源，同时将在线课程纳入日常教育教学体系，筛选重点在线课程纳入学分体系，加强在线教育知识产权和内容监管，树立相应市场准入等规范，解决当前教育无法兼顾公平与质量的难题。

（三）数字世界与物理世界相融合，开启智慧生活方式

数字技术渗透到各种现代生活服务场景，催生了智慧菜场、智能化称重、无人点餐、无人配送等模式。智慧菜场通过数字化手段打通线上与线下，升级了现有农贸市场，菜品通过大数据精准匹配，通过外卖送货上门，扩充了菜场的服务范围。智能称重系统利用物联网、大数据、人工智能等技术，不仅实现自动识别水果或蔬菜、记录重量数据，而且将各种经营场景融入业务管理中，让每家门店都能高效地实现采购、调价、盘点、销售、退货等业务流程。无人点餐实际是一个智能 POS+SaaS 系统，基于数据算法让商户能够归集订单信息、实时生成立体化个性化的数据经营报告，辅助商户线上产品设计、原材料储备、定价等经营决策。无人配送是利用人工智能、物联网、遥感等技术实现地理环境复杂、交通不便区域的物流配送。

（四）产业互联，共享生产资源及劳动力

从整个产业链来看，数字技术的作用不仅在销售端，而且渗透到生产端、流通端和供应链，为产业链赋能、赋智。接续产业链是指新冠肺炎疫情之后很多行业面临原有产业链中断的局面，数字技术是一种最好的接续工具，其可帮助产业链重新连接和组合。数字技术带来更完备、更及时的信息传递成为企业运营创新的基础，具有信息普惠的价值和正外部性，推动中小微企业探索新的营销方式、生产经营方式和管理模式。共享制造资源和共享员工，是利用数字化平台实现制造资源优化配置的新业态，有助于促进制造业高质量发展。数字化技术改造产销直供链，形成生产机构和目标客户直接对接，中间没有仓储只有物流的模式，可用于应急物资、生鲜等不易存储产品的调配。

（五）重塑新零售场景，实现全面体感构建

网络通信技术与直播视频技术的发展，开启了人与人、人与物的新型连接方式，重塑了新零售场景。直播的本质是降低信息传播的成本，保障信息传播的完整性与及时性[1]。直播技术带来了直播电商、科技助农等新零售模式，特别是为中小微企业

1 中国科学院大学网络经济与知识管理研究中心，抖音. 推动经济新业态成为新常态——抖

的经营和销售带来了实实在在的经济效益。直播带货给用户带来新的感官体验，其经营逻辑从货物管理转向人群管理，从粗放式管理转为精耕细作。农产品的直播销售解决了当地农产品的滞销问题，县长直播带货的同时也加快了“县域品牌”的塑造，推动当地旅游业的发展，并拉动内容生产、包装、物流等关联产业的协同发展，创造了新型就业岗位，助力乡村振兴。从长期来看，随着用户观看直播习惯的养成，直播未来有望成为驱动消费增长的新引擎。

（六）数字化治理，推动政务智能化

与传统治理方式不同，数据化治理鼓励政府、平台、行业协会、公众等多元主体共同参与，线上线下融合，通过数字技术、集约化平台支撑各项治理业务的高效协同，提高政务服务效率和用户满意度。数字化监测防控依托大数据和智能化技术，重构治理流程，促进通信、公安、社区等多系统数据对接，并将全链路数字信息技术应用于多场景，对重大事件和风险进行有效监测防控。无人政务服务站作为一种新型便民设施，不仅节省了居民和企业的“跑腿”时间，也使得各部门通过互联网完成大数据互通共享，缓解了政府部门多头管理的问题。同时，“互联网+政务服务”还显著提升了政务透明度，优化了政务服务流程。

四、数字经济发展的政策建议

数字经济业态的发展以社会经济需求为牵引，背后是密集型知识积累，重点是发挥双边市场的网络效应，提高整个社会的创新密度和运行效率。以数字经济为引领成为我国经济高质量发展的战略选择，为了更好发挥数字经济新动能，还需要一些必要的政策引导和保障。

（一）科学认识不同数字经济业态的属性及经济贡献，进行差别化政策选择

平台经济是数字经济的主要表现形式，由于平台企业的二重性和复杂性等特征，很难沿用传统的监管思路，对其管理也要有创新的理念，首先需要分清其公共服务属性和市场属性，以包容审慎的态度采取柔性监管策略。对于市场驱动的部分，应充分发挥好平台型公司的创新优势、积极赋能产业转型。对于公共服务的部分，根据其对经济的贡献给予不同的政策保障，表 1 列举了六大经济领域中具有公共服务

音直播助力经济复苏白皮书[R]. 2020.

属性的重点培育项目，以及该项目的经济贡献及适合的扶持政策。

表 1　数字业态的经济贡献与扶持政策选择

经济领域	重点培育项目	拉动效应	促进消费	促进就业	政策类型
医疗健康	远程会诊、医疗数据共享、线上处方互认、三医联动	高	中	低	试点性扶持
教育培训	在线教育资源建设、知识产权	中	中	低	优先扶持
生活服务	智能称重、智慧社区	高	高	中	试点性扶持
工业生产	共享制造资源、共享员工、产销直供链	高	中	高	优先扶持
商贸零售	科技助农	高	高	高	优先扶持
社会治理	智能通关、数据开放、无人政务	中	低	低	优先扶持

（二）在数字基础设施建设中应避免“重硬轻软”，发挥通用技术的生态协同作用

数字基础设施建设应该把握通用目的生态原则，既解决当下产业发展的短板，又为下一阶段经济发展奠定良性循环的基础，发挥生态协同作用，对产业转型和经济增长产生乘数倍增效应。数字基础设施建设不同于传统的 IT 建设，应避免建设周期长、效率低、资源浪费大、新需求响应慢等问题，数字基础设施建设应该有全新的敏捷系统架构，除必要的底层硬件之外，应该更注重基于云平台的软件和数据应用平台建设，其目标是支撑和承载知识集成和创造力涌现，构建知识网络生态，赋能产业转型和应用，提高社会创新效率。

（三）完善数字技术人才培养体系，建立科学的评价机制

在数字经济背景下，人才需求结构发生变化，重复性的体力和脑力劳动逐渐被机器所替代，真正稀缺的人才有两类：一是具备数据思维，熟悉数字基础设施的技术开发者，传统的IT工程师需要经过新型数字技术专业培训才能转化成合格人才；二是具备创新思维，洞悉市场又深刻理解产业基础能力和关键瓶颈的创新者，善于跨界进行知识集成，寻找问题的解决方案。应该统筹规划，完善上述两类人才的培养体系，并建立以实际产出和贡献为导向的人才评价机制，通过合理激励制度发挥人的积极性和创造力。

作者简介：

汪寿阳先生，中国科学院大学经济与管理学院院长、“一带一路”学院院长、第三世界科学院院士、国际系统与控制科学院院士、教授、博士生导师。

刘颖博士，中国科学院大学经济与管理学院院长助理、副教授、硕士生导师。

新经济发展趋势与产业数字化转型

叶国标　刘功润

新经济时代的数字经济规模逐年扩大，数字经济的高速发展为产业数字化转型升级带来新的契机。中国信息通信研究院发布的《中国数字经济发展和就业白皮书（2019 年）》显示，2018 年我国数字经济总量达到 31.3 万亿元，占 GDP 比重超过 1/3，达到 34.8%。数字经济蓬勃发展，推动产业数字化转型，为经济发展增添了新的动能，2018 年数字经济发展对 GDP 增长的贡献率达到 67.9%，超越部分发达国家水平，成为带动我国国民经济发展的关键力量。

加强新经济与实体产业的融合发展日益成为广泛共识。党的十九大报告明确提出，要加快发展先进制造业，推动互联网、大数据、人工智能和实体经济深度融合。实体经济是推动我国经济持续发展、在国际竞争中赢得主动的根基。对于量大面广的实体产业而言，数字化转型即利用数字技术进行全方位、多角度、全链条的改造过程，实现产业数字化、网络化、智能化发展，不断释放数字技术对经济发展的放大、叠加、倍增作用，最终促进实体产业提质增效、健康发展。

一、新经济发展趋势

以新一代信息技术和网络技术为基石的新经济摒弃了标准化、规模化、模式化、层次化的传统经济发展特征，数字化、智能化、融合化、共享化、绿色化成为未来的发展趋势。我国新经济发展虽然时间不长，但无论是人才培育、技术创新、新基础设施建设，还是新业态新模式培育、新产业成长、传统产业融合升级，或是新产业生态体系构建、促进政策完善、治理体系优化，各方面均取得巨大的进步。未来 3～5 年，新经济将会继续延续良好的快速发展态势，在为经济社会快速发展注入新动力的同时，也将在创造并扩大就业、拉动消费、满足人民美好生活向往等方面做出重要贡献。

（一）数字化支撑新经济蓬勃发展

数字技术日新月异并广泛渗透到其他领域，数据信息成为核心资源，数据变得越来越有价值。5G 商用全面加速，国际竞争更加激烈，人类真正迈入万物互联时代。下一代互联网关键设备研发制造取得较大进展，IPv6 商用超前布局。大数据关键技术领域核心能力明显提升，与各行各业深度融合发展。云计算用户规模大幅增加，企业可享受到更加多样、便捷、弹性的服务。物联网 NB-IoT 网络覆盖面迅速扩大，行业应用快速发展。互联网平台功能越来越综合全面，平台经济紧密融入并深刻影响日常生产生活。移动支付持续普及，应用场景越来越丰富。工业互联网平台大规模商用，制造领域数字化转型升级突破发展。电子商务线上线下广泛融合，互联网对线下商业的改造深度拓展。

（二）智能化主导新经济进入快车道

在数字技术和数字产业高速发展的基础上，计算机视觉、语音识别、生物识别、机器学习、自然语言理解、知识图谱、人机交互等人工智能关键技术经过多年积累进入产业化和市场化应用的突破期，智能科技产业进入全面加速发展的新阶段。高端通用处理器芯片研发投入强度大幅提高，高精度、低成本的智能传感器研发应用步伐加快，与国外先进水平的差距有望缩小。智能可穿戴设备、虚拟现实产品、智能家居产品、服务机器人等开始走入百姓日常生活，高档数控机床、工业机器人、特种机器人、工控装备、智能工程机械、3D 打印等关键设备取得突破性进展。智能网联汽车提速发展，无人驾驶航空器市场规模继续扩大。智能技术、智能产品在各领域广泛应用，智慧城市、智慧民生、智慧交通、智慧政务加速发展。

（三）融合化驱动新经济创新活跃

随着科技革命和产业变革的深入推进，新技术与产业、创意与产业、不同产业之间、线上线下之间广泛深度融合，新产业、新业态、新模式在交叉领域会不断涌现，继续成为新经济的重要成长空间。互联网、人工智能向更多领域拓展，互联网经济、智能经济覆盖经济社会生活的方方面面。“创意+文化+体育”“创意+文化+旅游+展览”“创意+制造+文化+旅游”等跨界融合加速推进，创意产业成为越来越重要的经济增长点。旅游休闲、医疗保健、养老服务、生物医药等产业深入融合，大健康产业成为引领经济社会发展的“黄金产业”和“朝阳产业”。先进制造业与现代服务业深度融合，越来越多的企业从提供产品向提供全生命周期管理转变，从提供设备向提供系统解决方案转变，成为制造服务一体化的全产业链供应商。

（四）共享化推动新经济广泛扩展

伴随着信息技术高速发展和共享理念深入人心，基于追求使用权的共享经济从生活性服务业向生产性服务业拓展，分散的生产要素供需日益及时精准对接。制造企业生产能力资源与互联网平台全面对接，推动制造资源加速共享，提升企业快速响应和柔性高效的生产供给能力。知识技能共享服务专业化，推动技术技能人才实时共享和知识技能变现。科研设备、数据、文献加速共享开放，提升科技成果产出率和转化率。优质教育、医疗资源加速共享，推动稀缺资源在更广范围配置。交通物流资源加速共享，促进运输效率提升。

（五）绿色化引领新经济价值追求

随着节能环保、互联网、生物科技等技术快速发展和“绿水青山就是金山银山”理念的全面落实，绿色生产生活方式加速形成，绿色发展成为新经济的重要趋势。太阳能光伏、风电机组、先进储能装置等多技术路线并行，新能源产业将保持稳健增长态势。节能设备和产品、环保装备、资源循环利用装备快速发展，节能环保产业成为重要支柱。新能源汽车多种技术并重，全产业链加速构建。绿色建筑材料、绿色施工、建筑工业化等全面推进，城乡建设模式和建筑业发展方式切实转变。绿色物流、绿色金融等低碳、现代服务业发展壮大，成为绿色经济的重要增长点。

二、数字化转型：新经济为产业注入新活力

新经济改变了传统的商业逻辑，为产业发展注入新的活力。新经济时代下的产业数字化转型，将有力推动中国产业持续向高质量发展。在产业升级过程中，效率提升是基本前提，跨界融合是必要条件，竞争模式重构则是重要的动力机制。

（一）提升产业效率

提升产业效率是我国解决好供需失衡进而实现产业高质量发展的基本前提。企业增加对数字技术的投资有助于扩大数字溢出效应对经济增长的贡献率。根据华为公司和牛津经济研究院的测算结果，过去 30 年中数字投资对 GDP 增长的边际贡献率达 20 倍，而非数字投资的边际贡献率仅 3 倍。随着数字技术的不断完善，企

业在数据获取、存储、分析等方面的能力均得以增强，并且创造了可观的销售业绩。在数字化管理及资产组合管理等方面，创新能力强的企业普遍表现出更为积极的姿态。数字化提高了企业的生产效率，进而驱动产业效率的升级。数字化对产业效率的提升还体现为信息处理的智能化、定制化。

（二）推动产业跨界融合

企业边界决定了企业的经营范围，在一定程度上也制约了生产要素在市场上的流通。利用数字技术实现跨界融合，增加生产要素获取，减少交易成本，是产业实现高质量发展的必要条件。企业之间通过建立数字化连接，促进数据的实时共享，实现业务无缝化衔接，提高响应速度，成为企业发展的新引擎。波士顿咨询公司的调研结果显示，在过去 4 年中，企业之间建立的数字化连接数量增加了大约 60%，而这一数字还会继续上升。数字化连接打破了传统边界对于企业发展的束缚，促进了企业之间的数据共享，推动了产业之间的跨界融合，有助于形成数字化生态。

（三）重构组织竞争模式

企业之间建立的虚拟连接打破了物理环境对企业发展的约束，不仅创造了跨界发展的新机遇，而且消除了传统的行业壁垒对潜在进入者的抵御，企业不得不面临来自其他领域更为激烈的竞争。数字化得以重构产业组织的竞争模式，进而构建产业高质量发展的动力机制。在新经济时代，用户价值成为引导生产要素配置的核心指标，依托商业生态圈的竞争方式成为新潮流。比如，自 2017 年以来，阿里巴巴通过整合支付宝、银泰百货、饿了么、天猫超市、高德地图、盒马等参与者，搭建了线上线下融合的新零售供给体系，引领物流的供给保障进入“分钟级时代”，建立了“三公里理想生活圈”，为用户创造了产品供给的时空价值。

（四）赋能产业组织升级

产业数字化转型促进产业跨界融合，加快了要素流通，促进了要素配置的优化，倒逼企业技术创新能力的提升，进而推动产业技术升级。此外，数字化转型增强了竞争机制，有助于提高资源利用效率、促进收益公平分配、推动产业组织持续优化。产业升级的本质在于企业生产力和市场竞争力的提升，数字化转型赋能产业组织升级体现在实现以用户价值为导向、提升全要素生产率、增加产品的附加价值及促进现代产业体系的培育等多个方面。

三、产业数字化转型的进路选择

（一）智能制造推动企业数字化转型

我国传统产业以制造业为主，因而推进智能制造是在企业层面加快数字化转型的主攻方向。通过“机器换人”、智能化改造，可以全面提升传统制造方式自动化、网络化、智能化水平。一是强化企业数字化技术改造，应用物联网、云计算和自动化控制等技术，对机器设备和生产流程等进行优化更新，建设一批“无人车间”“无人工厂”。二是开展中小企业工业互联网基础性改造，推动低成本、模块化设备和系统的部署实施。深入推进“企业上云”，以提升企业发展能力、解决实际业务问题为出发点推广设备联网，核心信息系统、业务及数据集成上云，深化云应用。三是大力推广智能制造新模式，着力打通中小企业生产过程各环节的全数据链。鼓励企业深入挖掘数据价值，促进设计、生产、物流、仓储等环节高效协同。四是培育一批工程技术服务企业。通过示范推广、技术对接，引导企业应用先进技术和智能化装备，推进存量装备智能化改造，推进企业智能制造水平大幅提升。

（二）平台赋能推动行业数字化转型

以制造业龙头企业、ICT 领军企业、互联网平台企业为主导，根据具体行业的特点及运作方式，引导平台通过完善运营机制、共享数据资源及选择不同的作用点、重点和方法推动重点行业数字化转型。一是加快自主可控的数字化赋能平台建设，推进工业互联网平台在重点行业的推广应用。培育壮大跨行业跨领域、具有国际竞争力的工业互联网平台和若干个行业级、区域级、企业级平台，加强特色工业互联网平台和应用体系建设，促进先进制造业与互联网创新融合发展。二是推动工业互联网关键资源与工具的共享，加大投资力度，服务好中小企业，依托工业互联网平台资源降低中小企业数字化门槛。分类分库建设覆盖企业、行业、产品、市场、研发等数据资源的数据模型库、软件工具库、行业信息库，推动数字化资源的协同和对接。三是培育一批基于数字化平台的虚拟产业集群，充分挖掘全社会创新创业资源，依托硬软件开发、人工智能、大数据应用分析、网络安全等大赛，构建以新型工业操作系统和工业 App 架构为核心的智能服务生态，逐步形成大中小企业各具优势、竞相创新、梯次发展的数字化产业格局，培育数据驱动的新增长点。

（三）生态建构推动园区数字化转型

推进园区数字化建设，建立以园区管理、运营平台为基础，以产业服务平台为核心，以大数据运营平台为支撑的智慧园区，这不仅可以全方位地、有效地服务传统企业，还可以推动相关的新动能培育，打造良性循环的数字化生态。一是提升园区数字化基础设施建设，在园区的规划、设计、建设、管理等方面使用数字化手段进行管理，通过信息技术和各类资源的整合，将“智慧”渗透到园区建设与运营的每个细节；二是围绕企业的发展要求和人才的精神需要，着力推动产业集群、产业园区、小微园、特色小镇等数字化转型，提升与推广应用工业园区数字化服务平台，加快探索形成一批推动产业升级的大数据解决方案，建成一批示范性数字化小微企业园；三是瞄准园区企业数字化转型的共性需求，结合数字化规律和特点，以原有公共平台为基础，加强政府、企业、高校院所、金融机构和中介机构等紧密合作，开展基础共性技术的研究，配套完善集人员培训、应用示范、测试认证等环节于一体的支撑体系，切实降低中小微企业数字化成本。

四、新经济时代产业数字化转型的对策建议

（一）加快建设数字技术高效供给体系

加快建设一批新经济创新平台载体，提升技术创新尤其是原创技术及基础理论研究创新水平。培育建设一批优势特色学科和专业，加强人工智能、大数据、云计算等数字技术的基础研究。聚焦未来网络、边缘计算、泛在人工智能、泛在信息安全、无障感知互联、智能制造与机器人等重点领域，整合全球人才及平台资源优势，加快与全球顶级科研机构及人才团队合作，启动“卡脖子”技术攻关，组织实施一批重大科技攻关专项和示范应用工程，推进数字技术原创性研发和融合性创新，力争在人工智能、集成电路、工业软件等领域取得若干原创性、标志性创新成果。

（二）着力解决数字创新人才紧缺问题

明确数字创新人才的能力素质标准，对各级数字技能人才的专业能力及业务运营、风险管控等跨界能力做出规定，推动数字专业技术人才与各传统行业的融合，并完善基于能力水平的数字技能人才职业化等级台阶设计，为数字技能人才指明成

长路径。深化校企合作、政企合作，通过建设企业大学、企业培训基地等方式，鼓励高校根据市场人才需求，开设相应的培训课程，通过推动企业深度参与高校课程设置、教学设计、实训课程开发等方式，为培育既精通信息技术又熟悉经营管理的“数字工匠”夯实基础。

（三）强化传统产业数字化转型政策支持

统筹研究制定推动传统产业数字化发展的政策意见及配套政策，整合财税、金融、人才、土地、要素等政策力量，全力推动传统产业数字化转型。财税支持方面，要强化财政专项资金统筹，引导各级财政资金加大对传统产业数字化转型的投入，加强对数字经济领域重大平台、重大项目及试点示范支持。探索成立产业数字化发展基金，推动各级政府产业数字化发展基金按照市场化运作方式，与社会资本合作设立数字经济发展相关投资子基金。人才要素方面，要完善人才激励机制，支持开展股权激励和科技成果转化奖励试点，鼓励相关企业采用期权、股权激励等方式吸引领军人才和团队。

（四）积极部署新一代数字经济“新基建”

以 5G、人工智能、工业互联网、物联网为代表的数字化设施正成为国家新型基础设施的重要组成部分。面对企业低时延、高可靠、广覆盖的工业网络需求，要加快 5G、IPv6 等新一代信息网络升级，加强工业互联网、云计算等“新基建”布局，推动“旧基建”的智能化改造。一是加快 5G 布局与商用步伐，统筹规划网络布局、基站建设，推进 5G 与工业互联网、大数据、人工智能深度融合；二是加快 IPv6 在工业互联网领域的规模部署和应用，支持典型行业、重点工业企业开展工业互联网 IPv6 网络化改造；三是鼓励运营商为工业企业，特别是中小企业优化网络专线建设、简化接入手续，进一步降低资费水平。

参考资料：

1. 黄群慧. “新经济”基本特征与企业管理变革方向 [J]. 辽宁大学学报（哲学社会科学版），2016（5）：1-7.

2．谢永建.“新经济”基本特征与企业管理变革方向［J］. 现代商业，2018（21）：107-108.

3．中国信息通信研究院.中国数字经济发展与就业白皮书（2019）[Z].2019.

作者简介：

叶国标先生，新华社中国金融信息中心董事长、上海石油天然气交易中心董事长、浦东新区政协常委、新华社高级编辑，曾任新华社浦东支社社长、新华社上海分社副社长。

刘功润博士，中欧陆家嘴国际金融研究院院长助理、研究员，兼任上海市支付清算协会副秘书长、上海市徐汇区政协委员、上海现代服务业联合会金融科技专委会专家。

新一代信息技术

新一代信息技术产业包括下一代信息网络产业、电子核心产业、新兴软件和新型信息技术服务、互联网与云计算大数据服务、人工智能。

——《战略性新兴产业分类（2018)》（国家统计局令第 23 号），2018 年 11 月 7 日

数字中国：社会、经济与未来治理

王文　刘玉书

在过去的 20 年里，人类社会以惊人的速度经历了数字化。在未来数年内，全球将增加数十亿互联的传感器、发射器、照相机和其他无线通信设备。社会的数字化趋势已无法阻挡，正在引发一场深刻的革命。而社交媒体、移动社交终端现在几乎可以替代电话，正在改变着人们的交互方式。换句话说，人与机器接触、互动的时间越来越多于人与人交流的时间，人对人的了解也越来越依赖机器，这是当前数字社会发展的明显趋势。本文拟从数字社会的技术基础，我国的数字社会发展现状、走向、对个人的影响，以及大数据与数字社会的发展趋势方面进行探讨。

一、互联网发展：中国数字社会的溯源

1987 年 9 月，CANET 在北京计算机应用技术研究所正式建成中国第一个国际互联网电子邮件节点，并于 9 月 14 日发出了中国第一封电子邮件，揭开了中国人使用互联网的序幕。1994 年 4 月 20 日，我国连入国际互联网的 64K 国际专线开通，实现了与国际互联网的全功能连接。从此中国被国际上正式承认为真正拥有全功能互联网的国家[1]。

（一）基础发展时期

1994 年以前，我国互联网发展主要处于科研阶段。1994 年至 21 世纪交替，是我国有线互联网主干网络建设时期。而在此期间，互联网商机开始出现。例如，在 1998 年世界杯期间，新浪网以 24 小时滚动播出新闻的形式吸引了大量网友关注，

1 中国互联网协会. 中国互联网发展史(大事记)[N].2013年6月27日,http://www.isc.org.cn/ihf/info.php?cid=218.

并借此获得了18万元广告收益。这是早期互联网史上的典型“流量变现”案例。

（二）门户网站时期

21世纪的第一个10年，主要是以各类门户网站为主的流量竞争时期，网游开始兴起，以淘宝为首的电商开始飞速发展，各种以互联网内容运营为主的职业开始出现。而移动互联的爆发是自2013年4G大规模普及开始的。

（三）移动互联时代

根据CNNIC的统计，虽然截至2019年中国网民规模达8.54亿人，但最近5年中国网民规模增速放缓，用户的绝对数量增长空间已经越来越有限。然而，最近5年智能手机等移动互联终端及4G网络的大规模普及，使人们开始进入“互联网+”的时代，互联网不仅从广度上，同时也从深度上开始全面扩张。移动互联的便利性最直接的影响是数字内容价值的重要性日益体现出来。

纵观近30年，我国的数字社会经历了一个从科研院所等特定行业向全社会扩张、从静态连接到动态连接、从技术主导到内容主导、从以设备为中心到以人为中心的数字化过程。

（四）疫情加速5G新动能时代的出现

如图1所示，基于5G的移动和固定基础设施事实上成了数字社会的神经系统。5G在“云端”和各种数字设备（终端、物联设备、智能机械、无人机、机器人等）之间构建了超低延时的瞬时互联系统，这等于整体提升了原有社会数字化进程的发展速度，特别是新冠肺炎疫情发生以来，5G的重要性得到了全方位的展示。

从目前来看，5G不仅经受住了考验，而且已经展现出了作为数字中国战略性基础设施的重要性。在火神山医院、雷神山医院的建设过程中，5G的低延时、高带宽的优势得到了充分展示，创造了多项技术历史上的纪录。在武汉封城、全国大部分居民隔离在家的情况下，5G支撑的远程问诊已从实验构想加速进入了实战阶段。根据中金公司的分析，随着5G标准的完善和SA独立组网技术的成熟，5G建设将逐步提速，2020年全年建设基站数量或突破70万座，巨大的数字基础设施市场需求是结构性的红利。可以预见，“5G+”在未来将进一步为我国数字经济发展提供强大的动力。

与中国采取对症下药的抗击疫情措施明显不同，美国抗击疫情的重心是消除疫情造成的恐惧。不同的思路背后是不同国家治理模式的自信程度的差异。疫情给中国带来挑战，但同时人们也看到了中国展示出来的面向未来的数字化治理模式的韧性和经济新动能的后劲，中国具备了直面不确定风险、将危机转换为增长动能的制度基础。5G 就是能够直接把各类新动能贯穿起来的“金线”。

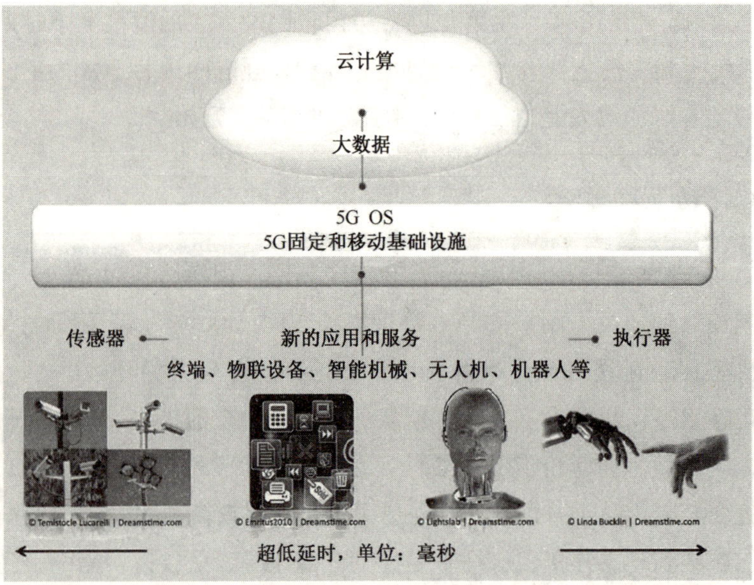

图 1　基于 5G 的数字社会神经系统

资料来源：Soldani D, Manzalini A. Horizon 2020 and beyond: On the 5G operating system for a true digital society[J]. IEEE Vehicular Technology Magazine, 2015, 10(1): 32-42.

第一，在产业升级方面，除 5G 基础设施外，中国急需的是软件层面的升级。例如，工业软件是工业 4.0 时代的“命门”，我国在这个方面依然投入不足。虽然自 2018 年以来，工业软件的重要性引起了广泛共识，但相关的落地政策依然不够。这不仅涉及资金投入问题，更多涉及原有的管理模式问题。

第二，企业的数字化转型要加强与新消费模式的联动。60 后、70 后、80 后、90 后、00 后的消费观念是否存在明显的差异？5G 时代下实体经济的零售升级与企业制造的衔接是否会更高效？工业互联网建设会是中小企业数字化转型的重要抓手吗？能否借助 5G 技术实现我国核心制造业产业链的全球化外扩？5G 时代下的精准消费模式是否会推动个性化制造发展？在过去几年供给侧结构性改革成果显著的基础上，对于消费端的快速变化，我国应当引起重视。

第三，5G 的竞争与创新就是新一轮全球化主导权的竞争，中国的自主创新就是全球化的创新。中国 5G 的创新模式让越来越多的国家看到，在科技创新方面，国家驱动的战略性投资的重要性远超过基于资本的财务性投资。因此，在科技创新方面，我国将会越来越多地面临“本国的利益最大化”或“全球命运共同体受惠最大化”的抉择。

第四，5G驱动的数字乡村建设或将成为全球脱贫新样板。5G的普惠进一步消除了城乡之间的信息鸿沟，整合了以往零散的乡村物流网络，打破了传统的、较为封闭的县域经济。我国的乡村治理由县逐步向乡镇和自然村深入，疏通了未来精准治理的“毛细血管”。未来乡村产业集群化的雏形已现。此次抗击疫情期间的一大亮点就是农村的防疫工作响应及时、深入家家户户，这侧面反映了5G时代数字化农村的高度可塑性，这是未来经济新动能的蓝海。

综合以上四点可以看出，此次新冠肺炎疫情加速了5G新动能时代的发展，未来数字社会发展的巨大潜力展现了出来。

二、数字中国社会的技术基础演变

（一）1G到5G的突破让数字社会实现跨越式发展

数字社会的形成与现代通信技术的发展密切相关，特别是无线网络从1G到5G的高速发展，通信网络逐步朝着摆脱有线限制、以用户为中心转变。从2G/2.5G开始，社会进入数字通信时代，为3G、4G的发展打下了基础。我国在3G标准方面进行了大量的投入，但中国自主研发的3G标准TD-SCDMA，相对于其他两大国际3G标准CDMA2000、WCDMA起步较晚，且产业链薄弱[1]。2013年前后，我国开始逐步过渡到4G时代，4G有TD-LTE和FDD-LTE两种制式。我国吸取了3G标准研发的教训，2013年12月，工业和信息化部向三大运营商颁发4G牌照，4G在中国正式开始商用。2016年6月，中国移动主导制定的TD-LTE网络已成为世界主流的4G商用网络，其基站超过132万座，覆盖超过12亿人，在126个国家和地区开通了4G漫游服务，客户近4.3亿人[2]。在3G和4G的基础上，我国在5G的研发上已经取得了先机，随着物联网、虚拟现实技术、人工智能对无线带宽的巨大需求，

1 刘新芳. 浅析移动通信技术发展历程以及发展趋势[J]. 科技视界, 2017(33)：97, 125.

2 南方日报. 中国移动通信技术的发展史：从“一片空白”到“领跑全球”[N]. 2016年5月17日，http://www.eepw.com.cn/article/201605/291218.htm；光通讯网. 一张图看懂移动通信1G到5G的发展历程[N]. 2017年6月28日，http://fiber.ofweek.com/2017-06/ART-210021-8500-30148687.html.

5G 将带来巨大的市场[1]。截至 2019 年下半年，5G 已在我国正式商用。强大的无线通信技术，使人们瞬间交流的广度和深度迅速发展，构成了数字社会底层的重要技术基础。

（二）智能手机的快速增长是数字社会形成的基础

截至 2019 年 6 月，我国互联网用户规模达 8.54 亿人，其中，移动互联网用户为 8.47 亿人，占到了互联网用户的 99%。从最近 10 年的互联网发展趋势看，我国台式计算机、笔记本电脑、平板电脑的使用率均出现下降，手机不断挤占其他个人上网设备的使用率。以手机为中心的智能设备成为“万物互联”的基础，车联网、智能家电促进“住行”体验升级，构筑个性化、智能化应用场景。移动互联网服务场景不断丰富、移动终端规模加速扩大、移动数据量持续增加，为移动互联网产业创造更多价值挖掘空间[2]。图 2 是 2007—2019 年 6 月全球移动互联网用户及我国移动互联网用户的增长情况，这两组数据表明，移动互联使人们逐步实现了随处相连，构成了数字社会的核心数据源。

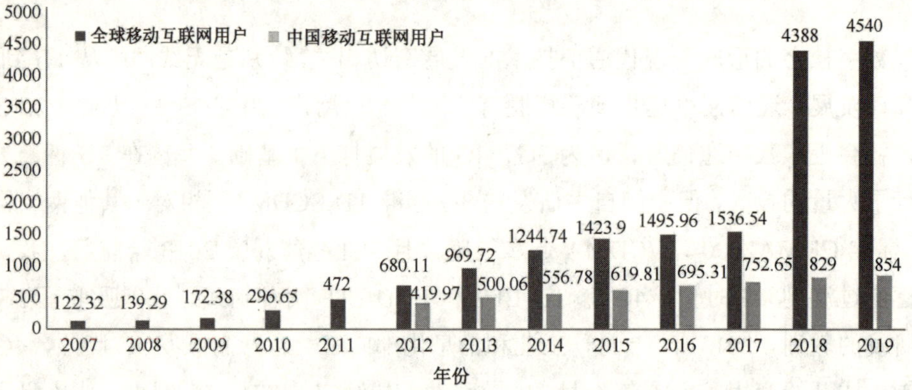

图 2　2007—2019 年 6 月全球移动互联网用户及中国移动互联网用户的增长情况（单位：百万人）

资料来源：Gartenr, Digital 2020 Global Digital Overview，CNNIC 发布的第 41 次至第 44 次《中国互联网络发展状况统计报告》。

1 席玮. 探究 5G 移动通信技术下传输未来发展趋势[J]. 通讯世界, 2017(23): 52-54.

2 国家网信办. CNNIC 发布第 41 次《中国互联网络发展状况统计报告》[N]. 2018 年 1 月 31 日，http://www.cac.gov.cn/2018-01/31/c_1122346138.htm.

（三）内容分发网络和云服务的发展促进数字社会的共享化

内容分发网络（Content Delivery Network，CDN）从1998年美国麻省理工学院的研究项目演化而来，融合了内容分发、请求路由、分布式处理和记账处理基础架构，并于2000年开始商用。目前国内、国际大部分门户、电子商务、新闻等网站都采用CDN。

CDN的目的是通过在现有的互联网中增加一层新的网络架构，将网站的内容发布到最接近用户的网络边缘，使用户可以就近取得所需的内容，解决网络拥挤的问题，提高用户访问网站的响应速度。CDN能够从技术上全面解决由于网络带宽小、用户访问量大、网点分布不均等原因造成的用户访问网站响应速度慢的问题。

CDN为数字内容的繁荣提供了技术催化剂，使数字内容能被不同地域的用户获取，并保证响应速度。目前CDN主要应用于证券、金融保险、ISP、ICP、网上交易、门户网站、大中型公司、网络教学等领域。通过CDN，网站只需要进行内容维护，不再需要考虑流量问题[1]。

通过CDN，我们的计算机不再是具有处理和计算资源的独立系统，而越来越像一个能够看到存储在公共服务器上的数据的窗口。这与云服务非常相似，本地设备实际上是大型后备存储的本地缓存。

三、中国数字社会的崛起

2015年被认为是我国全面推动大数据发展的开端年。2015年8月31日，国务院正式刊发了《国务院关于印发促进大数据发展行动纲要的通知》。这标志着我国正式从国家层面全面推进大数据的发展和应用，加快建设数据强国工作。2015—2017年我国大数据产业总体规模如图3所示。根据中国信息通信研究院的调研数据，2016年我国大数据产业总体规模比2015年增长了28.6%，2017年比2016年增长了30.6%；预计2018—2020年增速将保持在30%以上[2]。

2017年中国信息社会指数（ISI）达到0.4749，同比增长4.61%，中国正处于从工业社会向信息社会的加速转型期。全国信息社会发展较2016年有所加快，信息社会指数同比提高0.32个百分点；2007—2017年信息社会指数年均增长率为8.35%，预计2020年信息社会指数将达到0.6，我国整体进入信息社会初级阶段。从信息社会发展的四个重点领域看，2017年全国信息经济指数、网络社会指数、在线政府指

1 张忠杰，韩伟，乔海明. 内容分发网络CDN技术及市场应用[J]. 中国新通信，2017(9): 118.

2 中国信息通信研究院. 中国大数据发展调查报告（2018年）[R]. 2018.

数、数字生活指数分别为 0.411、0.425、0.607、0.544，其中，在线政府领域发展最快，同比增长 10.5%（见图 4）[1]。

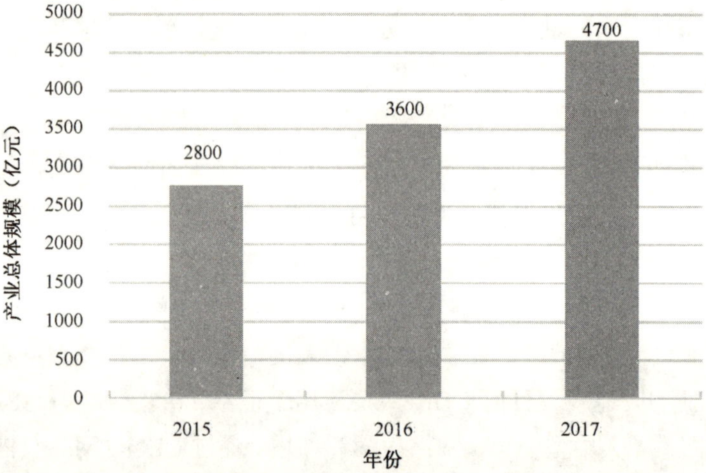

图 3　2015—2017 年我国大数据产业总体规模

数据来源：中国信息通信研究院。

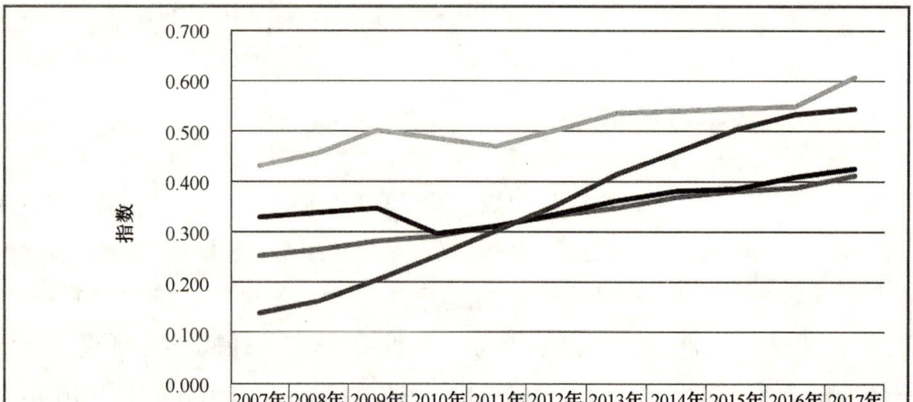

	2007年	2008年	2009年	2010年	2011年	2012年	2013年	2014年	2015年	2016年	2017年
信息经济指数	0.252	0.265	0.281	0.291	0.312	0.332	0.347	0.368	0.380	0.387	0.411
网络社会指数	0.329	0.338	0.347	0.296	0.311	0.335	0.362	0.381	0.385	0.409	0.425
在线政府指数	0.431	0.457	0.502	0.486	0.470	0.503	0.536	0.541	0.545	0.550	0.607
数字生活指数	0.138	0.162	0.204	0.252	0.302	0.353	0.414	0.459	0.504	0.534	0.544

图 4　信息（数字）社会四大领域发展情况（2007—2017 年）

资料来源：国家信息中心。

1 国家信息中心. 2017 全球、中国信息社会发展报告[R]. 2017 年 12 月 26 日，http://www.sic.gov.cn/News/566/8728.htm.

从图 4 可以看出，中国居民的数字生活指数 2007—2016 年保持了较高的增长速度，但 2016—2017 年增速放缓。虽然目前还没有 2017 年以后的信息（数字）社会四大领域发展情况的权威测算，但从近几年 5G、人工智能、区块链等技术的高速发展来看，信息社会已经有了质的飞跃，国内数字社会雏形已经形成。

基于中国信息通信研究院的测评，当前中国数字经济发展有两个最为鲜明的特点。

一是动能转换。数字经济高速发展，成为带动经济增长的核心动力。2018 年我国数字经济总量达到 31.3 万亿元，同比名义增长超过 20.9%，显著高于当年 GDP 的增速；我国数字经济总量占 GDP 比重为 34.80%，同比提升 1.9 个百分点（见图 5）。

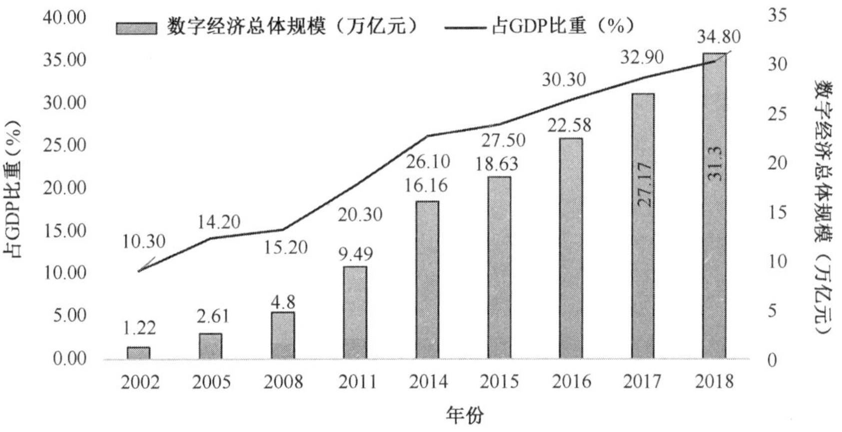

图 5　中国数字经济总体规模及占 GDP 比重

数据来源：中国信息通信研究院。

二是行业渗透差异较大。数字经济在各行业渗透程度不断加深，但我国各行业数字经济发展差异较大。根据中国信息通信研究院的统计，截至 2018 年，我国服务业中数字经济占行业比重平均值为 35.9%，工业中数字经济占行业比重平均值为 18.3%，农业中数字经济占行业比重平均值为 7.3%，呈现出第三产业高于第二产业、第二产业高于第一产业的特征。

四、大数据、数字社会与未来治理

中国的数字化过程正在重塑当今的经济和社会，并将直接影响未来走向。与此同时，数字化也正在改变人与人之间的互动方式、经济的结构和商业发展的模式。

我们应该怎样去理解数字与社会的交融、交互？我国的数字社会治理模式又是怎样的呢？数字社会的发展在带来了前所未有的机遇的同时，也带来了诸多挑战，如隐私、安全、消费者政策、竞争、创新、工作机会和技能发展等。无法充分解决这些问题，就会导致经济效率低下、政策滞后、不平等加剧，以及社会结构失衡等一系列问题的出现。

在数字时代，如何实现经济效益最大化和社会发展均衡化的有效组合是所有政府需要应对的挑战。要做到这一点，需要确保人人都能获得参与数字经济的机会；需要最大限度地提高技术的发展能力；同时还要不断构建创新动能，实现生产力的可持续性、包容性增长。

（一）维持数字社会的竞争活力

要维持数字社会的竞争活力，要从两方面着手。一方面，政府要建立健全能够打破垄断市场的机制体制。数字时代是“赢者通吃”的时代，一家独大足以扼杀掉绝大部分初创企业。如何保证中小企业能够获得与大公司均等的资源竞争权利，考验着各国政府的魄力和执行力。另一方面，高速、易接入和低成本的互联网络是保证数字社会机会均等、维持数字社会竞争活力可持续发展的基础。

（二）制定和实施全面的数字社会发展战略

近 10 年来，我国在促进数字社会发展方面制定了大量的鼓励政策，主要集中在数字经济方面。习近平总书记在主持中央政治局就实施国家大数据战略第二次集体学习时强调，应审时度势、精心谋划、超前布局、力争主动，实施国家大数据战略，加快建设数字中国。党的十八大以来，在中央推动均衡发展总体发展战略的前提下，数字社会发展战略会逐步得到关注并最终上升到与数字经济同样重要的发展层次上。

（三）加强数字隐私和安全系统建设

发生数字安全事件会让消费者丧失对企业的信任，导致企业声誉受损、收入下降。与大公司相比，中小企业更加难以承担解决隐私问题和数字安全问题的成本，也更加脆弱，因此，数字安全事件对中小企业更具破坏性。是否将数字隐私和安全系统建设作为面向未来的一项重要的数字社会公共产品纳入国家发展战略？这个问题需要进一步探讨。数字社会已经到来，但政府应该提供什么样的配套公共产品，目前还鲜有系统的探讨。

（四）减少企业层面的数字社会准入障碍

数字社会盘活了原来只属于公共领域的重要资产。我国可借鉴美国的公共数字资源体系，让企业广泛地参与进来，特别是要激发中小企业在公共数据领域的创新活力。这是政府与社会、企业进行积极、良性互动的重要方式。

（五）反思人才培养模式

确保每个人都拥有与时俱进的数字化技能是数字社会发展创新的重要前提。但是，随着技术迭代和普及加速，对于大部分人而言，仅凭专业技能进行创新的难度与日俱增。面向未来的数字社会，新的数字化人才除了要掌握专业技术技能，还要掌握其他软技能，如创业精神、领导力、系统设计能力等。此外，在思维模式上，社会个体的沟通技巧、团队合作能力、学习能力，以及对新领域的开放性、适应性、韧性，也会直接影响其创造价值。道理很简单，未来，人工智能将会替代人类完成大部分纯技术工作，那么人工智能难以替代的能力——人特有的各种能力，就会显得格外重要。

（六）提高社会承受能力和稳定能力

供给侧结构性改革在降成本、去产能、去库存等方面均收获了预期的效果。从目前的政策走向看，接下来的供给侧结构性改革的重心是去杠杆和补短板。其中，补短板旨在提高供给效率，从而增加经济增长潜力。无论是在资本层面发展资本市场，还是在技术层面鼓励创新，对数字经济的提速及数字社会的全面发展具有鲜明的导向性。

回顾历史，我们从农业时代迈入工业时代，核心生产要素从土地和劳动力转为资本和能源，主导产业从劳动密集型的农业转为资本密集型的工业。现如今，全球数字时代已经到来，未来知识密集型的信息产业将成为主导产业，依托数字经济、数字社会的发展，数字中国的全面腾飞已经开始。

作者简介：

王文先生，中国人民大学重阳金融研究院执行院长、丝路学院副院长、特聘教授，中国金融学会绿色金融专业委员会秘书长，国务院参事室金融研究中心研究员。专译编著作包括《数字中国：区块链、智能革命与国家治理的未来》《强国长征路：百国调研归来看中华复兴和世界未来》等30余本。

刘玉书先生，中国人民大学重阳金融研究院宏观研究部副主任、研究员。主要从事AI、NLP、信息安全、反恐、自媒体传播相关研究。著有《数字中国：区块链、智能革命与国家治理的未来》等。

设立科创板并试点注册制的使命、理念与实践

卢文道

2018 年 11 月 5 日，习近平总书记在上海亲自宣布在上海证券交易所（简称上交所）设立科创板并试点注册制。经过一年多的实践，科创板顺利启动推进，注册制试点平稳落地；已经实施的新《证券法》吸收了注册制改革实践经验，确立了注册制的法律地位，资本市场全面推行注册制的改革正在稳步实施。已经取得的成效来之不易，同时应当清醒地看到，进一步建设好科创板，平稳实施好注册制，要走的路还比较长。本文基于这项重大改革部署的深刻内涵，结合一年多来改革实践和未来改革方向，谈点个人的认识和思考。

一、承担了什么样的历史使命

《关于在上海证券交易所设立科创板并试点注册制的实施意见》（以下简称《科创板实施意见》）作为指导改革的统领性文件，开宗明义，高度凝练了科创板的设立和注册制改革试点至少需要承担以下三项目标。

（一）服务国家经济创新驱动发展战略

提升科技创新能力，通过创新引领驱动高质量发展，已经成为中国经济发展的迫切需要。搞科技创新，需要资本。资本市场在引导社会资本投向科技创新企业、带动资本流向科技创新领域方面有着特殊的不可替代的作用。在这一方面，我国资本市场一直存在明显短板。总体而言，资本市场股票发行融资制度侧重于传统产业和成熟企业，对成长中的科技创新类企业如何利用资本市场配置资源，无论是观念和制度还是机制和做法，都缺乏应有的包容性。在现有市场板块之外，专门设立科创板，集中服务科技创新企业，是为了对接国家创新驱动发展战略，尽快补齐资本

市场的短板。

（二）积累资本市场完善基础性制度的试点经验

本次改革，从设立上交所科创板入手，稳步试点注册制。科创板不仅是一个新板块，更是改革“试验田”。在这块“试验田”里搞 “试点”，首先是为了回应科创企业利用资本市场的内在合理需求，提供“制度红利”，用注册制来设立和建设科创板。而更关键、更深远的是，科创板因此成为全市场改革的突破口，为整个资本市场完善基础性制度积累经验。正因为如此，这项增量改革所涉及的基础制度包括发行、上市、信息披露、交易、退市等资本市场主要领域，具有如此大的力度、如此强的系统性，被寄予如此高的厚望。

（三）增强我国资本市场国际竞争力

资本市场是高度开放的国际化市场，我国资本市场发展面临着日益激烈的国际竞争。多年以来，很多本土优质企业特别是以“BAT”为代表的新经济企业到境外市场上市，形成了一批“中概股”。这一现象直观对比出我国资本市场在吸引、促进科技企业发展方面的竞争劣势。在全球经济贸易国际化冲突加剧、我国经济发展外部环境发生深刻变化的大格局下，如何让优质科创企业首先能够利用境内资本市场做大、做强，让境内投资者分享这些企业的创新发展成果，也成为设立科创板并试点注册制改革的重要考量因素。

这三项直接目标指向一个更为深远的共同使命——“深化资本市场改革”。其释放了以科创板试点注册制为突破口，通过增量倒逼和带动存量的重大改革信号；宣示了通过理顺市场各方的权利、义务、责任，重塑整个资本市场生态的改革决心；明确了建设规范、透明、开放、有活力、有韧性的资本市场的改革任务。由此，市场各方普遍认为，设立科创板并试点注册制的深远意义在于，市场化、法治化的改革理念是否能够落实到制度中，践行到实践中。

二、注册制以信息披露为核心的内涵是什么

《科创板实施意见》明确了本次改革的基本原则。其中，首先强调了坚持市场化导向、坚持法治导向。令人印象深刻的是，《科创板实施意见》还鲜明地提出强化信息披露原则，并将之贯穿配套制度全过程。

这项改革在启动后，2019 年 4 月 19 日召开的中共中央政治局会议指出，科创

板要真正落实好“以信息披露为核心的证券发行注册制”；6 月 13 日，刘鹤副总理在陆家嘴论坛上强调，要落实好以信息披露为核心的注册制改革。注册制的改革理念，因此进一步精炼为“以信息披露为核心”。注册制改革为什么如此强调信息披露？以信息披露为核心的深刻内涵到底是什么？回答这个问题，首先要站到一个更高的层面——政府和市场关系之上来进行。

实施股票发行注册制，是党的十八届三中全会正式提出的改革部署。会议提出，“经济体制改革的核心问题是处理好政府和市场的关系，使市场在资源配置中起决定性作用和更好地发挥政府的作用”。党的十八届三中全会提出资本市场“推进股票发行注册制改革”，将其作为经济体制改革的一部分。由此，注册制改革的关键，同样在于资本市场如何处理好政府和市场的关系。

企业发行上市，一直是资本市场如何处理好政府与市场关系关键且复杂的领域。在注册制下，让市场在企业发行上市的资源配置中发挥决定性作用，实质上是将企业发行上市融资权放在第一位，将市场各方在制度规则下进行利益博弈和市场选择放在第一位。发行人商业质量的好坏、股票是否值得投资、股票价格高低等事项，由市场自主判断和选择。而把选择权真正交给市场，前提是企业要履行强制信息披露义务，将业务模式、财务状况、经营风险、发展前景等重要事项，公开、真实、准确地讲清楚。

政府“有形的手”如何更好地发挥作用？设立科创板及试点注册制的配套制度有比较充分的体现。具体安排包括：事前精简优化发行上市环节所设置的旨在把关企业质量和投资价值的显性和隐性发行条件，转化为严格的信息披露要求。事中履行好信息披露审核职责，让发行企业将市场选择判断所需要的重大信息真实地呈现在市场面前；上市后，督促发行人持续履行信息披露义务，在此基础上，把那些质量出现严重问题、不再适合继续上市的企业，通过严格的退市制度及时清除出去，保持退市出口畅通。

坚持以信息披露为核心的注册制，必须进一步明确和重新配置市场参与各关键主体的权利、义务和责任，简而言之，要做到“四个清楚”。发行人要“讲清楚”，承担第一位主体责任，要对披露信息的真实、准确、完整负责。中介机构要“核清楚”，要对披露信息的真实、准确、完整进行核查验证，承担好把关责任。审核机构要“问清楚”，注册制下的审核要从“选秀”“选优”转变到督促发行人和中介机构向投资者披露充分和必要的投资决策信息上来。投资者要“想清楚”，在发行人充分披露与投资决策相关的信息和风险后，自行判断是否要购买企业发行的股票、以什么价格购买，购买之后要自担风险。

实行以信息披露为核心的注册制，证券法治供给必须跟上。将上述注册制以信息披露为核心的“四个清楚”作为责任配置明确下来，执行到位，必须有针对性地完善证券法制建设。其中特别关键的是要提高违法成本，加大监管执法力度，以防在以信息披露为核心的注册制下欺诈发行、信息披露违法违规行为的增多。监管机构和司法机关对违法违规行为，必须“查清楚”，严格执法、依法追究法律责任，倒逼信息披露义务人真实、准确、完整地披露信息，倒逼中介机构履行好“看门人”责任。

三、如何看待已有的阶段性具体改革成效

已有的改革实践，获得“科创速度”“来之不易”“成功推出”“运行平稳”“符合预期”等客观评价。但评判已有的改革成效，停留在上述原则层面显然不够。有必要客观审视这项改革所进行的制度调整和创新，在执行中究竟产生什么样的实际效果。总体而言，注册制的基本面貌，已经在科创板这块试验田里具体而直观地呈现出来。注册制制度创新带来的改革红利，已经让科创板有了良好开端。从实践看，设立科创板并试点注册制的制度创新，有如下四个方面的具体效果。

（一）精简优化发行上市条件带来的示范包容效应

是否设置发行条件、设置什么样的发行条件，实质是在发行上市中划分政府和市场之间的边界。在以往实践中执行的发行上市条件，既包括《证券法》和证监会行政规章和规范性文件公开规定的显性条件，也包括审核机构实践掌握的隐性条件。精简优化显性和隐性的发行条件，转为严格的信息披露要求，降低发行门槛，是注册制改革中处理好政府和市场关系、推进市场化改革的起点。

科创板发行上市条件制度重构中的包容性包括四个层面。一是取消了多项不必要的发行条件，包括持续盈利、不存在未弥补亏损、无形资产占比限制等方面的要求。二是设置了以“市值”为核心的多部上市标准，同时针对红筹企业和特殊股权结构企业，另行制定了两部上市标准，供企业自主选择。三是消除了很多隐性门槛。制定并公布两批“审核问答”，将以往的一批口袋规则分别通过取消、优化或转化为严格信息披露要求的方式予以调整和明确。四是在审核层面，对涉及企业利润大幅度下滑、同业竞争和关联交易占有较大比重等隐性门槛，首先考虑通过充分信息披露和风险揭示来把握，不再成为发行上市的障碍。

上述制度的调整和执行大幅提升了科创板市场的示范性和包容度。总体来看，科创板申报企业集中于高新技术产业和战略性新兴产业，科创属性和成长性较为明显。截至 2020 年 3 月，科创板相继吸引了 220 余家企业申报。新一代信息技术产业、生物医药产业、高端装备制造行业申报企业数量累计占比超过 80%。在上述企业中，一批尚未盈利的或无销售收入但科技创新能力突出的企业，以及存在双重表决权架构企业、红筹企业，相继登陆科创板市场。比如，目前申报企业中有 30 家企业选择了未盈利上市标准；泽璟生物等 6 家企业存在亏损或尚未产生销售收入。在原有的发行制度中，这些企业进入我国资本市场存在明显障碍。

（二）高效可预期的审核机制带来的快速融资效应

审核周期长、时间成本高、时限难预期，是原有发行上市一大“隐性成本”。交易所在科创板发行上市审核规则中，明确限定审核周期，细化审核节点。交易所发行上市审核不超过 3 个月，发行人和中介机构的问询回复也不超过 3 个月；交易所受理发行上市申请后，必须在 20 个工作日发出审核问询函，收到问询回复后需要继续问询的，必须在 10 个工作日完成。

审核实践中，这些时限规定得到了严格执行，大幅缩短了审核时限，提高了时间上的预期性，在注册制下，科创板企业融资和资源配置效率因此显著提高。据统计，到 2020 年 3 月，通过发行注册的企业 100 余家，已有 90 余家在科创板发行上市，相对于主板、中小板、创业板，科创板在审核时限方面处于领先地位。从受理到上市，科创板平均用时 0.5 年，而同期主板、中小板、创业板分别是 2.2 年、1.8 年、1.6 年。

（三）市场化定价博弈机制带来的均衡效应

发行定价是发行制度的关键，也是科创板注册制市场化改革的难点。如何建立市场化的定价机制，在改革制度设计中着力甚多。在信息充分披露和风险充分揭示的前提下，将发行和交易定价选择权交给市场，由市场各方进行充分博弈，是在注册制下执行市场化发行制度的内在要求。所建立的市场化发行承销定价机制，包括以专业机构投资者为参与主体的市场化询价、定价和配售机制，增强报价约束；支持发行人采取战略配售、超额配售选择权等差异化业务安排，形成定价约束。在二级市场交易机制创新中，以建立投资者适当性管理制度为基础，放开新股上市 5 个交易日涨跌幅，促进新股发行价尽快回归；将此后的涨跌幅限制放宽至 20%，便于股票交易价格常态化合理波动。上述一、二级市场定价机制，总体上经受了市场检验。从实践情况看，在一级市场中，科创板新股发行市场定价相对理性，投资者报价约束逐步增强，市场化定价机制自我调节和市场约束的功能逐渐发挥作用。

（四）公开问询的审核方式带来的威慑效应

注册制下的审核方式，以信息披露为核心，通过公开化问询方式展开。审核把关的基本目标，从审出“好公司”转变为问出“真公司”，督促发行人提高信息披露质量。交易所在审核中，采取以问询和现场督导相结合的审核方式。以信息披露为核心的问询式审核，针对招股说明书存在的突出问题，通过一轮或多轮问询，督促发行人及中介机构真实、准确、完整地披露信息，丰富和完善信息披露内容、提高信息披露质量。从已有的审核实践看，绝大多数企业经过审核问询，信息披露质量得到不同程度的提升。

现场督导是问询式审核的延伸。对问询审核中发现的发行人和中介机构未能说清的重大问题，及时对保荐机构开展现场督导，通过调阅资料、证据核对、人员约谈等方式，着重了解保荐机构对相关申报项目信息披露中存在的问题，核查把关是否到位，要求其做出相应说明或做出补充核查。截至 2020 年 1 月底，有 20 余家企业经过公开化审核问询和现场督导，感受到审核压力，主动撤回发行上市申请；有 3 家企业的发行上市申请被否决。

四、如何走好注册制改革之路

从科创板看，其推出只有不到一年的时间，上市企业数量较少，市场规模还比较小，在真正担负起推动科技和资本融合、服务国家创新驱动发展战略的使命上，还有很长的路要走。在多层次资本市场改革全面推进的过程中，科创板作为“增量改革”的功能和优势，还有待持续发挥。科创板的市场建设和功能发挥是否符合板块设立的初衷，需要更长的时间去观察。

就注册制而言，其属于资本市场全面深化改革中最为艰巨和复杂的领域。注册制改革正在稳步推进中，面临诸多必须跨越的难题。例如，注册制改革中至关重要的市场化机制如何继续完善，如何切实提高信息披露文件的质量，如何真正提高违法成本以压实市场各方主体责任，如何真正解决退市难以畅通问题，如何将国际最佳实践和本土实际情况更好地结合在一起，如何在推进注册制改革中保持市场平稳运行，如何建设专业化和职业化相结合的高水平审核队伍，等等。

正因为存在上述复杂问题，证券监管机构在总结科创板注册制改革试点经验的基础上，明确了渐进式、分步走的改革路径。走好注册制改革之路，在思想认识和心理准备上，一要深化改革理念，二要保持改革定力。

（一）深化改革理念

深化改革理念主要是指对注册制改革确立的以信息披露为核心的基本理念要深化理解，增强共识。从改革实践看，其中的重点是如何准确理解注册制以信息披露为核心与“把好上市公司质量入口关”现实要求之间的关系。注册制以信息披露为核心，注册制下的审核重点应当是发行人的信息披露，审核的目的应当是尽可能将一家“真实”的公司通过信息披露的方式呈现在市场面前。同时，注册制下的审核，还要“把好上市公司质量入口关”。注册制不是不审，也不是不重视上市企业质量。“把好上市公司质量入口关”，其实与注册制本身并不矛盾。问题的实质是，审核机构从什么方面、按什么标准、用什么方式来“把好质量入口关”。注册制下，发行人的信息披露必须真实、准确、完整，要满足基本的发行条件，审核中要“把好发行人信息披露关”“把好发行人发行上市条件关”。从注册制的内涵实质看，上市公司质量把关的出发点和落脚点，应当在于“问出一家真公司”。

但有观点认为，“把好上市公司质量入口关”，就要“审出一家好公司”，将之同样作为“把好质量入口关”的目标和任务。值得注意的是，从科创板注册制试点实践看，与“把好上市公司质量入口关”对应的制度安排，依旧占有很大比重。具体而言，在目前科创板发行条件中，在《证券法》法定条件之外，将会计基础扎实、内控规范、不存在重大同业竞争和关联交易等诸多原则性要求，以及对这些要求予以细化后公开的审核标准，作为刚性的发行条件。在执行层面，在发行上市审核中，审核问询有关发行人业务、财务、客户、供应商、历史沿革等事项的问询，十分严格具体。在境外成熟市场，上述诸多原则性发行条件大多作为信息披露事项，由发行人披露和中介机构核查发表意见即可。

在全面推行注册制的过程中，如何进一步处理好以信息披露为核心与“把好上市公司质量入口关”之间的关系，依然是一个现实的尚未完全解决的问题。对标最佳国际实践，进一步精简优化显性和隐性的发行条件，转化为严格的信息披露，进一步突出审核问询的针对性和重大性，压缩为了质量把关进行的自由裁量空间，防止出现新的隐性门槛和口袋规则，提高信息披露质量和审核效率，应当是全面推行注册制中“把好上市公司质量入口关”的应有之义。

（二）保持改革定力

保持改革定力关键是要始终践行市场化、法治化改革理念。从改革实践看，重点和难点是如何坚持市场化，着力完善和执行发行定价市场化机制。价格是市场机制的核心要素，股票发行定价一直是 IPO 发行体制改革的核心问题。科创板为解决这个难题，在构建市场化的发行承销机制方面，进行了很多具体的制度完善和创新，包括以机构投资者为主要参与主体的询价和定价制度、保荐人跟投制度、战略配售制度、保荐机构出具定价报告制度，以及配套的二级市场放开上市初期涨跌幅限制等。

这些制度主要是为了在各方利益制衡的基础上充分发挥市场博弈作用，把 IPO 定价权利还给市场。从已有的发行承销定价和二级市场交易看，这些机制已经在发挥作用，科创板市场化定价的均衡性初步体现。

同时，在科创板发行承销过程中，投资者报价“博入围”现象比较突出，长期投资理念还不普遍，各参与方在定价中的有效博弈的格局尚未形成，二级市场长期以来形成的炒作氛围还比较浓厚。这就意味着，让市场主体、市场机制、市场力量和市场约束在市场化定价中发挥作用，还需要一个从量变到质变、从制度设计到意识转变再到行动到位的过程，难以达到立竿见影的效果，容易产生不同的评价结论，甚至导致过早地怀疑与否定。从以往的改革历程来看，要在喧嚣复杂的舆论环境中坚持改革方向，保持改革定力，并不是一件容易的事情。无论面临怎样的市场阵痛和舆论压力，如能坚持市场化的定价体系不扭曲，持续完善市场化的定价机制，注册制改革也就成功了一半。

作者简介：

卢文道博士，上海证券交易所副总经理，兼任中国证券法研究会副会长。长期参与资本市场法制建设和交易所一线监管，参与设立科创板并试点注册制业务规则制定、科创板发行上市审核等工作。著有《证券交易所自律管理论》《判例与原理：证券交易所自律管理司法介入比较研究》等专著和多篇学术论文。

深化创业板改革　更好服务新经济

李鸣钟

2020 年 4 月 27 日，中央深改委第十三次会议审议通过了《创业板改革并试点注册制总体实施方案》，中国证监会和深交所相继发布主要制度规则公开征求意见，创业板改革并试点注册制正式启动。回顾创业板 10 年发展历程，作为推动创新与资本有效融合的核心平台，创业板始终坚持服务创新创业企业的定位，已经成为中国新经济企业的重要集聚地。在当前背景下，推进创业板改革并试点注册制，有利于提升创业板市场功能，对于完善要素市场化配置体制机制、深化金融供给侧结构性改革、发挥资本市场枢纽作用、提升资本市场服务实体经济能力、支持“双区”建设具有重要意义。

一、创业板筑成新经济企业集聚地

2009 年 10 月设立的创业板的定位为服务创新创业企业，与主板服务大盘蓝筹企业、中小板服务传统细分行业的龙头企业形成错位和补充，尤其是差异化的发行上市门槛，使得境内资本市场真正拥有了专注于服务创新创业企业的平台，大大提升了多层次资本市场的包容性。截至 2020 年 3 月底[1]，创业板上市公司共有 803 家，占 A 股上市公司总数的 21.08%，总市值 6.40 万亿元，占 A 股总市值的 11.37%。其中，国家高新技术企业 733 家，占比为 91%；战略性新兴产业公司 558 家，占比为 70%；以新一代信息技术、生物医药、新材料等为代表的新兴产业聚集效应明显，产业结构与主板、中小板形成明显差异。创业板公司过去 10 年的平均研发强度超过 5%，其中，759 家公司合计拥有 3.81 万项发明专利，105 家公司曾获国家科学技术进步奖，124 家公司拥有国家科技重大专项项目，196 家公司拥有国家火炬计划

1 如无特殊说明，本文数据的统计时点为 2020 年 3 月 31 日。

项目，62 家公司为国家创新型试点企业。创业板公司成为我国创新驱动发展战略的重要践行者。

创业板针对创新创业企业的经营特点和发展需要，提供多元化的政策支持，带给企业增信效应和声誉效应，助力新经济企业迈上新台阶。2009—2016 年，创业板公司营业收入、净利润复合增长率分别达到 23%、15%，远高于同期其他板块的水平；2017—2018 年，受内外部多重因素影响，创业板公司业绩增长承压；2019 年重回增长态势，净利润同比增长近 30%，新经济发展动能强劲。经过 10 年的发展，创业板已经聚集了宁德时代、迈瑞医疗等一批具有较高知名度和市场影响力的新经济标杆企业，2019 年营业收入超过 30 亿元的公司达 96 家，净利润超过 5 亿元的公司有 51 家；有 6 家公司市值超千亿元，29 家公司市值超 300 亿元。

二、创业板主要新经济产业发展现状

创业板公司主要分布在九大战略性新兴产业，其中新一代信息技术、生物医药、新材料、高端装备制造 4 个行业的集聚效应尤为明显。

（一）新一代信息技术行业

新一代信息技术行业为创业板战略性新兴产业之首，共有 211 家公司，总市值 17756.58 亿元，占创业板总市值的 27.73%，2019 年合计实现营业收入 4726.02 亿元，同比增长 14.87%，合计实现净利润 132.80 亿元，同比增长 194.54%。新一代信息技术行业包括信息网络、电子、软件和信息服务、互联网等细分领域，具有研发投入大、科技水平高、技术进步快、与其他产业关联密切等特点，同时伴随着较高的技术迭代风险。在网络信息安全领域，创业板聚集了行业近六成的上市公司，比如，深信服引领了国内下一代防火墙技术的变革与发展，其安全产品 VPN、上网行为管理产品的市场占有率连续多年位居国内第一。我国半导体芯片产业长期受国外垄断，创业板聚集了一批芯片设计企业，率先迈出进口替代步伐。比如，景嘉微成功研发了国内首款具有完全自主知识产权的图形处理芯片，打破了国外在 GPU 领域的垄断，并率先实现军用 GPU 国产化。

（二）生物医药行业

创业板共有 84 家生物医药行业上市公司，总市值 14430.29 亿元，2019 年合计实现营业收入 1595.13 亿元，同比增长 18.60%，合计实现净利润 197.44 亿元，与

2018 年持平。生物医药行业分为生物制品、化学制药、医疗器械等六大细分行业，具有研发投入大、研发周期长、盈利能力强、头部企业集中度高等特征。在医疗器械领域，创业板汇聚了 31 家公司，市值占该细分行业整体市值的 65.43%。迈瑞医疗作为医疗器械国际化龙头企业，拥有 1936 项发明专利，建立了基于全球资源配置的研发创新平台，为 190 多个国家和地区提供优质医疗设备及服务。一批创业板公司，在疫苗和新药研发上不断斩获新成果，逐步突破海外医药巨头对国内市场的垄断。比如，贝达药业自主研发了我国第一个小分子靶向抗癌药，打破了肺癌治疗领域进口药品的垄断，惠及近 20 万名肺癌晚期患者，获得化学制药行业第一个国家科技进步一等奖。

（三）新材料行业

创业板共有 88 家新材料行业上市公司，总市值 8179.05 亿元，占创业板总市值的 12.77%，2019 年合计实现营业收入 1681.62 亿元，同比增长 12.07%，合计实现净利润 166.70 亿元，同比增长 17.62%。新材料行业包括锂电池新材料、碳纤维、电子材料等多个细分领域，具有技术壁垒高、研发周期长、产业化进程慢、量产难、毛利率高于其他传统材料行业等特征。创业板龙头企业宁德时代，作为全球锂电池行业领军企业，其锂电池出货量全球第一，全球市场占有率超过 20%。宁德时代还加入了 ISO、IEC、SAE 等多个国际标准化组织的工作组，主导或深度参与了 20 多项国际标准的制定，提高了我国锂电池产业的全球竞争力。碳纤维是国防装备的关键材料，其国产化程度相对较低，不少创业板公司在突破技术壁垒、实现国产替代进口的路上砥砺前行。比如，我国碳纤维行业领军企业光威复材，主导或参与了 8 项国家标准的制定，突破了高模量碳纤维制备的多项关键技术，保障了国防军工领域碳纤维的自主供应。

（四）高端装备制造行业

创业板共有 81 家高端装备制造行业上市公司，总市值 4195.97 亿元，2019 年合计实现营业收入 944.81 亿元，同比增长 5.30%，受部分公司计提大额减值准备的影响，行业略有亏损。高端装备制造行业分为智能制造装备、航空装备、轨道交通装备等五大细分产业。尽管高端装备制造行业仍然面临核心技术和关键零部件依赖进口、技术水平和利润率偏低等问题，但也呈现出规模不断扩大、产业集群效应初现、研发能力持续增强等良性发展态势。在“中国制造”向“中国智造”升级的大背景下，创业板公司致力于突破关键核心技术，抢占行业制高点。在工业机器人领域，创业板聚集了该领域42%的上市公司，其中，产业翘楚新松机器人多款产品比肩世界一流水平，开创国产机器人走出国门的先河，累计出口30多个国家和地区，为全球3000多家企业提供产业升级服务。在其他高端装备制造领域，一批创业板公司通过多年积淀和技术突破逐步实现国产化，如汇川技术作为我国工业控制领域的领军者，自主研发的电梯一体化控制器、变频器、伺服系统的市场占有率位居国产品牌第一，每3台新能源客车、每4台电梯就有一台使用了汇川技术的产品。

三、创业板多维度支持新经济发展

（一）直接融资功能有效发挥，增添发展动能

直接融资是资本市场最基础的功能，创业板公司IPO募资累计4200.79亿元，再融资募资累计3654.16亿元，股权融资合计7854.95亿元，这些资金直接投向创新创业领域，进一步推动了新经济发展。第一，创业板的推出大幅降低了A股市场的上市门槛，使更多处于成长阶段的新经济企业登陆资本市场。据统计，34%的创业板公司上市前3年的累计净利润少于1亿元，同花顺、亿纬锂能、信维通信等不少公司在上市后都取得了良好发展。比如，信维通信在2010年上市时的营业收入仅为1.4亿元，净利润不足0.5亿元，到了2019年，信维通信的收入已达51亿元，净利润超过10亿元，市值达483亿元，成为全球领先的泛射频元器件供应商。第二，创业板放开无形资产占比限制，更加契合新经济企业特征，迈瑞医疗、康龙化成等61家公司首发前一年无形资产占比超过20%。第三，创业板有效发挥再融资功能，及时疏通企业资金瓶颈。比如，蓝思科技通过定向增发、公开发行可转债共募集80亿元，将这些资金用于消费电子外观防护玻璃等项目，相关项目已贡献收益超30亿元，进一步巩固了蓝思科技在消费电子防护玻璃领域的龙头地位。

（二）并购重组主渠道作用不断增强，助力转型升级

创业板充分发挥平台优势，支持上市公司在深耕主业的同时，积极通过并购重组进行产业整合和转型升级，实现跨越式发展。创业板公司累计完成重大资产重组431单，交易金额3954亿元，其中超过七成的创业板公司以产业整合为导向，将重组标的集中于新一代信息技术、生物医药、高端装备制造等新兴行业，符合国家经济转型升级方向。有的创业板公司通过并购切入新经济领域，如中际旭创2017年

以 28 亿元收购高速光模块制造商苏州旭创，将业务重心转移到通信行业光模块领域，率先布局 5G 商用市场，成为华为、Google 等国内外知名厂商的供应商，2019 年其净利润已达并购前的 50 余倍。有的创业板公司通过并购实现了新经济领域的产业整合，如北京君正 2019 年以 72 亿元的作价收购北京矽成，实现对全球领先的 DRAM、SRAM 存储芯片制造商 ISSI 的跨境整合，将现有的 CPU 芯片业务延伸至存储芯片业务，增强了北京君正的行业地位和盈利能力，也推动了我国集成电路产业的发展。

（三）人才集聚效应持续显现，夯实发展根基

创业板在资本与人才之间建立了坚实纽带，通过股权激励、员工持股计划等资本工具激发员工创新创业热情，人才聚集效应逐步显现，为企业发展奠定良好基础。一方面，创业板公司积极实施股权激励和员工持股计划，共 469 家公司在上市后推出 763 期股权激励计划，覆盖 12.77 万名员工；共 196 家公司推出 272 期员工持股计划，涉及员工 4.75 万名，员工持股规模达 355.91 亿元，对吸引和留住优秀人才起到重要作用。另一方面，高端人才集聚效应逐步显现。创业板公司与 159 位院士开展深入合作，聚集了 165 名国家级或省级“千人计划”专家人才，为创业板公司的创新驱动发展保驾护航。如康龙化成聚集了近百名学科带头人，其中 3 人入选国家“千人计划”，其核心实验室化学业务已跻身全球第一梯队，业务覆盖了全球前 20 大跨国制药企业。

（四）加速创新与资本融合，建立新经济发展生态圈

一方面，创业板培育了激励“大众创业、万众创新”的制度环境和社会氛围，夯实了新经济发展的生态基础。在创业板公司中，143 家公司的实际控制人曾就职于高校或科研院所，51 家公司的创始人由海外归来。这些人的成功创业对其他专家人才创新创业形成了示范作用，越来越多的高层次人才投身创新创业的热潮。另一方面，创业板带动了创投产业的快速发展，推动了资本“投资、退出、再投资”的良性循环。481 家创业板公司在上市前累计获得 393.24 亿元的创投机构投资，以目前股价模拟测算，其投资增值达 11.77 倍。这些创投资本退出后又重新投入早期阶段的新经济企业，实现了创新与资本的良性循环。2009 年年底，我国创投机构管理资本量仅 1605 亿元；到 2018 年年底，我国创投机构管理资本量已增长至 2.4 万亿元，居世界第 2 位，这与创业板的快速发展密切相关。

四、深化改革更好服务新经济发展

过去 10 年，创业板在创新驱动发展和经济转型升级的时代浪潮中，为新经济发展不断注入强劲动能。进入新的历史时期，与日益增长的多元化投融资需求相比，与推动实体经济高质量发展的需要相比，创业板市场的功能尚未充分发挥，还存在市场包容性不足、融资机制不够顺畅、优胜劣汰机制尚不健全等不适应、不匹配问题，迫切需要深化改革。

2019 年 8 月，《中共中央 国务院关于支持深圳建设中国特色社会主义先行示范区的意见》提出，“研究完善创业板发行上市、再融资和并购重组制度，创造条件推动注册制改革。”2020 年 4 月，中央深改委第十三次会议审议通过了《创业板改革并试点注册制总体实施方案》，创业板改革并试点注册制正式启动。本次创业板改革以试点注册制为主线，统筹推进创业板改革与多层次资本市场体系建设，统筹推进注册制与其他基础制度建设，统筹增量改革与存量改革，通过实施一揽子改革措施，完善基础制度，增强对成长型创新创业企业的服务功能，更好地促进新经济发展。

（一）以试点注册制为主线

本次改革落实新《证券法》要求，在创业板 IPO、再融资、并购重组同步实施注册制，充分发挥市场功能，释放市场活力。实施注册制要坚持以信息披露为核心，按照规范、透明、公开的总体原则，优化注册审核程序和制度安排，提高注册审核透明度和可预期性，由投资者自主进行价值判断，真正把选择权交给市场；同时，建立市场化的发行承销机制，对新股发行定价不设任何行政性限制，建立以机构投资者为参与主体的询价、定价、配售机制，提升直接融资功能，优化市场化资源配置。

（二）完善板块定位

本次改革根据近年来经济形势变化和多层次资本市场的发展实际，将创业板定位调整为“深入贯彻创新驱动发展战略，适应发展更多依靠创新、创造、创意的大趋势，主要服务成长型创新创业企业，支持传统产业与新技术、新产业、新业态、新模式深度融合”。创业板延续服务创新创业的板块定位，保持相对较广的覆盖面，既支持战略性新兴产业和高新技术产业发展，也支持传统产业与“四新”

深度融合，同时制定行业负面清单，进一步突出创业板的定位和特色。创业板和科创板将错位发展，形成各有侧重、相互补充的适度竞争格局，给予新经济企业更多选择的机会，共同提升资本市场对新经济的覆盖面。

（三）丰富发行上市条件

在精简发行条件的基础上，创业板引入预计市值等指标，制定多元化的上市条件，提高创业板对新经济企业的包容性。一是创业板取消“最近一期不存在未弥补亏损”的要求，支持创新企业实现盈利后尽快上市。二是根据多层次资本市场各板块的定位分工及创业板发展实际，创业板适当提高盈利上市标准，新标准为“最近两年盈利且累计净利润 5000 万元以上”或“预计市值 10 亿元以上，最近一年盈利且营业收入 1 亿元以上”。三是创业板允许具有一定规模且已经盈利的红筹企业、特殊股权结构企业上市，以适应创新创业企业差异化的股权结构和控制权需要。四是创业板增设“预计市值 50 亿元以上且最近一年收入 3 亿元以上”的上市条件，为未盈利企业在创业板上市预留空间。

（四）优化资本工具供给

一是完善再融资制度。2020 年 2 月，证监会修订创业板再融资制度，取消非公开发行股票连续 2 年盈利的要求，以及公开发行证券资产负债率高于 45%的要求；调整非公开发行股票的定价和锁定机制；延长批文有效期至 12 个月。本次改革新增向特定对象发行可转换公司债券的融资方式，将小额快速融资额度提高至每年 3 亿元且不超过净资产的 20%，将配股比例提高至 50%，进一步提高融资便利性。二是完善并购重组制度。在 2019 年 10 月取消创业板重组上市限制政策的基础上，本次改革进一步优化重大资产重组认定标准，将营业收入指标调整为占比超过 50%且绝对金额超过 5000 万元；放宽发行股份购买资产的价格下限，即不得低于市场参考价的 80%，给予企业更多价格弹性，让并购双方充分博弈；设置时间较短（5 天）的注册程序，为创业板公司自主、便利和高效地利用并购重组做大做强主业，提升“硬实力”提供有力的制度支撑；明确并购重组标的要符合创业板定位，或者与上市公司属于同行业或上下游，从而持续推动强强联合或上下游紧密衔接。三是完善股权激励制度。本次改革将激励规模提高至总股本的 20%；放宽对激励对象的限制，允许 5%以上股东及其近亲属成为激励对象；建立更为灵活的股份授予和解限安排，紧密结合资本与人才情况，激发企业创新创业热情。

（五）健全退出机制

创业板要以促进优胜劣汰为目标，优化退市程序、标准及风险警示机制，提高上市公司质量。创业板采取的措施包括简化退市程序，取消暂停上市和恢复上市；完善退市标准，取消单一连续亏损退市指标，引入“扣非净利润为负且营业收入低于一个亿”的组合类财务退市指标，新增市值退市指标；设置退市风险警示暨*ST制度，强化风险揭示。

推进创业板改革并试点注册制，是深化资本市场改革、完善资本市场基础制度、提升资本市场功能的重要安排。改革以注册制试点为主线，完善发行、上市、信息披露、再融资、并购重组、交易、退市等基础制度，提升创业板对新经济的包容性和适应性，畅通资本、产业、科技之间的循环联动机制，必将有力增强创业板对新经济企业的服务功能，推动创业板在更大范围、更高水平上服务国家战略全局和经济高质量发展。

作者简介：

李鸣钟先生，深圳证券交易所副总经理，兼任全国中小企业股份转让系统董事、中证中小投资者服务中心董事、资本市场学院理事。长期从事交易所上市公司监管工作，近年来参与创业板改革并试点注册制、上市公司并购重组等改革创新和企业画像系统建设等工作。

战略新兴产业

本分类规定的战略性新兴产业是以重大技术突破和重大发展需求为基础，对经济社会全局和长远发展具有重大引领带动作用，知识技术密集、物质资源消耗少、成长潜力大、综合效益好的产业，包括新一代信息技术产业、高端装备制造产业、新材料产业、生物产业、新能源汽车产业、新能源产业、节能环保产业、数字创意产业、相关服务业九大领域。

——《战略性新兴产业分类（2018）》（国家统计局令第23号），2018年11月7日

推进债券市场高质量发展 助力我国新经济提质增效

佘力

当前，我国正处在转变发展方式、优化经济结构、转换增长动力的攻关期。中央经济工作会议明确指出："坚定不移贯彻新发展理念，推动高质量发展。"近年来，以互联网、大数据、人工智能、共享经济等新产业、新业态、新模式为主的新经济不断发展，为加快新旧动能接续转换、推动我国经济高质量发展提供了有力支撑。

债券市场作为我国资本市场的重要组成部分，在服务国家战略、助力经济转型升级中发挥了重要作用。近年来，我国债券市场稳步发展，已成为全球第二大债券市场，服务实体经济能力显著提升，在改革和实践中贯彻落实新发展理念，对促进我国新经济提质增效发挥了积极作用。

一、债券市场稳步发展，有力支持供给侧改革和新经济发展

经过近 20 年的发展，我国债券市场规模稳步扩大，产品日益丰富，市场体系和基础设施不断完善。截至 2019 年年底，我国债券市场余额达 97.11 万亿元人民币，成为政府、金融机构和企业的重要融资渠道。

（一）市场规模稳步增长，直接融资比重有效提升

近年来，债券市场融资规模稳步提高，债券市场服务实体经济能力不断提升；尤其是 2015 年以来，为适应债券市场改革发展的新形势，中国证监会对公司债券发行制度进行了市场化改革，以信息披露为核心，健全市场约束机制，交易所债券市场的创新发展迎来新局面。2019 年，全国债券市场共发行国债、地方政府债券等 8.53 万亿元人民币、政策性银行债券 3.82 万亿元人民币，金融债券 2.78 万亿元人

民币，公司信用类债券 12.07 万亿元人民币，其中，非金融企业发行债券 9.53 万亿元人民币，净融资额 2.17 万亿元人民币，约占社会融资增量的 9%，直接融资比重有效提升。在发行成本方面，债券市场助力企业降成本方面取得良好成效。2015 年至今，公开发行的公司债券加权平均利率为 4.68%，较同期银行贷款低 70～130 个基点。

（二）发行主体不断丰富，产品体系持续完善

2015 年以来，债券市场发行主体不断扩大，既涵盖全民所有制企业、国有企业、民营企业，也包括上市公司、非上市公司，覆盖国民经济主要行业，特别是制造业、基础设施、服务业、农业及脱贫攻坚等国民经济关键领域和薄弱环节。债券产品体系不断完善，涵盖了短期、中长期品种及衍生品。在缓解民营企业“融资难、融资贵”方面，交易所债市推出创新创业债、定向可转债等产品，积极纾解民营和中小微企业融资难题。截至 2019 年年底，我国债券市场的民营企业债券存量约 1.8 万亿元人民币，其中交易所市场 1.2 万亿元人民币，约占 66%。

（三）积极发展资产证券化，有效盘活存量降杠杆

资产证券化是盘活存量资产和降杠杆的重要金融工具，是以基础资产产生的现金流为偿付来源的融资方式，有利于降低资产负债率，并助力企业以资产信用走进资本市场。交易所市场作为企业资产证券化业务的主要场所，基础资产类型不断丰富，资产质量不断提升。目前已涵盖企业应收账款、信托受益权、融资租赁资产、消费金融、基础设施收益权、住房租赁、类 REITs 等大类资产。截至 2019 年年底，债券市场中资产支持证券存续规模达到 3.58 万亿元人民币，其中交易所市场企业资产支持证券规模达 1.77 万亿元人民币，年发行量近 8000 亿元人民币。

（四）契合国家战略导向，助力新经济发展

在当前我国经济调结构、促转型的关键阶段，债券市场积极发挥稳增长、促改革、调结构、惠民生、防风险等方面的作用，服务经济新常态。2019 年，上交所债市支持能源、交通、电力、装备制造等国家支柱产业企业发行债券金额约 5554 亿元人民币，占非金融企业发行规模的 24%；契合中国制造、乡村振兴、绿色发展、创新驱动等国家战略的企业发行债券金额约 3560 亿元人民币，占比达 16%；支持计算机、通信、生物、传媒等新经济企业发行债券金额约 505 亿元人民币，发行主体逾 30 家。

二、深化改革创新，发挥市场机制提升资源配置效率

近年来债券市场取得较快发展，但在市场宽度、深度、风险管理和基础供给等方面仍存在结构性不足，直接融资仍然是我国企业融资短板，需要加快建设与我国国情和经济发展相适应的多层次债券市场体系。交易所债券市场在发展过程中，坚持把服务实体经济作为根本目的，坚持市场化、法治化理念，坚决守住不发生系统性风险的底线，加强协调发展，健全制度规则、完善体制机制，不断推进债券市场高质量发展。

（一）坚持以服务实体经济和国家战略为根本宗旨

金融是实体经济的血脉，为实体经济服务是金融的天职和宗旨。交易所债券市场始终围绕服务实体经济高质量发展和国家战略需要，切实发挥债券市场服务供给侧结构性改革的积极作用。一是继续提升市场包容性，扩大发行主体范围，疏通实体经济直接融资渠道，降低融资成本；二是不断改进服务效率，优化融资结构。建立以信息披露为核心的融资监管体系，持续推进审核标准和程序的公开和透明。同时，新《证券法》2019 年 3 月 1 日起实施，公开发行公司债券正式实施注册制，进一步简化发行条件，提升审核效率，更好满足社会经济发展需要；三是契合国家战略，稳妥开展债券品种创新，深化拓展创新创业债券、绿色债券、扶贫债券、可续期债券等创新试点；四是积极支持地方政府、政策性金融机构到交易所发行债券。

（二）坚持市场化、法治化和国际化的发展理念

充分发挥市场在金融资源配置中的决定性作用是资本市场改革发展的关键。交易所债券市场按照市场化、法治化理念，加强事中、事后监管，引导各方主体归位尽责。一是发挥市场选择和约束机制，健全以偿付能力为核心的信息披露制度，发挥投融资双方在直接融资中的相互选择、市场化定价和市场约束功能。二是不断完善交易所债券市场法规，加强对发行人、中介机构、投资者全方位监管，从严处理市场主体不履职尽责、违规信息披露等问题，维护市场秩序。三是稳步推进债券市场国际化，贯彻落实对外开放、“一带一路”倡议、人民币国际化战略，积极稳妥推进境外机构，特别是“一带一路”沿线国家及优质企业在交易所发行人民币债券，吸引境外机构投资者投资交易所债券市场。

（三）坚持底线思维防止发生系统性风险

防止发生系统性金融风险是金融工作的永恒主题。交易所债券市场坚持底线思维，高度重视安全运行，坚决防控市场风险。一是建立公司债分类审核机制。针对发行人行业特点、财务状况不同，加强对偿债能力的信息披露和风险揭示，把投资者保护措施落到实处。二是丰富逆周期调节工具箱，通过推进信用保护工具业务、健全风险债券转让机制，缓解企业的流动性压力。三是加强中介机构监管，督促中介机构归位尽责，提升执业质量。四是加强市场跟踪监测，健全债券受托管理人制度，加强对企业信用风险、流动性风险等的监测、预警和化解处置。五是推动畅通债券违约的司法救济渠道，建立市场化、法治化的违约风险处置机制。

（四）坚持统筹规划与银行间市场协同发展

从国际经验看，构建多元化、多层次的市场体系是全球债券市场发展演进的普遍规律。交易所债券市场增强大局意识和协同意识，紧密依托公司信用类债券部际协调机制，加强与银行间市场协同发展。一是着眼于增强全国债券市场整体效能与安全，有序推进要素跨市场自由流动，深化债券市场互联互通。二是发挥交易所债券市场在股债结合产品、债券指数化产品、交易结算机制等方面的特点，构建和完善多层次债券市场体系，为各类债券发行人和投资者服务，提高直接融资比例。

三、贯彻新发展理念，助力新经济发展的探索与实践

在当前调结构、促转型的经济周期背景下，债券市场贯彻落实新发展理念，坚持创新发展、协调发展、绿色发展、开放发展和共享发展，在积极探索助力新经济提质增效的实践中取得了初步成效，形成了多领域、多层次的支持体系。

（一）支持高科技关键领域发展，破解卡脖子难题

着力提升对先进制造业、生物医药、电子产业、航天航空、汽车制造等关键领域的融资支持力度，促进产品研发和迭代升级，助力打造大国重器，提升科技支撑能力。截至目前，上述行业在上交所累计发行债券融资达 1 万亿元人民币，涵盖了中核工业、中船重工、中航科工、中国电子、国电集团、紫光集团等核心领域的重点企业。在国际形势日益复杂、贸易摩擦增多的背景下，紫光集团在上交所发行 100 亿元人民币公司债券，募集资金专项投资于集成电路和云计算等产业，助力我国芯片的自主研发和制造，以期推动关键核心技术的攻关、突破和创新。

（二）助力创新创业企业成长，释放科技创新潜力

针对创新行业发展趋势和企业融资特点，试点推出创新创业债和创新创业可转债，募集资金专项用于创新创业企业发展，并可以遵循市场化原则引入转股条款，进一步降低融资成本，着力解决融资难、融资贵等痛点，充分发挥双创示范作用。截至 2019 年年底，累计 52 家企业在上交所发行创新创业债，融资 144 亿元人民币，加权平均利率 5.35%，远低于同类型企业传统融资成本。其中，龙腾光电作为昆山市产业链的核心企业之一，拥有多项专利技术，当企业正处于发展初期扭亏为盈的转折点时，通过发行创新创业债，缓解了公司发展期的资金需求，为后续持续创新发展提供了有效支撑。

（三）推进知识产权证券化，促进科技成果转化

知识产权行业与实物资产相比，存在价值评估等诸多难题，行业融资困难。推进知识产权证券化，打造资本与技术的高效融合通道，可以有效加快创新价值流动和科技成果转化。上交所结合知识产权的特性和资产证券化的融资特点，推出全国首单爱奇艺知识产权资产支持证券，储架发行规模 30 亿元人民币，首期成功发行 4.7 亿元人民币，优先级加权平均利率 5.45%。企业以电视剧著作权交易形成的应收债权作为基础资产，实现知识产权转化，打开了知识产权行业资产证券化融资路径，具有较为广泛的示范效应。

（四）践行绿色发展理念，转换经济增长动能

专项设立绿色债券试点，积极支持符合条件的企业通过发行债券投资绿色产业项目，服务绿色产业发展，助推经济发展方式转变和结构转型。同时，交易所设立绿色债券板块，设置融资绿色通道，开展绿色金融国际合作，不断扩大绿色公司债券市场影响力。自试点以来，累计推动绿色债券融资超过 2000 亿元人民币，涵盖了三峡集团、中节能、北控水务、京基投等重点龙头企业，覆盖绿色交通、节能建筑、清洁能源、水利水电、太阳能发电、污水处理、资源再回收等多个细分领域，有效推动了企业绿色低碳的发展模式。

（五）支持开放和协同发展，助力区域经济建设

贯彻落实国家“一带一路”倡议，大力支持“一带一路”沿线国家企业和境内企业发行“一带一路”债券，用于“一带一路”重点项目建设，累计融资超过 300

亿元人民币。同时，贯彻落实区域协调发展战略，定向支持京津冀协同发展、长江经济带发展、长三角区域一体化发展、粤港澳大湾区建设等区域经济建设，支持区域企业围绕国家战略进行债券融资，促进区域产业结构升级。2019 年，京津冀企业融资近 7000 亿元人民币，长江经济带沿线企业融资超过 1000 亿元人民币，长三角区域企业融资近 8000 亿元人民币，粤港澳大湾区企业融资超过 2000 亿元人民币。

（六）盘活存量资产，推动传统产业改造升级

充分发挥资产证券化盘活存量的基础功能，通过将企业应收账款、应收票据、基础设施固定资产（PPP）等存量资产证券化，为企业降杠杆、降两金，优化资源配置，提升资产运营管理能力，形成新动能。截至 2019 年年底，相关资产证券化累计发行超过 3000 亿元人民币。2019 年，以沪杭甬高速为底层资产的国内首单基础设施类 REITs 产品在上交所成功发行，是行业内“存量带动增量”滚动发展模式的首次尝试，在保障存量资产高标准运营的前提下，回收资金可继续用于新的基础设施项目投资，形成良好的投资循环，为基建领域长效机制的建立提供了较好的思路。

（七）支持现代供应链发展，服务新业态新模式

供应链资产证券化能提高实体经济中各类资源和要素的流转效率，促进整个供应链生态良性发展。作为供应链的核心企业，可通过保理公司将上游企业的应收账款资产证券化，支持上游中小企业融资，重塑上下游产业链，建立产业链的新业态和新模式。截至 2019 年年底，供应链资产证券化累计融资超过 400 亿元人民币，包括蚂蚁金服、小米公司等多家科技型企业。其中，小米公司作为中国新经济制造业的代表企业之一，在上交所成功发行首单新经济企业供应链金融资产支持证券，涵盖了信息设备、精密电子、生物识别等领域 200 余家上游供应商。供应链金融资产证券化为上述中小供应商提供资金渠道的同时，也促进了新经济制造业的科技研发和效能提升。

作者简介：

余力先生，上海证券交易所债券业务中心总经理。长期从事债券市场发展创新工作，曾在中国证监会研究中心、债券市场改革发展领导小组办公室工作，参与我国公司债券、资产证券化市场的主要制度设计和市场组建，近年主要负责上交所债券市场的产品创新、融资监管和二级市场基础设施建设等工作。

构建与新经济相适应的知识产权保护体系

柴海涛

保护知识产权就是保护创新的火种。当前，以“互联网+”、智能制造、高新技术和知识经济为主导的新经济正在进入快速发展时期。新技术、新业态、新模式、新产业层出不穷，成为我国加快供给侧结构性改革、推进经济高质量发展的巨大推动力。新经济特有的创新禀赋，与专利、商标、版权、原产地名称、地理标志、植物新品种、商业秘密等知识产权密切相关，建立与之相适应的知识产权保护体系，是促进新经济健康发展的基本保障。

一、以开放促改革不断完善知识产权保护体系

毋庸讳言，中国的知识产权制度是对外开放“倒逼”下的产物。改革开放以来，特别是加入世贸组织后，我国知识产权保护体系从无到有，进行了大规模、现代化构建。短短 40 余年，中国就建立了符合世贸组织规则和中国国情的知识产权保护体系，形成了从法律、法规、政策到执行机构的知识产权创造、运用、保护和管理的完整运行机制。我国加入了大部分主要的知识产权国际公约，与全球 60 多个国家、地区和国际组织签订了多双边知识产权合作协议。

在融入经济全球化的进程中，中国制定并实施了国家知识产权战略，加快知识产权强国建设，将知识产权保护摆在更加重要的位置。伴随着中国经济的迅速发展和国内新经济的异军突起，新旧动能转换加快，知识产权保护越来越成为建设创新型国家与自身发展的需要。近年来的总体趋势是，强化对知识产权的保护，加大对侵权行为的惩治力度，细化法律实施的配套措施，创新执法监管方式。在法律创设方面，开展了一系列法规修订工作。新修订的《商标法》首次在知识产权领域引入惩罚性赔偿制度，《专利法》和《著作权法》的修订同样体现了惩罚性赔偿原则；《反

不正当竞争法》修订完善了商业秘密的定义，扩大了侵权主体范围，加重了侵犯商业秘密的法律责任和处罚力度；新修订的《药品管理法》引入了终身禁业制度。新修订的《种子法》将植物新品种保护单独设为一章，《专利审查指南》将图形用户界面纳入外观设计，扩大了知识产权保护范围。2019 年施行的《电子商务法》明确了电子商务经营主体对知识产权保护的责任和义务；2020 年施行的《中国外商投资法》与《实施条例》规定了外国投资者和外资企业的知识产权受到平等保护。在司法保护方面，最高人民法院设立知识产权法庭，在北京、上海、广州等地设立知识产权法院和跨区域管辖的知识产权法庭；在全国各级法院广泛实行知识产权民事、行政和刑事案件审判“三合一”改革，统一司法标准、提升审判质量。在行政执法方面，新组建国家市场监督管理总局，重新组建国家知识产权局，统一了商标、专利、原产地名称、地理标志、集成电路布图设计的行政管理和行政执法。《优化营商环境条例》要求，推动建立知识产权快速协同保护机制，健全知识产权纠纷多元化解决机制和知识产权维权援助机制。在信息公开方面，国务院印发《关于依法公开制售假冒伪劣商品和侵犯知识产权行政处罚案件信息的意见》，要求行政执法部门在 20 个工作日内向社会公开行政处罚信息。最高人民法院开通中国裁判文书网，所有知识产权生效判决文书全部向社会公开。在统筹协调方面，成立了全国打击侵犯知识产权和制售假冒伪劣商品工作领导小组，负责统一领导全国打击侵权假冒工作，积极推进知识产权行政执法与刑事司法衔接，加强跨部门、跨区域、跨国境打击侵权假冒信息共享，开展热点领域集中整治，形成了全国完整的工作体系。

根据世界知识产权组织《2019 年全球创新指数》统计分析，中国排名第 14 位，较 2018 年上升 3 个位次；世界银行发布的《全球营商环境报告 2020》将中国的排名从 2018 年的第 46 位上升到第 31 位。作为经济规模世界第二的大国，这个排名既表现了我国取得的巨大进步，也说明我国还有很大的持续改进空间。在我国营商环境调查中，知识产权保护仍然是明显的短板。2017 年，中国美国商会曾就中国商业环境对 500 余家会员企业进行了问卷调查，认为阻碍企业在中国增加创新投入的主要原因中，知识产权保护力度不够占第一位，数据安全和知识产权泄露占第二位。2019 年，中国贸促会知识产权服务中心开展了一项覆盖全国范围的 7 万份社会调查，我国民众反映最为关注的问题，一是中小企业和中低收入者受侵权假冒伤害最多；二是电子商务平台成为侵权假冒商品泛滥的重灾区；三是绝大多数社会公众支持像打击酒驾那样对侵权假冒行为采取严厉处罚措施。对标国际先进水平，构建与新经济相适应的知识产权保护体系，营造国际化的公平、透明、可预期的市场环境，形成竞争新优势，是我们今后一个时期需要加强的重要方面。

二、新经济健康发展需要知识产权保护社会共治

新经济以知识和技术为主导，与知识产权有着天然关系。建立与新经济特点相适应的知识产权保护体系，理论与实践都需要与时俱进，并做好相应的顶层设计。今后一个时期，应大力推动知识产权保护的社会共治，形成信息化、网络化、互联互通、协调运作、线上线下一体的工作体系。

一是针对新经济全球化、开放式的特征，要大力加强中央与地方、司法与执法、国内与国际的纵横协作。公安机关、检察机关、审判机关等司法部门，市场监管、海关等行政执法部门，知识产权管理部门，以及地方政府等公权力机构，要以信息共享、互联互通、协同合作为抓手，加强横向协作与纵向联动，推动完善法规标准和司法保护体系，提高市场监管和预警防范能力。这几年，有关部门协同开展跨部门跨区域跨国境合作，加强多双边和国际组织的对外合作，聚焦互联网领域和进出口环节开展集中整治行动；长三角、泛珠三角 13 省（区、市）、华北地区 5 省（市）、中西部“丝路经济带”省（区、市）创造性地建立了打击侵权假冒跨区域合作机制，取得了良好效果。

二是针对新经济产业链长、关联强的特征，要大力推动企业与权利人、大型平台与社会组织的自律自治。知识产权权利人和利害关系人、各类企业、知识产权代理机构与专业服务机构、行业商协会，要提升在知识产权保护链条中的地位和主动性，培养和壮大行业与社会民间组织的力量，扩大功能，更好地发挥作用。近年来，国内一些著名电商平台联合国际国内知名品牌和权利人推出“大数据打假联盟”，成立“互联网企业知识产权保护战略联盟”；长三角地区业界联系政府部门成立知识产权网络打假“云剑联盟”，成为政企合作开展大数据分析打击侵权假冒的经典案例。在加强行业自治、纠纷调解、快速维权等知识产权保护便利化方面，我国一些行业组织已经联合官产学研各界开始进行创新性的探索与实践。北京反侵权假冒联盟、浙江省知识产权研究与服务中心、浙江清华长三角研究院知识产权研究中心联合推出“中国电商平台知识产权保护便利化指数”，对第三方零售电商淘宝和拼多多、自营模式京东、ODM 模式网易严选、跨境电商考拉海购、社交电商贝店和云集、微店、直播电商抖音小店、垂直领域的小米等主流电商平台的知识产权保护进行了定量化的综合评价。其联合发布的《2020 中国电商平台知识产权保护趋势报告》显示，我国新经济业态中最为活跃的电子商务领域，知识产权保护开始呈现出一些在全球都具有创新意义的特点：①以流程规范化与制度标准化为特征，形成了

电商平台新秩序；②以知识产权保护便利化指数为标志，形成了电商平台新标准；③以第三方满意度与评价机制为核心，形成了电商平台品控新举措。

三是针对新经济数字化、网络化的特征，要大力促进保护措施和基础建设的立体多元。随着互联网和现代信息技术的快速发展，侵权假冒行为更加隐蔽，甄别更加复杂，危害更加迅捷。知识产权保护措施要与时俱进，社会共治的基础建设要更加深厚扎实。①要在强化技术支撑、提高监管水平上下功夫。行政管理部门和执法机构，突出信息化建设主线，广泛应用互连网、数据库存储、云计算、大数据挖掘等信息技术，精准打击侵权假冒违法行为。近年来，全国打击侵权假冒“两法衔接”数据库跨区域跨部门信息共享系统、海关“知识产权执法信息化系统”无线终端投入运用等，为政府部门实现预警防范、加强事中事后监管提供了明晰的改革路径。②要在保护应用并举、强化纠纷解决上下功夫。将知识产权运用与保护融为一体，结合国家高新技术企业、国家知识产权示范企业、国家专利运营试点企业认定认证；结合推进国家经济技术开发区、国家高新技术产业开发区、国家知识产权试点示范园区、国家专利导航产业发展试验区建设；结合开展各类知识产权运营平台与知识产权运营服务体系建设等知识产权强国的战略措施，将保护措施嵌入园区建设和平台建设中，让保护与运营同行、与管理同在、与发展同步。建立健全知识产权纠纷的和解、调解、仲裁多元化解决机制，形成调解、仲裁、执法、司法完整立体的社会治理格局，力争把纠纷息于源头、解决在市场、化解于社会自治之中。多途径、多层次、多种类的多元化知识产权纠纷解决机制，有利于降低知识产权维权成本，有利于促进产业协同发展。③要在提高社会意识、强化舆论监督上下功夫。充分发挥新闻媒体的舆论监督作用，通俗解读知识产权相关法律法规、政策措施，曝光侵犯知识产权的典型案例，提高社会意识，凝聚社会共识，营造抵制侵权假冒的良好社会氛围，塑造新经济健康发展公平透明的、可预期的市场经济营商环境。

作者简介：

柴海涛博士，中国国际经济交流中心理事、国务院参事室国际战略研究中心研究员，曾任商务部国际经贸研究院院长、商务部政策研究室主任、商务部机关党委常务副书记等职务。长期从事对外经贸政策研究，主编出版和公开发表若干专著、年度报告和论文。

二、产业发展篇

新一代信息技术篇

大安全时代的机遇、挑战与应对

周鸿祎

目前，全世界都处于以数字化为核心的第四次工业革命的转型期，新的规则和格局尚未形成，这将是我国最终实现战略超越最重要的动力和抓手。我国前一阶段在数字经济领域的发展，在世界上处于领先水平，使我国拥有进一步在新技术领域建立战略优势的基础和全面实现国家复兴战略目标的历史机遇。习近平总书记指出：“网络安全和信息化，是一体之两翼，驱动之双轮。”数字化转型让网络安全也进入了大安全时代，网络安全正在被重新定义，而且成为可能影响战略转型成败的决定性因素。保护好数字化转型顺利进行，是网络安全企业的义务和责任。

一、长风破浪会有时：数字化转型带来的历史机遇

当前，数字化转型成为世界大趋势，已经超越了 10 余年前的信息化浪潮。两者最大的区别在于，信息化是初步的计算机化和网络化，是数字化转型的基础；而数字化转型是信息化的高级阶段，是依靠更加智能化、网络化的新一代信息通信技术的支持，进入了万物互联的“智能时代”。物联网、移动通信、人工智能、区块链、云计算、大数据、边缘计算等新一代信息通信技术，构成了数字化转型的基础，也是第四次工业革命的核心内容。谁抓住了这次工业革命的机会，谁就可能获得巨大的战略优势，这些新一代信息通信技术也成为主要国家全球博弈的关键。在本次工业革命的上半场中，以电商为核心带动的“互联网+”，主要解决了消费者和商品之间的精准化、个性化匹配问题，而商品本身的生产环节还停留在之前的状态中。数字化转型是本次工业革命下半场的核心内容之一，帮助打通从生产制造到用户消费需求的全链条，全面颠覆之前批量化、标准化大规模生产，让用户适配产品，真正满足数字经济时代个性化、定制化的需求。

经过几十年的高速发展，我国目前正处于实现复兴的关键时期。数字化不但是

经济发展的新动能，也是诸多产业转型升级的机遇。国家对技术产业的战略部署由来已久，从产业转型到“腾笼换鸟”，再到“弯道超车”，我国一直把实现技术升级转型作为一以贯之的国家战略目标。在此次新冠肺炎疫情压力下，我们更需要把压力变为动力，把人工智能、5G 等高新技术领域作为新的经济增长点，这不但是国家发展新经济的重要举措，也与我国长期战略目标相吻合。

二、让历史告诉未来：数字化转型对安全的需求

纵览人类社会的技术发展史，技术发展一般会经历从“从动技术”到“使动技术”的发展过程。所谓“从动技术”，是指在社会经济发展过程中，对生产力促进作用不明显，但又不可或缺，并与“使动技术”伴随发展的因变量技术。所谓“使动技术”，是指促进社会经济发展的自变量技术。网络安全技术就是一种“从动技术”，IT 技术也经历了从“从动技术”到“使动技术”的发展过程。20 世纪 80 年代诺贝尔经济学奖获得者罗伯特•索洛提出了著名的生产力悖论[1]：“我们到处都看得见计算机，但是在生产率统计方面却看不见计算机。”生产力悖论是指虽然 IT 产品无处不在，但它对生产率的推动作用几乎体现不出来。特里普利特综合以前的文献，将对生产力悖论的解释归纳为计算机产业规模太小、无法测度对生产力的促进作用等 7 个方面的问题[2]。随着信息通信技术和产业的发展，恐怕再也没有人认为生产力悖论具有现实性了。但生产力悖论仍会让当前的网络安全从业者感同身受，唏嘘不已。随着信息通信技术的普及和发展，网络安全技术也将进入一个全面发展的大安全时代。

通信能力和计算能力的每次结合，都给产业界带来了机遇和惊喜，成为新的经济增长点，培育出一大批标志性企业和新技术。1G 和个人计算机的结合，产生了摩托罗拉和苹果两家代表性的 IT 企业；2G 和商业互联网同时期出现，产生了运营商和第一次互联网热潮；3G 和云计算合手打造了全球范围内新的一批互联网企业；4G 和大数据时代的到来，直接宣布了移动互联网的崛起。通信能力的发展，从模拟信号到数字信号、从语音到数据的转化过程，呈现出一种线性发展的趋势；计算能力却没有遵循线性发展模式，采取了一条从集中到分散，再从分散到集中的模式：

1 https://wiki.mbalib.com/wiki/%E7%B4%A2%E6%B4%9B%E6%82%96%E8%AE%BA.

2 Jack E. Triplett: “The Canadian Journal of Economics” Vol. 32, No. 2, Special Issue on Service Sector Productivity and the Productivity Paradox (Apr., 1999), pp. 309-334. Published by: Wiley on behalf of the Canadian Economics Association.

从主机终端的集中计算模式，发展到客户端 / 服务器的分布式模式，随着个人计算机的兴起，分散的趋势日益加剧，直至云计算技术的出现，才将日益分散化的计算资源重新集中起来[1]。这种反复振荡的趋势，在以摩尔定律为代表的技术趋势促进下，让计算能力出现螺旋式发展的态势。特别是以人工智能（AI）为代表的智能计算能力的提高，结合 5G 通信技术，将组成 AIoT 技术模式，集中代表技术对未来的促进作用，并外化表现在计算能力给予的泛在化赋能和给网络能力带来的复杂化体系上。

高度混合的 IT 架构使得防御边界更模糊，物理空间与虚拟空间之间相互打通，安全威胁已扩展到现实世界，直接造成安全隐患更突出、攻击目标更多样、攻击手段更智能、破坏后果更严重等后果。网络攻击可以直接转化为物理伤害，危害国家安全、国防安全、关键基础设施安全、金融安全、社会安全甚至人身安全。网络安全问题也会给数字化转型的建设和运行带来严重威胁，成为限制数字经济发展的一个关键问题，这是网络安全问题发展到大安全阶段的一个必然过程。随着信息技术的不断发展，新一代信息通信技术会在网络安全领域进行广泛的实施和应用，同时也创造了一个更加需要网络安全的巨大需求环境，这就要求网络安全向高级阶段发展，这也是网络空间面临的发展趋势。

三、东海何曾有定波：数字化转型时代网络安全的变与不变

从网络安全的发展历史看，大安全时代是一个逐步演化发展的过程。我们现在正处于大安全时代的门口，要深入分析了解网络安全在大安全时代的“变”与“不变”，新时代的安全局势不容乐观。新时代并没有改变网络安全攻防对抗的本质，但将革新传统网络安全防护的思路和理念。传统网络安全防护的思路和理念，过于注重边界防护、单点防护、查杀病毒的防护理念和策略，远不足以面对目前对手发起的高隐蔽、高持续、高级别的网络攻击。

我们穿过网络安全的历史迷雾，探究网络安全的发展变化。一般认为，网络安全经历了病毒时代、漏洞时代和大安全时代，如图 1 所示。在此之前，人们对网络安全考虑最多的是如何把机房放置在一个安全的地方，不受风水雷电等自然灾害的影响。随着个人计算机的逐步普及，开始了以蠕虫、木马病毒等为代表的病毒时代，

1 这个模式是 MIT 媒体研究所的判断，他们判断云计算是一种在组织化体系上的集……把个人的数据掌握到云平台控制者手里

用户受到的教育是只要不随便运行软件和下载东西，计算机就可以保证安全，网络安全防御以单点防御为主，主要网络安全产品就是杀毒软件，进攻者的主要目的是炫耀个人的能力。随着互联网的兴起，网络安全进入了漏洞时代。从攻击的角度看，一般是进攻者利用硬件和软件设计及编程中的漏洞展开网络攻击，攻击者的主体也逐渐由个体向组织过渡，主要是网络犯罪组织和网络恐怖组织，攻击的目的也以谋求政治和经济利益为主；从防御的角度看，网络安全防护主要以边界防护为主体，以防火墙为主要产品，以入侵检测为主要技术载体；从外部环境的角度看，政府以漏洞全生命周期管理为主要监管手段，主要 IT 厂商和安全厂商也以 LI（Lawful Interception）作为其设置产品后门的主要合规依据。随着信息技术的进一步发展，网络安全进入大安全时代。简单购买安全产品，做到合规，只能是基础保障条件，但远不足以对付组织化、国家级的定向网络攻击，网络安全防护也必须装备 IMABCDE 等最新的信息通信技术，在更高级层面对网络安全威胁进行感知、预警、响应、防护和恢复。大安全时代强调的是动态的整体联防，防御的主体可以是国家级组织机构，可以最大限度地动员、调配和利用资源，进行全方位的整体攻防，这方面与其他两个阶段有着本质的不同。

图 1　网络安全发展的历史变迁

在大安全的背景下，网络安全攻防的实战标准没有变，网络安全问题讲一百遍不如打一遍，需要进行在实景情况下的真实演练，全面提高网络安全的防御能力、恢复能力和反制能力。在市场经济条件下，可以采取众包众测的方法，邀请民间高手进行模拟攻击。在技术层面要充分利用 IMABCDE 技术的安全赋能，建立安全大数据分析指挥中心，做到整体上的协调联动、联防、联控。数字化的工业互联网把物理世界和虚拟世界打通，智能化的万物互联时代也给网络攻击创造了一个全新的模式。网络风险无时不在、无处不在，有必要建立国家级的安全大数据分析指挥中心，把分散在互联网各处不同维度的数据汇总起来，进行安全大数据的分析和研判，做到时刻对网络安全态势进行监测、感知、预警、应急响应和联防联动，充分发挥现有人工智能、大数据、威胁情报的最大效能。

四、输赢须待局终头：全球网络安全整体态势和我国情况比较

就全球网络安全格局来看，梯队层次分部明显。第一梯队为美国，在政府和民间理念、资本活跃度和投资规模、技术能力和储备、产业和企业商业模式等多个维度远超其他国家和地区。

根据中国网络安全产业联盟的调研统计，我国在网络安全上的投入与在信息化上的投入比例从2015年开始逐渐增加，从2015年的0.66%上升到2017年的0.88%，但到2019年仍低于1%，远低于国际平均水平。另外，我国的网络安全投入明显存在“重产品轻服务”和“重硬件轻软件”的结构性失衡问题。反观美国，《联邦信息安全管理法案》强制要求政府部门在网络安全上的投入与在信息化上的投入比例为15%，且不得挪用，由联邦预算管理办公室负责监督执行。美国特朗普政府提出的2018年度联邦政府预算中，网络安全投入在IT总投入中的占比达到了20%。美国民间投入也是如此，在2020年预算中，美国商业机构IT投资从458亿美元下降到367亿美元，但网络安全投入却逆势上扬，从65亿美元上升到78亿美元，占比达到惊人的21%。

在攻防两个方面的技术上，可以从漏洞挖掘和高级可持续威胁（APT）两个维度进行对比。在漏洞挖掘方面，中国和美国不分伯仲；但在APT能力的研究方面，美国则具有领先的优势。

漏洞挖掘是判断安全技术实力的最基础指标。美国发现高危和严重型漏洞数量最多，占比为49.55%。中国紧随其后，排名第二，占比为43.73%，中国的大型互联网公司在其中贡献较为突出；日本排名第三，占比为4.98%；德国占比为0.83%；韩国占比为0.53%；印度占比为0.38%。

APT具有攻击隐秘性、长期性和特定性等诸多特点，难以发现和防御，所以，对APT的发现、分析和防御是考验应对高级攻击能力的重要标准。统计分析发现，仅从研究能力上看，美国的APT能力几乎是其他所有国家和地区的总和，而其攻击能力和发现能力更是强于其他国家和地区，如图2所示。

根据Gartner研究报告和统计数据，美国在网络安全产业方面处于领导者地位，众多企业有自己的技术或在专门领域有权威性的技术和产品。美国网络安全企业产品线完善，产品成熟度高，技术领先，市场覆盖范围广，在全球市场上的整体竞争力远远领先于其他国家和地区。除美国之外，英国、俄罗斯、以色列、日本的企业

在“领导者”“挑战者”“有远见者”区间中有一个或多个相应位置。中国企业上榜数量虽仅次于美国，但是都集中于“特定领域者”的区间位置，企业的产品竞争力相对偏弱，处于跟随者地位[1]。

研究机构所属国家	发布API报告数量（份）	发布API报告机构数量（家）	涉及API组织数量（个）
美国	47	24	20
中国	18	4	8
俄罗斯	8	2	3
以色列	5	4	3
荷兰	4	3	4
斯洛伐克	4	1	2
英国	4	4	3
罗马尼亚	3	1	3
芬兰	1	1	1
跨国机构	8	1	8
其他	2	1	1
小计	104	46	56

数据来源：《2017中国高级持续性威胁（APT）研究报告》。

	发布 APT 报告数量（份）	发布 APT 报告机构数量（家）	涉及 APT 组织数量（个）
美国	216	52	95
中国	80	12	39
俄罗斯	28	2	15
韩国	21	6	10
以色列	19	5	12
斯洛伐克	17	1	7
英国	6	5	5
加拿大	6	1	1
意大利	5	1	3
荷兰	3	3	1

数据来源：《全球 APT8 报告 360》。

图 2 APT 攻击年度研究报告（2017/2018）

在安全理念和安全意识方面，从设计 CISO（首席信息安全官）的比例上分析，美国有 17.5%的政府和企业组织设立了该职位，而在中国企业中设立该职位的比例不超过 1%，而且对网络安全的理念和认识还停留在传统安全阶段，普遍认为网络安全是小概率事件，存在“安全很重要，现在不需要”的侥幸心理。美国网络安全企业可以提供相关产品及服务，也有行之有效的解决方案和可复制的服务模式，在全球处于网络安全能力最成熟的国家行列。相比之下，我国整体网络安全水平还低于亚太地区的平均水平，大部分组织的网络安全能力处于初级阶段，安全形势不容乐观。

五、众里寻他千百度：网络安全“四海一家”的解决之道

针对数字基建及其承载的数字业务所构成的数字体系新生态，相关安全防护需

1 陈兴跃. 中国网络安全产业的比较分析[J]. 信息安全与通信保密，2019（7）：83-98.

要具备整体思维，既要从技术、场景等角度加强防护技术研发和安全管理，也要从产业生态维度进行安全防护体系构建。因此，数字化转型的安全防护在面对复杂网络攻击的情况下能够保障业务的正常运行，需要构建弹性的积极安全防护体系和完备的生存恢复机制。为此，网络安全大脑的新理念正逢其时。

网络安全大脑需要解决数字化转型中的难点主要体现在四个方面。一是传统网络安全问题依旧严峻。构建数字基建的软硬件产品依旧存在漏洞，会将安全风险带入数字基础设施中；联网的数字基础设施仍然面临网络攻击风险；数字基础设施的价值要远大于普通网络节点，将成为网络攻击的重点目标。二是新技术引入新的安全风险。数字化转型侧重于“促创新”，涉及 5G、大数据、人工智能、云计算、物联网、区块链等众多新技术的应用和迭代，也将带来新的安全问题和风险。例如 5G 引入的网络功能虚拟化、网络切片、边缘计算、网络能力开放等关键技术，对数据保护、安全防护和运营部署等方面提出了更高要求。人工智能将有可能成为攻击方提升攻击能力的重要手段，大数据也将面临泄露、滥用等威胁，导致基于大数据的应用和服务出现严重故障。物联网相关技术在实现物理空间与虚拟空间的有效互动时，也为攻击者将攻击效能扩大化提供渠道。三是新场景面临新的安全问题。由于大量业务伴随数字化迁移到数字基础设施之上，将促进智能交通、智能家居、智慧城市和智能制造等新兴业务的发展，深刻影响人们的出行、家居、办公等生活的方方面面。随之而来的智能交通运输的安全问题、智能家居的安全问题、智慧城市安全问题等，也会影响到整个数字经济的正常运行。四是数据安全涉及数字化转型的成功。数据作为数字化转型的血液，将深入国民经济和公众日常生活中，一旦发生安全问题将会造成不可估量的经济损失。

网络安全大脑是应对高级网络威胁的整体解决方案，是一套安全防护与产业发展相适应的共生生态系统，是一套基于复杂巨系统理论的方法论体系。网络安全大脑从统一感知、整体协防的网络安全新理念出发，以安全大数据、知识库和安全专家为核心，以安全运营、威胁分析、漏洞管理为抓手，以实战攻防、能力建设为保障的云原生的网络安全服务体系，为重要信息系统和关键基础设施提供新一代的高端安全解决方案。网络安全大脑不仅能够解决数字化转型的大安全问题，尤其是大规模、高等级的网络攻击及其可能带来的扩大化影响和安全风险，而且能够为行业搭建一套开放运营、赋能分享的网络安全合作生态。

数字化转型开启中国数字经济的新进程，而在数字经济发展过程中也将遇到前所未有的安全挑战。针对未来网络安全对抗的复杂性和动态性，需要基于网络安全大脑的总体思路构建网络安全整体防护体系，为数字经济持续性发展护航。保护新一代数字化基础设施的安全，是网络安全企业面临的重大挑战，也是网络安全企业的社会责任和发展机遇。

作者简介：

周鸿祎先生，360 集团董事长兼 CEO，全国政协委员，九三学社中央委员，九三学社中央科技专门委员会副主任，中国互联网协会副理事长，中国计算机学会安全专委会副主任。2006 年创建 360 公司，至今 360 集团已经发展成全球领先的互联网安全企业。

第五代移动通信（5G）

回顾移动通信的发展历程，每一代移动通信系统都可以通过标志性能力指标和核心关键技术来定义，其中，1G 采用频分多址（FDMA），只能提供模拟语音业务；2G 主要采用时分多址（TDMA），可提供数字语音和低速数据业务；3G 以码分多址（CDMA）为技术特征，用户峰值速率达到 2Mbps 至数十 Mbps，可以支持多媒体数据业务；4G 以正交频分多址（OFDMA）技术为核心，用户峰值速率可达 100Mbps 至 1Gbps，能够支持各种移动宽带数据业务。

5G 关键能力比以前几代移动通信更加丰富，用户体验速率、连接数密度、端到端时延、峰值速率和移动性等都将成为 5G 的关键性能指标。

综合 5G 关键能力与核心技术，5G 概念可由“标志性能力指标”和“一组关键技术”来共同定义。其中，标志性能力指标为“Gbps 用户体验速率”，一组关键技术包括大规模天线阵列、超密集组网、新型多址、全频谱接入和新型网络架构。

——《5G 概念白皮书》，中国 5G 标准推进组织 IMT-2020（5G），2015 年 2 月

数字阅读产业为数字经济增长提供新动力

成湘均

当前，中国特色社会主义已进入新时代，中国经济正处在转变发展方式、优化经济结构、转换增长动力的攻关期，建设现代化经济体系是跨越关口的迫切要求和我国发展的战略目标。习近平总书记早在 2014 年国际工程科技大会上的主旨演讲中就提出了“新经济”的概念，指出世界正在进入以信息产业为主导的新经济发展时期。2016 年，“新经济”一词被首次写入《政府工作报告》。可以说，发展新经济已经成为供给侧结构性改革的重要内容，在培育新的经济增长点、提高创新能力、实现经济结构调整这三大方面发挥着重要的作用。

相比以传统产业和产品形态为代表的“传统经济”，“新经济”是以互联网、知识经济、高新技术为代表，以满足消费者需求为核心的新产业、新技术、新产品和新商业模式。其中，数字经济作为“新经济”的重要形态之一，拥有更为庞大的规模，在产业发展格局中扮演着重要角色。根据《中国互联网发展报告 2019》数据显示，2018 年我国数字经济规模达到 31.3 万亿元，占我国 GDP 的比重为 34.8%，数字经济已然成为推动中国经济增长的新引擎。

2019 年 10 月 11 日，习近平总书记在致首届中国国际数字经济博览会的贺信中明确强调，中国高度重视发展数字经济，正积极推进数字产业化、产业数字化，引导数字经济和实体经济深度融合，推动经济高质量发展。以文化产业为例，近年来不断催生出新的产业和业态，从网络文学、网络游戏、网络动漫、网络音乐、网络视频到电竞和互联网影业，一大批数字文化领域的细分产业快速发展，且已在多个领域领跑全球。据海外数据机构 Statista 统计，2018 年中国已经位列全球互联网文化娱乐第二大市场，得益于国内市场的繁荣与活力，在数字文化产业的细分领域，国际比较优势逐步凸显出来，特别是在数字阅读领域。据相关行业分析显示，2018 年全球电子书市场占比逐步稳定甚至出现下滑，但中国却逆势成为增长最快的头部市场，产业规模达 254.5 亿元。《2019 年中国数字阅读市场研究报告》指出，2019 年我国数字阅读用户规模达到 7.4 亿人，其中网络文学用户规模达到 4.6 亿人。

近年来，政府对数字阅读行业陆续出台一系列引导政策，逐渐加强渠道和内容的监管力度，进一步强化作品精品意识和作品版权保护，净化产业环境，有效助力数字阅读产业发展。同时，居民在教育文娱方面消费的持续升级、国民互联网普及率和数字阅读接触率的上升，以及 AI、5G 等新技术商业化进程的加快，也使得数字阅读行业日新月异，传统出版行业内生动力被不断激活，共同推动出版行业不断向前发展，焕发了新的活力。数字阅读产业正在成为数字经济发展新的增长点。

在持续利好的大环境下，以中文在线、掌阅科技、阅文集团为代表的数字阅读头部企业先后上市，在深耕行业的同时围绕主业不断探索、开拓新业务形态，逐步搭建起完整的数字阅读生态体系，不仅助力国内阅读行业的发展，也有效提升了国际竞争力。

一、秉持用户第一原则，持续提升用户体验

2003 年前后，数字阅读 WAP 网站出现在读者的视野中，以非传统纸书的数字阅读形式，为广大读者带来了不一样的阅读体验。2008 年后，3G 牌照的发放及智能手机的逐渐普及，使数字阅读拥有了更为高效的传输渠道和承载介质，数字阅读逐渐踏上了发展的快车道，而超过 8 亿人的中国移动互联网用户数量，则为数字阅读的高速发展提供了最宝贵、最坚实的用户基础。

基于用户对数字阅读行业的重要性，不少国内领先的企业将“用户第一”作为企业发展的重要原则，在满足用户基本内容需求的同时，不断强化对用户个性化需求的挖掘和满足，在产品、技术、服务等方面不断优化，将新兴科技应用于文化阅读产业，通过升级完善阅读软件的推荐、查询、操作、页面呈现、表达互动等主要环节，力图为用户提供更加便捷、高效、舒适的阅读体验，形成以内容挖掘和用户行为为导向的精细化数字阅读运营体系。以内容检索为例，针对不少读者因为忘记、记错图书名称而导致的图书检索难等问题，掌阅科技于 2019 年年底率先应用全文搜索功能，读者能够从海量书库中检索到包含任意关键词的标题和正文，极大地提高了读者检索效率，满足了用户日益增长的多样化信息查询需求，更充分地体现了数字阅读的便捷性。

二、优化精品内容，打造数字内容经济新增长

数字阅读行业的高速发展离不开优质内容。伴随用户对精品内容需求的不断增加，数字内容呈现出个性化、体系化、融合化的特点，阅读企业纷纷致力于整合优质内容，打造包括出版、网络文学、有声、漫画、影视 IP 等多品类在内的内容生态体系，满足用户全类别、多场景的阅读需求。

（一）引进优质出版内容

区别于网络文学，数字阅读行业所谓的“出版内容”主要是指已经由出版机构出版的实体书的电子版权，这类书占据阅读产业的绝大部分比重，也是所有年龄层读者需求最高的内容形式。因此，出版内容的持有率也被认为是衡量数字阅读平台权威度的最重要指标之一。

2019 年年底，阅文集团在北京召开 “内容合作伙伴大会”，在内容引进合作层面不断加码，加快储备优质内容。通过版权引进的品类拓展，阅文集团不仅独家引进诺贝尔文学奖得主莫言的典藏作品电子版权，更充分利用自身在影视行业的丰富资源，引入《芳华》《芈月传》《麻雀》《九州 • 海上牧云记》等现象级 IP 原著。中文在线则积累了不少现实题材文学作品，引入《守望》《激情燃烧的岁月》《天下父母》等紧扣时代脉搏、具有强烈的现实关照和人文关怀的作品。数字阅读行业的另一龙头企业掌阅科技，依靠多年来的积累和沉淀，与国内外大量权威出版机构、文学网站、作家建立了良好的合作关系，建立了广泛的直接内容采购网络，持续引进海量正版数字图书，拥有包括《百年孤独》《围城》《平凡的世界》《哈利 •波特》《小屁孩日记》《繁花》等知名经典、畅销及获奖作品的电子版权，成为行业内纸质书电子版权持有率最高的数字阅读企业。

（二）培育优质原创文学

中国网络文学发展 20 余年，已成为大众文学的主要形态，第三届“网络文学+”大会期间发布的《2018 中国网络文学发展报告》指出，2018 年国内网络文学创作者达到 1755 万名，各类网络文学作品累计数量更达到 2442 万部，同比增长近五成。

网络文学在规模日益壮大的同时，也不断涌现出优质精品力作，在反映社会现实问题的同时弘扬网络文学正能量。以掌阅科技、阅文集团、中文在线为代表的国

内数字阅读龙头企业，多年来积极生产、培育包括网络文学、漫画、影视 IP 等在内的优质内容，也不断尝试通过文学 IP 改编影视、动漫、游戏等内容的形式将文学 IP 价值最大化，进行版权增值变现，打造数字经济新增长点。以阅文集团为例，其在 IP 开发领域取得了显著的成绩，《琅琊榜》《全职高手》等多部现象级 IP 改编影视作品不断刷新收视纪录，在带来良好经济效益的同时也收获了广大观众的口碑。被誉为“中国史上尺度最大反腐剧”《人民的名义》播出后，原著小说表现抢眼，为《人民的名义》独家数字版权签约方中文在线带来良好的收益。

同时，通过举办文学创作大赛等方式，各大数字阅读公司不断吸引和培育年轻作者，挖掘好内容，推出高水平的新人新作，构建和完善读者、作者、平台的良性循环生态。以掌阅科技为例，通过举办掌阅文学创作大赛，其发现并培养了大量年轻作者，为优秀作品和作家提供丰厚的奖金、平台优质资源及专业的培训和指导，鼓励年轻作者创新作品题材。例如，入选国家新闻出版署和中国作家协会联合推介的“庆祝新中国成立 70 周年”主题网络文学作品暨 2019 年优秀网络文学原创作品榜单的作品《粮战》，他的作者洛明月就是通过掌阅文学创作大赛选拔出的，其参赛的获奖作品《荒魂塔克木》还入选了 2017 年北京市新闻出版广电局“优秀网络文学原创作品”名单。

（三）打造优质有声书平台

在数字阅读生态链中，有声书市场近年来发展持续强劲。美国、德国、英国和日本等国家的有声读物，年增长速度均在 20%～30%。据尼尔森图书调查公司数据显示，过去 5 年，英国有声书的销售额增长了 1 倍；而据美国有声书出版商协会的统计数据显示，美国的有声书也连续多年实现两位数的大幅增长。拥有超过 8 亿移动互联网用户的中国市场更是潜力巨大，据第十六次全国国民阅读调查结果显示，2018 年我国有近三成的国民有听书习惯。

国内在线音频市场经过多年的发展，头部企业内容和场景生态日益完善，荔枝 FM、喜马拉雅和蜻蜓 FM 三家头部企业月活跃用户量均超过千万人，《2019 年喜马拉雅有声书收听报告》显示，高频有声书用户平均一年听书数量超过 20 本。听书受到不少数字阅读用户的青睐，“耳朵经济”概念日趋火热，手握丰富资源的掌阅科技、阅文集团、哔哩哔哩等企业也先后入局有声阅读领域。据不完全统计，在 2019 年首届掌阅听书节期间，超过 620 万用户在掌阅 App 上选择了听书，“看书”用户已逐渐培养起在掌阅平台上“听书”的习惯。

三、以技术驱动发展，打造更适合国人的数字阅读硬件产品

与碎片化时间阅读不同，深度数字图书需要特殊场景和介质，其中数字阅读器是重要的深度数字阅读终端。2007 年亚马逊推出数字图书阅读器 Kindle，掀起了全球数字图书阅读的热潮。据 QYResearch 调研，从全球范围看，中国已经成为全球第三大电子书阅读器消费市场，国内相关企业如阅文、当当甚至小米、京东等公司都陆续推出了电子书阅读器产品。作为国产电子书阅读器的领军品牌，掌阅自 2015 年推出首款 iReader 电子书阅读器以来，已拥有多款主打不同类型、满足不同用户需求的电子书阅读器产品，致力于为用户提供极致的阅读体验，打造适合中国人阅读习惯、使用习惯的阅读器产品。

四、坚持正版，营造风清气正的数字阅读环境

数字阅读在诞生之初，经历了野蛮发展时期，行业内不少公司以盈利为目的，版权意识淡薄，不仅侵害了版权方和作家的合法权益，也阻碍了数字阅读行业的可持续发展。国家版权局发布的 2018 年度全国打击侵权盗版十大案件中，涉及出版行业侵权的案件数量达到 6 件。艾瑞数据表明， 2018 年中国网络文学整体盗版损失规模虽有下降，但仍有 58.3 亿元之多。

相关主管部门多年来持续加强版权保护工作，加大打击盗版力度，先后开展了“剑网”行动，发布了《关于加强网络文学作品版权管理的通知》，成立了版权联盟，内容版权环境日益得到改善。作为数字阅读行业的从业者，数字阅读公司将坚持正版作为公司生存发展的重要准则，持续开展版权的规范化管理，版权内容建设投入金额逐年增加。早在 2005 年 7 月，中文在线便率先联合其他合作方发起成立了“在线反盗版联盟”，用于打击网络侵权盗版。阅文集团也牵头成立了“正版联盟”，致力于打造持续、有效、有力的正版化机制。作为中国版权协会常务理事单位、“中国网络文学版权联盟”的主要发起单位之一，掌阅科技自成立以来就始终坚持正版，更通过技术手段持续完善版权管理，自主研发、搭建起了一个拥有海量内容版权管理能力的系统平台，同时积极进行软件著作权登记，明确权属关系，有效防止侵权盗版行为，配合主管部门营造良好的版权环境。

五、网文出海，讲好新时代中国故事

习近平总书记指出，要推进国际传播能力建设，讲好中国故事、传播好中国声音，向世界展现真实、立体、全面的中国。快速发展的中国网络文学，如今已成为“推动中华文化走出去”、塑造中国形象的一块重要拼图。近年来，不少数字阅读公司积极探索“网文出海”路径，在总结归纳中华文化海外传播规律的基础上，不断传播中国好声音，提升中华文化传播力和影响力。

随着国内网络文学行业的迅速发展及“网文出海”模式的不断变革升级，版权运营或将成为数字阅读企业海外战略中新的增长点。2017 年阅文集团推出专注于海外业务的起点国际平台，通过作品翻译及本地化原创，满足海外用户的内容需求。依托自身优质的网络文学 IP 资源，阅文集团也通过 IP 改编授权等方式推动更多 IP 拓展海外市场，增强版权运营能力。掌阅科技则抓住国家推行“一带一路”倡议的契机，在前期充足调研的基础上，以优质华语内容为引领，推动优质网络文学作品的外文翻译和 IP 改编，力促网络文学全面出海。截至 2018 年，掌阅科技海外版本已完成 90 多次产品发布，支持 14 种语言，覆盖 40 多个“一带一路”沿线国家，用户规模超过 2000 万人，成为部分国家最热门的阅读软件，在海外华语区掀起了中国文化热，获得了海外用户的高度认可。

六、免费阅读快速兴起，内容生态仍是关键所在

数字阅读行业发展至今，正逐步进入下半场，用户规模增速逐年放缓，付费阅读用户规模也出现下滑趋势。与此同时，免费阅读却成为近两年数字阅读行业的新热点，用户规模从 2018 年的 0.5 亿人增长到 2019 年的 2.5 亿人。据 Quest Mobile 发布的报告显示，七猫免费小说、米读小说两款免费阅读 App 入选了 2019 中国移动互联网 App 用户规模增长 Top10 榜单。

以掌阅科技、阅文集团为代表的一批在内容、用户、渠道等方面具有显著优势的付费阅读平台，也分别推出了“得间”和“飞读”这两款免费阅读产品，逐步构建丰富的数字阅读矩阵。内容生态的优势成为付费阅读平台试水免费阅读领域的“定心丸”，免费阅读如何持续满足用户对优质内容的需求，也成为决定其未来发展的关键所在。虽然免费模式仍存在一定争议，但其短期内为行业带来的用户增长和经济效益不容小觑，免费阅读将与付费阅读模式一起，共同促进整个数字阅读市场

的发展壮大。

目前，国内数字阅读产业发展环境日渐趋好。伴随着网络强国战略的深入推进，媒体融合发展迈向纵深，数字阅读作为新时代意识形态传播的主流阵地的作用日益凸显。可以预见，随着人工智能在信息传播领域的应用持续深入、5G 商业化进程的加快，以及大量新技术在文化领域的应用，以数字阅读为代表的数字文化产业必将迎来下一个高速发展期，为数字经济增长提供强劲动力。

作者简介：

成湘均先生，掌阅科技股份有限公司董事长兼 CEO，曾入选全国新闻出版行业领军人才和全国“四个一批”人才，带领掌阅科技成长为数字阅读产业的领军企业，入选中宣部、科技部认定的国家文化和科技融合示范基地，连续两年成为国家文化出口重点企业及进入全国文化企业 30 强提名。

大数据

大数据是以容量大、类型多、存取速度快、应用价值高为主要特征的数据集合，正快速发展为对数量巨大、来源分散、格式多样的数据进行采集、存储和关联分析，从中发现新知识、创造新价值、提升新能力的新一代信息技术和服务业态。

——《国务院关于印发促进大数据发展行动纲要的通知》(国发〔2015〕50 号)，2015 年 8 月 31 日

云计算为中国新经济发展提供强大推动力

季昕华

一、新经济增强中国产业发展竞争力

“新经济”一词最早出现于美国《商业周刊》1996 年 12 月 30 日发表的一组文章中。它是指在经济全球化的背景下，信息技术革命及由此带动的以高新科技产业为龙头的经济。相较于建立在制造业基础之上的旧经济而言，新经济作为一种新型经济形态，摒弃了标准化、规模化、模式化等特点，追求差异化、个性化、网络化和速度化。从根本上来看，新经济是随着信息技术的快速发展而产生的科技型、创新型、服务型经济。

早在 2014 年的国际工程科技大会上，习近平总书记就提出了“新经济”的概念，并表示世界正在进入以信息产业为主导的新经济发展时期。2016 年，“新经济”一词被首次写入《政府工作报告》，报告指出：“当前我国发展正处于这样一个关键时期，必须培育壮大新动能，加快发展新经济。”为了更好推动新经济发展，2018 年年底召开的中央经济工作会议把 5G、人工智能、工业互联网、物联网等新型基础设施建设列为 2019 年经济建设的重点任务之一。2020 年年初，中央密集部署推进“新基建”，为新经济再添动能。

在此背景下，我国新经济近年来已经进入迅猛发展阶段。新经济在我国 GDP 中的占比逐步提升，据统计数据表明，在北京、上海、浙江、深圳等地，新经济占 GDP 比重已经超过 30%。全国已形成以北京、上海、杭州、深圳等城市为引领、部分区域中心城市竞相追赶的新经济发展格局。其中，北京作为中国新经济的引领者，以创业为引领发展新经济，形成了以创业为核心的一流生态和创新创业的经济循环，涌现出全国第一、全球第二的“独角兽”群体；上海在全国率先提出“四新”经济概念——新技术、新业态、新模式、新产业，致力于打造具有全球影响力的科技创新中心。

我国新经济蓬勃发展取得的丰硕成果，使我国成为全球新经济的领跑者。高铁、支付宝、共享单车和网购“新四大发明”正在引领全球科技变革；数字经济、智能经济、共享经济等新模式、新业态的蓬勃兴起，成为中国走向世界的“新经济名片”。根据世界经济论坛发布的2019年度《全球竞争力报告》，中国在创新能力、信息技术应用等指标上得分靠前，在基础设施等指标上也表现突出。越来越多的中国企业将数字化转型置于经营和战略的核心地位，推动效率的不断提高和生产率的大幅提升。更多来自中国的新经济企业深入参与到国际合作与竞争中，甚至可以输出中国“智”造、中国“创”造的业务模式和解决方案。新经济培育新动能，新动能推动新发展，新发展创造新辉煌，中国的竞争力得以不断增强。

二、云计算已经成为加快新经济发展原动力

（一）云计算成为新经济的可靠支撑

新经济需要云计算等新一代信息技术作为发展基础支撑。传统IT资源利用率低、管理和维护成本高，同时还形成大量数据孤岛，难以满足快速部署、资源动态配置和负载均衡的需求。云计算能够将企业传统IT服务集中于云端，按需快速获得IT资源、根据业务需求动态升级扩展，保证高动态并发性能的同时，经济地实现业务连续性，具有快速弹性、可扩展、资源池化、广泛网络接入和多租户等特征，颠覆了传统的IT模式，为企业带来更经济、更灵活并可无限扩展的数字化平台。云计算主要通过IaaS（基础设施即服务）、PaaS（平台即服务）、SaaS（软件即服务）3种服务模式和公有云、私有云、混合云3种部署模式向客户提供云服务。

当前，在政府积极引导和企业战略布局的推动下，经过社会各界的共同努力，云计算技术在我国得到迅速推广，已经成为我国新经济发展的重要基础。根据中国信息通信研究院、IDC等研究机构统计显示，2018年我国云计算整体市场规模达962.8亿元，增速39.2%，整体增速高于全球平均水平。其中，公有云市场保持高速增长，规模达到437亿元，相比2017年增长65.2%；私有云市场处于稳定增长阶段，较2017年增长23.1%。IaaS占据公有云市场的主要份额，阿里云、天翼云、腾讯云、光环新网、UCloud和金山云为公有云IaaS市场的主力军。

我国制订国家战略和行动计划，鼓励政府部门在进行IT基础设施建设时优先采用云服务，通过政府的先导示范作用，培育和拉动国内市场。根据中国信息通信研究院《云计算发展白皮书（2019年）》数据显示，2018年，我国政务云市场规模

达 370.8 亿元，政务云已实现 31 个省级行政区全覆盖，地市级行政区覆盖比例达到 75%。政务云作为云计算技术在政府行业的应用，凭借其稳定灵活的基础架构和丰富创新的业务应用，为建设数字城市提供基础设施保障。

2018 年 8 月，工业和信息化部印发了《推动企业上云实施指南（2018—2020 年）》，指导和促进企业运用云计算加快数字化、网络化、智能化转型升级。截至 2018 年 12 月，全国已有上海、浙江、江苏、湖北等 20 多个省市出台了企业上云政策文件。在政策推动下，我国各行业企业上云也已经成为主流趋势，各行业业务系统上云率不断提升，越来越多的企业级用户选择云计算作为核心 IT 资源。在数字化浪潮中，云计算应用趋势愈加广泛。为帮助企业更好地应对新经济下的业务发展需求，云计算可以让用户短、平、快地实现业务部署和拓展，确保各种业务周期的稳定安全。

（二）云计算增强企业转型发展创新力

在新经济时代下，数字化和创新能力是核心元素。中国云计算等新型技术产业的快速增长，对企业实现数字化转型升级与创新有极大的推动作用，为我国新经济发展提供原动力。

云计算、大数据和人工智能是中国新经济发展的“三驾马车”，三者联动，赋能企业数字化转型。其中，云计算是“心脏”，提供计算、存储、网络的动力；大数据是“血液”，通过数据采集、流通、分析与处理让数据发挥价值；人工智能是“大脑”，进行智能决策，成为人类的合作伙伴。近年来，我国各行业企业纷纷利用云计算、大数据、人工智能等新兴技术，带动发展模式变革，为实现数字化转型奠定了坚实基础。云计算在此过程中的作用尤为重要，被视为企业数字化转型的核心基础设施。随着我国经济社会快速发展，传统的企业管理方式已经难以适应信息与客户的需求，企业管理、运营的全面“云化”已成为大势所趋。企业上云，通过互联网与云计算手段连接社会化资源、共享服务及能力，进行信息化基础设施、管理、业务等应用，可以有效降低企业信息化构建成本和生产运营成本，提高企业工作效率，提升企业管理水平，创造更大的企业价值。云计算帮助企业降本增效，大幅降低了企业数字化转型的门槛，加速新经济发展。

创新是引领发展的第一动力，云计算在助力企业数字化转型的同时，还能够激发企业的创新发展动能，以技术创新赋能业务创新。企业借助云上的软件应用和数据服务，快速拥有数字化的能力，能够更迅速、更便捷、更高效地实现业务发展和自身成长，在动态的云上生态中不断创新。例如，金融业可以利用云平台开发、测试并上线新的金融互联网服务，实现快速创新；制造业可以利用云计算为客户进行定制化设计、生产产品，加速提升用户体验。与此同时，基于云平台可以整合各类生产和市场资源，促进产业链上下游的高效协同创新，催生了分享经济等新经济模式，为我国新经济发展带来更大突破与新增长点。

在新经济环境下，云计算更大的价值在于能够快速地将5G、物联网等新一代信息技术转化为新经济的业务价值。依托云计算，它们正朝着深度融合的方向发展，叠加与融合效应渐显，能够更快地将新技术转化为企业业务的新价值点，加速我国新经济高质量发展。以“云+5G+AI”为例，人工智能算法的升级迭代离不开庞大的数据资源，5G以其高速度、低功耗和低时延等特点，更好地完成各行各业、各种场景中数据的上传下达，而云计算可以为人工智能提供其所依赖的计算能力。基于云计算平台使用人工智能应用，极大地降低成本，并为各行各业最大限度实现智能化发展提供可能，从而激发更强劲的经济新动能。

三、云端新经济在抗击疫情中彰显重要作用

新冠肺炎疫情爆发期间，云计算等数字力量形成一股强大战“疫”力，在助力抗击疫情的同时，渐渐融入人们的日常生产与生活。面对疫情，习近平总书记强调，要鼓励运用大数据、人工智能、云计算等数字技术，在疫情监测分析、病毒溯源、防控救治、资源调配等方面更好发挥支撑作用。受疫情影响，传统的线下行业开始寻求各种方式推进线上化进程，云计算等新技术的应用和落地进一步加快，云端新经济迎来了加速发展，也彰显出中国发展的强劲韧性。

数字化技术赋能疫情防控，助力经济社会秩序恢复。云计算在科研检测、信息服务、监控预测、物资供应等防疫工作中提供技术支持，极大提升了疫情防控效率。从疫情动态分析图、疫情监控预测大数据平台，到线上预约口罩、线上捐款等线上服务，都离不开云计算这一底座支撑。

疫情暂缓了线下的城市发展，却加速催化了宅经济、无接触经济、智能经济等相关需求，推动各行各业数字化和在线化的云端发展模式。

在防疫抗疫的云医疗领域，云计算帮助实现了远程医疗的“云+管+端”，与5G、AI等新兴技术一同助力医学服务的数字化与智能化发展，减少了线下诊疗压力和交叉感染风险，为便民服务提供有力支撑。例如，针对疫情，UCloud作为云计算服务商助力春雨医生提供7×24小时、3分钟快速响应的在线义诊咨询和在线心理咨询等服务，在义诊活动持续运行20天时，已累计联合超过650家机构、调动18463名医生参与在线义诊，服务用户量超过107万人次。UCloud通过云分发、云主机、

混合云等产品及方案，协助春雨医生应对高计算资源需求及在线流量实时并发，保障义诊服务的顺利进行。

在无接触需求大幅上升的情况下，生鲜电商在线平台的订单迎来了爆发式增长，日活跃用户大幅增加，其背后的云计算技术为流量爆增保驾护航，为疫情期间居民生活必需品的及时供应提供保障。面对学校推迟开学、线下教育培训暂停的情况，云计算保障了“云上课堂”服务，进一步促进在线教育的发展。此外，在远程办公、智能制造、智慧金融、智慧政府等领域，云计算也在支撑推动数字化、智能化发展的解决方案，为社会经济运行创造更多的新模式与新生态，加速云端新经济的发展。

疫情期间“新基建”进程的提速，预示着“后疫情”时期中国新经济的进阶升级路径，其中也蕴藏着云计算的广阔发展空间。新基建指发力于科技端的基础设施建设，为经济增长提供新动力。在新基建的七大领域中，5G 基站建设、大数据中心、人工智能与云计算一起为新经济发展提供基础设施支撑，工业互联网也需要依托云计算推动实体经济实现数字化转型。在工业互联网领域，云计算在助力工厂内部实现“数字化”的同时，能够打通工厂外产业链的上下游，实现不同企业之间的互联互通，加速构建新的产业体系，进而实现真正的生产变革。

四、云计算未来发展趋势与展望

当前，我国经济下行压力依然较大，传统的经济增长模式已经难以为继，新经济发展前景可期。云计算作为新型基础设施的底层保障、新经济增长的动力源泉，将持续催生新业态、新模式、新产业，为我国经济高质量发展提供坚实的基础和保障。我国云计算正处在快速发展阶段，呈现创新能力增强、行业应用深入等特点。2019 年，中国国务院发展研究中心国际技术经济研究所发布的《中国云计算产业发展白皮书》对未来云计算产业发展做出预测：预计到 2023 年，中国云计算产业规模将超过 3000 亿元。相较于 2018 年中国云计算产业规模仅为 962.8 亿元，发展空间巨大，增长确定性较强。各行各业的上云率和上云深度也将持续提升，预计到 2023 年，中国政府和企业的上云率将超过 60%。

在疫情的冲击下，企业的数字化转型意识进一步提高，有利于推动未来新经济的高速发展。然而，新经济的发展将深刻改变人们既有的生产与消费模式，对于技术创新和安全管理的要求也将越来越高。面对这些挑战，未来云计算的技术和服务需要不断优化，以满足我国新经济的发展需要。目前，容器、DevOps 等技术正在不断推动云计算技术变革与发展，云计算领域有望持续推出新技术和新产品。此外，技术和服务的优化离不开协同创新的力量。未来，围绕“新经济”领域的重大共性需求开展产学研用，有效整合政府、高校、科研院所、企业等创新资源，促进云计算技术创新成果产业化，也是云计算发展值得期待的重要趋势之一。

新基建拉开 2020 年大幕后，新技术和新应用的交叉融合与场景实践变得更为重要，将为云计算市场持续注入活力，推动新经济发展。云计算作为新经济的基础设施，与人工智能、5G、大数据、区块链等新技术紧密结合，才能为新基建提供有力保障，并持续促进各行业建设与升级，帮助更多新经济企业迎接全球化的机遇和挑战。其中，垂直、专业、有特色的细分领域或将涌现出更多云计算的新机会。

作者简介：

季昕华先生，优刻得科技股份有限公司创始人、董事长兼 CEO，致公党党员，上海市第十五届人大代表，曾荣获“上海市优秀中国特色社会主义事业建设者”“上海领军人才”等荣誉称号。

云计算

云计算是信息技术发展和服务模式创新的集中体现，是信息化发展的重大变革和必然趋势，是信息时代国际竞争的制高点和经济发展新动能的助燃剂。云计算引发了软件开发部署模式的创新，成为承载各类应用的关键基础设施，并为大数据、物联网、人工智能等新兴领域的发展提供基础支撑。云计算能够有效整合各类设计、生产和市场资源，促进产业链上下游的高效对接与协同创新，为“大众创业，万众创新”提供基础平台，已成为推动制造业与互联网融合的关键要素，是推进制造强国、网络强国战略的重要驱动力量。

——《云计算发展三年行动计划（2017－2019 年）》（工信部信软〔2017〕49 号），2017 年 3 月 30 日

区块链创建可信智慧经济

孔剑平

一、引言

2008 年 11 月，中本聪在《比特币：一种点对点的电子现金系统》一文中首次提出了区块链技术的概念。区块链技术作为一项融合化信息技术，凭借其不可篡改、公共账本、弱中心化等特性在弱信任的互联网环境下构建了更加可靠的可信体系，并在全球范围内受到了极大关注。近年来，各国陆续出台了相关扶持及监管政策，为区块链技术的发展及产业区块链融合应用营造了良好的政策环境。对于区块链技术的研究，我国一直处于世界前列。2019 年 10 月，在中共中央政治局第十八次集体学习会上，中共中央总书记习近平强调，“我们要把区块链作为核心技术自主创新的重要突破口，明确主攻方向，加大投入力度，着力攻克一批关键核心技术，加快推动区块链技术和产业创新发展”。

根据技术形态，目前区块链的应用方向可分为公有链和联盟链两类。公有链在安全性、隐私性、吞吐性等方面要求更高，因此技术创新往往先诞生在公有链。企业级的产业化应用则大多以联盟链的形式，根据不同场景需求解决数据孤岛和相互信任问题，实现降本增效，为可信智慧经济夯实基础。长远来看，区块链的技术应用仍会面临很多问题，如计算效率问题，目前技术能实现的业务发展速度未必能满足实际场景的需要；再如安全监管问题，如何实现区块链上的监管穿透。目前企业级区块链应用尚处于积累阶段，大多还处在测试环境或较小规模的生产环境，然而无法实现真正产业化互通的小规模应用难以从根本上解决问题，也无法发挥区块链技术的真正价值。如何利用区块链技术更好地建立生态、扩大边界是区块链与各行业融合并创造价值需要首先思考的问题。

二、区块链的发展

（一）全球区块链产业生态版图

在第 46 届世界经济论坛达沃斯年会上，区块链同人工智能、自动驾驶等技术一并列入“第四次工业革命”。世界各国均在加大扶持力度积极推动区块链核心技术在金融、政务、溯源、能源等领域的落地与应用。作为世界经济体的重要一员，中国对区块链技术的研究一直处于世界领先地位。随着国家政策的推动和区块链应用需求的不断增长，区块链相关的产业应用链不断将丰富和完善。

区块链产业结构大致可以分为三部分：底层技术、通用平台技术服务（BaaS）及行业应用。底层技术包括芯片开发商、区块链技术解决方案服务商。这些企业大多在 2000 年年初加入了区块链行业，拥有一定技术领先优势，对于区块链适用场景和技术局限性有良好的认知。通用平台技术服务企业则包括了 IBM、AWS、Microsoft、SAP、Intel、Oracle、百度、阿里巴巴、腾讯等互联网科技巨头。通用平台技术服务企业根据自身优势，以战略合作、平台开发等方式切入实际应用场景，逐步建立较为完备的区块链网络生态。行业应用则以金融、医疗、政务、运输等行业为代表，以产品创新、业务拓展、降本增效、提升用户体验等为目的尝试接触区块链技术。金融业作为中心化程度最高的产业之一，一直以来因为缺乏信任中介而导致系统运作效率低下。区块链技术具有去中心化、开放、匿名等特性，对于金融领域存在的问题提供了新的解决思路和途径。在金融领域应用的细分方向，区块链已经产生了落地应用，为市场所关注。

企业对于区块链技术的态度也随着政府大力推行及应用案例成效显现有所改变。根据 Deloitte’s *Global Blockchain Survey 2018* 及 *Global Blockchain Survey 2019*，大部分企业对于区块链技术的态度达到了一个发展中的转折点——从“区块链技术体验和探索”转变到“建立可行的商业应用”。根据 2019 年的调查显示，约 53%的企业负责人表示区块链技术将会是企业未来 5 年的重要优先级，相比 2018 年提高了约 10%。

大多数的区块链应用类业务仍处在开发投入及技术萌芽阶段，联盟链将是未来区块链行业应用的主要形式。Gartner 2019 年的研究表明，区块链技术至少要等 10 年才能达到可以满足企业需求的更广泛部署的成熟度，直到 2028 年区块链才能“完全可扩展且在技术上可操作”。联盟链、私有链在企业级应用中呈现部署速度更快、更容易监管、TPS 更高等优势，技术演进有效提高区块链网络整体效率，将是未来行业应用技术解决方案的主要趋势。同时，区块链和人工智能、云计算、大数据等技术形态结合也是大势所趋。

（二）中国区块链发展现状

我国区块链产业链条基本形成，从上游的硬件制造、技术服务至下游企业，在政策扶持下不断推进产业发展，已形成小范围的早期区块链应用生态。与传统行业相比，区块链行业拥有市场规模小、发展速度快、技术优势明显、资金流入量大等特点。

在政策推动与资金引导下，区块链产业园规划纷纷出台，产业聚焦效应明显。据中国信息通信研究院发布的《区块链白皮书（2019 年）》，截至 2019 年 5 月，全国已成立区块链产业园共计 22 家，杭州、广东、上海等沿海城市占比过半，其中 20 家为政府主导或参与推进。

巨头企业技术层面优势明显，平台级资源优质。在 2019 年中国区块链企业排行榜中，阿里巴巴、百度、华为、腾讯等大型科技公司均在列，此外还有国家电网、中国银行、联通等国企。科技巨头纷纷将目光投向区块链云平台（BaaS），虽然侧重的应用领域有所不同，但是交叉范围较多。百度、腾讯、阿里云、京东、华为均推出着眼于金融、溯源、数据资产等应用场景的 BaaS 平台，为中小企业提供企业级区块链解决方案。

盈利水平不足，可持续发展是难点。我国的区块链行业仍处在起步阶段，成熟的产品和平台相对较少，应用水平相对较低，仅一些具有优质资源的百强企业营收良好，其他企业营收明显不佳。同时，也有一部分企业，仅以区块链挂名，没有针对技术、应用和产业方面进行实质性投入和产出，发展现状与预期相差甚远。此外，新注册成立的、有实质性产出的区块链企业增长速度有所下降，缺乏后继之力，并且企业多以底层技术的研究、信息技术的处理、解决方案的提供、公共链、平台链等为主，整体上体现出企业服务类型同质化的现象。

金融领域是我国区块链应用最早、最为成熟的场景。区块链技术数据可溯性、不可篡改性等与金融行业结合具有天然优势。2020 年 2 月中国银行正式发布了《金融分布式账本技术安全规范》，标准适用于金融领域相关服务运营机构，规定了基础硬件、密码算法等相关规范及要求。随着“区块链+金融”探索应用在跨境支付、贸易融资、票据结算等方向逐渐成熟，区块链技术已逐步拓展至实体经济及政务领域，并在社会治理、市场监管、政务服务等方面取得了不错的成效。得益于国家层面的日益重视，以及区块链与数字经济的深度融合效应，区块链技术的创新发展上升到了国家战略高度，越来越多的企业意识到区块链的技术优势，企业探索的方向也从“区块链技术是否有用”转换到“如何利用区块链技术提升企业效益”。

三、案例分析

（一）典型案例分析

1. 国外实践

FANG。作为全球的互联网巨头，FANG（Facebook、Amazon、Netflix、Google）在区块链上的布局较为稳健，相关行业应用的推出稍显滞后。Google 从 2016 年开始布局区块链，效仿 IBM 和 Amazon，为需要测试银行区块链技术的开发员提供云服务。从 2018 年开始，Google 陆续推出了比特币、以太坊、比特现金等区块链交易历史数据集。除自身积极探索开发区块链技术外，Google 旗下的 Google Ventures 参与投资了不少区块链项目和公司，包括金融交易网络 Ripple、加密货币资产管理平台 LedgerX 等，通过投资布局行业生态。

相比于 Google 的稳健布局，Facebook 在 2018 年成立了区块链技术部门，其后推出的 Libra 更是引起了世界的广泛关注。Amazon 则更注重在区块链技术领域的突破：与 DCG 达成合作为企业提供区块链服务试验环境，与 Kaleido 合作帮助企业更快、更容易部署区块链技术。

美国银行业。在传统美国银行业，区块链领域最受市场关注的无疑是摩根大通。自 2015 年开始布局区块链以来，摩根大通合作开发了私有区块链平台 Quorum，已吸引到路易威登、星巴克咖啡等知名公司采用。此外，随着区块链技术的逐渐成熟，美国银行对区块链的迟疑态度也有所转变，在 2019 年年底注册了一项名为“分布式账本系统实时网络结算”的专利，并测试了专门为银行领域所创建的 Ripple 技术。

2. 国内实践

政府机构。从目前发展趋势来看，未来备受期待的区块链数字政务项目主要是央行数字货币 DECP 和数字身份 ID。DECP 作为中央银行领导下的研究产物，在匿名性、安全性、可编程等关键属性上，与区块链技术紧密结合。

除了 DECP 和数字身份，各地区在区块链电子政务方面也已取得不少成效，涵盖了司法、监管溯源、数据存证、电子票据等领域，也出现了公证摇号、破产审理等新的应用方向。根据最高人民法院 2020 年 12 月发布的《中国法院的互联网司法》，截至 2019 年 10 月 31 日，全国已完成北京、上海、天津、吉林等省（市）的 22 家法院及国家授时中心、多元纠纷调解平台、公证处、司法鉴定中心的 27 个节点建设，共完成超过 1.94 亿条数据上链存证固证，支持链上取证核验。

科技巨头。早在 2015 年，阿里巴巴就已经开始探索区块链技术，并持续加大在区块链领域的研究支出。根据互联脉搏统计数据，阿里巴巴已申请的区块链专利技术高达 534 项。从落地应用案例来看，支付宝联合杭州地铁推出了区块链电子发票，全程手机操作，耗时不到 10 秒，有效解决了上班族取票排队时间长的问题，真正实现了区块链技术的应用落地。

腾讯、百度在区块链技术上也持续深入布局。金融区块链合作联盟的成立、区块链方案白皮书的问世，以及与英特尔达成合作共同开放区块链技术等，腾讯在区块链上的布局可以说是稳中推进，积极探索区块链在金融领域的应用。相较于腾讯和阿里巴巴，百度在区块链上的布局比较低调，区块链开发平台 BaaS 的推出、加入超级账本开源项目等动作，显示了百度对区块链的关注与重视。

国有四大银行。在新兴时代，金融科技发展驱动力已从大数据、云计算等应用层面，进一步转向了区块链等底层技术创新。中国银行积极引入区块链技术，在其平台上推出了基于区块链技术的贸易融资应用，并一同推出了指纹、声纹等生物认证科技应用。中国农业银行则首次在国内将区块链技术应用于电商供应链金融领域，推出了涉及农业的电商融资产品“e 链贷”。建设银行则将重心放在了贸易金融和租赁住房平台，2018 年年初区块链租房应用平台在雄安上线。中国工商银行运用区块链技术，通过相关平台，已助力贵州扶贫、工银聚等项目成功投产。

（二）嘉楠科技的 ABIoT 实践之路

嘉楠科技成立于 2013 年，并在同年研发了全球第一台区块链超级计算设备。2019 年，嘉楠科技在纳斯达克登陆上市，成为全球第一家区块链业务上市公司。嘉楠科技的发展立足于“ABIoT”，即由人工智能、区块链、物联网共同打造的价值智联网。

1. 区块链超级计算 ASIC 芯片设计能力，中国已阶段性领跑全球

区块链产业自身就是一个生态系统，芯片是其底层的基础设施。目前，具备大量使用者的公有链系统，大部分都需要通过超算设备来维持其稳定运行。这是由于其采用了共识算法（工作量证明机制）：通过超算设备让每个节点都具备记账出块

的竞争力，并使账本最终在全网达成共识，系统则以此账本的数据及状态维持运转。目前主流的一台区块链超级计算设备，其算力约为普通家用笔记本电脑的数万倍。

我国目前在区块链超算芯片全球无壁垒竞争之下，已达成阶段性领先地位，据估计目前全球70%以上的区块链超级计算设备在中国运行。

2. 人工智能、边缘计算在区块链的融合加持下开辟新的机遇

人工智能与区块链的技术本质是统一的，即“数据+算法+算力”，两者的技术融合将为各产业发展带来非常多的可能性。人工智能产业严重依赖于基础数据，也就是“学习数据”，区块链不仅解决了数据孤岛的问题，更使得数据完整可信。在更高质量的数据基础下，人工智能可以更有效地做出正确的选择和决断。

随着计算模式的发展，仅依靠云端的人工智能将无法满足未来更广泛的生产需求。无论是物联网技术还是5G的发展，都在释放这样的信号：边缘智能即将来临，即在网络边缘各节点进行数据处理、分析，再与云端有效、多样结合。这种方式不仅更加高效，也在一定程度上提高了数据的隐私性。

四、未来区块链发展机遇的展望与挑战

区块链混合计算系统革新产业发展，能够创造可信智慧经济。在当下“强云”的计算结构下，所有的数据价值、计算价值都由云端分配，边缘端的价值被弱化。通过区块链将云端与边缘端各节点构筑成数据与价值网络，使各边缘智能终端成为可信数据与可信计算的智慧载体，实现“万物互链”。区块链打破数据孤岛，创造可信环境，助力企业拓宽商业边界。产业链网络通常可分为两层，内层核心网络用于定序、记账、维护系统共识；外层网络则搭建业务逻辑。从务实的角度看，业务网络第一步要实现产业上下游之间数据的打通，并确保数据“可用不可见”，即各机构、各终端成为链上的节点；第二步思考如何利用智能合约形成链上的应用，并使得链下到链上的应用迁移高效、有价值；第三步构建激励机制，基于贡献因子实现链上的价值流转，并由此成为一个内循环的、可信的、智能的经济体。

区块链与实体经济的融合，将释放巨大活力。区块链从技术层面促进了产融结合，作为价值互联网的核心技术，能够有力推动经济高质量增长，在区块链领域并以区块链带动其他领域实现“变道超车”。

区块链网络交互效率低下，在实际应用推广中仍存在难点。对于以中心化网络为基础的传统产业，区块链网络处理数据需要上链、同步至所有节点、根据智能合

约或者应用进行处理，效率有限。在应用时需要根据应用场景决定效益成本，区块链技术目前并不具有广泛适用性，仅在部分场景下拥有应用基础。

区块链赋能新经济的同时也给监管带来了挑战。以去中心化、可信数据作为核心优势的区块链应用，同时也存在系统安全性、数据隐私性、非法信息的删改等问题。如何更好地维护系统安全防止非法入侵、如何更加合法合规地处理并保存链上数据，以及监管机构以何种形式、手段进行科学监管亟待解决。同时，区块链应用的落地在技术层面、监管层面、系统安全层面仍有完善空间，小规模的应用难以从根本上改变现有模式。因此，如何建立生态，实现行业可持续发展，成为未来区块链技术革新发展首要思考的问题。

作者简介：

孔剑平先生，嘉楠科技联席董事长，一直推动区块链与人工智能的研究与发展，联合发起了中国区块链应用研究中心、长三角人工智能实验室等机构。

区块链

区块链（Blockchain）是一种由多方共同维护，使用密码学保证传输和访问安全，能够实现数据一致存储、难以篡改、防止抵赖的记账技术，也称为分布式账本技术（Distributed Ledger Technology）。典型的区块链以块-链结构存储数据。作为一种在不可信的竞争环境中低成本建立信任的新型计算范式和协作模式，区块链凭借其独有的信任建立机制，正在改变诸多行业的应用场景和运行规则，是未来发展数字经济、构建新型信任体系不可或缺的技术之一。

——《区块链白皮书（2019 年）》，中国信息通信研究院、可信区块链推进计划，2019 年 10 月

视频关键技术和产品的国产化之路

孙彦龙

一、视频新媒体产业发展情况

新媒体时代是相对于传统媒体而言的发展时期，是继报刊、广播、电视等传统媒体以后发展起来的新的媒体形态，是利用数字技术、网络技术、移动技术，通过互联网、无线通信网、卫星等渠道，以及计算机、手机、数字电视机等终端，向用户提供信息和娱乐服务的传播形态和媒体形态。严格来说，新媒体应被称为数字化媒体。

近十年来，得益于互联网、大数据、云计算、人工智能、智能终端及通信技术的巨大进步，视频新媒体领域发生了翻天覆地的变化：从内容来源视角看，视频新媒体从过去只有专业机构才能进行内容生产制作的阶段，逐步过渡到每个人都可以参与视频内容生产的 UGC 时代；从内容获取视角看，用户从通过 VCD / DVD 介质、有线电视网络等固定方式收看节目，逐步过渡到借助互联网在任何时间、任何地点、任何终端上自由观看节目；从内容体验视角看，用户从只是简单、被动观看视频，逐步过渡到可以与内容提供方、内容服务提供方、其他观看者进行互动；从内容运营视角看，运营商从以静态菜单提供内容，逐步过渡到根据“越来越懂我”的大数据智能推荐内容。总体来说，视频已广泛应用于手持终端、家用屏、户外大屏、电梯屏、公交站、门禁、会议等众多场合，视频泛在化的特点已经非常明显。

视频新媒体的快速变革，飞速改变着内容采集与制作、传输、呈现、应用等产业链中的各个环节，视频新媒体整体向着更加移动化、智能化、融合化的方向发展。

视频采集设备越来越轻便、多样。视频采集设备从过去的直播车、专业摄像机，发展为更容易操控的手持式摄像机、数码相机、高分辨率 / 帧率智能手机，以及直导播一体机等。从 2016 年起，不同于过去平面视频采集设备的 VR 全景视频采集设备开始兴起并逐渐成熟。视频的制作环节前移，从过去的先采集视频内容再进行后期处理，演变成在采集视频内容的同时进行美颜、美声、绿幕等制作流程，这让视频制作的适应场景更丰富，使视频的发布效率大大提高。

在视频传输方式上，4G 的快速普及大大改变了媒体的特征，视频成为最主要的信息载体之一。2019 年，5G 开始走入人们的视野，其大带宽、低时延、海量连接的特点，以及网络切片技术和 MEC 边缘计算技术的应用，使得 5G+4K/8K 超高清视频加速发展。

视频呈现方式逐渐多元化。视频已经开始在电视机、计算机、手机、平板电脑、投影仪等多样化的终端上得到呈现，呈现方式也从过去的 2D，发展到全景、全息、VR、AR、多视角、六自由度等，更是出现了边看边聊、边看边买、弹幕、连麦等互动新花样和价值变现新渠道。

新颖的视频应用如雨后春笋般不断涌现，如在教学领域，出现了移动课堂、双师课堂、VR/AR 渲染式教学等；在游戏领域，出现了战队 PK 直播、大咖手游直播、云游戏等；在更多的垂直市场，出现了如保险远程理赔、电商直播、移动警务、机器人管家、远程看护、远程诊疗、VR 看房等种种新业态。

二、视频技术国产化创新与路径探索

（一）关键技术

1. 视频编转码技术

视频编转码技术的发展与信息产业发展紧密相关。视频是新一代信息网络传输的主要载体，视频处理技术是新一代信息网络的关键技术，其发展过程可以分为若干个阶段，每个阶段针对当时对视频清晰度的要求和相应的硬件能力，制定了不同的视频编码标准，如图 1 所示。

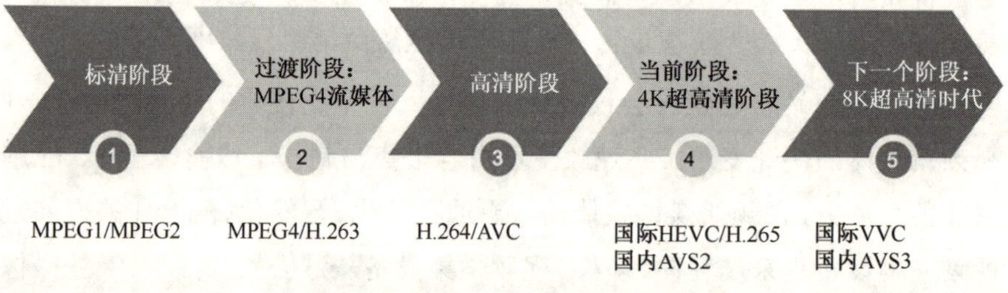

图 1　视频编码标准的发展阶段

视频的清晰度从标清发展到今天的 4K/8K，数据量以指数方式增加，因此，视频压缩编码成为视频领域的关键技术之一。视频压缩编码广泛应用于产业链上下游，因此视频压缩编码技术的标准化成为必然。一般来说，编码效率每提升 50%，就会发展出新一代压缩编码标准。现在，各个组织正在探索的 AVS3/VVC/H.266 为最新一代的压缩编码标准。值得一提的是，更高效的压缩编码标准与持续发展的视频行业是相互促进的，在编码效率提升的同时，新一代压缩编码标准的计算复杂度同样也大幅增加。

2. 视频处理技术

视频处理技术主要应用于视频空域和时域两个维度。常见的视频编辑系统、视频后期制作系统、图文包装系统、视频增强系统等都属于视频处理技术。目前我国应用的广播级专业处理系统以国外厂商的系统为主，而在准专业级和民用级系统领域，我国厂商的技术水平和海外厂商的技术水准相差不大。值得一提的是，基于神经网络的人工智能技术将成为下一阶段技术竞争的重点，而我国企业在基于视频内容和主观视觉模型的智能剪辑、采用神经网络的视频超分辨率等 AI 视频处理技术方面进展较快，有望赢得下一轮竞争。

3. 视频传输技术

常见的视频传输技术包括单播、多播、缓存等；按照底层协议，视频传输分为 TCP 传输和 UDP 传输；按照上层网络协议，视频传输可分为多种流媒体传输协议。从协议角度看，尽管不少国内企业开发出了自己的传输协议，但国内尚未出现能够整合上下游合作伙伴，从而形成生态影响力，进而形成事实标准的局面，视频传输技术主要由国外组织和企业主导。从实际应用的角度看，直播和点播模式下的 IP 化视频传输分发多采用 CDN 进行多级分发，因此需要通过源站管理系统进行内容源的统一管理。目前国内企业自主研发的源站管理系统，作为视频内容传输分发的源点，主要提供视频点播和直播的内容一级缓存、直播时移回看、内容的 CDN 注入与回收、流媒体推送与拉取等服务。

（二）关键技术创新助力新经济产业发展

随着 5G 时代的来临，传统媒体加快向新媒体转型，视频进入下一个发展阶段，通过视频获取信息的场景大幅增加，因此，视频领域关键技术的不断创新将突破新媒体在技术上的束缚，助力新媒体深入社会、经济、文化各个层面，推动新经济产业发展。

1. 持续打造自主研发核心技术

要实现行业长期良性发展，不断强化其核心技术竞争力是关键。长期以来的市场实践表明，无论是引进、消化再吸收，还是原始创新，只有最终将技术真正掌握在手中，才能持续满足市场不断变化的需求，才能将技术和产品应用于更广泛的市场。国产化分为两个层次，即应用系统的国产化和软硬件完全国产化。在视频新媒体领域，国产化难度较大的部分主要体现在上文提到的视频编转码、处理和传输几个环节。

自主可控的核心技术是行业创新的客观要求。视频涉及的技术点很多，包括技术环节的多样化，如编码格式多样化、文件容器格式多样化、流媒体协议多样化等，也包括方案环境的多样化，如计算平台多样化、传输和终端兼容多样化、上下游系统多样化等。行业快速发展，这些核心技术都可能实现大量创新，只有真正做到精通并可以提供贴近客户的本地化服务的企业才能够快速响应新的市场需求，赢得创新带来的红利。

一个完整的视频编转码过程，通常包括文件／流媒体解析、解复用／交织、音视频解码、预处理、音视频编码、复用／交织、文件／流媒体打包传输等环节。企业在各环节都需要专家型人才，他们完全掌握相关的技术原理，拥有完全自主知识产权，并且熟悉各类应用场景，与上下游的厂商有较好的合作。

基于上面的分析，在人才方面，企业需要建立内外部的专业人才库。其中，内部人才包括前沿标准／技术跟踪人才、算法优化人才、指令优化人才、产业链合作人才、行业专家等，外部人才包括高校专家、计算平台厂商专家、典型应用场景的用户单位专家、行业指导单位专家等。

2. 行业聚焦

聚焦是集中己方的优势力量，打造最强单点，以形成非对称性竞争并赢取胜利的一种手段。行业聚焦包括市场聚焦、产品聚焦、技术聚焦。

在行业发展初期，企业应针对某种特定需求，分析市场领先者的竞争优势，了解行业用户急需解决的痛点，集中力量进行技术攻关，并争取让行业典型用户参与产品设计、应用的迭代过程，快速打磨出真正解决行业痛点的产品。当这样的产品持续不断地获得市场认可，并形成品牌力量后，企业应该注意核心技术综合竞争力的挖掘和保护，特别是著作权、发明专利、外观专利等知识产权，同时注重国产化产品层次的不断提升和应用领域的不断延展。

在这样的聚焦策略实施过程中，企业的内部体系、技术、人员配置自然而然会变得“专注”。这种“专注”使得企业对从事的领域越来越精通，其产品越来越优质、人员越来越专业。同时，这种“专注”使得企业的上下游合作伙伴、理论和应用领域的合作伙伴不断增加，来自客户的创新想法不断增加。这种“专注”将帮助企业获取细分领域从业人员的尊重。

3. 多维创新理论的应用

在组织创新过程中，创新理论可以有效地为企业提供创新方法，开拓创新思路。按照创新程度的不同，创新可分为渐进式创新和突破式创新。这两者是量变和质变的关系。渐进式创新即通过不断的、渐进的、连续的小创新，给公司的产品不断注入活力；突破式创新即导致产品性能主要指标发生巨大跃迁，导致产业重新洗牌的一类创新。企业应始终鼓励渐进式创新。按照创新性质的不同，创新可分为包括产品和流程创新在内的技术创新、包括服务和商业模式创新在内的非技术创新，以及用户体验创新。按照创新程度和创新性质形成创新矩阵，企业的不同产品、不同服务、不同岗位均可在矩阵中找到相应的创新点，具体做法如下。

一是商业模式创新。企业可以通过商业模式画布工具明确市场上主要提供商的特征，进而更好地规划和实施自己的商业模式。二是创新资源的开放。今天的企业不再局限于使用自己的资源进行设计、研发、行销等，而是充分利用企业内外部资源进行创新，其中外部资源包括研发部门外的全体员工、领先用户和供应商、外部研究项目、研发合作、技术许可和技术并购。三是正确认知创新的自主程度。按照创新的自主程度，创新可分为原始创新、集成创新和引入消化再创新三大类。对不同的业务和产品进行不同维度的创新设计，可以使企业少走弯路，尽快形成市场竞争优势。

一般而言，企业需要结合总体战略、竞争战略和创新战略，自身的资源条件、文化基础，以及企业生命周期阶段，应用创新理论，开展创新设计，使全员都参与到创新过程中来。

三、国内企业在视频新媒体领域的实践探索

（一）视频产品国产化的开端

视频行业作为信息、广播及安防等产业的重要组成部分受到鼓励、推广，但是多年来运用较多的视频编转码标准为国际电信联盟的 H.26x 系列标准、国际标准化组织运动图像专家组的 MPEG 系列标准等。在此背景下，我国自主研发的 AVS 标准开启了视频产品的国产化篇章，中国数字音视频编解码技术标准工作组的主要职能为面向我国的信息产业需求，联合国内企业和科研机构，制定数字音视频的压缩、解压缩、处理和表示等共性技术标准，服务于高技术标准分辨率数字广播、高密度

数字媒体存储、无线宽带多媒体通信、互联网宽带流媒体等重大信息产业应用。在世界范围内，研发视频技术的企业较多，但早期更多的国内企业主要为系统集成商或数字电视系统提供商等，深度研发偏少。目前深度使用“CPU+GPU”模式进行视频处理的只有杭州当虹科技股份有限公司（以下简称当虹科技）和 AWS Elemental 等少数企业。

（二）完整的视频处理环节覆盖和快速内容生产

在新媒体视频方面，采集、制作、传输、播放呈现等各个环节上的任何问题，都有可能影响用户体验，或者导致视频无法安全播出。国内企业在采集侧自主研发了移动端采集、VR 采集等设备；在制作环节自主研发了视频快速生产、智能内容审核、多屏转码等技术；在传输环节自主研发了适用于专网、互联网的通用传输协议——新兴互联网抗抖动传输协议；在终端播放环节研发了具有完全自主知识产权的播放器等多项创新技术。

在新媒体快速发展的时代，内容的快速发布至关重要，这关系到媒体的影响力和运营商的收入。国内企业研发的直播、离线编转码设备，可以面向电视大屏、平板电脑、手机等终端，提供多屏直播实时信号输出，并在主观画质不变的情况下，为客户节省 30%以上的传输带宽成本。

（三）走向“5G+超高清”时代

超高清视频是继视频模拟数字化、高清化后的新一轮重大视频技术革新，将深刻影响产业链从视频采集、制作、传输、播放呈现到应用的各个环节。加快发展超高清视频产业，有利于满足人民日益增长的美好生活需要，有利于缓和不平衡不充分的发展问题，有利于推动供给侧结构性改革，使智能制造、5G、文化等产业向中高端迈进。应用于超高清视频领域的主要编码规范很多，国内部分企业通过自主设计编码框架、自主研发编码算法，在算法优化方面积累了大量经验，其产品的性能和质量大幅领先于其他开源方案。

（四）当虹科技的实践之路

当虹科技是致力于在视频领域为用户提供智能视频解决方案与云服务的国家高新技术企业。当虹科技在视频领域拥有深厚的核心技术积累，其高质量的视频转码、智能人像识别、全终端播放、低延时视频通信等核心算法研究与应用，可为用户提供整体解决方案。

多年来，当虹科技根据自身资源条件变化，持续进行创新设计。当虹科技拥有25年以上的视频编转码积累，并不断开展突破性创新实践，打造高品质的视频编转码产品，已经成为国内知名品牌。在创新资源方面，当虹科技积极开展开放式产学研用联合创新，围绕产品三层次理论，根据对视频领域的理解和客户不断涌现的创新需求，在产品功能丰富性、稳定性、可维护性等方面进行渐进式创新，并申请了多项发明专利。迄今为止，当虹科技与运营商等伙伴一起，已经在重大赛事、大型晚会、节日庆典、剧院直播等关键场景下累计进行了超过200场的超高清直播，其中采用5G传输的场次已经超过50场。

四、对我国视频未来发展的展望

我国紧锣密鼓地开展了第三代标准AVS3的制定工作，为新兴的5G、虚拟现实、智能安防等应用提供技术规范，引领未来5～10年8K超高清和虚拟现实视频产业的发展。在产业应用上，除广播电视视频外，我国还积极推动AVS3视频标准在工业互联网、智能安防、智慧医疗等领域的应用。

新一代信息技术的发展使用户可通过各种途径获得更加丰富的信息，并对相应产品和业务的丰富性提出了更高的要求。同时，随着4K超高清、5G、虚拟现实、网络直播互动、3D沉浸声等技术及应用正在全球范围内兴起，这些新技术、新产品、新应用将会深刻改变人们获取信息的方式、获取信息的质量，乃至生活习惯，将会给视频新媒体行业带来颠覆性的技术变革和新的发展机遇。新一代信息技术在视频新媒体行业的应用将使人们的生活娱乐体验得到提升，也将给视频新媒体行业的发展创造新的空间。

随着新一代信息技术的发展，基于中国的庞大市场，我们有理由相信，视频运算会成为数字经济的基础设施之一。尤其是随着国内企业在服务器、CPU、AI芯片、操作系统及中间件方面的国产化日益成熟和丰富，视频技术国产化将得到快速发展，拥有自主核心技术的企业将有望在云游戏、云VR、超高清视频、移动视频和视频通信基础业务方面成为第一拨受益者。

作者简介：

孙彦龙先生，杭州当虹科技股份有限公司创始人、董事长兼总经理，国家“万人计划”领军人才。多年来一直致力于视频技术的研究，为国内视频编转码技术的进步做出了贡献。

建设工业互联网　主动拥抱“新经济”

张天任

“新经济”是新的产业形态，也是新的增长动能。2016 年，李克强总理在《政府工作报告》中首次提到“必须培育壮大新动能，加快发展新经济”，各地纷纷出台促进新经济发展的指导意见和政策措施，成为驱动产业高质量发展的澎湃动能。

提到制造业，很容易被贴上“传统产业”的标签，似乎与新经济无缘，这是一种普遍存在的误解。实际上，制造业和新经济并非是对立的，而是两个不同维度的概念。人类从蒙昧状态进入文明时代，学会了制造和使用生产工具，有了社会分工，就产生了制造业。我们现在提到的制造业，是指工业革命以来，通过机器进行大规模生产的一种产业结构；新经济则是建立在信息革命基础上的一种新的经济形态，是知识经济、信息经济。两者是包含与被包含、相融相生的关系，很多新经济的业态，如生产性服务业、现代制造业等，本身就从传统产业孕育，通过不断转型升级而来；传统制造业通过“两化融合”，转换发展动能，也可以走向高端产业，成为新经济业态。

一、趋势：拥抱新经济

中国经济进入新常态，经济下行压力非常大，市场需求结构出现了新的变化。反映到企业身上，就是原有的生产方式、产品结构已经不能满足新时代的需求。特别是受新冠肺炎疫情的影响，制造业的成本、用工、市场销售在未来较长的一段时间里，面临着更大的不确定性。以我从事 30 多年制造业的经历来看，现在的制造业可谓是最困难的时候，利润逐年下降，成本逐年上升。传统制造业已经走到了十字路口——要么通过转型升级，走向新经济业态；要么苦苦挣扎，走完生命周期，走向被人遗忘的角落。

无论是主动“进攻”，还是被动“突围”，传统制造业的最终发展方向都必然是智能化、绿色化，这正是新经济所描绘的范畴。

（一）理念引导

党的十八大首次做出了“大力推进生态文明建设”的战略决策，开展了一系列根本性、全局性、长远性的工作，生态文明发展的理念日益深入人心。理念是行动的先导，是发展的指南。传统的粗放式的生产方式累积起来的环境污染和资源消耗问题，与新时代发展理念已经格格不入，到了必须彻底解决的重要“窗口期”。在新发展理念的指引下，传统制造业要坚决摒弃旧有的发展思维，以环境保护为底线，以和谐增长为目标，坚定不移走环境友好型、资源节约型的发展道路。

（二）动能转换

科学技术是第一生产力，创新是引领发展的第一动力。改革开放 40 多年来，传统制造业更多依靠资金和要素投入，而并非科技投入，实现了经济的快速增长。在经济新常态下，驱动增长的要素资源发生了新的变化，企业增长动能也要换挡。如果不重视科技创新，不加大研发投入，不采用新技术、新装备，不运用 5G、人工智能，传统制造业将无路可走。新的动能来源于技术进步，可以说，越注重科技创新的企业，发展动能也就越澎湃。国家规划的发展路径，其实就是为传统制造业指出了未来发展方向。

（三）需求拉动

新时代人们对美好生活的向往，产生出一大批在新经济形态下的产品需求，需求牵引供给，传统制造业只有升级为新经济的组织方式和生产方式，才能满足这种有效需求。比如，大工业的流水化生产线，虽然将边际成本无限压缩为零，但没有办法满足个性化的需要，在这种情况下，规模制造不但未必能带来经济效益，甚至可能会造成企业的资金压力。平台型组织、柔性生产线、智能供应链等，会被越来越多的传统制造业引入，进而驱动企业的转型升级。

二、途径：工业互联网体系

传统制造业“拥抱”新经济，重要的是通过“两化融合”建设工业互联网，推动互联网、大数据、人工智能和实体经济深度融合，形成立足于供给侧结构性改革框架下的绿色智造大生产体系。

传统制造业在建设工业互联网的过程中，主要面临以下困难。

（一）互联网“底子薄”

工业设备是生产数据、工业资源、制造能力在工业互联网平台汇聚的重要入口，设备“上云”是工业互联网平台构建的重要前提，但由于我国制造业数字化基础薄弱，当前工业设备“上云”进展不畅。我国相当一部分企业工业设备老旧，设备流程控制和运营管理信息化水平不高，而且企业间数字化程度参差不齐，尤其是中小企业基础薄弱，数字化和网络化改造对其而言成本相对较高。

此外，工业设备种类繁多，工艺流程复杂，且标准化程度低，加上设备、工厂内外等通信协议不统一且相对封闭，导致设备无法高效联通。据中国两化融合服务联盟发布的《中国两化融合发展数据地图》显示，2017 年我国企业设备数字化率仅为 44.8%，数字化设备联网率仅为 39%。

（二）“上云”意愿淡漠

在推广工业互联网平台应用的过程中，部分地区出现“企业不急政府急”的“一头热”现象，不少企业仍在观望。很多企业反映，这种观望主要是由成本、技术成熟度、新技术应用模式不在探索期等多方面因素造成的，他们感觉工业互联网看不清、摸不着，叫得响、热得慢。特别是工业设备数字化改造及“上云上平台”需要的前期投入较多、回报不明确、相关补贴不能及时到位，让很多企业不敢轻易尝试，尤其是中小企业。

“上云上平台”是打造开放、合作的新型工业互联网生态的基础，但企业容易固守传统合作模式和利益思维，特别是由于涉及知识产权、商业机密保护等，企业不愿开放工控系统的核心数据，平台上的数据还只停留在售后服务、供应链、营销管理等层面。

（三）跨界融合不足

和全球连接、易于标准化的消费互联网不同，工业互联网标准化难度大、门槛高，不仅涉及的生产设备多种多样，且业务链条长，模型复杂，若不能和工业领域的技术深度融合，工业互联网还是“两张皮”。特别是当前工业互联网平台建设急需的既精通工业技术又懂信息技术的跨界人才极度缺乏，IT 和 OT（涉及工厂内自动化系统的操作技术）很难打通，现实往往是 IT 与业务分离，甚至严重分离，不少从事互联网工作的人对工程没有概念，最后做出来的东西自己觉得很好，实际上完全不能应用，达不到支撑制造业与互联网深度融合的标准。

三、建议：财税支持企业“上云”

为此，我提出以下五点建议。

（一）大力发展绿色智能制造，夯实工业互联网基础

政府应出台积极政策，大力鼓励企业加大工业机器人、数控加工设备、物流装备、监测设备等自主可控装备的投入，加快智能制造单元、智能生产线建设，全面推进机器设备和生产流程等模块的自动化、数字化和智能化改造，促进制造业产业工艺技术和自动化水平全面大幅提升，提升制造业和互联网融合发展潜力。

（二）要因地制宜构建横纵平台体系，提升平台服务能力

一方面，横向搭建公共服务型综合性工业互联网平台。整合全产业链资源，进行资源动态化配置，提升中小企业数字化、网络化能力和创新能力，从而提高整体制造业信息化水平和应用服务创新水平。

另一方面，纵向搭建多个重点行业通用和特定领域专用平台。设立工业互联网平台发展基金，加强平台核心技术与关键共性技术的研究与开发，努力构建自主可控的工业互联网平台架构与技术标准体系。深耕专业领域以实现关键核心技术突破，促进产业链上下游协同创新，加强平台在垂直行业的生态构建能力和在特定领域的运营能力。

（三）重点培育龙头企业，发挥引领示范作用

政府应鼓励和支持当地有较强技术与市场实力的龙头企业，将其自身先进业务经验和服务能力通过平台向全行业延伸，带动构建覆盖全行业、具有综合解决方案的工业互联网平台，发挥平台对产业转型升级的基础性、支撑性作用。同时，要通过设试点、树标杆，推动有条件的行业和企业先行先试搭建工业互联网平台，形成示范效应，逐步带动上下游企业跟进布局，实现小网变大网。

（四）加强财税金融支持，提高企业上云积极性

政府应出台相应的财税、专项资金、产业基金等产业扶持政策，支持企业向云

端改造迁移，推动企业应用工业互联网平台开展研发设计、生产制造、运营管理等业务，催化平台落地。另外，也应通过融资租赁、PPP 等金融创新手段，帮助企业减轻“上云”“用云”负担，提高企业利用互联网促进转型升级的积极性。

（五）加快构筑工业互联网的安全“防火墙”

应构建政府监管、企业负总责、社会监督的安全管理体系，并加强安全监测、防护技术手段的建设，通过企业、系统集成商、政府部门多方力量联动，横向合作，共同提升工业互联网安全防御能力。在合作过程中，为保护企业的数据安全，需要尽快制定企业数据的共享、开放应用规则，依法保护企业的利益。

目前，中国的实体制造业面临较大的困难，这种困难是结构性的。中国的经济基本面没有变，超大规模市场的优势依然存在，中央为了扶持实体制造业发展，减税降费等利好政策频出，这增强了企业家的信心，也为转型升级提供了源源不断的动力。我相信，中国传统制造业只要瞄准“绿色智造”的靶心，各方形成合力，坚定不移地拥抱新经济，一步一个脚印，踏踏实实往前走，就一定能够在国际制造业大舞台上站稳脚跟，赢得未来！

作者简介：

张天任先生，天能控股集团有限公司董事长、总裁，全国人大代表，担任浙江省工商联副主席、中国电器工业协会副会长、中国电池工业协会副理事长、中国自行车协会副理事长、浙江省蓄电池行业协会会长等职务。获得全国优秀企业家、中国民营经济年度人物。

工业互联网

工业互联网作为新一代信息技术与制造业深度融合的产物，日益成为新工业革命的关键支撑和深化“互联网+先进制造业”的重要基石，对未来工业发展产生全方位、深层次、革命性影响。工业互联网通过系统构建网络、平台、安全三大功能体系，打造人、机、物全面互联的新型网络基础设施，形成智能化发展的新兴业态和应用模式，是推进制造强国和网络强国建设的重要基础，是全面建成小康社会和建设社会主义现代化强国的有力支撑。

——《国务院关于深化“互联网+先进制造业”发展工业互联网的指导意见》，2017 年 11 月 19 日

新零售、供应链和电商篇

新零售在我国的创新与发展

汪林朋

2016 年马云先生首先提出了“新零售”的概念，其后在国内掀起了一股新零售的热潮。阿里巴巴和腾讯两大互联网阵营迅速围绕新零售、智慧零售展开竞争，通过资本运作及技术创新，新零售在市场竞争中不断蓬勃发展，至今硕果显现。新零售业态的出现不仅改变了传统商业流通机制和规则，带动了经济模式的深刻调整，还改变了人们的思维理念、消费和生活方式，引发了又一次零售革命。

2019 年，全国网上零售额达 106324 亿元，比 2018 年增长 16.5%，其中，实物商品网上零售额为 85239 亿元，同比增长 19.5%，占社会消费品零售总额的比重为 20.7%；在实物商品网上零售额中，吃、穿和用类商品分别增长 30.9%、15.4%和 19.8%。据国家邮政局统计，2019 年快递业务量完成 630 亿件，业务收入为 7450 亿元，分别同比增长 24%和 23%。这些数据都佐证了线上线下一体化的新零售进程，本文将对新零售在我国的产生和发展进行讨论和概述。

一、新零售是中国零售市场发展的必然选择

（一）新零售的基本概念

关于新零售的概念目前没有定论，处于众说纷纭的状态，简单概括，新零售就是依靠大数据、人工智能、移动支付、物联网等新技术驱动的线上线下一体化的更高效的零售新模式。

（二）新零售产生的背景

新零售是中国零售市场发展的必然选择，是技术发展、消费需求变化、零售企业精细化运营的必然选择。

新零售是实体零售突围的产物。在过去的30多年中，中国的实体零售产生了集市、百货商店、百货商场、超市、购物中心等多种模式，总体上看，中国的实体零售一直在追随和学习西方发达国家，截至目前，中国的实体零售不管是规模还是发展水平与发达国家相比都有明显的差距。随着中国经济总量的快速发展，以及国内消费市场的日益壮大，实体零售需要借助新技术和新的消费需求实现弯道超车，新零售刚好迎合了这种转型和突围的需求。

新零售是电商突破发展瓶颈的必然选择。由于实体零售发展的滞后，实体零售供给能力不足，导致长期以来国内消费市场的潜力未能释放。随着网络的普及尤其是移动互联网的快速发展，电商迅速崛起，出现了阿里巴巴、京东等具有国际影响力的电商巨头，通过网络平台实现了供给与需求的在线对接，再加上国内物流能力的提升，电商在过去的10多年经历了前所未有的大发展。目前，传统电商面临着线上的流量红利见顶、获客成本不断升高、消费者对产品品质和产品体验的要求不断提高的挑战，同时受制于传统电商一品卖全国的模式，大量本地化的优质商品无法在线上交易，导致电商平台商品供给不足。要解决这些问题，传统的电商势必要向线下渗透，突破发展瓶颈。

新零售是消费需求改变的产物。随着80后、90后成为消费主力，零售早已从供给市场转变为需求市场，消费者不再局限于购买生活必需品，根据马斯洛需求理论，个性化、娱乐化、社交化的精神需求越来越多地左右消费决策。这种消费趋势的变化倒逼了零售业的供给变革。

新零售是科技创新的产物。近年来，我国移动支付和智能终端的普及，使得消费行为不再受时间和空间的限制，基于大数据、虚拟现实、现代物流的快速发展，消费体验逐步多样化，供应链也随之发生了巨大的改变，去掉中间环节，能够更多、更快地进行商品供给。前端与后端的升级提效，使得新零售应运而生。

（三）新零售的主要特征

零售本质是满足消费者需求，新零售不改变这个商业本质，改变的是实现方式。在新一轮零售变革中，谁能最大限度地满足消费者需求，谁就能成为最大的赢家，新零售具有以下主要特征。

一是销售全渠道化。在零售渠道上，流量入口进行双向融合，打通线上线下各类零售终端，人与货之间有多重路径可实现交互，从而实现数据的多维度融合。

二是经营数字化。通过技术手段对商品、交易、服务等环节进行数字化改造，进而利用大数据为经营提供决策依据；供应链也能够随之去中间化，优化生产、仓储、流通等环节，实现智能管理，降低供应链成本。

三是体验智能化。新零售在传统零售单一的商品售卖基础上，融入了社交、交互等功能，增加商品服务与消费者之间的交互，根据需求搭建个性化的消费场景，提升了消费者体验。

二、新零售在我国的发展实践

在具体的商业实践中，新零售的做法是围绕消费者需求，将零售过程中涉及的各要素进行重新整合。不同类型的零售企业，根据自身特点和优势，采取不同的改造策略，形成不同的模式。

（1）全面布局的平台型。这类模式中最典型的代表是阿里巴巴，其围绕自身商业生态，进行了多手段布局、全环节改造，成为新零售业态布局最全面、创新亮点最丰富的新零售生态体系之一。在上游供应链改造方面，阿里巴巴以轻资产形式做第三方物流的信息服务平台，通过整合物流、商家、消费者数据，实现物流数字化，是为物流企业和电商企业提供信息服务的一个开放、共享、社会化的物流基础设施平台；在渠道变革方面，通过投资或收购，布局银泰、居然之家等线下卖场，并结合自身互联网基因对零售终端进行改造；在消费环节提升方面，通过“线上线下一体化、近距离配送、引入新区域、以店为仓、先进物流支撑”，打造盒马鲜生等新零售标杆业态。

（2）智慧物流改造的技术型。这类模式最大的特点是结合自身物流基因，打造智慧物流体系，构建其核心竞争力，拓展一体化供应链解决方案、云+物流科技服务、跨境物流服务—快递、快运服务、全流程无人仓、机器人快递服务等，通过提高物流配送效率达到提升用户黏性的目的。典型的企业代表如京东，京东到家可以为其新布局（诸如永辉、7Fresh）提供最后三公里的服务保障。

（3）多元业态融合型。以线下 mall 为载体，以家庭休闲娱乐消费为核心，以数字化改造为抓手，探索“家庭消费生态圈”是这类模式的主要内容。通过平台搭建、线下门店、商品、会员画像、媒体投放、支付体系和供应链等环节进行全方位的数字化改造，颠覆线下卖场简单的“逛—吃—买”模式，让传统卖场从“物业式管理”

向“大数据驱动型”商业模式转型，引入生鲜超市、餐饮娱乐、儿童教育等生活服务业态，注重消费娱乐及体验，以“家”为消费核心吸引流量，促成高频热点消费。典型代表如居然之家。

（4）线上社群流量带货的转化型。这类模式本身具有电商基因或线上内容流量，在新零售变革中，它们紧紧围绕自身线上社群、内容流量，背靠线下供应链渠道，实现线上流量的消费变现。典型代表如拼多多的拼团，抖音、快手的直播等，通过线上拼团、直播带货、智能内容导购等形式将线上社群流量转化为消费，并通过线下供应链将商品送达消费者手上。

（5）生活方式体验型。这类模式主要以传统老牌的消费体验型线下品牌的数字化改造为主。通过数字化赋能，结合实体店品牌服务优势，优化线上下单、线下提货等模式，为消费者营造良好体验。通过高科技产品在店内放置顾客互动电子屏等，获取消费者偏好数据和产品喜好信息，从而进一步优化产品系列，反哺生产。典型企业代表如优衣库。

（6）生鲜餐饮场景型。这类模式是新零售最被看好的一个主题。结合生鲜类产品的购买刚需和品质消费的提升，通过线下开店、线上下单、线下提货、三公里免费送达、店内生鲜现买现做即时体验、前置仓等方式增强用户黏性，提高商品复购率和购买力。典型代表如盒马鲜生、7Fresh、每日优鲜、物美多点等。

三、新零售未来发展面临的新挑战

伴随着我国经济发展、新技术快速成长和消费需求转变，特别是经过这一轮新冠肺炎疫情的冲击和检验，新零售既形成了新的发展趋势，也面临着新的挑战。综合来看有以下几个方面。

（1）数字化转型周期长、成本高，传统线下零售企业转型难度大。尽管大型互联网平台正在以基础设施供应商的角色为企业提供云服务，但通用型的数字化解决方案并不一定适合所有企业。缺乏互联网基因的线下传统零售商要结合企业战略布局和品牌定位，来进行有侧重的数字化改造，盲目地对全链路进行重塑只会急剧增加成本，难以达到线上线下深度融合的最终目的。

（2）线上线下一体化运营能力塑造是线上企业和线下企业共同面临的挑战。电商企业缺乏实体门店经营经验，实体企业缺乏线上流量运营能力，两者在实际运营中都将面临较大的问题。线上与线下的客户群体不同，因此产品策略和运营模式必须有统一的协同机制，这就对企业的经营管理提出了极高的要求。因此无论是线上企业向线下拓展，还是线下企业向线上延伸，绝不仅是简单地同时开展线上和线下业务，而是要将线上和线下的业务融合、管理融合、利益融合。

（3）三公里生活圈将是新零售战略布局的重要节点。最后三公里配送一直是各行业研究的课题，受新冠肺炎疫情影响，消费者的行为半径更加集中在社区。盒马鲜生一直是打造三公里生活圈的新零售标杆，但由于社区数字化搭建和终端配送均需要较高的成本，这对企业来说是一个不小的挑战。

（4）消费者数据安全保护亟待加强。随着移动支付的普及、会员体系的搭建、人脸识别技术日趋成熟、大数据被广泛应用，企业在保护消费者隐私和数据安全方面亟待加强，不仅要防止数据泄露，也要避免滥用数据，这在一定程度上决定了消费者对品牌的忠诚度。

四、推动新零售稳步发展的有关建议

在当前宏观背景下，新零售对于扩内需、稳供给、促消费，强化供给侧结构性改革，推动民生经济健康发展有着积极重要的作用。为推动新零售不断发展，建议在政策、资金、基础设施建设等方面予以支持。

（1）将新零售纳入国家经济社会发展战略规划，出台引导和扶持政策措施。在当前逆全球化趋势抬头、技术加速变革、消费方式转变等多重因素驱动下，应对新冠肺炎疫情影响、扩大消费成为重要任务。建议将新零售作为国家战略，作为应对疫情、扩大消费的关键举措，支持5G、人工智能、虚拟现实等技术在零售业大规模投资，帮助企业进行数字化转型，提升线上获客能力和流量转化能力，减小疫情对企业的影响。

（2）推进智慧物流，构建现代供应链。积极推进智能仓储，发展共享仓储、共同配送，大力支持物流平台发展，将大数据、云计算等应用到物流管理中去，对物流配送资源进行合理配置，实现跨区域、跨品类、跨场景的高效率、低成本配送，实现物流与交易环节的无缝衔接。

（3）加大对标杆企业的政策扶持。新零售的发展成熟是个长期的过程，新零售先行企业面临着投入大、见效慢、试错成本高等重重困难，需要政府在人才引进、税收、贷款等方面加大对新零售标杆企业的政策扶持，鼓励企业在新零售方面进行更多的技术和模式创新。

(4)加快新零售技术完善，构建普惠金融生态圈。充分利用新零售的先导作用，以新金融技术为手段，进行金融模式创新，从而更好地实现金融服务实体经济的功能。鼓励新零售与新金融相互融合，进一步发展在线支付，支持零售商上下游供应链金融、消费者支付金融的发展。在进行全链路数字化和推广金融服务的同时，应加强市场监管，加强消费权益保护，防止数据泄露，降低安全风险。

作者简介：

汪林朋先生，北京居然之家投资控股集团有限公司董事长，APEC 中国工商理事会副理事长、中国国际商会副会长、北京湖北企业商会会长。曾多次获得中国家居行业“最具影响力人物”奖和中国家居产业“十大风云人物”奖，被《中国企业家》杂志评为“中国最具影响力企业领袖”。

互联网+

“互联网＋”是把互联网的创新成果与经济社会各领域深度融合，推动技术进步、效率提升和组织变革，提升实体经济创新力和生产力，形成更广泛的以互联网为基础设施和创新要素的经济社会发展新形态。

——《国务院关于积极推进“互联网＋”行动的指导意见》(国发〔2015〕40 号)，2015 年 7 月 1 日

现代供应链发展趋势

蔡进

习近平总书记在党的十九大报告中提出发展现代供应链的重要指示，给出现代供应链是社会、经济发展的新动能的历史性判断。我国供应链形态已随着生产方式的迭代和科技的进步发生了变化，从以生产制造业为主的一维链状供应链，转变为结合互联网科技形成的平台式二维网状供应链，并进一步上升为与国家战略和产业经济相协同的多维立体供应链。从整体上看，现代供应链建设卓有成效，基础理论研究和政策支持水平提高，全国供应链创新与应用试点工作稳定推进，全国各行业企业供应链实践和供应链意识显著提升。

一、建设现代供应链的必然性

现代供应链不仅是经济和产业重要的组织形态，也是供给侧结构性改革的有效抓手，更是推动经济高质量发展、建设现代化经济体系的重要动力。当前，在外有全球产业链发生剧烈波动、供应链脆弱性增加，内有去杠杆需求、产业转型的双重作用下，中国打造自己的供应链理论基础和创新体系，促进实体经济发展，重塑产业结构，从而实现经济转型升级，成为全球供应链的重要一环，具有非常现实和紧迫的意义。

（一）供应链是经济发展向提质增效转型的重要抓手

当前，经济转型进入瓶颈，在去产能达到平台期后，经济增长的主要需求是提高效率和质量。供应链建设作为提质增效的抓手，可以通过打通链条和资源整合共享，提高信息传导效率，设立标准流程，减少资源错配现象，在相同资源基础上大大提升利用效率，降低流程损耗。供应链管理的发展将在中观产业层面和区域经济层面带来聚合和超叠加效应；在企业内部和企业间，也会起到促进交互协同、提高企业战略站位的作用，最终取得提高整体生产能力和资源利用效率的共赢成果。

（二）市场消费方式的迭代加速了微观供应链转型

贸易全球化和科技进步带来了市场消费生态的转变，随之而来的是消费升级和产业转型。在突如其来的全球新冠肺炎疫情下，防疫需求对所有传统线下消费场景中的行业带来了巨大的冲击，又在冲击中孕育出了转机。教育、餐饮、交通航运、物流、购物中心等线下业态都在环境的倒逼下加速了向线上的转移，市场对供应链响应速度提出了更高要求，企业供应链模式和消费生态的迭代也在加速，这向微观层面的供应链提出了线上化、数字化、智能化，甚至无人化的新需求。

（三）供应链安全问题逐渐显现和应急能力的缺失，使供应链安全建设成为国家经济急需弥补的短板

国际上，美国、日本、德国等都提出并正在系统地实施供应链国家战略。以美国为例，其在2012年发布《全球供应链安全国家战略》，先后与多国建立双边供应链安全保障机制，在多部门间形成供应链管理联动计划，在州级设置根据重点产业实施的供应链政策。几年间，美国国土安全部、国防部等相继发布军事物资《供应链手册》《评估和强化制造与国防工业基础及供应链弹性》《美国信息和通信技术产业供应链风险评估》等报告，牢牢把控国防安全、民生安全、国际贸易等重要领域的关键产品和物料的供应。相比之下，国内供应链安全和风险预警机制的建设都还不成熟，在全球经济局势波动的现状下存在隐患，现有供应链的应急能力不足，我国急需建立系统性、从上而下、政企联动的应急响应机制。

二、供应链未来发展趋势

（一）供应链智能化和自动化，将推动生产组织形式变革

一是科技应用引领供应链智能化、自动化转型。2019年，物联网、云计算、大数据等新一代信息技术在物流领域加快应用，物流业务实现全链路在线化和数字化，为企业智能化转型奠定重要基础。无人机、无人车、无人仓、无人驾驶、无人码头等智能装备使用场景增多，人工智能技术在物流领域逐步落地。交通运输部229家

无车承运试点企业整合货运车辆211万辆，以政府监管平台、平台整合车辆为特点，市场集约化、规模化程度明显增强，区块链在物流供应链领域的应用扩大到六大场景。

二是底层技术加速发展的大趋势与企业实践应用创新技术的需求相辅相成。新冠肺炎疫情发生后，中央工作会议连续四次提到“加大新型基础设施建设，服务实体快速发展”这个热点话题。在疫情中，供应链数字化程度较高、整合程度较好的企业，普遍有快速反应能力，以数字化供应链平台作为内部整合和外部协同的工具，对内积极整合物流储运资源，在各个节点应用数字智能技术和数据分析能力，迅速响应市场需求；对外向社会开放基础能力，增强跨层级、跨领域、跨主体的协同作战能力。

（二）供应链线上化，万物互联和大数据时代到来

一是企业线上化带来商业价值增加。企业对敏捷性和速度的需求，和企业供应链在全球化贸易中链长不断延伸的现状，都要求供应链环节实现线上化和透明化，从而通过提高可见性、实时性、供应确定性，来降低生产安全库存要求、库存持有成本，实现供应链精细管理，进而提高客户满意度。据研究，物联网带来的边际收益将单个商家的成本降低 10%～15%。

二是数字化带来公共基础设施综合能力增强。如港口行业，在国家和交通运输部等部门的大力推动下，已在港口信息化建设方面取得显著成效，成为港口核心竞争力的重要体现。物联网、大数据、云计算、地理信息系统等技术不断在港口生产、管理中加快应用，实现了集装箱自动化装卸转运、港口单证电子化，大幅提高货物装卸、货物转运、货物运输车辆出入港区、收发货物单据结算、货物通关等工作的效率，有效地降低了企业和社会的物流成本，提升了港口的综合运转能力。

（三）供应链平台化，1+1>2，供应链协同大幅提升社会资源利用效益，加速治理能力向现代化转型

供应链平台建设将推动供应链协同整合，通过打通原先僵化结块的产业链、信息链、管理部门和管理机制，形成叠加效应，大大提高资源利用效率和效益。

一是我国产业链上下游协同能力不足。①由于我国产业链是在快速工业化进程中形成的，资源、能源控制力明显不足，追求规模而忽视质量的产业结构增加了产业链的脆弱性。②由于还没有形成完整的数据链，上下游企业普遍存在信息孤岛现象。缺乏供应链公共服务平台，供应链资源信息高度不对称，普遍存在信息传递不

畅现象，供需信息、指挥信息、物流信息、流程信息和安全溯源信息均出现不同程度的缺失或隔断，加剧供需匹配失衡。③物流基础能力停留在提供运输与仓储基本能力阶段，普遍未形成整体协同、智能联动的整体解决方案，物流体系与工业和市场部门在信息共享、供需匹配方面存在脱节。在新冠肺炎疫情中，全国普遍存在“货找车，车找货”的现象，原因就在于供应链管理能力不足，信息不对称，在市场失灵的条件下，产业链的生产能力无法及时有效地与物流能力对接。

二是供应链平台化既能促进企业间的联动合作、供需高效匹配，又能推动治理结构和治理能力的现代化。高效的信息传递平台可以减少人为造成的堵点和难点，链接产业上下游，提高供需匹配效率，并为现代化治理提供数据基础，推动形成治理体系向政府、社会和市场横向协同合作转型。在近期政府治理与市场紧密合作的案例中，供应链平台都发挥了保障国计民生、大幅提升治理效果的重要作用，如民政部与互联网企业进行社区软件的开发协作、武汉市政府请专业医药供应链企业协助物资调配等。

三、现代供应链建设工作展望

现阶段，我国现代供应链建设已经基本完成了初期探索阶段，在政策理论研究和市场实践方面都为供应链事业长远发展奠定了坚实基础。

在理论和政策上，自 2016 年起，由中央财经委员会办公室牵头，多部委多个课题成员单位参与的“供应链国家战略研究”重大课题，以及后续一系列价值链理论研究、供应链白皮书编写在宏观层面深入分析了全球产业链、价值链、供应链，做出了全球供应链将是未来贸易博弈、国家安全、产业转型升级主战场的判断。2017 年，在中央财经委员会办公室的领导下，商务部与中物联共同推动了国务院办公厅《关于积极推动供应链创新与应用的指导意见》（国办〔2017〕84 号）的出台，在农业、工业、流通业、供应链金融、绿色供应链和全球供应链六个领域明确了供应链创新发展方向、任务及重要举措。2018 年，根据国务院部署，商务部等 7 部门与中物联共同发文开展供应链创新与应用试点工作，有 55 个城市、266 家企业被评为试点城市和企业，为我国供应链发展创建了良好的政策环境。

在地方政府和企业供应链建设实践上，随着供应链创新与应用工作的持续推进，城市和企业试点工作取得长足进展，供应链建设效率大幅提升。行业内部逐渐形成协同整合、创新引领、高效节能的联动机制，区域内形成了以顶层设计为依托的重点产业供应链引导发展模式，构建了协同治理的数据互联平台和政企学交流机制，推动了若干关系国计民生、消费升级和战略性新兴产业的升级和发展。这些成果在全国范围内形成了带头示范作用，并伴随供应链外部性向行业上下游传播，为产业供应链整合和政府公共治理模式更迭带来了新鲜血液。

（一）建立供应链安全和应急机制，增强供应链弹性

一是加强供应链风险预警和安全防控体系建设，高度重视宏观供应链风险管理，提升国家整体供应链弹性。从政策制定、供应链安全评估、应急体系建设、重点产业战略原材料判断等方面，就供应链风险话题增加政企交流和互动，判断产业脆弱点和供应链上的风险环节，逐步形成针对重点行业供应链的深层次安全管理体系和应急效应能力，提升供应链可控性。

二是为重要产业供应链制订“备链”计划。在全国范围内筛选一批重点制造行业，以龙头企业供应链建设为核心，建设全球供应链的“备链”计划，总结在贸易摩擦、紧急事件中产生的断链经验，实施供应链战略寻源，加速供应链结构重组，减少因部分“卡脖子”或意外断供带来的整体性风险。

三是配合建立相应的物流分级响应体系，以满足在重大事件发生时的应急需求。通过加强物流信息化建设、打通分散的仓储运输节点、累积和分析流通数据，提高物流系统的整合水平和整体组织能力，在国家应急预案中落实好责任主体，提升处置能力，保障应急响应的及时性、有效性。

（二）进一步加强供应链数字化和标准化建设，为供应链产业链的互联互通奠定基础

一是加快建立引领全球的供应链标准，创造新技术应用秩序框架。如 5G、大数据、云计算等在供应链领域的标准化应用，构建和输出新技术应用标准，加快中国标准体系在全球范围内的扩散。

二是推动供应链数字化进程，促进数据互联互通，建设透明可视的供应链。支持供应链核心企业信息系统建设和上下游数据对接，推动全链条数据共享，开放和积累行业供应链数据并与政府公共信息平台对接，建立数据开放标准和规则，促进市场、政府、各区域和部门间的信息交流共享，构建供应链数据生态。

（三）进一步整合供应链基础设施，提高流通效率，形成外部服务能力

物流是产业链和供应链的重要基础。目前，我国物流基础设施建设已经初具规模，铁路里程已经达到 13 万千米，公路总里程达到 485 万千米，高速公路突破 14

万千米。港口空港及网络通信等基础设施初具规模，硬件设施基本配套。但从整体来看，物流组织管理水平弱协同机制得不到有效发挥。

一是要在物流基础设施建设的基础上，侧重于物流组织能力的提升，加大多式联运、甩挂运输的应用，建设枢纽园区等物流模式，提高基础能力的衔接效率。

二是促进智能化物流装备的研发应用，加速智能托盘、无人仓、智慧分拣、高速路电子地磅等建设，推动智能化物流装备整机及零部件的研发制造，打造国产智能装备生态圈，提高基础设施信息化程度。

三是注重全球物流基础设施安全建设，进一步建设海外物流基础设施，提高国内外物流基础设施对接效率，提升整体布局。实施安全体系建设，与重要贸易伙伴建立双边或多边运输协议，提升海陆空多渠道物流体系架构，保障物资运输安全。

（四）坚持创新技术的研发和应用，将先进技术落地在供应链的各个环节

一是构建自有的供应链核心技术体系，加快研发落地引领全球供应链发展的新技术。加强 5G、智能云仓、智能分拣等技术的推广和应用，形成 5G 和物联网结合的供应链基础技术体系。

二是实现供应链实践与智能技术全面融合，继续推进新技术在企业供应链环节的深度应用，创建技术应用生态圈，加速技术更新迭代，提高企业管理效率，在供应链新技术领域形成先发优势。

（五）进一步融入全球供应链，提高国内产业在国际供应链上的话语权

一要提升供应链全球主导权，将中国产业链长期稳定地嵌入全球供应链体系中。推进全球价值链与国家价值链互动协作，支持中国企业“走出去”，提高优势企业对供应链的影响，发挥优势能力在全球的竞争力。推进同其他经济体的双边或多边自贸协定，参与推动国际贸易和多边新秩序的建立，主导建立跨国铁路联运立法标准。

二是把握要素禀赋，提高在产业链上的附加值。鼓励科研创新，把握国内优势要素，充分利用供给侧和流通渠道的坚实物质基础、强大的中国制造和工程化能力、自上而下的反应和行动力、庞大的消费市场、广泛普及的互联网平台和企业及新科技最广阔的应用场景等，构建和打造更有利于国内产业发展的生态圈，使国内产业链不再处于价值链底端，实现灰度创新和发展转型。

（六）坚持加强供应链人才队伍的建设，增强企业、政府在供应链战略层面的智力储备，培养一批具有国际化视野的供应链管理人才

整体提高从业人员供应链思维能力、供应链管理者战略制定能力，加大学科教育和职业培养力度，推进高等学校供应链管理专业建设，引进国际供应链领域高端人才。重视供应链基础研究，鼓励政企学联动，持续开展供应链标准制定、供应链理论研究等工作，为国家供应链安全发展提供高水平的智力支持。

作者简介：

蔡进先生，中国物流与采购联合会副会长、中国物流学会副会长。长期从事宏观经济与市场分析、政策研究，以及现代物流体系、采购与供应链管理研究等。组织建立了中国采购经理指数（PMI）调查体系、社会物流统计核算制度与调查体系等，出版多部专著，发表多篇论文。

物联网

物联网是新一代信息技术的高度集成和综合运用，具有渗透性强、带动作用大、综合效益好的特点，推进物联网的应用和发展，有利于促进生产生活和社会管理方式向智能化、精细化、网络化方向转变，对于提高国民经济和社会生活信息化水平，提升社会管理和公共服务水平，带动相关学科发展和技术创新能力增强，推动产业结构调整和发展方式转变具有重要意义，我国已将物联网作为战略性新兴产业的一项重要组成内容。

——《国务院关于推进物联网有序健康发展的指导意见》（国发〔2013〕7号），2013年2月5日

构筑供应链竞争优势　增强产业供应链安全

郑艳玲　孙慧君

伴随着信息技术的广泛应用和全球产业分工细化，各国产业集群积极融入全球垂直专业分工体系，产品研发、物料采购、生产制造、物流配送、销售及服务等供应链流程活动逐渐分散到世界各地，形成以实现资源优化配置和价值增值为目的的全球供应链体系，发展趋势不可逆转。中国自 20 世纪 70 年代末从加工贸易起步开始融入全球供应链体系以来，参与全球供应链的广度和深度也不断加强，在全球供应链和产业链中的地位逐步提升。近年来，成本变化和科技进步、国际经贸规则重塑，深刻改变全球供应链的布局，为此，我们应以更加积极的姿态融入全球供应链体系，提升我国产业供应综合竞争力，增强我国供应链体系的韧性和安全性，夯实我国与世界的连接力。

一、中国供应链发展现状

（一）中国供应链的形成及发展

20 世纪 70 年代末，中国主动打开国门，利用一系列国家加工贸易的特殊政策和灵活举措，依托低廉的劳动力、土地、环保等成本，从加工贸易起步开始融入全球供应链体系，并由此确立了“世界工厂”的地位。众多的中国企业主要承担起生产制造角色，加入发达国家跨国公司的生产网络，形成较为紧密的供应链合作关系。

20 世纪 90 年代以后，产业转移步伐不断加快，中国逐步嵌入供应链中技术含量和附加值较高的环节，在服装、家电、IT、汽车、电子等产业已逐步从依靠贴牌生产阶段走向具有自主品牌和贴牌并重阶段，为全球相关产业提供了强有力的供应链配套，逐渐成为全球供应链的中心。

进入 21 世纪以来，科技创新不断加速，中国政府高度重视全球供应链建设，实施自由贸易区战略，提出“一带一路”倡议，为融入全球供应链营造互联互通的基础设施与便利化政策环境，主动积极融入全球供应链，许多高端产业、技术、要素已全面融入全球高端环节中。根据联合国工业发展组织报告，中国是世界上唯一拥有联合国产业分类中全部工业门类的国家，拥有世界上最完整的供应链条，已拥有 41 个工业大类、207 个工业中类、666 个工业小类，在世界 500 多种主要工业产品当中，中国有 220 多种工业产品的产量位居全球第一。

（二）中国供应链的创新实践

近年来，物联网、大数据、人工智能、区块链、云计算等技术在供应链管理中日益得到广泛应用，不断实现供应链智能化和可视化，我国供应链发展已进入与互联网深度融合的新阶段。在现代信息技术的支撑下，供应链组织形态发生重大变革，产业供应链协同、供应链管理服务、供应链交易、供应链金融服务等平台模式快速崛起，促进供应链上下游协同能力提升，推动供应链的降本增效。

1. 供应链服务助力中国外贸转型升级

近年来，我国外贸企业加强供应链能力的提升，借助供应链服务平台“走出去”，解决在货源开发、外汇、物流、仓储、通关、政策合规、知识产权、信誉认证、渠道整合等方面的短板，提高采购、物流和支付效率，促进产业上下游降本增效和协同发展。供应链服务已成为中国近年来发展迅速的新兴行业，并于 2017 年纳入中国最新国民经济行业分类。

2. 供应链平台成为新经济重要引擎

近年来，围绕钢铁、煤炭、家电、陶瓷等产业集群涌现出各类供应链协同平台，通过协同设计、采购、制造、物流和金融服务等方式，实时对接消费者需求，通过智能制造和个性化定制，以精准的需求预测驱动供应、采购、备货、分配体系，提高原料采购、生产、物流、分销等各环节响应速度和协同水平，成为中国产业互联网发展和新经济的亮点。

3. 供应链金融服务实体经济

近年来，大数据、云计算、5G、人工智能等各类技术的运用和突破为供应链金融的数字化变革、金融风控和决策提供重要支撑，推动我国供应链金融由传统的以银行为主导的“1+*N*”阶段发展到线上化、平台化、智能化阶段。在政策加持、普惠金融和金融科技的大势下，商业银行、供应链管理服务企业、商业保理公司、产业核心企业、供应链金融专营机构、小额贷款公司、融资担保公司、融资租赁公司等各类企业纷纷以各自优势切入供应链金融的蓝海之中，呈现百花齐放、争相布局的态势，产业链金融、供应链自金融、产业银行、数字／电子票据等创新商业模式层出不穷，为资金进入实体经济提供了安全通道，也为中小微企业提供了融资新途径，成为中国金融创新的重要方向。

二、产业供应链面临的主要挑战

改革开放 40 多年来，我国积极融入全球分工体系中，融入全球供应链、价值链、产业链中，现代供应链创新与应用得到不断发展。然而，我国产业总体处于价值链的中低端环节，产业供应链的竞争力仍相对薄弱，处于错综复杂的国际环境，我国产业链的完整性及安全性面临威胁。

（一）产业链竞争力有待提升

我国许多产业都是从加工贸易开始嵌入全球供应链的，至今，我国制造业大而不强的问题仍然突出，很多制造业企业依然依靠贴牌代工进行生产，位于全球价值链中低端，产业高质量发展所必需的关键基础材料、核心基础零部件（元器件）、先进基础工艺、产业技术基础严重受制于人。尤其是中美贸易摩擦以来，我国劳动密集型产业因其供应链的脆弱性和可替代性，加工组装和低端制造环节加快向外转移，导致供应链稳定性及产业链完整性受到威胁。

（二）要素成本及贸易壁垒的制约

近年来，我国制造业面临人工、土地、资金、环保等综合营商环境成本不断上升的困境，制造业成本相比东南亚、印度等地区和国家已逐渐丧失优势，与美国、德国等发达国家的成本差距也在缩小；受此影响，国内劳动密集型产业代工企业和加工组装环节已逐渐向越南、马来西亚、菲律宾、柬埔寨、泰国、印度、墨西哥等国家转移，部分外资企业也开始迁往美国、日本等发达国家，尤其中美贸易摩擦以后，制造业企业加速出海，以摆脱加征关税掣肘，分散企业经营风险。产业链龙头企业的迁移往往会带动供应链上下游企业的同步外迁，而完整且高效的产业链及强大的产业配套能力是创新发展的最大优势，因此制造业供应链的外迁对我国产业链的完整性和竞争优势带来重大挑战。

另外，近年来，美国利用多种手段对我国高技术产业进行围堵和打压，构筑新的贸易壁垒和技术壁垒，使全球供应链布局面临重新调整的局面。尤其是中美贸易摩擦以来，美国对我国产业链核心企业的重点打压，导致全球既有的产业链和供应链体系面临冲击和调整的风险。如何实现供应链的安全可控持续，已成为当前政府和企业关注的焦点。

（三）全球产业呈双路线转移特征

国际贸易格局正处在巨大变化中，新兴市场和发展中经济体成为全球贸易复苏的关键角色。全球进入第四次产业转移周期，呈现以中国为中心向发达国家（地区）和欠发达国家（地区）双路线转移特征。这种全球价值链模式导致的分工深化和产业转移，既是我国对全球产业发展趋势的主动适应，也是跨国企业主动地实施产业迁移的导向。如何适应产业转移的新变化，推进我国产业供应链的安全性和稳定性，提升我国产业链向高价值环节跃进，是一个新的挑战。

（四）服务业与制造业“走出去”难以有效协同

历经 40 余年发展，我国开放型经济综合竞争优势已经形成，中国企业在全球投资建设生产、研发基地的发展已势不可当。在制造业“走出去”的过程中，服务业必须为制造业提供配套服务，才能成功打开我国出口市场的窗口。然而长期以来，我国服务业发展水平相对滞后，国际运营经验不足，配套的基础设施及产业配套政策缺乏，造成制造业与金融业、服务业合作“走出去”协同性不强，制造业“走出去”基本以单兵作战为主，与供应链上下游基本脱节，“走出去”风险较高。

（五）缺乏具有国际竞争力的龙头供应企业

国外跨国公司凭借技术优势、品牌优势、渠道优势、规模优势，成为所在产业领域的供应链的集成者和掌控者，大型的跨国公司实际上就是一个超级的全球供应链运营者，如以苹果和耐克公司为代表的国际品牌运营模式。相比而言，我国缺乏具有较强国际影响力的标杆引领性跨国公司，在全球资源整合聚集能力、品牌影响力、协同水平、研发能力、核心技术、企业间供应链管理能力等方面仍处于相对弱势。

（六）物流连接能力和标准体系仍待完善

我国是物流大国，但仍不是物流强国，物流业的国际化水平偏弱，表现为全球连接能力不强，尚未形成与之相匹配的全球物流与供应链体系，国际市场份额偏低。麦肯锡的研究表明，美国和德国是全球连接能力最强的国家，中国的全球连接能力只有它们的一半。我国航空货运网络、国际快递网络、跨境仓储配送网络建设仍处于起步阶段，中国的产品出口已经覆盖全球 220 多个国家和地区，但尚未出现一家能比肩 UPS、FedEx、DHL 等国际快递巨头且具有全球派送能力的企业。我国很多物流信息平台和信息系统遵循各自制定的规范，缺乏统一的信息标准，企业、平台、组织间很难实现数据信息交换与共享，使得生产、流通各个环节难以形成高效协同的供应链。

三、增强产业供应链安全的政策建议

当前和今后一个时期，要针对产业供应链面临的问题和挑战，从国家、产业、企业等不同层面打好产业基础高级化、产业链现代化的攻坚战，构筑产业供应链竞争新优势，提升产业供应链的安全水平。

（一）国家层面

应出台系统性、科学性、可操作性和前瞻性的产业政策，积极引导我国企业进行全球供应链布局。支持企业高效配置全球原材料、研发、生产、物流资源；支持企业加强对核心技术、重要原料、关键节点资源的控制；支持企业品牌出海，建设海外营销网络，充分利用国际人才优势开展队伍建设。

（二）产业层面

1. 加强关键技术研究，推动产业向价值链高端跃升

应加大力度支持企业提升技术水平和创新能力，对受制于人的核心技术，加强关键技术及核心基础零部件产品性能及稳定性的研究，提升产业技术基础能力，实现产业供应链的自主可控；以数字化、网络化、智能化加快产业改造升级，提升劳动生产率，抵消劳动力成本上涨；建设国际化的供应链服务平台，通过采购、分销、物流有效连接全球供应链，为制造业“走出去”提供强有力的配套。

2. 补齐优势产业短板，提升优势产业竞争力

当前，我国在新一代信息通信、生物医药、家电等产业领域已经拥有完整的制造业产业链配套优势。深圳已形成世界上最具成本竞争力和规模最大的电子产业供应链，其生产制造和硬件创新能力直逼硅谷。聚焦产业精准定制专业化政策保障体系，保持优势产业的持久竞争优势，补齐优势产业供应链的短板，保障产业供应链的安全尤为重要。重点培育“专精特新”中小企业，为最终产品提供关键零部件，缓解行业“卡脖子”现象；支持处于全球产业竞争关键点的龙头企业构建自己的产业生态体系，对龙头企业产品和新技术推广与应用提供更多的培育示范；又如，中国集成电路一直高速增长，尤其 IC 设计，如华为海思、先进微电子等，但 IC 制造企业比较薄弱。从产业生态来看，IC 设计为应用驱动、人才技术集聚和投入产出市场化程度高的生态；IC 芯片制造环节是一个人才、技术、资金都相对密集的产业，投入产出周期长、风险高，保障产业链各环节的平衡发展尤为重要。

3. 加强产业链上下游合作，提升产业链协同创新能力

目前，我国很多产业链上下游协同研发动力不足，“孤岛现象”突出，各自为战，尚未形成协同联动、共赢共生的创新生态体系。一些研发成果脱离市场需求，发挥作用非常有限。应有效挖掘创新资源，统筹推动国家新型载体，建立共享机制，打通技术开发转移扩散和商业化应用的链条，进一步完善以企业为主体、以市场为导向、产学研相结合的制造业供应链创新体系，开展关键技术联合攻关。应鼓励支持产业链多方主体在重点垂直行业进行跨领域联合研发和应用创新，以社会多方创新力量的产融结合多方联动，为产业链创新发展提供保证。

4. 加大稀缺人才培养，降低产业链综合成本

加快培育熟悉国际法律、国际运营、国际金融、国际关务的专业化人才、高端供应链管理和服务人才、高级技工人才等，为我国企业开展国际化运营提供人才保障。

资金保障方面，通过贴息、利息返还等政策，降低产业供应链企业资金使用成本。加强与产业链龙头优势企业的密切沟通，准确洞悉产业变革的方向和产业链的瓶颈，精准使用资金；遴选国内外优质的基金管理人，共同建立产业供应链发展专项资金，对我国的先进制造业、先进生产型服务业的产业布局、产业方向进行重点规划。

5. 建设产业供应链协同平台，提升产业的整体竞争力

围绕我国新兴产业、主导产业、高新技术产业及传统产业等现有优势，支持行业协会或供应链核心企业以产业供应链为切入点、以互联网平台为支撑、以供应链服务为依托，建设或完善一批实现行业资源共享，采购、配送、分销和金融服务等高效对接，促进行业协同发展的供应链整合服务平台，通过产业上下游业务的集成和协同减少中间环节，提升产业效率、产业资源的集中度和产业链整体盈利水平，增强产业发展的活力，构建产业上下游协同协作共赢的生态系统。

6. 加大对生产性服务业的政策倾斜，营造良好的发展环境

充分认识物流与供应链服务业在高效配置全球资源、优化产业组织能力和提升产业协同效率方面的作用，深化服务业发展体制改革和创新，加大对服务业政策支持力度，营造良好服务业发展环境。物流服务领域，针对我国物流业小散乱、服务功能单一、信息化滞后、国际化水平低的特点，着力推动数字化技术和智能设备在企业中的应用，促进物流业转型升级；支持物流信息标准化建设，实现编码、文件格式、数据接口、电子数据交换等相关代码方面的标准化，以消除不同企业之间的信息沟通障碍；完善物流职业认证和培训，开展国际教育交流和合作，加强物流人才队伍建设；完善国际“公铁航水”互联互通网络建设，支持物流企业进行全球物流网络建设和布局，提升全球连接、全球服务、全球解决方案制订的能力。供应链服务领域，传播普及供应链服务理念，加大供应链服务品牌宣传，鼓励生产、商贸流通企业外包非核心业务，推动供应链服务、金融与制造协同发展；支持传统供应链服务业务模式的创新升级，进一步优化供应链的组织方式，不断提升供应链服务“走出去”的能力，促进更加丰富、多样的供应链服务供给。

作者简介：

郑艳玲女士，副教授，深圳市物流与供应链管理协会秘书长、商务部全球价值链专家、中国供应链专家委员会专家、深圳市专家委员会委员、深圳市市长质量奖评审委员会委员、深圳市政府物流咨询委员会委员。

孙慧君女士，深圳市现代供应链管理研究院副院长，主要研究领域为物流与供应链政策、供应链标准等。

数智化供应链：国际经济竞争的新高地

韩曦

第四次工业革命正在加速展开，在新技术推动下，科技创新变得越来越开放，生产制造变得越来越分散，企业边界变得越来越模糊。在此过程中，供应链管理也开启了数智化进程，从信息驱动转向消费者驱动，驱动资源与消费实现“端对端”连接。伴随着全球价值链和供应链结构彻底重构，世界经济格局与治理模式也正在被深度重塑。可以说，谁能赢得数智供应链发展竞争，谁就能在未来国际经济竞争中占据主动。在此环境下，发展数智供应链显然不能仅靠关键企业的投入，还需要所有利益相关方共同努力。

一、新工业革命提出了供应链数智化要求

第四次工业革命于 2015 年年底由施瓦布首次提出[1]，2019 年年初被达沃斯论坛列为年度主题，推进速度之快、力度之强超乎世人想象。随着工业 4.0 时代的到来，物联网、人工智能、先进机器人、可穿戴设备和增材制造等新技术正在加快改变人类生产生活的组织模式，人与人、人与环境的交往模式，以及价值创造的结构模式[2]。一是科技创新变得越来越开放。借助基于互联网的开放式创新平台，企业可以突破自身规模、地域和能力的限制，通过众包的方式在创新和开发环节与其他企业或消费者进行更广泛、更深度的合作。二是生产制造变得越来越分散。在物联网、增材制造和云计算等技术的帮助下，通过规模生产实现效益最大化的传统集中式大生产，

1 Schwab, K. The Fourth Industrial Revolution: What It Means and How to Respond[Z].2015, https://www.foreignaffairs.com/articles/2015-12-12/fourth-industrial-revolution.

2 Lehmacher, W., Lorenzen, M. Impact of the Fourth Industrial Revolution on Supply Chains[Z].2017, http://www3.weforum.org/docs/WEF_Impact_of_the_Fourth_Industrial_Revolution_on_Supply_Chains_.pdf.

逐渐让位于本地化、定制化和个性化生产，通过最大限度地开发长尾市场来攫取最大利润。在此过程中，由于大量工作岗位被机器替代，劳动力成本对全球生产布局的重要性大幅下降。三是企业边界变得越来越模糊。为增强灵活性、提高效率，应对成本压力，更好地满足消费者需求，企业合作不仅进一步沿着价值链纵向展开，也开始沿着水平方向展开。传统上，后者被视为企业竞争的领域。

传统供应链显然不能适应上述变化的要求，数字经济要求配套数智供应链。在麦肯锡的报告中[1]，数智供应链被命名为供应链 4.0，“应用物联网、先进机器人、大数据分析技术，对一切事物进行探测，将所有地方联网，把一切事物自动化，从而实现绩效表现和消费者满意度的显著提升”。多数学者认为，适应新工业革命的数智供应链具有以下几个典型特征[2]。一是互联性。数智供应链可从“端到端”将所有利益相关方连为一体，不仅能够收集交易活动的实时数据，还能将所收集到的数据实时提供给链上所有玩家。二是可视性。数智供应链“从端到端”包括制造、库存、设备、物流所有节点完全透明，允许链上玩家实时监控供应链的运行，并对自身计划做出实时调整。三是最优化。数智供应链能够考虑到所有利益相关方的反应，可以按照各方合作共赢的原则，基于全球视角实时选择最优制造、库存、物流方案。四是自动化。数智供应链大多数功能够自动执行，可以对情景变化实时自主做出反应，自主做出最优决策，自动执行决策。此外，数智供应链还具有自我进化的能力。

二、新工业革命为供应链数智化创造了条件

第四次工业革命提出了供应链数智化的时代要求，同时为供应链的数智化创造了所需的必要条件。

一方面，为发展数智供应链提供了数据基础。与所有新工业革命产物一样，数字化运行是数智供应链的基本特征。从原材料采购到最终产品交付[3]，从设计、计划到执行，数智供应链的所有活动将在数字化基础上展开，所有活动都会留下大量的

1 Mckinsey. Supply Chain 4.0—the next-generation digital supply chain[Z]. https://www. mckinsey.com/business-functions/operations/our-insights/supply-chain-40--the-next-generation-digital-supply-chain.

2 Jayaram, A. *Lean six sigma approach for global supply chain management using industry 4.0 and LoT*. 2016, 2nd International Conference on Contemporary Computing and Informatics (IC31), Noida, India, 14-17 Dec. 2016; Wu, L., et al. *Smart supply chain management: a review and implications for future research*[J].2016 International Journal of Logistics Management, vol. 27, no.1, pp.2-24.

3 Beamon 将供应链定义为“原材料被转化为最终产品后交付给最终消费者的结构化制造过程”。

数字化印迹。区块链技术具备数据存证和共享功能，可将交易活动以数字化形式准确、实时地记录下来，并提供给所有利益相关方共享。自然语言处理、数字图像处理技术可以流水作业方式，将交易活动中的语音信息、图片信息进行清洗，转换成标准统一、高鲁棒性的主数据，使得各方能够在统一的逻辑框架上解读和验证。此外，借助数据增强技术能充分利用小数据信息，而借助数据挖掘技术可实时采集链外数据信息。

另一方面，为实现供应链数智化提供了技术支持。人工智能是在供应链领域应用前景最广泛的工业 4.0 技术。几乎所有供应链节点都可应用人工智能技术实现功能自动化和功能增强，将人们从常规性、程序性的工作中解放出来，并减少因人工偏见导致的错误。机器学习让计算机能够模拟人类的学习行为，并利用所学知识对新出现的未知事件做出独立判断和应对。应用机器学习，可实现需求预测、供应商选择、生产计划、库存管理的自动化。智能客服通过融合自动语音识别技术、从文本到语音转换技术和自然语言处理技术，可自主与客户就常规性、程序事项进行交流。应用智能客服技术，可以实现原材料采购、产品销售、客户关系管理自动化。物联网是深刻改变供应链架构的技术之一。通过实时抓取资产和设施监测数据，应用物联网可实现对所有资产和设施的实时跟踪。将物联网与机器学习综合运用，可实现供应链物流全过程透明化，并实时监测关键机器设备的工作状况。此外，在与人、与环境互动时，先进机器人能够根据传感数据做出自主反应，而无须人工干预。应用这一技术，可实现无人管理仓库、无人驾驶货车，将极大提升供应链自动化水平，大幅降低人工劳动强度。传统供应链与数智供应链结构比较如图 1 所示。

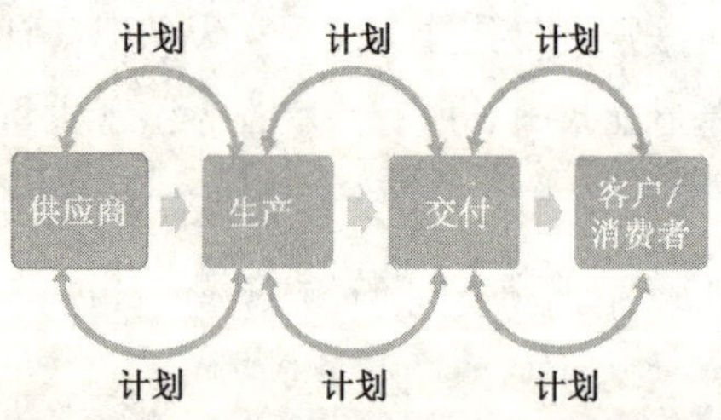

（a）传统供应链结构

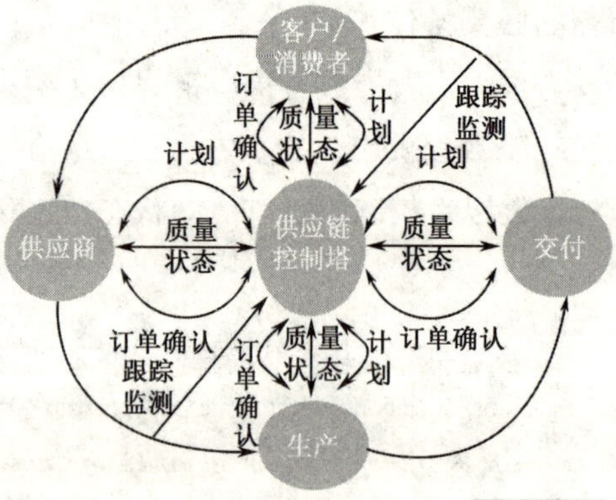

（b）数智供应链结构

图 1　传统供应链与数智供应链结构比较

数智供应链将用户体验至上的哲学发挥到了极致，比传统供应链更强调满足客户个性化和“想到即可得”的需求。不仅如此，由于大量应用工业 4.0 技术，数智供应链比传统供应链也更迅速、更灵活、更精细、更透明、更有效率。据麦肯锡研究团队测算[1]，随着数智供应链进一步推广应用，未来几年供应链运行成本将下降 30%，客户流失将减少 75%，库存将减少 75%，同时灵活性也将得到显著提升。

三、我国发展数智供应链有必要也有基础

数智供应链是新工业革命的产物，同时也是工业 4.0 发展的关键支撑，对未来经济发展有着非常深远的影响。麦肯锡研究团队认为，到 2025 年与数智供应链相关联的经济活动规模将达 3.9 万亿美元。对各国政府而言，数智供应链是实现包容性增长与创新的良机，是国际经济竞争的新高地。除首先提出工业 4.0 的德国之外，其他发达国家也都相继提出了数智供应链发展计划。如英国政府 2015 年推出了《新制造供应链行动计划》，目标是到 2025 年给英国经济带来 300 亿英镑的增加值[2]。日本政府 2017 年推出了“互联产业”计划，试图将人（作为消费者、供应商）与机器、企业、系统联系起来[3]。对于企业而言，数智供应链更是应对劳动力成本上涨、环保压力加大的利器，被看作赢得未来市场竞争的关键。凯捷集团对 1000 家机构调查显示[4]，50%的机构将数智供应链作为最优先战略事项。LogisticsIQ 研究显示[5]，到 2025 年数智供应链市场规模将由 2019 年的 320 亿美元增加至 750 亿美元。比如，物流行业巨头 DHL“战略 2025”计划显示，到 2025 年，该公司将投入 20 亿欧元用于供应链数智化。其他行业巨头，如亚马逊、沃尔玛也都加大了数智供应链投资力度。

1 Mckinsey. Supply Chain 4.0—the next-generation digital supply chain [Z]. 2016, https://www.mckinsey.com/business-functions/operations/our-insights/supply-chain-40--the-next-generation-digital-supply-chain.

2 UK HM. Strengthening UK manufacturing supply chains: An action plan for government and industry [Z]. 2015, https://assets.publishing.service.gov.uk/government/uploads/system/uploads/attachment_data/file/ 407071/bis-15-6-strengthening-uk-manufacturing-supply-chains-action-plan.pdf.

3 https://www.meti.go.jp/english/press/2017/pdf/1002_004a.pdf.

4 https://www.capgemini.com/wp-content/uploads/2018/12/Report — Digital-Supply-Chain's-Missing-Link-Focus-Digital.pdf.

5 LogisticsIQ. Next-Gen Supply Chain Market to reach—Global Forecast to 2030[R]. 2020.

我国发展数智供应链有着良好的产业基础。第一，工业体系门类齐全。据新华网报道，2018 年我国工业增加值超过 30 万亿元人民币，不仅超越美国成为世界工业规模最大的国家，而且是世界唯一拥有联合国产业分类目录中所列全部工业门类的国家[1]。在 5G、工业互联网、人工智能、自动驾驶、先进机器人等数智供应链关键技术方面，我国已经做到了与世界同步发展，甚至局部有领先的态势。第二，电子商务全球领先。2018 年，我国电子商务交易额高达 31 万亿元人民币，其中网上零售额为 9 万亿元人民币[2]。据 eMarketer 发布的《2019 全球电子商务报告》，我国网上零售额占全球网上零售总额的比重已超过 50%，相当于规模排名全球第二位的美国的 3 倍（见表 1）[3]。在竞争力排名中，阿里巴巴作为国内电商龙头企业，无论企业规模还是技术实力都位居世界前列。截至 2018 年，我国已与 9 个国家建立了电子商务合作机制，在 40 多个国家建立了海外仓[4]。第三，快递物流发展迅速。根据国家邮政局统计，2019 年全国快递业务量达到 635.2 亿件，快递业务收入达 7497.8 亿元人民币，已经连续六年位居世界第一，占全球快递包裹市场的一半以上。

表 1　2018 年和 2019 年零售电商规模前十位的国家

单位：亿美元

排　名	国　家	2018 年零售额	2019 年零售额	同比增长
1	中国	15201	19347.8	27.3%
2	美国	5148.4	5869.2	14%
3	英国	1279.8	1419.3	10.9%
4	日本	1109.6	1154	4%
5	韩国	876	1034.8	18.1%
6	德国	759.3	818.5	7.8%
7	法国	622.7	694.3	11.5%
8	加拿大	411.2	498	21.1%
9	印度	349.1	460.5	31.9%
10	俄罗斯	226.8	269.2	18.7%

备注：

1. 统计范围包括通过各种设备使用互联网订购的商品或服务，涵盖各种支付和交付方式；不包括旅行和活动门票，账单、税款和汇款，食品饮料的堂食消费，在线赌博及其他相关产品销售；

1 http://www.xinhuanet.com/2019-09/22/c_1125023628.htm.

2 参见中国商务部 2019 年 5 月 29 日发布的《中国电子商务报告（2018）》。

3 https://www.emarketer.com/content/global-ecommerce-2019.

4 参见中国商务部 2019 年 5 月 29 日发布的《中国电子商务报告（2018）》。

2. 数据来源为 eMarketer 于 2019 年 5 月发布的《2019 全球电子商务报告》，www.eMarketer.com。

截至 2018 年，全国已经建成 230 多个邮政和快递类专业物流园区，邮路和快递服务网络单程长度达到 3944.8 万千米，拥有各类营业网点 27.5 万处；建成数百个智能化分拨中心，电子运单使用率超过 96%。

与此同时，我国企业在数智供应链领域也开始了卓有成效的探索。参与者有传统快递巨头，有电商平台，也有高科技企业。其中，阿里巴巴横跨三个行业，在业内最具典型性。本文将着重介绍其旗下企业菜鸟网络的探索。菜鸟网络定位为高标准数智供应链生态建构者，旨在打造从商流开始到物流到现金流一体化的数智化网络，数智化技术应用贯穿菜鸟供应链的全流程。在物流仓储园区，菜鸟网络推出了以物联网、边缘计算、人工智能、图像识别等技术为基础的智慧园区管理系统。通过全流程安装智能终端设备，实现园区内作业和物业管理各个业务细节的实时监测，自动分析可能存在的风险并预警提示。通过大量使用仓内智能设备，如自动拣选机器人、无人叉车、机械臂、智能终端拣选设备、射频识别设备等，实现仓库管理全自动化，推动业务流程优化、降本提效。利用电商平台和物流仓储的海量数据，菜鸟网络开发了业界领先的数智供应链管理系统，包括供应商选择、采购（外包）计划、需求预测、生产制造、库存储运、客户关系等供应链管理的模块，帮助商家实现智能选品、销售预测、补货分仓、决策分析等功能，将自身打造成为数智供应链的中枢神经。面向未来，菜鸟网络将投入大量资源打造数智供应链硬件研发的技术平台。在承接 2018 年度国家重点研发计划“智能机器人”重点专项中物流机器人研发任务的同时，菜鸟网络加大了无人低速配送车、无人货车编队、无人机等未来物流硬件设备的研发投入力度。

四、关于发展数智供应链的几点建议

数智供应链是个巨大的经济生态系统。赢得这场事关未来价值链地位的竞争，需要关键企业的大量资源投入，也需要所有其他利益相关方的共同努力。其中，高质量的人力资源、良好的制度环境和政府的政策支持至关重要。具体来说，以下几方面尤其需要予以重视。

一是鼓励创新。发展数字化供应链投资巨大，而且投资风险非常高，需要有良好的创新环境。企业可建立具有组织自由度和灵活性的“孵化器”，以便迅速完成技术和产品开发、测试，缩短实施周期，而不影响现有业务的正常开展。政府要加大关键技术开发和产品创新的财政支持力度，组织整合各方资源联合攻关，减轻企业面临的成本压力和风险暴露；同时，要充分考虑到数智供应链鼓励横向和纵向合作的特性，适用《反垄断法》要特别注重鼓励创新与鼓励竞争之间的平衡，允许电商企业、快递企业和科技公司通过相互持股的方式进行战略合作。

二是数据流动。数字化运行是第四次工业革命的基本特征。在新经济时代，数据既是经济活动的原材料，也是经济活动的重要产品，关系着数字产业企业的核心竞争力。在此背景下，发展人工智能、物联网、云计算、自动交通等新技术产业，推动供应链数智化，必须充分保障数据交换和流动的自由。建议应尽快就此做出顶层设计，完成数据保护、数据收集、数据使用立法，为数据交换与流动确立可预期的制度边界，提供稳定的制度保障。同时，鼓励企业广泛开展数据开发和利用合作，以市场为导向做大数据服务产业。

三是灵活就业。在近期应对新冠肺炎疫情过程中，“共享员工”“跨界员工”等灵活就业模式表现令人瞩目，帮助许多企业切实做到“抗疫复工”两不误。客观来讲，灵活就业不是新鲜事物。由于受场所、时间、单位限制少，灵活就业近年来已成为许多年轻人的首选。而且数智供应链等新产业、新业态用工季节性波动大，大规模临时、零散用工多，具有典型的灵活就业特性。发展灵活就业，既有助于缓解年轻人日益加大的就业压力，又有助于解决数智供应链发展的用工瓶颈。建议在充分保障劳动者权益前提下，尽快清理妨碍灵活就业的政策法规，适当放松劳务派遣政策要求，允许企业扩大临时用工规模，支持企业创新用工模式，鼓励企业接受在校学生顶岗实习。

创新引领，科技赋能，万物互联，共享共赢。新一代数智供应链发展建设必将引发更多新的应用场景，吸引更多的参与者，不断催生出多元化的新业态、新模式。

作者简介：

韩曦先生，经济学硕士，菜鸟网络公共事务部总经理，负责公司与公共机构的对接交流和战略合作，参与行业规划、政策、标准等研究及企业在公益、扶贫等方面的事务。

从“反向定制”模式创新看产业互联网发展趋势

京东公共战略研究院

习近平总书记多次对发展 5G、大数据、云计算、人工智能等作出重要部署。2020 年 3 月 4 日，中央政治局常务委员会会议强调，加快 5G 网络、数据中心等新型基础设施建设进度。随着 5G、大数据中心、工业互联网等新基建项目快速落地，投资的拉动效应将更为彰显，同时将有效驱动消费马车，催生新场景、新业态、新模式。新冠肺炎疫情期间，以“反向定制”（C2M）为代表的模式创新正在深刻改变传统产销流程，大幅提升供应链效率，助力制造企业高质量复工复产。把握消费互联网向产业互联网演进的重要阶段，研究“反向定制”蕴含的新趋势并完善政策措施，将为疫情后激活经济新动能提供重要机遇。

一、“反向定制”快速精准匹配供需：展现万亿元增长潜力

疫情期间，面对消费特殊需求，如何快速精准匹配供需双方是一道难题。“反向定制”模式展现了快速反应能力和巨大市场潜力。“反向定制”，即借助大型互联网企业平台及技术优势，将供给侧和需求侧有效结合，基于用户需求，将企业和企业间、产业上下游间、关联产业间连接起来，促进企业内、企业间、产业间、C 端（消费者）和 B 端（生产制造企业）的数据联通和共享，优化资源配置，在重构传统产业的业务链和产业链、进行产业端赋能的同时，升级消费体验和供给效率。以汇聚 27 万户商家的京东平台为例，疫情期间，越来越多的品牌制造企业向京东发起了“反向定制”需求。基于消费大数据向商家提供精准的消费者需求挖掘和产品开发方案，实现精准“四定”：定人、定款、定价、定量。

以“反向定制”模式生产的京品家电已上线超 1000 款家电。“反向定制”成果相继涌现：京东与联想、惠普、戴尔、罗技等品牌开展“反向定制”合作，推动品牌厂商定制游戏笔记本电脑、轻薄本笔记本电脑和配套的计算机周边产品。如今计

算机品类中轻薄笔记本电脑、游戏笔记本电脑贡献销售额占比已高达 95%。目前，“反向定制”正在各领域快速复制，涉及的商品品类不断拓展。预计未来三年，平台将发布 1 亿种新品及“反向定制”产品，“反向定制”商品及独家新品累计成交额将达万亿元规模，体现了“反向定制”新模式的巨大潜力。

二、新品上市周期缩短：先销后产重塑供给模式

疫情期间，接受“反向定制”模式的平台已经收到各行业品牌制造企业的新品需求超过千余项，且需求保持不断增长。“反向定制”模式依靠大数据有效打通消费端与制造端，一系列成功案例为产业数字化升级路径提供了启示。

一是“反向定制”的“双引领”作用将更加凸显。一方面，模式创新成为新需求的引领。通过“反向定制”模式催生了众多贴合消费者需求，甚至引领消费者需求的新品类，如游戏笔记本电脑、带鱼屏显示器等。另一方面，模式创新成为供给创新的引领。比如，一些手机生产厂商利用平台大数据进行新品研发，“反向定制”款手机销售额实现数倍增长。

二是“反向定制”将大幅缩短新品上市周期。以显示器为例，传统供应链需要经过面板厂、代工厂、品牌方、零售商再到消费者，最快需要 18 个月上市。而在“反向定制”模式下的新型供应链，将消费者数据传递给上游面板厂的同时，代工厂同步开发模具，电商平台同步规划新品营销，使得新品上市时间缩短到 6 个月。新的智能制造平台的“大数据深度分析+小数据仿真验证”新品“反向定制”服务，已实现最快 3 周内提供完整的新品“反向定制”产品方案。与传统方式相比，“反向定制”将产品需求调研时间平均减少 75%，新品上市周期缩短 67%。依靠大数据力量，“反向定制”改变了传统生产和营销流程，有效避免了“产品上市，概念过气”的窘境，能够适应消费市场动向快速变化趋势，大幅降低了试错成本，市场成功概率大幅提高。

三是“反向定制”带来先销后产的供给模式重塑。疫情期间，各厂商在加快布局和提升“反向定制”业务能力的同时，探索开展工厂直播、产地直销等创新零售模式。这一零售新模式将传统工厂与消费者进行直接连接，利用消费者喜爱的直播、拼购等零售模式，实现先销后产的供给结构重塑，大量产品几乎实现零库存，为制造企业大幅降低了库存成本和运营成本。同时，依托京东物流覆盖全国的履约配送网络，保障了消费者的服务体验。这一经营模式让“反向定制”产品更直观、更快速地进入了消费者视野，在与市场需求零距离对接中更清晰、更精准地把握了消费

者需求，这将有力加速传统制造业的数字化改革进程。

四是“反向定制”为柔性生产提供新动力。目前，电商平台与生产制造企业联手开展“反向定制”，这为生产制造业转型升级提供了重要契机。比如，消费者可在手机 App 上对商品进行组件化定制、图文定制、量体定制、一对一定制及企业团单定制，将消费订单转化为生产订单传输至柔性制造工厂，推动实现零库存生产和履约。目前，大量生产厂家正在依托消费大数据创新工艺流程和技术，柔性生产技术、工艺、管理创新正成为供给创新的重要代表。

值得关注的是，新冠肺炎疫情期间，“反向定制”快速进行品类拓展。以京东“反向定制”平台为例，目前已经开放计算机、家电、数码、手机、食品、母婴、洗护清洁、化妆品、保健品等多个大类。京东推出“反向定制”极速服务：为商家提供基于全网大数据的深度需求挖掘及产品开发方案服务，产品开发方案最快可在 3 周内交付；提供针对精准用户的小数据产品方案仿真验证服务，产品验证方案最快可在 1 周左右交付；针对精准潜在用户的试用品投放服务，试用反馈及复购可以全程实时监测，目前的试用购买转化率保持在 10%以上。

三、2020 年“反向定制”领域将展现发展新趋势

2020 年中国进入新基建时代，5G、人工智能、工业互联网、物联网这些信息经济、数字经济相关的领域，将驶入发展的快车道。“反向定制”依靠大数据助力中国智造的成功案例，提供了模式创新的重要启示。可以预见，“反向定制”模式创新将为中国制造的转型升级及产业互联网的发展提供新的助力，2020 年将呈现以下新趋势。

一是掌握大数据的平台企业与制造产业集群的合作将走向深入。实施“反向定制”需要对全产业链的把控能力。比如手机行业，很多手机厂商没有自己的生产线，大多采取外包。而只有整合设计、渠道、营销、生产等全链条，才可为柔性化、定制化生产提供可能。此外，客户下单的零散性给供应链备货带来挑战。因此，消费端大数据对“反向定制”模式推进具有关键意义，掌握数据资源的电商平台和产业集群合作共建将更加持续和深入。

二是区块链等新技术在供应链领域的落地应用将加快。“单单不同”的差异化需求推动供应侧生产模式由传统的集中控制型向分散增强型转变，即生产活动网络化，生产管理中心化。区块链技术对于实现分散增强型生产关系的高效管理提供了创新方法，共享账本、机器共识、智能合约和权限隐私四大技术，可以实现工业数

据互信、互联、共享。可以预见，以区块链为基础打通工业互联网平台与供应链管理平台，将形成贯通完整产业链的产业互联网新模式，将为中国制造升级提供新的动力。

三是“反向定制”将倒逼柔性制造标准加快完善。定制化生产与传统标准化生产的品控管理规则不同，需要调整优化相关标准。此外，由于缺乏标准，部分领域柔性制造残品率较高，导致企业生产成本居高不下，定制商品价格偏高。“反向定制”模式的发展将倒逼供给侧结构性改革的加快，柔性制造及“反向定制”相关行业标准将不断完善，随着品质管理标准、服务质量标准、售后服务标准的进步，将满足供需两端高质量发展需求。

四是供应链领域的关键技术将进一步突破。以“反向定制”为代表的供应链新模式主要基于信息科技，满足智能制造、供应链、金融等相关应用场景需求的核心技术及安全技术将实现新的突破。企业和高校、科研机构的联合研究将为模式创新、技术创新提供更大助力。

综上，把握新基建时代蕴含的重大机遇，深入研究“反向定制”蕴含的趋势特征，加快推进产业互联网的顶层设计，促进产业政策、科技政策等的协同，进一步推动数字经济与实体经济的深度融合，将为新基建时代中国制造和中国经济的能级跃升提供强大动力，为抢占产业互联网发展高点提供关键保障。

作者简介：

京东公共战略研究院成立于 2016 年，是京东集团建立的企业智库。研究院围绕国家战略、行业发展、公共政策、公司战略等领域开展研究，在消费、电商、物流、供应链等领域为企业、政府和社会提供行业前沿观察及专业研究报告。

电子商务

本法所称电子商务，是指通过互联网等信息网络销售商品或者提供服务的经营活动。

——《中华人民共和国电子商务法》，2018 年 8 月 31 日第十三届全国人民代表大会常务委员会第五次会议通过

生物技术、医疗篇

我国生物医药产业未来发展趋势

陈凯先

近年来，全球生物医药产业蓬勃发展，处方药品市场迈过万亿美元大关，预计未来 5 年内将继续保持稳步增长。在日趋激烈的国际科技创新竞争背景下，全球生物医药市场和研发方向呈现新的发展趋势。单克隆抗体等生物技术药逐渐成为医药市场增长的生力军，在肿瘤、自身免疫等疾病领域发挥重要作用。基因编辑、细胞疗法、人工智能等新兴技术在制药领域的深度融合，将进一步为生物医药产业发展注入强劲动力。在政策、资金、人才等因素的共同作用下，我国生物医药发展态势持续向好，创新药获批数目激增。我国创新药研发企业开始走出国门，开拓海外市场，跨国研发合作频现。在全球生物医药创新引领产业变革的浪潮中，我国应继续围绕“健康中国”战略目标，以解决未满足的临床需求为任务，推动生物医药产业成为高科技的战略性新兴产业。

一、国内外生物医药产业发展概况和趋势

随着世界经济的发展，全球老龄化、城市化、工业化进程快速演进，推动全球医药需求迅速攀升，生物医药产业持续发展。尽管在 2008 年金融风暴和随后的全球经济危机影响下，全球经济跌宕起伏、增长乏力，但生物医药产业却一枝独秀，始终保持持续稳定增长的态势。以美国、欧盟、日本为代表的发达国家，通过实施一系列全方位的科技计划推进生物科技创新，大力扶持创新性生物医药技术企业；发展中的新兴国家生物医药产业发展势头强劲，在全球生物医药产业中所占的比重持续增大。

（一）全球生物医药市场稳步增长，生物技术药异军突起、发展迅猛

据 IQVIA 统计，2018 年全球处方药品支出达到 1.2 万亿美元。2011—2015 年

复合年增长率为 6.2%。预计至 2023 年，市场仍将保持 5%左右的增长水平，全球药品支出将超过 1.5 万亿美元。我国生物医药产业多年来始终保持强劲发展态势，2009 年医药工业产值首次突破 1 万亿元人民币，2019 年我国医药工业营业收入达到 26147.4 亿元人民币，我国已经成为世界上第二大生物医药产业国家。

在医药产业整体持续发展的背景下，生物技术药快速崛起已成为突出的趋势。全球领先制药公司对生物技术药的关注持续增加，一批高效安全的生物技术药快速上市并实现巨大销售回报。近 5 年来，在全球医药市场销售额最高的 10 种药物中，单克隆抗体、疫苗、融合蛋白等生物技术药就占 7 个。生物技术药在研管线（Pipe Line）对重要治疗领域的快速布局，将实现其在全球范围内的高速发展。

与发达国家相比，我国生物制药研究和产业化相对较晚，但具有强劲的增长潜力。近年来，我国生物技术药研发进入了蓬勃发展的阶段，在一些热点研究领域与国外差距逐渐缩小。2018—2019 年，NMPA 批准了多个生物创新药，如君实、信达、恒瑞和百济神州研发的 PD-1 抗体药物，厦门万泰沧海开发的重组人乳头瘤病毒疫苗等。在生物类似药的开发方面，近年来也迎来了突破性的进展，复宏汉霖研发的利妥昔单抗生物类似药已获批上市，阿达木和曲妥珠单抗生物类似药也已提交上市申请；信达的 3 个生物类似药处于 BLA 申请阶段。此外，在抗体药物偶联物（ADC）和多靶点特异性（或多功能）抗体开发方面，我国也有多家创新公司正在积极进行研发布局，进展态势良好。

（二）科技创新和技术融合促使医药行业新技术、新模式、新业态不断涌现

当前，生命科学、信息技术等领域科技发展日新月异，新策略、新技术层出不穷，推动生物医药行业进入了一个革命性变化的时代。医药行业发展已经从主要依靠产品更新驱动，逐渐转化为主要依靠基础研究的突破和创新来驱动。基因测序、基因治疗、细胞治疗、再生医学、人工智能等新兴技术快速发展，对生物医药行业产生了颠覆性的影响，促使医药产业新技术、新模式、新业态不断涌现。例如，CAR-T、TCR-T 等技术的发展，催生了生物医药产品的新类型、新形态，将会导致免疫细胞治疗这样一个大的产业领域快速兴起。据 Cortellis 数据库统计，截至 2020 年 3 月，全球 CAR-T 治疗临床试验登记项目 646 项，中国和美国分别占试验总数的 48.1% 和 41.3%。干细胞和再生医学、基因治疗等，也将大大扩张生物医药产业的版图。大数据和人工智能技术的突破，将在生物医药产业发展中（靶标识别、虚拟筛选、药物分子设计和临床试验等）显现越来越重要的作用。据埃森哲（Accenture）估计，

到 2026 年，大数据与医学和制药领域的机器学习相结合将产生每年 1500 亿美元的惊人价值。

（三）全球创新药研发成本趋高、难度增大，我国新药研发能力显著提升

据德勤咨询报告显示，单个新药研发成本已经由 2010 年的 11.88 亿美元，增加到 2018 年的 21.68 亿美元，而研发的总体成功率则越来越低，显示创新药的研发难度不断加大。据统计，全球创新药从Ⅰ期临床研究到最终获批上市的成功率平均仅有 9.6%。全球新药研发经费投入持续增长，2018 年高达 1790 亿美元，同比增长 6.5%。罗氏以 98 亿美元居首位，其次是强生和诺华。我国药企研发投入水平与美、日、欧等国家和地区相比差距很大，但已呈现快速增加态势。2018 年，我国研发投入前 10 名的药企平均研发投入强度已达 8.7%，与全球前 10 名药企（18.0%）的差距较以前已大幅缩小。

长期以来，与发达国家相比，我国生物医药领域创新能力薄弱，1985—2008 年这 23 年间，我国自主研发的Ⅰ类新药只有 5 个。20 世纪 90 年代开始，我国采取了一系列重大举措，加强药物创新体系建设，推动新药研发，特别是 2008 年起国家重大科技专项“重大新药创制”的实施产生了显著效果。2018 年我国自主研发、获批上市的Ⅰ类新药达到 10 个；2019 年达到 11 个（含两种疫苗）。

我国医药企业长期存在的小而分散、实力薄弱、依赖仿制等问题，已发生很大变化。主营收入超过百亿元的医药企业 2008 年仅有 2 家，现已增至 20 多家。过去全球药企 TOP50 榜单中长期没有中国药企的身影，2019 年中国生物制药和恒瑞医药首次入围，分别排名第 42 位和第 47 位，还有一些药企进入第 50 多位。

中国新药研发能力迅速提升，有力地驱动我国生物医药产业创新发展，并有望重塑全球医药行业生态。根据麦肯锡的调研报告，中国医药行业对全球新药研发的贡献不断增长，“上市前新药研发数量”占全球比重从 2016 年的 4.1%增长至 2018 年的 7.8%；“获批上市新药数量”占全球比重从 2016 年的 2.5%增长至 2018 年的 4.6%，大体已跻身于日本和西欧构成的全球“第二方阵”之列。随着药企创新成果的积累，近些年来，中国本土药企的新药临床申请（IND）数量大幅攀升，2018 年国产药 IND 数量同比增长 71%。本土药企不少品种处于临床Ⅲ期和上市申请阶段，未来 3 年将有一批新药陆续上市，前景可期。在 2019 年全球批准的具有原始创新性的药物（First-In-Class）中，美国占 20 个，欧盟、日本分别占 4 个和 3 个，中国

也有 2 个，显示了中国在药物研发的原始创新能力上与发达国家的差距正在逐渐缩小。到 2035 年中国有望跻身创新型国家前列，即稳固进入国际新药研发的全球“第二方阵”（与西欧、日本并列），并逐渐接近“第一方阵”（美国），成为医药产业国际强国。

（四）加强研发合作形成强劲趋势，国际化发展成为显著潮流

近年来，创新药的研发投入越来越高，产出 / 投入比呈下降趋势。一方面，不少大型药企在全球通过并购方式获取创新产品；另一方面，药企之间、药企和大学、科研机构之间的合作显著加强，项目许可（License In/Out）等开放式创新研发模式加速流行。2019 年是全球制药行业并购频发的一年，肿瘤和基因疗法领域成为并购交易的热点。百时美施贵宝（BMS）收购新基（740 亿美元），礼来收购 Loxo Oncology（80 亿美元），辉瑞收购 Array BioPharma（114 亿美元）。此外，2019 年全球收购基因疗法产品的总金额也高达 170 亿美元。

我国新药研发环境显著改善。2017 年中国加入 ICH（International Council for Harmonization），意味着中国医药产业将置身于全球格局中参与竞争。2018 年，国家药监局发布《接受药品境外临床试验数据的技术指导原则》，鼓励药品的境内外同步研发，加快临床急需、疗效确切、安全性风险可控的药品在我国上市。在中国获批上市的 I 类新药中，不乏从国外获得开发授权的品种。再鼎医药 2016 年从 Tesaro 公司获得尼拉帕利在中国研发和商业化的权利，2019 年该药获批上市。一批药企走出国门开拓海外市场，一批品种在海外启动临床试验。百济神州研发的抗癌新药泽布替尼 2019 年 11 月获美国 FDA 批准上市，成为第一个在美国获批上市的中国自主研发抗癌新药，开创了中国创新药正式走向国际的先河。

二、我国生物医药产业发展战略和产业变革突破点

2020 年是“十三五”的收官之年，经过艰苦努力，我国生物医药创新体系建设和生物医药产业发展实现了重大的历史跨越。今后的 30 年我国生物医药产业将要实现从仿制到创新、从制药大国到医药强国的历史性转变。当今时代，科技发展的突破不断引领生物医药创新前沿，社会需求不断推动生物医药研发模式转变，技术交融促进产业变革。我们必须准确认识和判断新药研究技术变革的方向和趋势，认真分析生物医药产业变革可能的突破点，做好前瞻性布局，下好先手棋。

（一）政策扶持力度加大，优秀人才回国创新创业，自主新药成为市场主导

随着国家大力扶持和鼓励创新，一系列重磅利好政策接连出台，国内创新药企在研发和技术引进方面不断增加投入。未来几年内，创新药将成为医药行业发展的主旋律，长期以来以仿制药为主的格局将会发生重大变化，创新药在医药市场所占比重将会明显增加。根据国金证券、华夏基石研究报告的分析，2016 年仿制药（包括一般仿制药和首仿药）占整个医药市场的份额接近 60%，创新药（包括首创药和仿创药）仅占 10%，预测到 2030 年创新药的市场份额将上升到 70%，而仿制药将降到 25%。恒瑞医药于 2019 年做出重大调整，率先宣布停掉大批仿制药研发，未来专注于创新药研发。与此同时，国家对提升仿制药质量和用药安全也更加重视，在生产审批层面实施新版药品 GMP 认证和仿制药一致性评价，从政策制度上对中国医药产业提升安全质量提出了更高的要求。

（二）围绕“健康中国”战略目标，满足重大慢性病和新发、突发传染病的紧迫需求

实现“健康中国”目标是我国发展的重大战略，重大慢性病和新发、突发传染病是我国面临的两大健康挑战。新发、突发传染病严重威胁人民生命健康，给社会经济发展造成重大损失，新冠肺炎疫情就是一个警示。与此同时，我国人口的疾病谱也发生了重大变化，心脑血管疾病、神经退行性疾病、代谢障碍性疾病、恶性肿瘤等重大慢性病，已成为我国疾病死亡的主要原因，社会危害十分严重。

我国应对重大慢性病和新发、突发传染病的用药需求持续增长，为创新药物、疫苗研发带来重大需求驱动。生物医药产业要以需求为导向，抓好战略布局，大力加强研发创新和产业发展。除药品和疫苗的研发和生产外，针对重大疾病，特别是重大传染病的诊断和检测技术、试剂、装备和公共卫生用品，也是临床诊疗和疫病防控中十分紧迫的需求，应该放在重要地位。新发、突发传染病对公共卫生安全的威胁日益加剧，将会促进诊断技术及相关药品（疫苗）产业的发展。

（三）抓住生物治疗新技术、新策略兴起的机遇，推动生物技术药快速崛起

生物技术的快速发展大大加快了生物技术药的研发速度，近年来生物技术药和依托生物技术的疗法被大量批准上市和应用。生物技术五大领域将成为未来产业发

展重点：一是二类疫苗的需求量将会显著增长。目前，中国一类疫苗接种率达到了世界先进水平，随着人们生活水平的提高，流感疫苗、宫颈癌疫苗等二类疫苗的需求显著增长。二是抗体药物和蛋白质药物等生物技术药物的产业化，在恶性肿瘤、心脑血管疾病、神经退行性疾病、糖尿病、自身免疫性疾病等发病率居高不下的大背景下，生物技术药物已经成为全世界增长最快的药物门类。三是基因治疗、细胞治疗等生物治疗技术和产品，预计近两年将会有突破性的进展。国内在 CAR-T 产品的开发上需要警惕高水平重复问题，开发通用型异体 CAR-T 产品或是下一个趋势。四是再生医学技术的研究与应用，我国再生治疗和康复存在巨大的市场空间，预计可培育 500 亿元规模的市场。五是生物仿制药迎来发展契机，随着 2015—2020 年生物药专利到期浪潮的袭来，生物类似药迎来高速增长。预测未来其市场规模增速将保持在 18%以上，2022 年生物仿制药市场规模将超过 1 万亿元。

（四）化学创新药发展前景可观，仿制药质量亟待提升

随着企业创新能力的提升及国家政策的大力支持，我国化学药研发逐渐由仿制药向创新药迈进，近几年获批新药数目明显增长，获批的 1 类化学药数目由 1996—2010 年的 13 个，增加到 2011—2020 年 3 月的 23 个。生命科学、生物技术和基础医学的发展，不断揭示和发现药物作用的新靶点、新机制，为化学药研发提供了前所未有的机遇；另外，从化学药注册分类改革、优先审评审批，到药品上市许可人制度（MAH）的建立，不断推动了我国化学创新药的研发。政府部门通过推行仿制药一致性评价等一系列政策法规遏制低水平重复建设，鼓励建立品牌仿制药和优秀仿制药，我国化学仿制药产业将得到更好的提高和发展。这将会促使医药研发和 CRO 行业未来更加规范化，促进行业的优胜劣汰、并购集中。

（五）加强中医药与现代科技深度交叉融合，推动中药产业创新迈向高端

我国中药产业在过去的 20 年间发展较快，2015 年的市场规模为 3918 亿元，占中国医药市场的 32.1%，预计 2020 年年底将达 5806 亿元。随着中医药现代化国际化进程不断推进，中药产业发展前景广阔。在我国现有近万个中成药品种中，有相当大比例的产品存在药效物质及其作用机制不清、临床证据缺乏、制药工艺粗糙、质控技术落后等共性问题。近年来，我国出台了一系列政策法规，为中药新药的研制与开发提供了更加有利的政策环境和机遇。要根据中医药产业链的特点，形成从药材到产品全程可溯源的质量管理体系；将药品质量控制方法与制药工艺、制药设

备、过程控制等同步设计，使得质量控制与制药方式相融合，从而提升中成药产品科技含量，增强国际市场竞争力。

三、政策导向和发展对策建议

生物医药产业发展模式由技术、市场、人才、资本、企业和政府等要素动态组成，如何突出创新驱动与实现政府服务的价值最大化，是产业发展要解决的关键问题。

（一）加强基础研究，加大力度扶持前沿性和颠覆性技术

新药研发能力和水平，直接决定一个国家生物医药产业的发展水平和竞争力。基础研究是创新药研发的源头，基础研究薄弱、缺乏原始创新突破和核心技术是我国医药产业发展长期受制于人的根本原因。与美国平均每年产生 10 个左右的“First-In-Class”原创新药相比，我国多年来几乎没有或很少生产原创新药。只有加强基础研究和应用基础研究，才能从根本上扭转我国在原创新药上的被动局面。新药研究要密切关注基础研究的新趋势和新成就，主动对接科技前沿新突破，掌握创新引领的主动权，逐步从模仿创新转变为在一些方向上实现原始创新。

（二）优化药品监管政策，完善新药创制政策体系

要从新药研发的特点出发，研究适合生物医药领域的知识产权战略，尤其是知识产权国际化战略；借鉴国际规范，不断完善符合新药研发规律和我国国情的药品监管制度，研究如何进一步细化孤儿药、突破性治疗、限定性上市等加快审评审批政策，促进新药研发和报批流程等不断优化。此外，还要加强在医保支付、医保目录制定、药品定价、招标采购、商业保险、金融、税收、伦理、生物安全、药品上市许可人制度等方面的政策研究，形成有利于生物医药创新和产业发展的宏观政策环境，并加强协调和落实。

（三）构建以企业为主体、产学研相结合的技术创新体系

当前，虽然在我国医药产业中已经产生了一批研发实力较强的创新型制药企业，开始显现企业作为创新主体的重要作用，但整体来看，多数企业研发实力仍相对薄弱，需要努力加强。与之相对应，高校和科研院所等学术机构的研发体系不断完善，

在新药研发方面不断取得成果，但总体而言，原始创新仍然不足，需要在药物作用新靶点、新机制和新技术、新方法研究方面进一步加强。因此，需要深刻认识我国医药产业发展的新阶段、新要求，在已有的基础上，努力构建以企业为主体、以市场为导向、产学研相结合、更高水平的技术创新体系，使大学和科研院所成为新药发现的主体，使药企成为新药研发的主体，形成产学研合作的良好互动。这种产学研结合创新体系符合国际生物医药开放式创新的大趋势。

（四）健全引导基金持续投入机制，发挥财政资金、社会资本共同作用

新药研发本身具有周期长、风险高、投入大的特点，在新型举国体制下加强生物医药科技创新，离不开和社会资本的紧密结合。除国拨经费外，积极推动资金投入的多元化，形成以国拨经费为引导、以企业投入为主体、社会资本积极介入的局面，实现生物医药行业的长远发展。

作者简介：

陈凯先先生，中国科学院院士，中国科学院上海药物研究所研究员、上海中医药大学教授，现任“重大新药创制”国家重大科技专项技术副总师、中国药典委员会副主任委员、中国药学会监事长，曾任上海市科协主席、中国科学院上海药物研究所所长、上海中医药大学校长。长期致力于药物构效关系和新药发现研究。

中国生物医药产业开拓创新与可持续发展

鲁先平

一、中国生物医药产业开拓创新的历史回顾

（一）历史背景

20 世纪 90 年代，我国大多数本土药企原始创新能力薄弱，医药市场以仿制药为主，严重缺乏创新药物。尤其是在恶性肿瘤、代谢性障碍疾病、精神疾病、老年疾病及自身免疫性疾病等重大疾病领域，主要依靠跨国药企开发的进口药品，由于其高昂的价格和审批等综合原因，难以满足我国临床治疗对创新药的需求，从而直接影响患者的治愈率和生存率。发展中国自主研发原创新药不仅是制药产业发展的需要，更是千千万万中国患者对疾病治疗和生命健康的需要。

创新药指含有新的结构、具有明确药理作用且具有临床价值的药品。综合创新程度和临床效果，国际惯例一般将创新药分为首创或原创新药（以下称原创新药）和仿制创新药两类。其中，原创新药主要指能够带来革命性治疗手段、解决重大临床需求的 FIC（First-In-Class）药物，而仿制创新药则包括了 me-too、me-better、best-in-class 等数种药物。原创新药的研发过程包括从探索疾病分子机理开始，发现确认候选靶点并合成先导化合物；随后通过一系列临床前动物药效、药理、毒理及药代动力学研究与制剂学研究，不断优化先导化合物形成候选药物分子；再进入人体Ⅰ、Ⅱ、Ⅲ期临床试验研究，最终发现既具有显著疗效又满足人体安全性的新药。整个研究过程漫长而充满风险，一旦成功则将成为药物治疗领域的重大突破，不仅能显著提高患者的生存获益，而且能推动经济发展甚至人类社会的进步。因此，原创新药被誉为医药产业“皇冠上的明珠”。

（二）创新起步

中国医药产业的创新真正起步于21世纪初。回顾中国制药业过去20年的发展历程，技术积累、人才回归、政策改革和资金支持四个主要因素共同推动了中国制药业的创新，支持着中国制药业从“模仿”到“创新”的重大转变。

原创新药（FIC）的研发具有技术壁垒高、知识领域广、资金投入大、人才需求高、研发周期长及失败风险大等特征，人才与技术是其中最重要也是最基本的影响因素。中国的创新药研发主要起步于改革开放以后，一批批优秀的青年学子远渡重洋积累学识，到21世纪初，他们逐渐成长为生命科学和生物药物研发领域各有建树的科学家。随着中国经济实力增强和对创新药研发的重视，越来越多的科学家怀着“回报祖国”的初衷回国创新创业，为中国的新药研发事业注入了国际一流水准的人才力量，带来了先进的技术经验。纵观目前国内新药研发领域的主力军，无论是21世纪初就回国的科学家，还是近几年回国创业的科学家，他们都是科研的中坚力量和领军人物。这些海归科学家利用所学所识和长期在国外从事新药研发的经验，自主构建了新药研发领域的新技术，使得国内新药研发领域的关键技术开始向世界先进水平看齐。

（三）政策引领

从全球医药产业发展趋势来看，众多国家都把发展医药产业提升到了国家战略的层面，不断加大政策与资金扶持的力度，不断加强产业化集聚效应。改革开放以来，我国陆续推出从“863”计划到“国家重大科技专项”等一系列国家战略计划和政策，国家战略的顶层设计在引导和促进医药产业的技术创新和产业升级方面发挥着至关重要的作用，有效提高了医药产业的自主创新能力。以国家重大科技专项为例，2008年，经国务院批准，根据《国家中长期科学和技术发展规划纲要（2006—2020年）》启动“重大新药创制”科技重大专项，支持包括高校、研究院所和企业在内的各类主体的新药创制活动。截至2019年8月，已有139个品种获得新药证书，其中Ⅰ类新药44个，是国家重大科技专项实施前的8倍。以西达本胺、埃克替尼、阿帕替尼、GV971、艾博卫泰为代表的一批全球首创和临床急需的新药先后问世。2016年，党中央、国务院颁发的《“健康中国2030年”规划纲要》（以下简称《纲要》），《纲要》提出，要着力解决长期威胁我国人民生命安全的重大疾病和健康问题。这标志着国家已经将“健康强国”作为一项基本国策，为鼓励医药创新企业向远而行“引路护航”。

随着国家创新驱动战略的不断深化，中国医药产业的法律法规也发生着巨大改变。尤其自 2015 年以来，国家先后出台了一系列鼓励创新的药政改革制度，包括药品优先审评、加入 ICH、一致性评价、新药分类重新定义、生产许可持有人制度、新版《药品管理法》等，有力地推动了中国医药产业的健康发展。以优先审评为例，2015 年国家出台的《关于深化审评审批制度改革鼓励药品医疗器械创新的意见》提出了加快药品审批的若干意见，2016 年优先审评制度正式实施。从目前的优先审评结果来看，与非优先审评品种相比，优先审评品种的上市申请平均提前了 33 个月左右。2016 年 3 月 4 日，国家药监局出台《化学药品注册分类改革工作方案》，将新药定义由过去的"未在中国境内上市销售的创新药"调整为"未在中国境内外上市销售的创新药"，正式对行业提出创新药"全球新"的新要求和高标准，这意味着过去以仿制药申报为主的药品注册申报格局正逐步被创新药取代。医药产业创新环境在制度层面的显著改善，有效促进了行业的转型升级，激发了中国药企的创新活力。以恒瑞医药、正大天晴、复星医药为代表的大型制药公司，开始重视研发团队建设，加大其新药研发投入力度，开始由仿制向创新过渡。以微芯生物、君实生物、百济神州为代表的"生而为创"的制药企业，拥有丰富的新药研发经验，更加重视人才战略和研发细分领域的攻关突破。一批优秀的本土制药企业开始引领中国创新药产业的发展。

（四）资本推动

与此同时，资本力量开始助推新药研发，向未弥补亏损的创新药企敞开怀抱。2017 年 12 月，港交所首次向中国大陆地区未盈利生物技术企业开放。2018 年 11 月，习近平总书记在首届中国国际进口博览会上表示，将在上海证券交易所设立科创板并试点注册制；次年 3 月，中国证监会和上海证券交易所正式发布实施设立科创板并试点注册制。科创板的设立从制度设计层面解除了对具有高成长性的科技型、创新型企业基于中国发展壮大的制约。截至目前，全国已有多家医药领域创新研发企业登陆科创板。在科创板高水准平台的支持支撑下，中国创新药研发之路将从此揭开新的篇章，一批推动中国医药事业发展的创新药企孕育、成长于此，造福百姓健康，共谋中国医药事业的蓬勃发展。

综上所述，在国家创新战略的指导下，产业高水平人才加速聚集，从基础研究、药物发现与早期评价、临床前研究与临床研究，到监管审批与采购支付等各环节产业链能力不断增强，资本加速涌进，共同促成了创新型制药企业从数量到质量的快速增长，一个崭新的中国医药产业创新生态正在形成。随着"健康中国"战略的深化推进、国民健康意识的增强，医药市场的需求呈现出持续增长的趋势，使未来医药产业的整体发展趋势变得格外明确：医药产业将迎来发展的大变革与大机遇期，而坚持创新是制药企业获得市场发言权的关键。

二、适合中国国情的新药研发之路

在医药创新道路上，一批先行者和领军企业已经迈出了坚定的步伐，不断向着自主创新的方向奋勇前进。中国生物医药行业发展历史和经验表明，在国家创新政策的引领和推动下，不断增强企业自主创新的核心竞争力，将宝贵的技术创新能力转化为科技成果并实现产业化，是一条适合中国国情、国力的新药研发可持续发展道路。

（一）做中国自己的原创药

21 世纪初，面对祖国以仿制药为主的产业现状和患者无法及时获得更好治疗新药的国情现实，大洋彼岸的几位资深留美科学家团队怀揣着“改变中国创新药产业现状和做百姓用得起的中国原创药”的质朴初衷，回国创立了微芯生物。微芯生物专注中国原创药研发，即使在公司最困难的时候，依然坚持“创新为魂”从未曾动摇。2005 年，公司首个抗肿瘤药物“西达本胺”向国家有关部门提交了临床试验申请。按照当时中国新药注册的“审批制”要求，审批时间至少需要 6 个月。而原创药研发是一个大工程，每天都在数以万计地“烧钱”，公司第一轮融到的 5000 万元已所剩无几，必须开始第二轮融资。但当时中国新药研发市场缺乏合理的风险退出机制，一些投资者也开始动摇，他们希望微芯生物转做现金流更好的外包服务。但是，微芯生物的创始团队始终坚守着“做中国自己的原创药”的初衷，没有向现实妥协。为给自己“造血”，公司决定将尚处于临床前研究的西达本胺向海外授权，一方面帮助公司渡过难关，另一方面实现公司原创新药的全球同步开发。这也造就了中国医药行业史上，中国原创新药首个授权发达国家的经典案例。

（二）打造硬核技术、科学驾驭风险

新药研发风险极高，如何在药物研发早期对先导化合物的药效活性及潜在安全性进行合理评估从而降低后续临床开发风险，是全球新药研发领域共同面临的挑战。微芯生物成立之初，公司的科研团队以生命科学和新药研发领域的新进展和新技术为基础，自主构建了国际领先的“基于化学基因组学的集成式药物发现及早期评价平台”核心技术体系，突破了制约我国新药创制的核心关键技术难题，大大降低了

新药后期开发风险，真正实现了新药研发源头风险控制。依托这一平台，公司发现了包括西达本胺在内的一系列新分子实体药物并申请了全球发明专利，集中体现了微芯生物的创新研发实力与领先优势。

微芯生物是国际上最早将这个技术体系应用于创新药物早期研发的企业。2003年7月，美国国家毒理研究中心（NCTR，FDA下属机构）与微芯生物签署了该平台软件系统的交叉转让协议，以实现双方技术共享，微芯生物成为首家与NCTR合作的中国医药企业。2013年，该核心技术平台参与的科研项目荣获“国家科学技术进步奖一等奖”。

（三）深耕重大疾病领域，满足临床“真”需求

微芯生物专注于威胁人类健康的恶性肿瘤、代谢性障碍疾病和自身免疫性疾病三个重大疾病领域并制订了重点研发计划，布局了丰富的原创新药研发管线。目前，公司成功开发出以西达本胺、西格列他钠、西奥罗尼等为代表的一系列已上市和已进入临床后期的原创新药产品管线，为我国肿瘤、糖尿病等重大疾病的治疗与突破做出了重要贡献。

其中，西达本胺于2015年成功上市，是微芯生物独家发现的新分子实体药物，也是国际上首个亚型选择性组蛋白去乙酰化酶（HDAC）抑制剂，填补了我国外周T细胞淋巴瘤药物的空白。2019年西达本胺治疗乳腺癌的新适应症获批上市，实现了表观遗传调控剂类药物在实体肿瘤治疗领域的新突破。西达本胺的成功开发是我国创新药研发的重要里程碑，展现了中国基于药物分子设计、靶点研究、安全性评价、临床开发到实现产业化全过程的整合核心技术与水平的显著提升，是中国医药行业的历史性突破，也在很大程度上激励了中国医药企业创新的信心和决心，推进了国产创新药探索前进的步伐。

（四）协调多学科人才资源，构建创新研发体系

新药研发涉及多学科的有机融合，需要研发人员具有医学、药学、化学、生物学等复合专业背景。因此，一家成功创新药企业往往拥有一个优秀的核心研发管理团队及科学高效的人才梯队。微芯生物的核心研发管理团队具备多年新药研发经验，具有科学的远见与敏锐的市场判断力，并对行业现状极具洞察力，他们协调多领域人才建立起完整的风险预判与评估体系，推进公司持久发展。同时，公司构建由深圳和成都两个研发中心组成的多层次创新研发体系，形成在科研和项目开发中有效的资源共享和优势互补；组建由60后科学家组成的科学委员会及以70后、80后海

归 / 本土博士组成的多学科研发团队为生力军的研发梯队；不断完善临床研究体系、生产制造体系、质量管理体系、营销商务体系和药物警戒体系，形成了一个布局全面、结构完整、分工明确、配合有序的成熟创新研发体系。

（五）实施专利保护战略，推动全球同步研发

纵观全球医药市场，垄断市场的创新药大多来自欧美等国际市场，其主流盈利模式为：新药+知识产权保护＝专利期的合理利润。从跨国药企的新药开发路径看，研发决定未来，专利以令天下。微芯生物 19 年来专注原创新药研发，积累了大量的发明创造与技术方案。围绕公司产品管线，微芯生物形成了境内外药品全链条、全生命周期的专利布局。截至目前，公司已累计申请境内外发明专利百余项，已获授权 59 项，并拥有软件著作权 3 项。其中，西达本胺中国发明专利于 2017 年获国家知识产权局和世界知识产权组织联合授予的“中国专利金奖”。目前，西达本胺单药及联合其他药物的临床研究正在美国、日本、欧盟、中国等地区同步开展。

（六）政策资本加持，助力创新发展

近年来国家创新政策的密集出台与药政法规的大力改革，推动了医药产业的持续健康发展。微芯生物的发展与国家科技政策实现了同频共振，所获得的国家“863”计划、“重大新药创制”国家科技重大专项及省、市的科技资金支持，有效地助推了企业的创新发展。同时，微芯生物的发展也伴随和促进了中国创新药政策环境的构建和完善。

作为国内首家申请原创新药临床研究的企业，2004 年微芯生物第一次向国家药监局申报材料，广东省药监局注册处的同志陪同微芯生物到国家药监局提交申请。2004—2013 年，原 SFDA 及药品审评中心（CDE）多次与微芯生物召开面对面沟通会议，就技术规范、国际惯例及罕见病创新药上市注册关键性临床试验等议题进行讨论沟通，倾听企业临床开发计划，提供绿色审评通道。这是中国药物研发与技术审评沟通交流制度及中国有条件批准最早的尝试。2017 年中国加入了 ICH，对整个产业提出了新的要求，其中包括药品全生命周期安全性风险管理。2015—2017 年，微芯生物按照 ICH 的相关要求，开展了西达本胺真实世界的主动监测计划，得到了世界卫生组织不良反应中心（ADR 中心）的高度认可。2019 年 8 月，微芯生物作为中国极具代表意义的原创药企成功登陆科创板，为企业的高速发展提供了崭新机遇，也点燃了我国医药创新的热情，创新药研发队伍日益壮大。

中国医药产业的创新已崭露头角，但更迫在眉睫。一场新冠肺炎疫情在中国和

全球迅速蔓延，这场突如其来的公共卫生危机成为当前威胁国民生命健康的首要敌人。面对新冠肺炎疫情蔓延的紧迫形势，无数医药企业拿出自己的科研硬实力应对疫情，研发新型冠状病毒检测试剂盒，提供最新 AI 辅助诊断系统，研发新型冠状病毒疫苗和新药，为疫情防控提供多方位支持，有效保障了国民的生活秩序，为整个社会面对疫情来袭提供了一剂“定心丸”。

科技创新是第一生产力。如今，越来越多的如“微芯生物”一样的企业，专注于原创新药研制，在创新驱动、促进产业升级的道路上稳步前行，成为中国医药创新的生力军。作为科技创新的重要一员，微芯生物将不忘初心，砥砺前行，以“原创、安全、优效、中国”为己任，致力于开发百姓用得起的创新药，不负这个改革创新的伟大时代！

作者简介：

鲁先平博士，深圳微芯生物科技股份有限公司董事长兼总经理。承担多项“重大新药创制”国家重大科技专项、“863”计划等国家、省、市级科研项目。申请国际发明专利百余项，50 余项已获授权。2014 年带领团队成功研发出中国首个抗肿瘤原创新药西达本胺。

生物产业

生物产业包括生物医药产业、生物医学工程产业、生物农业及相关产业、生物质能产业、其他生物业。

——《战略性新兴产业分类（2018）》（国家统计局令第 23 号），2018 年 11 月 7 日

我国互联网医疗行业发展现状及趋势

崔彤哲

一、发展互联网医疗产业的积极作用

互联网医疗，是互联网在医疗行业的新应用，是以互联网为载体、以信息技术为手段（包括移动通信技术、云计算、物联网、大数据等）与传统医疗健康服务深度融合而形成的一种新型医疗健康服务业态的总称。其包括了以互联网为载体和以信息技术为手段的远程影像诊断、远程会诊、健康教育、医疗信息查询、电子健康档案、疾病风险评估、在线疾病咨询、电子处方、远程治疗和康复等多种形式的健康医疗服务。

（一）突破时间空间限制，缓解优质医疗资源不均衡

互联网医疗可以帮助医院打破时间和空间限制，让优质医疗资源的可及性在全国范围内得到极大的提升，让医生能够充分合理利用碎片化的时间为患者提供诊疗服务，从而在总体上提升医疗服务供给量，缓解优质医疗资源不均衡的问题。

（二）建立精细化患者管理体系，促进临床专科提升服务质量

在传统诊疗场景中，患者离开医院后，由于诊疗记录连续性不好及查阅不便、医疗信息化闭环不通等诸多问题，医生很难对患者进行有效的长期跟踪管理，因此带来了诸如患者流失、术后及慢性病患者医疗效果不佳等一系列问题。借助互联网医院，医生可以通过专科标签化的分组管理模式实现患者有序的长期管理，为患者提供更加精准的全病程管理，在提升患者诊疗质量的同时，促进各医院临床专科水平的提升。

（三）优化医疗资源服务效率，改善患者就医体验

“三长一短”、折返跑等都是现有医疗流程困扰患者许多年的问题，通过互联网医院优化诊疗流程，开展全面分时段预约，可有效提升现有医疗资源的服务效率，大幅缩短患者在就医过程中的等待时间。互联网医院的建设可以通过线上完整的诊疗闭环，将大量窗口业务推送至患者的手机屏幕上“一站式”完成，并可以向患者提供诸如送药到家等在内的增值便捷服务，从根本上真正解决折返跑和“三长一短”问题，极大地缓解患者就诊时的焦躁情绪，对于长期就医的患者来说，综合就医成本将得到非常显著的降低。

（四）落实医联体建设，发挥中心医院火车头作用

国家始终在坚定地推行分级诊疗政策，但由于基层医疗机构临床水平有限、机构间利益关系未理顺等问题，实际执行异常缓慢。借助互联网医院，可以在政策框架内，实现不同机构的医生以医生工作组的形式在中心医院多点执业，上下级医疗机构通过医生的协作实现分级诊疗落地，绩效分配机制顺畅，能够更好地调动医生积极性，进而让患者真正享受到分级诊疗服务的好处。

二、互联网医疗产业发展态势和趋势

2009 年我国互联网医疗产业市场规模仅为 2 亿元，主要还停留在 PC 互联网阶段，属于行业的一个探索期。到了 2012 年，市场规模升至 67.1 亿元。此后，在市场需求的不断增长与国家政策的支持下，互联网医疗行业快速成长，数据和服务进一步完善，细分领域开始出现独角兽，市场增长率也逐年稳步上升。2016 年共有 30 家互联网医院建设完成，市场规模达到 223 亿元，同比增长 41.8%。到 2020 年年底市场规模有望达到 900 亿元。

（一）相关政策密集发布，政策开放力度逐年加大

2005 年 9 月，国家食药监局发布《互联网药品交易服务审批暂行规定》，允许网上药品交易，互联网医疗在中国拉开序幕。

2015 年 7 月，国务院办公厅发布《关于积极推进“互联网+”行动的指导意见》，支持第三方机构建设医疗信息共享服务平台，支持利用互联网向患者提供更广泛服务，标志着互联网医疗进入快速起步期。

截至2019年年底，国家有关部门已经陆续推出19项针对互联网医疗的政策文件。其中，仅2018年就推出了5个政策文件，标志着互联网医疗进入高速发展期。

值得一提的是，2018年4月，国务院办公厅印发《关于促进“互联网+医疗健康”发展的意见》，鼓励医疗机构应用互联网信息技术拓展构建涵盖诊前、诊中、诊后的线上线下一体化医疗服务模式。该文件大幅放开了互联医疗服务的范围和内容，可视为推动中国互联网医疗的纲领性文件。

2019年8月，国家医保局发布《关于完善“互联网+”医疗服务价格和医保支付政策的指导意见》，第一次将互联网医疗服务纳入医保支付范畴。该文件明确了互联网医疗的服务项目，并将其纳入现行医疗服务价格的政策体系统一管理，对符合条件的纳入医保支付范围。有了医保支付的助力，可以预见在不久的未来，互联网医疗会更加受到广大百姓的认可和接受，互联网医疗服务很快将会变成日常医疗服务的一部分。

（二）医疗信息互通互联逐步完成，数据的价值将进一步放大

随着在线问诊平台、互联网医院、区域医疗信息化系统等基础信息平台逐步搭建完成，医疗体系的基础数据将会实现互联互通。这将极大提高区域内医疗信息的利用效率，使得以病人为中心的诊疗服务方便开展。同时，通过区域联网，可以让中心医院的专家随时为基层医院和患者进行远程诊疗，极大缓解医疗资源分布不均衡、老百姓看病难的问题。

2018年开始，部分省市开始逐步推出面向患者的“电子胶片”服务（也称云胶片），患者通过手机和计算机即可以方便访问自己的医学影像数据和检查报告，传统医用胶片将会逐步退出中国历史舞台。这极大地方便了患者，不必检查后还要回到医院取胶片、取报告。另外，患者一旦拥有自己全息的医学影像数据，就可以催生出全新的医疗服务商业模式。例如，患者可以一键分享信息给自己信任的专家，寻求二次诊疗服务；可以分享给云端的医学影像AI专家，帮助确诊；也可以通过云端的大数据服务，找到类似的患者，参考相关治疗方案；还可以把自己的数据卖给需要的科研机构、AI公司等帮助推动相关的科学研究，获得额外收入等。

（三）医药分开持续推进，处方外流大势所趋

随着处方药电子商务销售和监管模式的创新及互联网延伸医嘱、电子处方等网络医疗健康服务的应用，处方药电子商务销售权限有望开放，医药企业也将更多利用电子商务平台优化采购、分销体系，提升企业经营效率。医药电商的发展可以进

一步推动医药分离，通过互联网有效降低药品销售对医院渠道的依赖性，从而打造完整的购药电商平台生态，医药电商有望迎来快速增长。

（四）“互联网+”中医药缓慢起步，未来市场潜力巨大

在互联网医疗领域，“互联网+”中医药仍处于起步阶段，“互联网+”中医的创业虽然比较活跃，但大多数创业公司仍处于初创阶段。随着发展中医药成为国家战略，以及中医药在新冠肺炎疫情中起到的巨大作用，社会对中医药的关注达到前所未有的高度，中医药将成为互联网医疗领域新的发展热点之一。

（五）精准定位用户需求，个性化健康管理体系有望形成

健康医疗将向更加注重患者参与的方向发展，并逐渐脱离传统医疗环境。让用户不管身在何处——家里、办公室、健身房或车里，医疗与健康管理都能触手可及。随着我国互联网技术的不断发展成熟，如 5G、物联网、虚拟现实、人工智能、区块链等相关技术的不断突破，智能终端的演进和普及，用户的健康数据也将更加全面立体，最终构建成以用户健康大数据为基础、以疾病预防为核心、以用户隐私和数据安全为前提的连续动态的个性化健康管理体系。

三、互联网医疗产业发展面临的挑战

（一）法律法规尚不健全

由于互联网医疗属于新兴行业，目前仍然存在相关法律法规不健全的问题，并且相关部门缺乏有效的监督。当前，有些互联网医疗平台上的医师并不具备相应的从业资格，一旦产生医疗纠纷，由于患者是在网络平台就医，往往会发生医生不知去向的事件；有些网络医药平台上出现假冒伪劣药物。针对此类问题可以看出，我国对于互联网医疗的立法尚不完善，不利于我国互联网医疗的健康有序发展。

（二）运营模式有待探索

互联网医疗的一种重要方式是互联网医院。互联网医院的运营相比建设过程更为重要，也更为复杂。在运营模式的选择上，通常有医院自行运营和与技术提供方合作运营两种模式。医院自行运营的模式虽然控制力较强，业务规范性控制较好，

但由于院内职工缺乏互联网运营经验，效益显现比较缓慢，并且增加了医院整体成本的投入。在与技术提供方合作运营模式下，医院可以较灵活地使用市场机制，成本投入小、见效快，但需要重点关注对业务规范性的管理。

（三）盈利模式不成熟

互联网医疗服务目前还没有真正成熟的盈利模式，其中一种途径是通过支付方保险公司。这包括合作成为健康保险公司的一项增值服务，帮助保险公司减少长期保费开支，或能进入其保险报销列表及成为其采集用户数据的终端入口。然而，此前许多人认为中国的商业健康保险市场较弱，规模有限，因而走通这条路存在障碍。

就政策上来看，丰富商业健康保险产品，支持发展与基本医疗保险相衔接的商业健康保险，鼓励以政府购买方式委托商业保险机构开展医疗保障经办服务，这些都是政府明确表示的导向，从长远看商业保险会有更大的发展空间。自主开发，或与互联网医疗公司合作，保险公司已经在行动。

对于相关医疗 IT 公司而言，通过给大型医院搭建互联网医疗信息服务平台，以技术服务的形式与大型医院联合建设提供互联网医疗服务，获得一定的技术支持及运营服务费，是一条可行的出路。

（四）互联网医疗公信度还较低

除少部分以大型医院为依托的互联网医院外，目前我国的互联网医疗平台所合作的主要医疗机构大多为民营医院、医药集团等企业，而一些口碑好、实力强的公立医院参与度很低，加上网络信息真假难辨，平台的权威性和真实性也无法得到有效保障，且患者无法与医生进行当面交流，这些都使得当前的互联网医疗公信度较低。

此外，目前大多数民众由于受传统思维的影响，基本已经习惯了直接去实体医院进行会诊、就医。尤其是一些老人，他们对新生事物接受较慢，传统医疗服务模式早已根深蒂固，加上他们很多不会使用互联网，这些都成了互联网医疗发展的潜在阻力。

四、互联网医疗产业发展实践和成功案例

（一）原卫生部远程医疗国家级项目

2008 年，原卫生部在河北省承德市启动了一个为期两年的市、县、乡三级远程医疗试点项目（笔者有幸作为顾问受邀参与了这个项目）。按照试点项目的要求，所

有乡镇卫生院给出的 X 光片诊断报告，都会通过远程会诊系统自动发送到会诊中心平台，由县医院放射科资深医生进行复核。针对 1608 次检查的统计显示，乡镇医院给出的诊断报告，跟县医院放射科资深医生的完全符合率只有 38%。把所有基层医院跟县区中心医院联网，把基层医院针对 X 光机、心电图机和超声检查的诊断报告由县区医院的高水平医师进行审核确认，就可以大幅提升基层医院的诊断水平，切实解决基层医院"看病难"的问题（当时试点课题组达成的共识）。

（二）广东省远程医疗平台

2017 年，广东省为提高基层医疗卫生机构服务能力，决定启动建设广东省远程医疗平台。该项目由中国联通和北京海纳医信联合建设，建设内容包括一个省级远程医疗管理平台、一张远程医疗专网、20 家省级远程医疗中心、56 家县级远程医疗中心、1000 多家乡镇卫生院远程医疗点及 100 家试点村卫生室。2018 年 8 月，广东省远程医疗平台正式启动试运行，并且由广东省第二人民医院开出第一张会诊报告。从此，通过远程医疗系统，基层偏远患者在家门口就能请专家看病。从 2008 年原卫生部试点，到 10 年后广东省建成国内最大体量的远程医疗体系，我国在远程医疗领域获得长足进步。

（三）乌镇互联网医院

2015 年，浙江省桐乡市政府联合微医在乌镇互联网创新发展试验区创办了乌镇互联网医院。这家医院被认为是中国第一家互联网医院，也代表了一种互联网医院的模式——企业主导模式。以乌镇为起点，乌镇互联网医院在上海、山东、湖南、四川、广州、黑龙江等 19 个省市落地，先后联网 2700 多家医院、7400 多组专家团队和 22 万名医生，服务范围已经涵盖 30 多个省市。互联网医院平台功能主要包括在线咨询问诊、远程会诊，并且能够提供影像、病理、心电等检查检验服务。据公开信息了解，截至 2018 年年底，共有 43 家微医互联网医院落地运营，乌镇互联网医院日接诊量达 6 万～8 万人，相当于 3 家大型三甲医院的服务规模。

（四）西安交通大学第一附属医院互联网医院（西交大互联网医院）

2018 年，陕西省卫生计生委正式批准西安交通大学第一附属医院建立互联网医院，成为陕西省首家获得互联网医院牌照的医院。经过升级改造信息系统，医院将就医全流程"搬"上了互联网，实现就诊全流程线上线下无缝融合。这代表了另一种互联网医院的模式——大型医院主导模式。西交大互联网医院由西交大一附院联合西安朝前科技共同建设。

西交大互联网医院能够完成线上挂号、视频问诊、预约检查、线上处方、在线支付、药品配送、办理住院、寄送病例等工作，串起了患者寻医问诊的整个过程。西交大互联网医院运营一年多以来，已有630名西安交通大学第一附属医院的医生在互联网医院上在线问诊，已经拥有超过70万名注册患者，完成在线诊疗服务30多万人次，完成药品配送服务73000余次，App累计下载量超过200万次，线上交易规模超过16.45亿元（据了解为目前国内线上交易量最大的医院）。考虑交通、住宿、误工等成本，单视频问诊与在线咨询两项线上服务节约就诊时长约59万天，节约患者就诊费用1.9亿元。夜间线上视频问诊量达40%，节假日视频问诊量达30%，增加了医疗服务供给总量，为医院运营带来增量。线上患者来自全国（除港澳台地区以外）所有省份，而且外地注册患者占总量的30%以上，取得了显著的成效。

对比两种典型的互联网医院运营模式，笔者更加看好大型医院主导模式的互联网医院，原因如下：

一是企业主导模式的互联网医院，目前主要的医疗服务模式为轻问诊。虽然问诊量不小，但是这类服务收费低廉，多为医生多点执业形式提供，很难产生利润。更严重的问题是，轻问诊没有深度介入医疗服务全流程。现代医学，是以检查、化验为入口的医疗服务流程，这些环节的缺失，导致轻问诊用户黏性不大，付费意愿也会更低。

二是微医最近几年也开始跟医院进行合作，但是多数合作都是比较浅的合作，如帮助医院患者挂号等。但是，这类应用在医院的根基比较薄弱，很容易被其他厂商替换而导致出局。

三是中国的优质医疗资源，尤其是知名的专家和优秀的医生，绝大多数都在政府体系的大型公立三甲医院工作，而且多年以来形成了深入民心的良好口碑。随着最近两年互联网医疗的快速发展，我们可以预见，越来越多大型三甲医院将开通互联网医院业务，这无疑会对企业主导模式的互联网医院产生冲击，其前景堪忧。有可能未来的互联网医院格局，和当前线下大型三甲医院与民营医院的格局类似。

作者简介：

崔彤哲先生，海纳医信董事长兼总裁，正高级工程师、国家“万人计划”专家。主创研制多款国际领先的医学影像系统，包括美国排名第一的医学影像归档传输系统——iSite、全球第一套网络化三维医学影像处理系统——iConnection（注：在医学影像领域发明了一个全新的产品门类）。

智慧医疗的技术演进逻辑

薛向东

改革开放 40 多年来，我国经济发展水平明显改善，人民对于美好生活的向往更加强烈。数字经济作为人类社会发展的一种新经济形态，如今已成为全球经济发展的新动能。以信息化驱动现代化，加快建设数字中国，是贯彻落实习近平新时代中国特色社会主义思想的重要举措。智慧医疗作为一种新型现代化医疗方式，事关国计民生，将是新技术发展的主攻领域，捋清内在逻辑尤为关键。

一、传统卫生健康的难点与痛点

卫生健康领域是改革的重点和难点，一直以来处于探究摸索和渐进演变的状态，不仅有机制改革方面的原因，更多的是技术支撑方面的因素。从根本上搞清这些问题，是智慧医疗的逻辑起点。卫生健康领域还面临着以下痛点：

一是医疗资源分配分布不均。在北京，每千人有 6 名专家级医生提供医疗服务；上海、广东等地次之；与离中心城市的距离呈递减情况，平均每千人只有 1 名医生提供医疗服务。优质医疗资源集中于大、中城市，一方面基层医疗机构的资源利用率和技术水平不足，另一方面城市大医院的资源利用不尽合理。总体来看，当前医疗卫生资源层级、地区分配不均是医疗服务“看病难、看病贵”的问题所在之一。

二是分级诊疗体系的效率有待提高。分级诊疗推行了多年，但还存在资源向三甲医院集中、患者求医也向三甲医院集中的现象。虽然有医联体及三甲医院、二甲医院、社区卫生中心分层医疗体系和架构，但是还缺乏从三甲到中间层，再到基层的信息平台，或信息平台利用不充分，导致分层诊疗体系的功能未能得到充分发挥。

三是以药养医问题是改革探索重头。医药分开实施了多年，不可规避的问题就是关于医院的收入结构问题。以前医院的一部分收入来自处方药，实施医药分开后，医院的收支平衡问题需要继续探索。

四是医保在未来存在风险。医保连续多年的支出增长率大于收入增长率，再加上老龄化社会的逐渐到来，我们需要调整未来医保收支结构。

五是医患沟通渠道需要进一步通畅。医患双方在诊疗过程中的地位和作用有一定的不平等性，医务人员掌握医学知识和技能，在医患关系中处于主导地位。患者相对于医务人员来讲，缺少医学知识，主要在医务人员的安排下接受治疗，解除自身的病痛，所以处于一定的被动和服从地位。医患沟通渠道需要进一步通畅，以解决可能存在的医患矛盾。

二、技术与医疗变革的新机遇

信息技术的飞速发展，为经济社会领域的变革提供了诸多可能，在医疗健康领域也不例外。

（一）“互联网+医疗”奠定了基础

在数字经济蓬勃发展的背景下，“互联网+医疗”将使传统医疗面临转型升级的好时机。2014 年是“互联网+医疗”元年，随着国家相关政策的出台，“互联网+医疗”的发展方向也越来越清晰。利用互联网领域独特的技术，我们可推进基层首诊、双向转诊、上下联动的分级诊疗体系，在医疗信息共享技术层面推动医改进步，解决医疗资源分配不均的问题，提升整体医疗水平。在此次新冠肺炎疫情应急处置过程中，“互联网+医疗”和云端业务应用得到充分重视和发展，关注度和使用量都得到显著提升，对新冠肺炎疫情的防控起到重要作用，有效避免了到医院就诊带来的交叉感染风险。

（二）信息安全技术是前置条件

数字经济下医疗最大的风险是能否经受住诚信与安全的检验，首当其冲的就是数据与网络安全问题。医院信息系统与互联网医疗系统的相互隔离与对接需要慎重安排，如何防范技术失误或恶意的数据泄露事件产生的致命性后果，是智慧医疗技术应用成败的关键。

（三）新技术还将在短期内有大的突破

5G、云计算、大数据、人工智能、物联网和区块链等新一代信息技术的逐步成熟与演进，是技术发展与行业需求两条路线逐渐由平行转向交集的过程。事实上，国家大力发展“新基建”的浪潮已经开始影响卫生健康行业，为优化医疗资源配置、提升医疗质量和效率、缓解看病难等民生问题提供了机遇，实际推动了医疗卫生领域的进一步改革，人们也将会在此过程中不断享受到医改带来的实实在在的福利。

三、当前医疗智慧化的五大支柱

“互联网+医疗”发展到今天，智慧医疗已经有了比较好的底层支撑，也就是说，发展智慧医疗的逻辑起点比较成熟，主要来源于五个方面。

（一）建设医院互联网开放平台，打造数据安全中间件

在互联网时代，把网站的服务封装成一系列计算机易识别的数据接口并开放出去，供第三方开发者使用，这种行为叫作 Open API。那么医院互联网开放平台就是依托于实体医院，与院内 HIS 系统紧密结合，封装院内信息化接口，安全、可控、可管理地开放给第三方开发者使用的开放平台，可助力实现“让数据多跑路，让群众少跑腿”的惠民、便民服务。

随着“互联网+医疗”服务体系建设的不断完善，大众需要更个性化、更多元化、更及时的医疗服务模式。同时，在医联体、分级诊疗模式的背景下，医院信息化接口的开放是必然的。东华软件凭借在医疗领域 20 年的行业经验，在行业内首先推出医院互联网开放平台，助力医疗行业再一次蝶变升级，进入“互联网+医疗”3.0 时代。

（二）大力推广 DRG，解决“看病难、看病贵”问题

近年来，一线城市大医院门诊人满为患、住院患者一床难求，“看病难、看病贵”的现象仍然存在，急诊拥堵也逐渐成为一个新问题。我们认为，通过大力推广 DRG 支付方式，不但能从根本上创新医疗管理新机制，缓解特大城市门诊、急诊、住院拥堵的问题，而且能有效化解患者“看病贵”的老问题。

（三）人工智能技术赋能互联网医疗

随着人工智能技术的逐渐成熟，生物识别、语音转写等技术都将赋能互联网医

疗。通过生物识别可以快速验证身份、辅助诊断；通过语音转写可以智能分诊、录入病历等。通过人工智能技术赋能的应用将以患者为中心，精简就医过程，优化院内就诊流程，从根本上解决就医难问题。同时，录入病历实时高效，数据同步共享，降低了医生的工作强度，让医生能有更多精力关注患者情况。

（四）区块链医疗势在必行

区块链发展到3.0阶段，能构建可靠的互联网生态系统，解决价值交易中的欺诈现象，让交易各方的行为更透明更公正，同时能简化流程、降低成本，对改善医疗等各行业环境具有现实意义。在互联网医疗领域，区块链能利用匿名性、去中心化等特征保护病人隐私。电子健康档案流转、医疗/健康监控记录、药品防伪、计费理赔、医院资产管理、精准医疗等都是区块链技术可大显身手的应用领域，也是互联网医疗技术发展的最新方向。

（五）统一的医学知识图谱共享，大大提升医学诊断的标准化和准确率

以国内顶级医疗机构的临床治疗经验为基础，建设涵盖疾病、所见、操作、微生物、药物等临床信息的医学知识图谱（库），并开展标准化应用，可以实现不同学科、不同专业和不同地域之间临床数据的统一标引、存储、检索和聚合，这对于我国规范临床术语、优化诊疗流程、提升医疗质量、提高临床医生工作效率、提高科研水平、减少医疗差错等具有重要意义。

四、大有作为的智慧医疗

展望未来的智慧医疗，可以归为：大有作为、大道至简，主要涉及3个方面。

（一）平台垂直发展

智慧医疗以患者管理平台、开放平台为驱动，可为医务人员提供更高效的患者管理工具，也为患者提供更便捷的就医服务。

（二）数据安全共享

在数据安全和数据共享技术的支持下，智慧医疗可以帮助患者在大医院完成就诊，并且在回到居住地后，仍可通过微信等方式便捷地接受专家的指导。将健康信

息通过云端同步至手机，让人们可以在移动端管理个人的健康数据，数据的打通将在医疗卫生领域和社会领域带来整体价值提升。

（三）技术综合植入

东华软件深入贯彻落实党的十九大精神，在技术创新上敢想敢为，在业务发展上聚焦聚力。在当前和未来一个时期，我们的主攻方向是大数据、人工智能、物联网、医学知识图谱、区块链的深度研发和行业应用，集中优势骨干，释放优势积淀，把最前沿技术应用到智慧医疗建设中，迅速形成卫生健康信息技术领域的中坚力量。

作者简介：

薛向东先生，东华软件创始人、董事长，中共北京市第十二次党代会代表，现任北京市政协委员、北京市海淀区政协常委，北京市商会副会长，中国软件行业协会副理事长，北京信息化协会理事长。

新能源篇

抓住重大历史机遇 推动我国新能源产业快速发展

曾毓群

纵观人类发展史，每个时代的新科技都是先进生产力的代表。新科技的出现不仅促进了经济的跨越式发展，也重塑了世界竞争格局。当前，新一轮科技革命和产业变革蓬勃兴起，把握好百年未有之变革机遇，运用好我国制度优势，科学合理地制定好产业政策，将新技术转化成新经济，短期可以对冲新冠肺炎疫情影响和经济下行压力，实现稳增长、稳就业，长期可以启动中国经济增长的新引擎，建成世界科技强国。

一、对新技术和新经济发展逻辑的理解

新技术是一个与时俱进的概念。19 世纪之前，得益于铁器、四大发明等先进技术的率先发明和应用，中国一直是世界经济的领跑者；18 世纪 60 年代，蒸汽机的发明和规模化应用，让英国一跃成为世界工厂和日不落帝国，而中国则错失良机，从强国之巅开始衰败；从 20 世纪 90 年代开始，随着半导体、计算机、互联网等新技术的发展，人类进入崭新的信息时代，以美国为代表的西方国家最先掌握和应用了这一轮新技术，巩固了自第二次世界大战以来的世界霸主地位。

所有的新技术，都需要经历原始创新、技术创新、产品创新和商品创新，这是一个完整的培育过程。原始创新指取得前所未有的重大科学发现、原理性技术发明；技术创新指解决原创性的新发现和新发明在技术应用上的可行性；产品创新主要指解决新技术在产品上应用的可靠性和安全性；商品创新则指使新产品实现规模制造，并保证低成本和高性能，建立市场竞争优势。

原始创新对新科技发展具有重要的源头供给和引领作用，物理、数学、化学、生物等重大理论创新大多源于西方世界，我国在原始创新方面比较薄弱。提高原始创新能力，应重点发挥政府作用，对相关高校、科研院所、重点实验室加大稳定支

持力度，建立有利于原始创新的评价制度，培养年轻人热爱科学、耐得住寂寞、诚实守信、淡泊名利的科研精神，以兴趣驱动之，“好之者，不如乐之者”。

技术、产品和商品阶段的创新同样非常重要，这是将知识转变成生产力的关键环节。我国一直是新技术的追随者、学习者和应用阶段的创新者。实践也充分证明，应用阶段的创新是提升国家经济实力的重要法宝。过去 40 多年，中国的企业家抓住改革开放的机遇，利用技术创新和市场优势，跟上了信息时代的步伐，甚至形成后来者居上的态势，在互联网经济、5G 通信等方面有不少单点突破。在改善原始创新能力的同时，我们更应该继续采用取长补短的策略，在尊重别人知识产权的基础上，充分发挥我们在技术、产品和商品上创新能力强的优势。

二、对新能源产业作为我国新经济发展重要载体的认识

（一）当前我国新经济的发展方向

当前的新经济主要聚焦在可再生能源发电、新能源汽车、人工智能和生物科技等领域。各国都在集中资源争夺这些领域的领导权，尤其是有实力的中国、美国、欧盟、日本，而美国、欧盟、日本是一个紧密的联盟，它们受益于第二次世界大战胜利的巨大成果和机会，牢牢掌握了发展的话语权和强制力。在人工智能和生物科技方面，国际上处于理论创新和技术路线创新的初期，我国则处于跟跑阶段。在可再生能源发电和新能源汽车（我们将其统称为新能源）领域，重大理论创新同样来自西方国家，经过近百年的不断发展，尤其是最近十几年技术的快速进步，产品已经基本成熟，以光伏和风力发电、动力电池和储能电池为典型代表，正处于实现发展拐点、代替传统产业的爆发前夜。

（二）我国新能源产业的整体优势

我国政府高瞻远瞩，在新能源领域，及时做出了科学判断，产业政策制定时机把握得准、出台的措施科学有效，引领国内众多企业在产品研发和产能布局上提前行动、持续攻关，政策和市场共同发挥作用，技术创新和产业化都取得重大进展。

一是技术水平显著提升。动力电池能量密度 10 年提高了 2 倍，使用寿命可以超过 5 年 50 万千米，充电时间从超过 3 小时下降到 30 分钟以内。纯电动主流车型续驶里程已经超过 500 千米，整车智能化、网联化水平大幅提升，驾乘体验明显改善。在光伏电池方面，我国大硅片技术批量生产，PERC 单晶电池产业化平均效率达到 22.3%，在异质结等高效晶硅电池技术、钙钛矿电池等前沿技术研发上不断取得突破。

二是成本大幅下降。动力电池成本下降 80%，光伏电池 10 年来成本下降超过 90%，且动力电池和光伏电池成本仍有一定下降空间。“太阳能发电+电池储能”的光储系统在光照充足地区，其综合成本已低于燃煤发电。对于使用强度较高的新能源出租车、网约车等，其全生命周期成本（TCO）已优于燃油车。随着电池成本的进一步下降，梯次利用等模式不断成熟，新能源汽车在各应用领域的经济性将进一步凸显。

三是产业规模持续扩大。2019 年我国新能源汽车产销量超过 120 万辆，产销量和保有量全球占比均超过 50%，连续 5 年位居世界第一。2019 年中国新增光伏装机容量 30.1GW，连续 7 年位居全球第一，光伏产业出货量占据全球 70%以上的份额。我国光伏电池和动力电池成为和高铁齐名的国家名片。

四是企业实力明显增强。中国新能源客车一枝独秀，出口全球 40 多个国家和地区，2019 年全球销量排名前十的乘用车企业，中国占据 4 席；出货量排名前十的动力电池企业中国占据 5 席，其中，宁德时代动力电池出货量连续 3 年领先全球，客户包括宝马、大众、戴姆勒、特斯拉、丰田、上汽、北汽、宇通等国内外主流车企。2018 年在全球光伏 20 强综合排行榜中有 16 家是中国企业，全球光伏组件出货量排名前十的企业中有 9 家为中国企业。

五是产业链自主可控。新能源汽车在基础材料、关键零部件、制造装备等产业链关键环节，建立了结构完整、自主可控的产业体系，除自主供应外，还实现了批量出口。我国光伏产业同样已经形成了涵盖高纯硅材料、硅锭、硅片、硅片辅料等全球最完善的产业链，在多晶硅、硅片、电池片、组件、逆变器 5 个环节产量在全球分别排名前十的 50 家企业中，中国企业共有 34 家。

（三）加快我国新能源产业发展的重大意义

能源是现代社会的血液，是事关国计民生的战略性资源，也是大国间利益博弈的焦点。我国能源结构长期以化石能源为主。随着汽车保有量的增加，我国原油需求持续增长，进口依存度已超过 70%，严重影响国家能源安全，大量化石能源的使用也造成了严重的环境污染。汽车产业事关人民群众的日常出行和社会资源的顺畅流通，是国民经济的重要支柱。汽车是石油消费大户，我国各类汽车用油约占石油总消费量的 50%。多年来，我国汽车产业大而不强，据有关机构统计，2011 年外资通过零部件进口、技术转让、利润分成等多种方式，拿走了我国汽车合资企业利润的 95%。

当前，可再生能源发电、电化学储能、新一代通信等新技术不断突破，产业生态面临百年未有之深刻变革，全球竞争格局将全面重塑。世界各国纷纷提出能源和交通转型战略，英国、法国、荷兰等越来越多的国家开始探讨出台 2035—2040 年全面禁售燃油车的时间表。我国在风力和光伏发电、锂离子电池、5G、互联网等领域都具有领先优势，加速这些产业融合发展，近期看有利于对冲疫情影响和经济下行压力，长期看有利于推动我国能源、交通、制造业高质量发展，实现我国能源生产革命和消费革命，保护生态环境，最终建成世界强国。

三、加快我国新能源产业发展的政策建议

新能源产业在全球正处在孕育爆发势能的重要关头，逆水行舟、不进则退。国家应发挥我们集中力量办大事的制度优势和先发优势，加强政策的支持引导力度，将我们的技术优势和成本优势率先转化成市场优势和产业优势，成为拉动国家经济大发展的新引擎，迅速成为世界新能源高地的领导者。

（一）提供金融支持，大幅降低利率

新能源在全生命周期的经济性逐步显现，但初始投资和购置成本都较高，需要开展商业模式创新。比如，新能源汽车可以采取车电分离模式，利用使用环节省资金的优势弥补购置环节价格贵的劣势。国家全面利率下调有实际困难，建议单独针对新能源产业，通过财政贴息等方式，组织政策性银行给予大额、低息（1%～1.5%）、长期（15 年）政策性贷款，连续支持 10 年，可以撬动大量的社会资本，迅速推动这一领域大发展。

（二）制定禁售燃油车时间表，给市场明确的引导信号

我国在新能源汽车领域起步早，并取得了领先优势，但在推动汽车全面电动化上却过于保守。相反，英国、法国、荷兰等众多欧洲国家已经提出在 2035—2040 年全面禁售燃油车的时间表，并陆续出台配套政策。时间表的制定可以坚定企业信心，引导产业投资布局，有利于政府和企业协调配合，有序做好产业链转型和员工逐步转岗，合理布局建设基础设施，提前完善标准法规等各种支撑性工作。

（三）制定新能源发电比例和配套储能要求，推动能源革命

2019 年非化石能源发电装机已超过 40%，发电量占比超过 30%。目前，光伏、风电已基本具备平价上网条件，不少地区甚至已低于煤电标杆电价，“十四五”期间，光伏和风电将迎来摆脱补贴的快速发展阶段。国家应更加前瞻性地制定面向 2025 年、2035 年、2050 年的电力发展规划，明确提出新能源发电比例要求，同时

引导配套建设储能设施，解决新能源发电的波动性，推动能源供给侧改革，优化能源结构，引导能源革命。

（四）加大研发支持力度，加强知识产权保护

新能源领域属于典型的技术密集型产业，技术迭代快，企业需要不断加大研发投入，才能保持持续领先。知识产权方面，我国企业布局了一系列国际领先的发明专利，在该领域正在从知识产权消费国转向知识产权生产国。切实保护好知识产权，是激发创新主体积极性最有效的手段，也是提高经济竞争力的最大激励，是建设创新型国家的重要支撑。

（五）鼓励新能源领域的企业对外直接投资（ODI）

全球主要发达国家和企业巨头都在通过投资或结盟的方式，在世界范围内收购和布局新能源领域优质的研发资源、矿产资源及相关产业链公司。光伏电池、动力电池和储能电池是我们的优势产业，但企业在国际化扩张领域缺乏运作经验和专业人才，国家应出台政策，鼓励优势企业“走出去”，积极参与核心技术、资源和产业链的布局，参与全球竞争，抢占全球市场。

（六）完善回收再利用体系，建设全产业链的坚强护城河

在我国新能源经济中，下游的回收体系发展相对滞后，无法实现与上游和中游产业协同，市场发展还没有形成一套完整的新能源回收体系。建议国家出台积极的产业支持政策，采取以企业为主导、国家政策支持的形式加以推进，推动形成上游资源—原材料—电池—终端产品—电池回收的全产业链闭环。

总之，我们要研究清楚新技术的产生、发展规律及形成生产力促进新经济发展的条件。根据新技术的不同发展阶段制定科学、适用的产业政策，引领新技术和新经济的发展，使其成为我们国家经济支柱和竞争力。

作者简介：

曾毓群博士，宁德时代新能源科技股份有限公司董事长，世界知名的锂电专家和企业家，亚洲固态离子协会理事、中国科学院物理研究所清洁能源中心学术委员。领导团队在锂电池先进材料、产品设计、智能制造、回收利用等技术领域进行创新探索。公司已成为全球知名企业，连续 3 年销量全球领先。

新能源技术创新带动新经济高质量发展
——先进核电技术创新的实践与展望

郑明光　余凡　王明路

核能具有清洁、高效和稳定的技术特点，在新能源技术中占据重要地位。我国核能事业起步于1970年，经历了起步、适度发展等阶段。2006年，党中央、国务院作出引进AP1000三代核电技术、实施三代核电自主化的战略决策，设立压水堆国家重大科技专项，从国家层面推动核能技术创新，核能事业进入安全高效发展新阶段。

基于国家重大科技专项，我国成功自主研发了三代非能动核电技术——国和一号（CAP1400）并启动工程建设，带动了我国核能产业由二代向三代的跨越式发展。国家重大科技专项形成的系列化型号、产学研创新体系和高端装备制造能力极大提升了我国新能源产业的综合竞争能力，将有力支撑新经济高质量发展。

一、核电与新经济

（一）新经济高质量发展对新能源的要求

新一轮能源革命、产业革命与科技革命催生出以“互联网+”、物联网、云计算、电子商务、智能制造为代表，以知识主导、创新驱动、智慧形态、创意产业为特点的新经济。与传统经济相比，新经济呈现出三大不同特征：生产方式以集约型为主，表现为“绿色经济”“共享经济”；增长动能以高科技为原动力，表现为“数字经济”“创新经济”；主体交往方式不同，新经济倡导全球合作基础上的资源配置，趋向全球经济一体化，表现为“开放经济”。

要实现新经济的高质量发展，需要从效率、动力、质量三头发力。新能源带动新经济高质量发展主要表现在：一是保障发展效率，新能源为新经济业态发展提供稳定、绿色、高效的能源供给；二是提供发展动力，新能源本身就是新经济的重要组成部分，为新经济高质量发展提供创新动能；三是提高发展质量，新能源技术创新的模式、研发的成果、产业链带动的辐射效应提升我国工业、科技基础能力。从这三个方面看，当前新能源推动新经济高质量发展需主要关注以下问题。

1. 能源结构性矛盾

一是总需求不断增长。在城镇化、工业化进程的推动下，按电力弹性系数法进行预测，即使以历史均值的一半速度增长，我国电力需求仍将在 20 年后翻一番。二是能源结构需要优化。2019 年，尽管核电、风电、太阳能发电量快速增长，火力发电量占比仍高达 69%，经济发展付出的资源和环境代价过重。三是能源安全需要强化。主要是从我国资源禀赋看，化石能、太阳能、水能、风能资源呈现“西多东少”格局，用电需求则呈现“东多西少”的局面，大规模的能源输送影响能源战略安全。

2. 产业基础能力与现代化水平待提高

一是“卡脖子”问题。我国部分核心技术、关键产品和重大装备仍存在瓶颈制约。二是管理能力与水平问题。一些工业产品在一致性、稳定性和使用寿命等方面与国外先进水平差距较大，工业基础需要进一步夯实。

3. 产业链、创新链、价值链、金融链“四链融合”

融入全球产业链的传统方式主要是比较优势，而逆全球化对这一传统方式带来挑战。新经济高质量发展需要围绕产业链，在产业链上部署创新（如以型号为驱动部署创新链），积极提升产业基础能力和产业链现代化水平，把科技创新真正落实到产业发展上。围绕产业链部署创新链，引入金融链，创造价值链，实现“四链融合”，从根本上提高产业整体竞争能力。

（二）核电是新能源的重要方面

从供给侧看，核燃料的能量密度是煤的 270 万倍，在发电过程中也不产生二氧化碳，清洁环保、稳定安全；同时，具备多场景应用能力，势头强劲，呈现出“大小并举、海陆并进”的新态势，以核电技术开发为基础的核能开发利用拥有广阔的市场空间。

从价值链看，核电是现代高科技密集型的国家战略性产业，涉及工业领域冶金、材料、机械、电子仪器等众多行业的复杂前沿技术，是工业发展的基石，核工业的发展能够推动我国包括船舶、航天、航空在内的整个工业体系的发展。

从产业链看，通过国家重大科技专项，我国突破了长期以来制约核电发展的瓶颈，设备国产化率超过 90%，形成了一批具有世界先进水平的设备材料制造基地，建立了与国际先进水平接轨的核电设备供应链体系，可以满足国内每年开工 6～8 台机组的需求。

从创新链看，依托国家重大科技专项，我国建立了以型号为驱动、多维度协同的产学研创新体系，带动核电科技创新模式由线性向系统化、网格化方向发展，同步开发数字化设计体系、数字化质量管控体系和数字化研发制造一体化技术，持续提高研发、设计、制造等环节的效能与质量。

二、先进核电技术自主创新实践

（一）我国核电发展的主要脉络

1. 起步阶段

1970 年 2 月 8 日，周恩来总理在听取上海市工作汇报时指出：从长远来看，要解决上海和华东地区用电问题，要靠原子能发电。随后，国家建委、国家计委、国防科委、二机部、水电部参与，728 院等 30 多个单位 600 余人组成七二八工程设计队，开始建造中国第一座核电站。1991 年 12 月 15 日，我国自主设计建造的秦山核电站成功并网发电，结束了中国无核电的历史。

2. 适度发展阶段

20 世纪中后期，国家先后批准秦山二期、岭澳一期、秦山三期、田湾一期等 8 台机组，法国技术、加拿大技术、俄罗斯技术多种技术路线并存。

3. 安全高效发展阶段

自 2005 年起，考虑到降低单一核电机组对社会的总体风险，同时在更高技术平台上实现技术发展的需求，我国做出了引进当时世界先进第三代核电技术——AP1000 的重大决策，同时设立压水堆国家重大科技专项，以国家重大科技专项的形式保证技术引进消化再创新。以此为基础，通过后续 10 多年的发展，我国成功自主研发了三代核电技术——国和一号（CAP1400）及华龙一号，实现了我国核电产业能力水平从二代到三代的跨越。

（二）先进压水堆国家重大科技专项总体目标

2006 年 2 月 9 日，国务院发布《国家中长期科学和技术发展规划纲要（2006—2020 年）》，确定了包括“大型先进压水堆及高温气冷堆核电站”在内的 16 个重大科技专项。

2008 年 2 月 15 日，国务院常务会议审查并原则通过了《大型先进压水堆核电站重大专项总体实施方案》，批准由国家核电技术有限公司（国家核电）作为“大型先进压水堆及高温气冷堆核电站”重大科技专项的牵头单位及重大科技专项示范工程的实施主体。

方案明确重大科技专项的总体目标是：①全面掌握以非能动技术为标志的第三代核电技术；②研究开发具有我国自主知识产权的大型先进压水堆核电技术，建成 CAP1400 示范工程；③形成具有国际先进水平的核电研发、试验、设备制造和标准体系，拥有一批高水平的知识产权成果，2020 年进入核电技术先进国家行列；④培养出一支高素质的核电技术人才队伍。

在国务院、各部委领导支持和国家电力投资集团有限公司（国家电投）、国家核电具体组织领导下，上海核工院作为技术牵头单位，联合国内相关大学、科研院所、制造业等产学研超过 400 家单位、26000 余名科研技术人员开展了历时 10 多年的科研攻关。目前，各项研发任务基本完成，主要目标基本实现。

（三）具有世界竞争力的新能源技术产品

为实现设计自主化目标，通过十年艰苦攻关，我国成功研发拥有自主知识产权的先进核电型号——国和一号（CAP1400）核电技术。其技术优势主要体现在以下方面。

1. 落实先进设计理念

CAP1400 采用非能动及简化的设计理念，其研发遵循国际国内最新的核电法规，满足美国用户要求文件（URD）等三代核电技术文件要求，充分反映国际国内目前三代核电工程化过程中的设计变更及改进。通过提高电厂容量等级、优化电厂总体参数、平衡电厂设计，重新进行全厂安全设计、工程设计和关键设备设计与验证，全面推进设计自主化与设备国产化，实现当前最高安全目标，满足最严环境排放要求，充分考虑辐射防护最优化、放射性废物最小化，综合性能达到三代核电的世界领先水平。

2. 安全性达到新水平

CAP1400是目前全球最安全的三代核电技术之一，经过了完整充分的试验验证与安全审评。电厂安全裕量和延伸事故预防与缓解能力较传统核电机组有大幅提升，堆芯熔化频率（CDF）为4.02×10^{-7}，大量放射性释放频率（LRF）为5.07×10^{-8}，安全性高于二代+技术2个数量级以上。即便发生事故，非能动技术理念的充分应用也实现了72小时不需要人员干预和场外支援，技术上实现了无须应急撤离。大量技术改进使CAP1400即便遇到类似福岛核泄漏事故那样的极端外部灾害，也完全能够保证安全。

3. 经济性具有竞争力

CAP1400采用非能动技术，系统结构大幅简化，泵、阀、线缆等相比同等规模的能动式系统降低50%以上；采用模块化施工，并行建设、批量施工，有效缩短工期，降低建造成本。通过国家重大科技专项研发，设备国产化水平显著提升，有效降低了设备成本，相比国际相同代际技术具有较强的竞争力。

（四）先进核电技术的社会效益和经济效益

1. 为新经济发展提供新动能

根据测算，在CAP1400生产运行期，每生产1元的核电，拉动的GDP增长为1.18元，总产出增长为2.22元。1亿元核电运营产出直接带动的就业机会为71人，带动的总就业机会为1922人，其中还包括887人的农业就业。与此同时，每台CAP1400机组可以增加5500万元城市建设维护税及教育附加费，以及近2.5亿元的企业所得税，对当地经济将产生极大的推动作用。每台CAP1400压水堆核电机组替代相应容量脱硫煤电机组投产后，每年可减少二氧化硫排放量约0.8万吨，减少氮氧化物排放量约1.7万吨，减少二氧化碳排放量约860万吨，仅二氧化碳减排就可实现经济效益7.7亿元。

2. 推动产业基础能力与质量水平大幅提升

在国家重大科技专项实施前，我国核电产业设计自主化、设备材料国产化方面长期存在受制于人的“卡脖子”问题，部分核电配套产业存在缺失或薄弱环节。通过国家重大科技专项实施，我国进行了核心产业的战略布局，各参与单位以“国家使命高于天”的责任感开展科研攻关。比如，蒸汽发生器690U型管研发，国外把相关的研究数据、关键工艺视为核心技术，对我国实行严格封锁。重大专项研发团队历经 6 年的攻坚克难，进行了大量试验、多轮论证，最终自主创新建立 690U 型管综合研究评价与制造体系，产品性能达到国际先进水平，材料成本从 140 万元 / 吨降至 80 万元 / 吨，节省单台蒸汽发生器制造成本 4000 万元以上。

截至目前，压水堆国家重大科技专项已形成知识产权 6513 项，获得国家授权专利 1052 项，制定各类标准 762 部，形成新产品、新材料、新工艺、新装置 392 项，新建 43 个试验台架，全面提升了核电研发、设计、制造、安全审评、试验、标准、人才等国家能力。各参与方攻坚克难、自主创新，打破了多项国外企业、市场和技术垄断，为我国三代先进核电的规模化、批量化发展提供保障条件。

3. 实现产业链、创新链、价值链良性互动

以核电先进型号开发为牵引的压水堆国家重大科技专项的实施，实现了设备材料国产化的研制目标和装备制造能力的整体升级，促进了我国三代核电技术的研发和设计水平的提升。CAP1400 完全自主设计，设备国产化率可达 90%以上，后续批量化后设备国产化率将超过 95%；建成了完整的三代核电装备供应链体系。核电设备制造体系的形成，也极大支持了如华龙一号、先进小堆与海洋核动力平台等核电型号的开发。通过重大专项攻关和示范工程建设，我国打造了三代核电的创新研发能力、工程建造能力和专业化管理能力，建成了一批具有世界先进水平的综合配套试验设施和设备鉴定平台，形成了成套的先进设计分析软件体系，提升了我国核电安全监管和标准体系建设水平，培养了一支高素质的核电技术人才队伍，为我国核电的可持续发展打下了坚实的基础。

三、推动核电技术创新的思考与建议

（一）推动核能多用途项目落地

社会对能源清洁性、灵活性和多样化的需求催生了核能拓展应用场景的新需求。基于国家重大科技专项形成的技术能力与产业链体系，可构建以核能为基础的冷、热、电、动力、制氢和海水淡化综合能源体。主要满足两个方面的应用需求：一是国家发展战略需求，有效支撑海洋强国、绿色发展、“一带一路”倡议等国家发展政策；二是区域发展需求，能有效支撑分布式能源发展、建设区域性能源中心。

作为压水堆国家重大科技专项的主要技术责任单位，上海核工院基于三代核电技术实践和重大专项研发，采用平台化共性技术开发策略，形成了系列化的反应堆

型号，电功率覆盖 25～1700 MW。研发紧凑式小型反应堆，适合多功能核能应用场景，兼顾成熟性与先进性，占地面积小、安装和维护简易、可靠性更高，已经具备工程设计条件。一体化小型反应堆，适用于功率较低但空间要求较高的核能与核动力应用场景。

建议在国家层面启动重大科技专项接续，基于非能动核电技术研发成果，支持核能多用途项目落地，推动核能“海陆空天一体化”，通过新技术研发满足新需求，促进新能源进入新市场。

（二）持续支持核能关键技术研发

核能作为新经济的重要方面，面向未来，建议国家层面持续推动核能前后端关键技术研发以满足更高的安全目标、更高的经济目标、更高的产业升级目标。主要方向一是先进的核电型号，二是关键的核电技术，三是产业升级。

四代核电型号朝着安全性、经济性更高的方向发展。钠冷快堆、铅冷快堆和熔盐堆等新型反应堆在实现固有安全性的同时还可实现闭式燃料循环，不仅将铀资源的利用率提升 100 倍，而且将乏燃料对环境的影响降到最低。

核电关键技术创新主要包括两个方面，一是先进的核燃料，二是先进的材料。核燃料作为核电站的核心，提高其固有安全性和经济性是重要的发展方向。通过发展新型材料，可以提高燃料包壳失效温度限值、降低芯块运行温度，提升燃料安全性；在核电设备材料等领域，四代核能系统对材料的挑战包括高温、高辐照、强腐蚀等，需要加强对新型合金、腐蚀防护层陶瓷等材料的研发，满足新材料发展需求。

产业升级是先进核电技术强有力的保障条件。四代核电型号要求产业链可制造出适应钠、铅和熔盐等物质的材料和设备；先进环保技术（废水、废气和固体废物）处理工艺可实现核电站的近零排放；先进制造技术（增材制造）可缩短设备制造周期，节省大宗材料，明显提升核电经济性；数字化技术有助于实现核电研发、设计、制造运行数据一体化，打造核电数字双胞胎；智能化技术将无人值守核电站变为可能。

（三）提高核能产业比重

2019 年，我国全口径发电装机容量为 20.1 亿千瓦，其中，火电 11.9 亿千瓦，水电 3.6 亿千瓦，风电 2.1 亿千瓦，太阳能 2 亿千瓦，核电 0.49 亿千瓦，火电占比为 59%，电力结构仍有很大优化空间。

考虑我国能源资源禀赋，东部沿海地区经济发达，是用电的负荷中心，但受限于土地资源和自然资源禀赋，适合以核电基础构建能源供应体系；西北、西南地区适合充分利用自然资源禀赋发展成为清洁能源综合供应基地；东北地区采用核电替代火电进行清洁的热电联供；中部地区发展内陆核电，对火电进行部分替代。

同时，考量大数据、人工智能技术的高速发展，大规模数据中心对于稳定、高效、安全能源结构的需求，预测到 2050 年国内装机容量将达到 36 亿千瓦。建议国家层面按火电 12 亿千瓦、水电 5 亿千瓦、风电 7.5 亿千瓦、太阳能 7.5 亿千瓦、核电 4 亿千瓦规划我国核电装机规模，同时批量化布局自主创新的新能源技术——国和一号（CAP1400）技术，支撑新经济高质量发展，如图 1 所示。

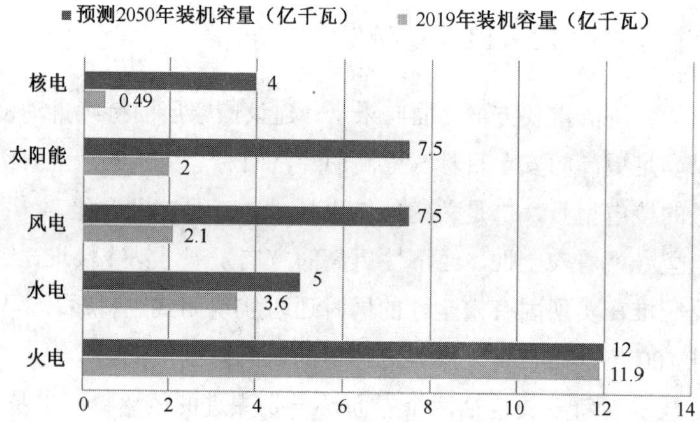

图 1　中国电力结构

作者简介：

郑明光先生，博士生导师，研究员级高级工程师，国家重大科技专项核电站总设计师，国家勘察设计大师，国家电力投资集团有限公司核能总工程师。致力于先进核电设计研发体系建设和研发创新，形成了具有自主知识产权的 CAP 系列核电型号。

余凡先生，上海核工程研究设计院有限公司总师办工程师。参与压水堆国家重大科技专项实施和工程设计、优化反应堆结构设计等工作。

王明路博士，上海核工程研究设计院有限公司电气仪控所任职。参与先进核电型号研发设计，推动核电产业数字化与智能化。

我国新能源汽车产业发展回顾与展望

赵冬昶

汽车产业是高度综合的产业，具有高投入、高产出、规模效益递增、产业关联度大、经济带动力强、科技含量高、就业拉动大等突出特点，是典型的资本、技术、人才密集产业，在制造业有举足轻重的地位，是全球公认的国民经济支柱产业。当前，新一轮科技革命和产业变革愈演愈烈，汽车产业生态和竞争格局面临重构，汽车产品形态、交通出行模式、能源消费结构和社会运行方式也正在发生重大变化，汽车产业面临百年未有之大变局、大机遇，需要加速产业优化升级，新能源汽车产业成为战略选择。

发展新能源汽车是我国从汽车大国迈向汽车强国的必由之路，可以有效缓解高原油对外依存度、高污染物排放等能源、环境问题，可以有效承接产业优化升级、创新融合发展等战略机遇。面对新时代的新发展要求，发展新能源汽车产业成为培育新经济、打造新动能的必然选择。

一、我国新能源汽车产业发展回顾

我国的新能源汽车产业于20世纪90年代起步，至今经历了研发布局、产业化准备、示范运营和产业化发展四个阶段。“八五”到“十五”期间，我国先后开展了电动汽车关键技术、燃料电池技术等重大科技攻关项目，随着电动汽车研究开发列入“863”重大专项，新能源汽车研发布局基本完成，迈向产业化准备阶段。历经“十一五”以电动汽车小规模示范应用为代表的“十城千辆”推广工程等产业化准备阶段和“十二五”以《节能与新能源汽车产业发展规划（2012—2020年）》为目标导向、以及以《“十二五”国家战略性新兴产业发展规划》为战略指引的全面示范推广应用阶段，我国新能源汽车产业从“十三五”开始进入全面发展阶段，逐步明确了包括电动化、网联化、智能化、共享化在内的产业融合发展方向，提出了未来新能源汽车产业的发展目标。相应地，我国新能源汽车产业发展政策体系不断完善，初步形成了覆盖宏观规划、研发、生产制造、推广应用、基础设施建设等，包括中央层面财政补贴、税收优惠等，以及地方层面路权政策、使用优惠等举措的全方位支持体系，有力地保障了我国新能源汽车产业的快速发展。

（一）新能源汽车产业快速发展，市场规模领跑全球

作为汽车领域的新兴产业，我国新能源汽车近年来呈爆发式增长态势。据公安部数据统计，截至 2019 年年底，全国新能源汽车保有量达 381 万辆，占汽车总量的 1.46%。其中，纯电动汽车保有量为 310 万辆，占新能源汽车总量的 81.19%。2018 年、2019 年连续两年新能源汽车总量增长超过 100 万辆，持续为汽车产业增长赋能。其中，2019 年中国新能源汽车销售量为 120.6 万辆，占全球新能源汽车总销量（约 221 万辆）的 54.6%，连续五年位居全球第一。与此同时，国内新能源汽车企业积极探索“走出去”的道路。据中国海关统计，2019 年我国电动载人汽车出口量约 25.4 万辆（含低速车），同比增长 73.1%。在全球新能源汽车销量前十的企业中，比亚迪、北汽新能源、上汽集团和吉利汽车共四家进入前十。

（二）企业创新应用模式，电动汽车走入社会大众

新能源汽车具有低碳、环保、舒适等特征，享有一系列限购限行优惠，正逐步成为共享出行、网约车、出租车、公交车等出行场景的首选对象。根据《打赢蓝天保卫战三年行动计划》要求，北京、广州、深圳、昆明、太原等地加快网约车、出租车全面电动化进程，深圳市 2017 年年底实现公交车全部纯电动化，2018 年年底纯电动出租车比例高达 99.06%，成为全球首个公交车、出租车基本实现全面电动化的城市。共享出行、网约车领域，曹操出行、EVCARD 全部采用新能源汽车，滴滴出行、首汽约车等平台新能源车占比升高，2019 年滴滴注册电动车数量突破 100 万辆。

（三）关键技术不断突破，引领行业加强合作

2019 年，国产纯电动车型平均续驶里程达到 350 千米以上；行业平均电能消耗量降至 13.28kW • h/100km，相比 2016 年降低 16%；动力电池系统平均能量密度升至 148Wh/kg，帝豪 EV、几何 A、传祺 AION LX、荣威 Marvel X 等车型动力电池系统能量密度均超过 180Wh/kg，在全球范围内处于先进水平。技术指标提升的同时，成本不断下降，2018 年电池单体价格 0.8 元 / 瓦时，较 2012 年下降 80%。此

外，随着国内新能源汽车技术水平不断提升，外资品牌积极寻求与本土企业开展合作。长城与宝马合资成立光束汽车公司，布局新能源汽车市场。

（四）产业发展带动充电桩等设施建设

截至 2019 年年底，全国累计建设 121.9 万个充电桩，其中公共类充电桩 51.6 万个，包括交流充电桩 30.1 万个、直流充电桩 21.5 万个、交直流一体充电桩 488 个，发展规模持续保持全球领先。随着中央、地方层面政策支持力度加大，技术支撑和标准体系日趋完善，以及新能源汽车充电桩被纳入“新基建”范围，我国充电基础设施建设将迎来新的发展机遇，充电基础设施建设、充电基础设施服务水平将进一步提升，商业模式也将不断创新。

（五）新能源汽车带动 5G 和自动驾驶示范应用

全球新一轮科技革命和产业变革蓬勃发展，以新能源汽车为载体的融合开放发展成为新特征，汽车行业与 5G 融合是大势所趋。北汽集团发布全球首个商业搭载 5G 技术平台——IMC 智能模块标准架构。长城汽车联合河北移动在雄安新区共同开展 5G 自动远程驾驶测试，并建立国内第一个覆盖 5G 网络的城市道路场景封闭测试区——长城汽车“国家智能汽车与智慧交通（京冀）示范区”。此外，国内部分整车企业发布智能网联汽车战略规划，L2 级自动驾驶功能智能网联汽车已基本实现量产，L3 级自动驾驶功能的产品预计在 2020 年后推出，L4 级及以上自动驾驶功能的智能网联汽车将在 2025 年实现应用。

二、我国新能源汽车产业持续发展面临的挑战

（一）新能源汽车相较于传统汽车的产业短板要加速攻克

尽管新能源汽车在财政补贴、税收优惠、路权鼓励等政策促进下取得了一定发展，但是受限于技术特征、发展阶段等，目前尚未形成相对传统汽车的全面竞争优势，主要体现如下。一是新能源汽车成本偏高。2019 年紧凑级纯电动轿车制造成本比同级别传统汽车高 6 万元以上，考虑购买成本（包括财税优惠）、使用成本与充电便利性等因素，纯电动乘用车综合成本在 2025—2030 年才可降低到传统燃油车的水平，两者成本差距直接制约着新能源汽车的快速推广。二是新能源汽车产业发展缺乏成熟市场模式。2019 年新能源乘用车私人用户占比在 54%左右，远低于传统

汽车的 91%，出租、租赁等领域深度电动化后私人市场如何发展缺乏有效模式。前期，新能源汽车产业快速发展多是政策推动，企业对新能源汽车发展信心不足，遇到政策环境变动容易出现“大起大落”。2018 年以前新能源汽车年均销量增长 50% 以上，2019 年由于单车财政补贴下降超过 50%，新能源汽车销量同比下降 4%。三是新能源汽车产业消费环境还不成熟。根据中汽中心《2018 年中国新能源汽车消费者满意度研究》，电动车型综合满意度均值为 725 分，低于汽油车分值（776 分），其中汽车安全是重要的关注因素，近两年电动汽车起火等事件在一定程度上引起了社会的恐慌，对消费者购车造成了一定阻碍。

（二）政府管理模式要加速理念创新

新能源汽车作为我国战略性新兴产业，在技术水平、应用场景、产业链条等各方面均与传统汽车存在差异，对政府管理模式也提出新的要求，政府能否创新模式、设计政策体系来应对新能源汽车产业发展需求，是个重要的问题。从前期政府管理效果看，出台的系列管理措施在推动新能源汽车发展方面有明显效果，但是也存在一定不足或者挑战。一是政府对市场干预问题。前期政府承担了推动产业发展的主力角色，运用政策指挥棒对社会资源进行配置，但是重引导、轻监管造成了一定程度的资源浪费问题。财政补贴和税收政策等划定了具体技术指标，包括能量密度、里程等市场化指标，在一定程度上干预了市场的自由发展，企业更多瞄向政策而非市场需求开发车型，造成过量的分时租赁供应，进而出现车辆闲置浪费情况，同时因前期缺乏有效监管也出现了骗补等违法问题。二是政策未激活企业内生动力。新能源汽车是新技术、新模式，带动新经济、新动能，各企业要承担责任主体作用。但是目前看，新能源汽车产业发展责任转向政府，政策成为推动产业发展的原动力，企业成为被动完成任务的角色。随着新能源汽车产业规模扩大，政府可调配资源势必出现紧张，需要尽早发挥企业的主动性，通过技术创新、模式创新，寻求产业持续发展机会。三是新能源汽车产业的外部连接性对政府管理提出更高要求。新能源汽车不仅是交通运输工具，而且承担了打通汽车、交通、通信、能源等各环节的重要作用，未来的新能源汽车产业将是极具复杂的生态系统，单靠单一部门很难完成全产业管理，需要政府部门从多个角度统筹考虑、有序衔接、及时改革，以创新现有工作模式。

（三）新能源汽车产业要加速培育全球竞争力

发展新能源汽车产业已经成为全球共识，各国政府、企业纷纷加大投入力度，抢占竞争制高点。政府层面，欧盟、德国、日本等主要汽车国家和地区加强战略部署、强化政策支持，部分地区开始探讨禁售燃油车，德国加大了财政补贴力度，支持新能源汽车发展。企业层面，全球排名前十的汽车制造企业，如大众、奔驰、宝马等外资品牌加快电动化转型步伐，对外发布了其新能源汽车时间表，提高整体资源投入。随着我国对外开放的日益深化，新能源汽车产业竞争已经成为全球层面的竞争，特斯拉国产车型通过零部件国产化降低成本，与国内众多新能源汽车企业形成直接竞争，未来全球竞争的态势将愈演愈烈。我国作为全球最重要、市场规模最大的市场，如何培育国内车企的全球竞争力，迎接全球化的产品竞争，保持好前期的发展优势成为重大挑战。

三、推动新能源汽车产业发展的几点思考

新能源汽车产业涉及面广、关联产业多，完全靠市场自发力量难以完成，需要在充分尊重市场规律和发挥市场竞争机制的基础上，发挥新型举国体制优势，调动国有和民营等市场主体的积极性，多措并举、精准施策，为新能源汽车产业新一轮发展点火助力，为建设制造强国提供有力支撑。

（一）持续推进放管服改革，减轻企业负担

政府要把简政放权、放管结合、优化服务改革作为全面深化改革的重要内容，作为转变政府职能的关键，不断加大力度，持续向纵深推进。要进一步完善新能源汽车产业准入的限制条件，降低新能源车型准入的门槛，减少强制检测项目，降低企业费用；通过引入代工生产、集团管理等方式充分利用社会闲置资源，激发市场活力；实施企业自我承诺制度，减少事前考核，加大事中、事后的监管力度。

（二）加快政府管理方式改革、创新

充分发挥市场在资源配置中的决定性作用，政府在产业管理中做到“有所为有所不为”，在新能源汽车产业逐步规范的情况下，尽量减少政府对社会资源的直接配置，将市场化指标的决定权交还给市场，由市场解决新业态的生存和发展问题。政府要在宏观层面营造有利于新能源汽车产业公平发展的制度坏境，为企业提供公共服务，注重对充电基础设施、5G 等新基建的投入。此外，要鼓励创新、宽容失败，包容审慎对待 5G、自动驾驶等新技术，加速构建有利于新技术、新业态、新模式发展的制度和政策体系。

(三) 激发企业创新的主体作用

长期来看，新能源汽车产业健康可持续发展需要充分发挥企业的主体作用，加快技术创新和商业模式运用。汽车企业要坚持创新驱动、实现关键技术领先，逐步摆脱对财税补贴的依赖。勇于打破固有的研发、生产和销售等模式，积极探索新型研发、定制化生产、体验式销售等新模式、新方法，尽早实现新能源车辆性能、成本、经济性的平衡，完成对传统燃油车的全面超越。利用难得的产业基础和时间窗口，将先发优势快速推广至其他国家和地区，提升产品的全球竞争力。

（四）提前做好产业生态建设和新问题应对

除强力推动整车和零部件发展之外，还要提高全局意识，以生态圈理念科学规划生态系统。通过政策标准引领、基础设施建设、产业协同发展等，统筹推进新能源汽车产业链上下游、行业内外部、全球国家间等业务布局，推动“材料、装备、生产、充电、报废”纵向发展和“能源、车辆、通信、交通”产业协同。政府部门要提前布局、工作协同，做好新能源汽车生态体系建设中相关问题的应对。

作者简介：

赵冬昶博士，中国汽车技术研究中心有限公司首席专家、中汽数据有限公司副总工程师、中国汽车工程学会青年工作委员会主任委员。主要研究领域为汽车产业经济研究、节能与新能源汽车产业政策研究。

新能源产业

新能源产业包括核电产业、风能产业、太阳能产业、生物质能及其他新能源产业、智能电网产业。

——《战略性新兴产业分类（2018）》（国家统计局令第23号），2018年11月7日

新能源乃汽车产业发展之大势所趋

李黔

一、发展新能源汽车的背景

能源是国家生存和发展的物质基础，是社会进步、科技革新的原动力。英国石油公司2019年《BP世界能源统计年鉴》[1]显示，截至2019年年初，全球探明石油储量为1.7万亿桶，日消费量为9980万桶，据此计算，石油仅够人类使用50年，依赖不可再生资源的发展模式将难以为继。据统计，全球约65%[2]的原油消耗来自交通运输行业，而全球汽车保有量约为12.8亿辆[3]。其中，中国汽车保有量约为2.6亿辆[4]，且未来呈持续增长态势。我国“富煤、贫油、少气”的资源禀赋特点，导致我国能源生产总量远低于需求总量，石油供需矛盾日益突出，原油对外依存度长期处于高位且持续攀升，从2010年的53.8%增加到了2018年的71.0%，严重威胁国家能源安全。

除此之外，碳排放所产生的环境问题愈演愈烈。作为碳排放的主要生产者，机动车排出的氮氧化物等物质，是形成灰霾、光化学烟雾污染的重要元素。2019年9月，生态环境部发布的《中国移动源环境管理年报（2019）》显示，我国已连续十年成为世界机动车产销第一大国，机动车等移动源污染已成为我国大气污染的重要来源，移动源污染防治的重要性日益凸显。2018年，全国机动车四项污染物排放总量初步核算为4065.3万吨。其中，一氧化碳排放量为3089.4万吨，碳氢化合物排放

1 数据来源：《BP世界能源统计年鉴》，2019，第68版。

2 数据来源：天风证券研究所基于IEA（国际能源署）的研究数据。

3 数据来源：《中国汽车工业年鉴》。

4 数据来源：Wind行业经济数据，指标ID：TR003530。

量为 368.8 万吨，氮氧化物排放量为 562.9 万吨，颗粒物排放量为 44.2 万吨。治理大气污染、保护生态环境刻不容缓。

而新能源汽车采用非常规车用燃料作为动力来源，可以节省燃料消耗、减少有害气体排放，是日益严峻的能源形势及环保压力的解决方案。新能源汽车的能源来源十分广泛。以纯电动车为例，纯电动车主要消耗的能源为电力，而电力作为一种二次能源，可以直接从发电厂输出，也可以通过太阳能、化学能及机械能等清洁能源转化。混合动力汽车包含两种或两种以上动力源，充分利用各种动力源的优点，通过自动控制形成最优匹配，并自动回收、存储当车辆减速时产生的制动能，将其传输给传动系统供附件使用或用于协助驱动车辆。

随着石油危机和环境保护等问题日益严峻，新能源汽车产业作为解决问题的必然路径，逐渐受到重视，并在全球范围内蓬勃发展。

二、新能源是汽车产业变革的前进方向

在能源使用效率和碳排放方面，新能源汽车具有显著优势。如表 1[1]所示，在 PTW（Power to Wheel，油箱到车轮）阶段，传统燃油车的能量损失主要在内燃机方面，能源损失率在 85%左右；而混合动力汽车、纯电动车等在 PTW 阶段的能源利用效率较高，纯电动车的能源利用效率甚至可达到 83%；即使考虑 WTP（Well to Power，油井到油箱）阶段，就 WTW（Well to Wheel，油井到车轮）的整体环节而言，新能源汽车的综合能源利用效率最高可达 29%，显著高于传统燃油车。

表 1　各类新能源汽车与传统燃油车的能源利用效率比较

汽车类型	WTW		总效率
	WTP	PTW	
传统汽油车	82%	15%	12%
传统柴油车	88%	18%	16%
混合动力汽车（汽油）	82%	30%	25%
纯电动车	43%	83%	29%

除此之外，在汽车性能、使用经济性及安全性方面，新能源汽车均优于传统燃油车。第一，从能量输出环节来看，内燃机在输出机械能时，振动和噪声不可避免，

1 姚海军. 简析新能源汽车与环保低碳之关联[J]. 中国新技术新产品，2012（13）：217.

且因进气到输出是物理渐进过程，所以传统燃油车的响应速度较慢；而新能源汽车基于电力、电子及电磁感应系统，可以提供稳定且快速的响应（低于 20ms，比传统机械四驱车 200ms 的响应速度快 10 倍）并转矩输出，在提速快的同时，产生的振动和噪声都很小。第二，新能源汽车后期配套的使用费用显著低于传统燃油车。如表 2 所示，行驶里程数相同的纯电动车在能源成本、保养费方面的支出都显著低于传统燃油车，就使用期间的经济性而言，新能源汽车显著优于传统燃油车。第三，在安全性方面，纯电动车在技术上非常容易实现全时四驱，在行车过程中，四驱始终介入工作，其机械性能更好、响应速度更快，更能适应各种路面的长时间驾驶，且行驶稳定性更强。

表 2　纯电动车、传统燃油车使用成本对比

出租网约车	纯电动车	传统燃油车
百公里电耗（kW·h）/油耗（L）	13.0	5.8
×日行驶里程（km）	300	300
×年行驶天数（天）	300	300
×电（kW·h）/油（L）单价（元）	1.4	7.0
= 年能源成本（元）	16380	36540
+ 年保养费（元）	2000	10000
= 年使用成本（元）	18380	46540

综上所述，新能源汽车符合节能、环保、可持续发展的要求，在驾驶性能、使用经济性及安全性上有无可比拟的优势，新能源汽车替代传统燃油车是全球汽车产业发展的大势所趋。

三、发展新能源汽车是我国迈向汽车强国的必由之路

2014 年，习近平在考察汽车产业时强调，发展新能源汽车是我国从汽车大国迈向汽车强国的必由之路，要加大研发力度，认真研究市场，用好用活政策，开发适应各种需求的产品，使之成为一个强劲的增长点。

发展新能源汽车是中国汽车工业弯道超车的历史性机遇。在 1983 年中共中央、国务院发出的《关于加强和利用外资工作的指示》指导下，中国汽车工业遵循“以市场换技术”的战略，即让出一部分市场以改善外商来华投资环境、提高对外资的吸引力，同时获得外商的先进技术并进行国产化吸收。面对核心技术及零部件的封锁，自主品牌虽不断追赶，但仍与外资品牌有一定差距。中国汽车工业迫切需要实

现从跟跑到领跑的战略切换，而新能源汽车为此提供了良好的契机。

产业政策助力新能源行业快速发展。国务院和四部委围绕新能源汽车，从宏观的产业规划到具体的专项政策，从产品的生产到基础设施建设，都经历了一个从宏观到微观、从初级到高级的过程，产业政策越来越专业和精准。政策完善、升级的过程，也不可避免地产生了漏洞：部分“骗补”的企业做投机生意，新能源汽车市场发展结构不平衡（A00 级车辆过多）等。随着问题的暴露，相关政策支持积极做出调整。2017 年，工业和信息化部颁布了决定中国汽车行业正式走向新格局的《乘用车企业平均燃料消耗量与新能源汽车积分并行管理办法》，使我国的燃油汽车和新能源汽车正式迈向了积分时代，通过燃油负积分及新能源正积分的方式，搭建跨厂商积分交易平台，从而鼓励厂商生产更多新能源汽车。新的补贴政策引入了更多的市场定价机制，淘汰了部分竞争力较差的企业，优化了市场竞争格局。

中国发展新能源汽车有禀赋优势。在新能源汽车核心的“三电”（电池、电机、电控）技术层面，全球基本处于同一起跑线，国内部分厂商甚至在技术上有所领先。在产业链层面，中国作为全球推动新能源汽车产业发展力度最大、时间最早的国家之一，已培育出众多优秀企业，动力电池等关键零部件的技术水平在全球电动汽车产业发展中处于领先地位。在资源层面，我国锂资源、稀土资源储备丰富。当前新能源电动车的储能电池主要为锂电池，而我国是锂资源储备的世界第三大国；同时，新能源电动车搭载的永磁电机所需的资源为稀土金属，截至 2019 年，在已探明的稀土储量中，中国保有量位居世界第一，约占世界总储量 1.2 亿吨的 37%[1]，因此在资源储备方面，我国具备发展新能源电动车的天然优势。

基于以上优势因素，中国新能源汽车产业已具备全球竞争力。从市场份额[2]来看，中国在运营的电动汽车约占全球的 45%，总数达到 230 万辆；相比之下，欧洲占全球的 24%，美国占全球的 22%。从发展速度来看，我国新能源汽车销量从 2015 年的 33 万辆增长至 2019 年的 121 万辆，复合增长率高达 38%。从渗透率来看，我国新能源汽车渗透率由 2015 年的 1.3%增长为 2019 年的 4.7%。目前，中国已成为全球最大的新能源汽车市场，并培育出了具有核心竞争力的新能源汽车厂商比亚迪。未来，国外垄断的核心技术的重要性将不断降低，同时自主品牌的影响力也能够得到提升，这有利于我国提升汽车产业的竞争力。坚持发展新能源汽车的

1 数据来源：美国地质勘探局（United States Geological Survey，USGS），2019 年数据。

2 数据来源：《全球电动汽车展望 2019》（*Global EV Outlook 2019*），IEA（国际能源署）。

国家战略不动摇，发展新能源汽车是我国由汽车大国走向汽车强国的必由之路。

四、新能源汽车的挑战与解决方案

尽管在国家积极、有效的政策扶持下，新能源汽车市场已基本成型，市场空间不断扩展，但近年来市场发展速度有所放缓。究其原因，行业痛点主要体现在以下几个方面：续航、充电、价格。

（一）续航焦虑

按照一般传统燃油车油箱容量为55L、百公里油耗为7L计算，传统燃油车的续航里程在750千米以上，而目前主流纯电动车的续航里程为400～500千米。近年来纯电动车的续航里程、电池性能的不断提升，得益于电池技术的不断突破。2015年，国产纯电动车最高续航里程在400千米，而2019年，多款国产纯电动车的续航里程可以达到600千米。从消费者需求端来分析，虽然纯电动车续航里程比传统燃油车略低，但也基本可以满足消费者的使用需求。根据柏林大学的研究[1]，一般人群的单日汽车出行需求集中在60千米以下的区间，纯电动车的续航里程在绝大多数情况下可以满足单次行驶需求。而在超长距离移动的情况下，随着高速公路充电设施的不断完善、电池技术的不断发展，未来纯电动车也可以满足长距离移动需求。

（二）充电困难

新能源汽车的配套设施不齐全，充电站和充电桩较少，充电时间也过长。相比传统燃油车加油普遍在15分钟以内，纯电动车充电通常需要30～60分钟。在充电时间长的基础上，新能源汽车还存在公共充电桩数量少、分布不合理等问题。

近年来，国家对充电设施的建设不断完善，对充电设施的支持政策不曾动摇。2015年，国务院发布《关于加快电动汽车充电基础设施建设的指导意见》，提出车桩比规划为1∶1。2019年，四部委发布《关于进一步完善新能源汽车推广应用财

1 信息来源：BEV, REEV or PHEV?—Deciding Between Different Alternative Drives Based on Measured Individual Operational Profiles, Les Rencontres Scientifiques d'IFP Energies nouvelles - Int. Scient. Conf. on hybrid and electric vehicles – RHEVE 2011 6-7 December 2011 – Proceedings – Copyright © 2011, IFPEN.

政补贴政策的通知》，提出增加对充电等配套运营设施的补贴，推动充电基础设施建设，推动车桩比下行。在政策的扶持下，2015—2019 年，我国公共充电桩数量由 5 万个上升到 51.6 万个。尤其在高速公路领域，我国规划了以“九纵九横两环”的高速公路为骨干网架的快充网络，解决了长距离出行的充电及续航问题。

在充电 / 加油速度方面，虽然电动汽车与传统燃油车相比依然有差距，但近年来充电效率的提升是有目共睹的。随着直流快充技术的发展及普及，电动汽车的充电功率由 2015 年的 40kW 左右上升到 2019 年的 80kW 左右。同时，目前 120kW 的直流快速充电桩也开始进入普及阶段。快充技术的不断突破极大地缩小了电动汽车和燃油汽车补充燃料耗时的差距。从消费者需求来分析，由于大多新能源汽车在销售时有匹配的慢充充电桩，车主可以在夜间回家停车时为车辆补充电量，白天使用满电车辆，因此电动汽车已经可以满足消费者的日常使用需求。在长途使用时，每行驶数百千米，驾驶员往往需要休息一段时间，车主也可以利用休息时间为车辆充电。

（三）价格较高

消费者普遍认为电动汽车及其电池的价格偏高，整体性价比相较传统燃油车偏低。目前，市场上电动汽车的价格明显高于传统燃油车。相比目前市场上不到 9 万元就可以买到的国产燃油自动挡紧凑型轿车，同级别的纯电动车型的售价基本在 14 万元以上。

未来，针对这类问题，新能源汽车行业将根据不同细节，在多维度进行优化，提升性价比。在研发方面，新能源汽车行业着重加快新一代车用动力电池技术研发，提升电池能量密度、安全性及经济性，逐步实现电池平台化、标准化，积极推动革命性技术的产业化。在混合动力技术方面，新能源汽车行业积极推动汽车燃油经济性和系统输出平顺性等指标的提升。在消费者方面，厂商通过消费者画像、目标人群分类、消费场景规划等，不断明确新能源汽车产品的市场定位；基于消费者的痛点引导产业发展，精准优化新能源汽车性能，利用电动化平台的优势推进汽车智能化、网联化，从而为消费者提供性价比更高的产品。在政策方面，政府不断完善、升级政策指引，车企积极推进执行，共同优化市场竞争格局，促使产业迭代升级。

综上，新能源汽车产业是综合性的产业，新能源汽车市场也是一个立体化的市场。作为一个应运而生、尚在发展初期的行业，许多技术问题、商业、成本及配套行业相关问题亟待解决。未来，新能源汽车行业将通过政府、企业和消费者的互动和整体推进，激发市场的活力与潜力，从而顺利实现新能源汽车产业的发展目标。

作者简介：

李黔先生，比亚迪股份有限公司董事会秘书及集团投资总监，主导集团资本运作、对外投资合资、并购重组、信息披露及资本市场关系维护。

节能环保产业

节能环保产业包括高效节能产业、先进环保产业和资源循环利用产业。

——《战略性新兴产业分类（2018）》（国家统计局令第 23 号），2018 年 11 月 7 日

人工智能、高端装备制造篇

我国工业机器人及智能制造产业发展的几点思考

孙志强

2009—2018 年这十年间，我国工业机器人及智能装备制造业一直处于高速增长状态，尤其从 2013 年开始，我国已成为全球第一大工业机器人消费市场，而基于信息化与工业化高度融合的智能制造，已成为我国推进供给侧结构性改革，改造升级传统产业，培育新技术、新产品、新模式、新业态，加快实体经济创新发展的新动能。在新经济发展时期，物联网、云计算、大数据、5G、人工智能、区块链等与制造业的深度融合又将带来更多的经济增长点。随着全球在智能制造领域的竞争日益加剧，深入探索工业机器人及智能制造的发展路径和创新措施，抢占产业发展先机和主导权，对于我国建设制造强国具有重要的战略意义。

一、我国工业机器人产业发展现状和前景

工业机器人是高端装备制造业的核心，被喻为制造业“皇冠顶端的明珠”，是实现智能制造的基础，也是未来实现工业自动化、数字化、智能化的保障。

（一）市场规模

据国际机器人联合会 IFR 分析报告显示，2018 年中国工业机器人本体的销量达到 14 万台，占全球销量的比例约为 33%；工业机器人本体市场销售额为 260 亿元左右，系统集成市场规模为 1100 亿元左右，位居全球第一。另据 IFR 报告预测，2020 年，中国工业机器人销售额将达 93.5 亿美元，且未来 5 年，中国工业机器人将进入稳定增长期，预计复合年增长率将达 15%。目前，工业机器人主要应用领域集中在汽车制造、3C 电子、金属加工等领域，未来会延伸到劳动强度大的纺织、物流行业，危险程度高的国防军工、民爆行业，对环境洁净度要求高的制药、半导体、

食品等行业，以及危害人类健康的陶瓷、制砖等行业。据中商产业研究院数据显示，2018 年中国智能制造产业产值规模超 17480 亿元，并预测 2020 年产业产值规模将超 27000 亿元。随着制造业智能化转型升级，我国与工业机器人相关的高端装备制造业呈现出快速增长态势。以汽车制造为例，据世界银行最新数据显示，2019 年全球 20 个主要国家千人汽车拥有量，美国排名第一位，达 837 辆；欧盟和日本为 500～600 辆；中国仅为 173 辆，由此看来，我国汽车保有量仍存在巨大增长空间。

（二）发展区域

在我国巨大需求市场带动下，工业机器人及高端装备制造业发展迅速。结合工业机器人产业发展基础及特色，我们将全国工业机器人市场划分为长三角、珠三角、中部、环渤海和西南五大区域。从集群效应来看，长三角工业基础较好，而珠三角也具有较强的产业发展基础，以珠三角为核心的粤港澳大湾区是当前中国开放程度最高、经济活力最强的区域之一，在当前国家发展大局中具有重要战略地位。目前粤港澳大湾区的智能机器人领域已形成较为完善的产业链，以智能机器人产业为代表的新兴技术给粤港澳大湾区未来发展提供了有力支撑。作为智能机器人产业集群核心的粤港澳大湾区，在国家政策倾向、产业优势、资源平台驱动下，正在以机器人和 AI 产业为代表，推动中国机器人产业创新发展。而珠三角智能制造产业较为突出的特色是，机器换人速度最快、程度最高，已逐步成为“中国制造”主阵地。其核心城市之一的广州在机器人技术和人才方面均有较深积累。据广州机器人产业联盟发布数据显示，围绕机器人及智能装备产业核心区建设，2018 年广州市机器人与智能制造产业年产值约 567 亿元，同比增长 6.8%。深圳市则重点打造服务机器人、可穿戴设备产业制造基地、国际合作基地及创新服务基地。深圳机器人协会在《2018 深圳机器人产业发展白皮书》中指出，2018 年深圳市机器人产业总产值达 1200 亿元，同比增长 13.82%。珠三角涵盖的诸多地市，拥有多年制造业基础。以广东省佛山、东莞、珠海、惠州等地为首，在家电、五金、3C 产品、半导体、通信设备等和机器人行业息息相关领域有深厚的产业基础，成为机器人及智能制造产业发展的有力支撑。

（三）发展前景

目前，我国已处于经济结构和产业结构调整关键期，随着人口红利的消退和工业化进程加快，人口结构变化和制造业产业升级已成为工业机器人产业发展的两大重要驱动力。我国人口结构将达“刘易斯拐点”，劳动力成本急剧上升，使用机器人降低制造成本成为企业提升竞争力的必然选择；同时，随着产业结构调整和制造业产业升级加快，通过提高工业机器人密度以提高制成品的性价比，将产业从价值链低端向中高端转移，是提升产业发展质量和竞争力的重要路径。这里，工业机器人密度（“每万名产业工人拥有的机器人数量”）值得关注，它是衡量国家制造业自动化发展程度的重要标准之一。据国际机器人联合会 IFR 公布的《全球机器人 2019》报告显示，2018 年全球工业机器人平均密度为 99 台。其中，新加坡 831 台，全球最高；其次是韩国 774 台；其他发达国家如德国 338 台、日本 327 台、美国 217 台；中国工业机器人平均密度为 140 台，尽管已高于全球平均水平，但与发达国家相差甚远，预示着我国工业机器人密度还有巨大增长空间，产业前景十分广阔。

二、我国智能装备制造业的发展契机

智能装备制造业位于工业机器人产业链下游应用端，为终端用户提供智能制造技术解决方案，是先进制造技术、信息技术和智能技术的集成和深度融合，也是工业机器人应用的二次开发和工业机器人商业化、大规模普及的关键。智能装备具有感知、分析、推理、决策、控制等功能，主要包括工业机器人、新型传感器、智能控制系统、自动化成套柔性生产线。可以说，只有工业机器人是不能完成任何工作的，需要通过智能制造系统解决方案商为终端用户提供解决方案。当前我国智能装备制造系统解决方案商占据中国工业机器人企业的 2/3，是我国工业机器人及智能制造领域最具竞争力的企业类型。

（一）智能制造的未来发展趋势是行业细分化

智能制造的市场要求系统解决方案商必须对行业领域的工艺有深入理解，并提供工业机器人集成模块化、功能化的标准智能制造装备。因此，智能装备制造业的未来发展趋势是行业细分化。从 2019 年开始，工业机器人智能装备的应用领域逐渐从汽车工业向一般工业（如 3C 电子、金属加工、食品医疗、日化、光伏、通信等）行业渗透，细分行业为未来智能制造带来新的增量市场和竞争空间。毋庸置疑的是，汽车行业仍是当前自动化程度最高、工业机器人应用最广泛的领域，所以早期扎根于汽车工业领域的智能制造系统解决方案供应商仍是这个领域的佼佼者，广州瑞松智能科技股份有限公司就是代表性企业之一。企业早期通过引进国际先进的经验和技术，逐步消化、吸收并转化为自身竞争优势，典型项目是广汽本田工厂包含多项核心技术的汽车白车身机器人地板柔性焊装产线，该产线可供 8 种车型共线生产，能够实现多车型快速准确切换，满足生产线多样化、不确定和高节拍柔性化混线生产需求，该智能制造技术成功突破了国内汽车制造在自动化、智能化方面的技术瓶颈，达到国际先进水平。

由于新一轮的科技革命正在改变汽车制造，铝合金、碳纤维等新材料应用推动汽车轻量化趋势，同时新工艺及人工智能、物联网、大数据、云计算等新技术的发展，也推动了汽车制造领域的深刻变革，因此新能源汽车这一细分领域也成为未来智能制造的增量空间。同样以广州瑞松智能科技股份有限公司为例，该企业已成功为广汽新能源汽车智能生态工厂提供了一整套钢铝车身柔性智能焊装产线，作为广汽新能源汽车现代化的典范线体，完全替代进口技术，技术能力、生产能力处于行业领先水平。

（二）新经济催生出智能制造产业巨大的发展空间和潜力

工业互联网是智能制造发展的基础，可以提供共性的基础设施和能力，我国已经将工业互联网作为重要的基础设施，为工业智能化提供支撑。随着“新基建”相关领域 5G、新能源汽车、工业互联网等加快建设，在智能制造、智能网联汽车、新能源汽车等前沿产业领域完善应用环境，为智能制造赋能，形成极强的全产业链带动效应。

作为国内智能装备制造业的典型代表企业，广州瑞松智能科技股份有限公司前瞻性地利用 5G、工业互联网加持其工业机器人智能装备制造应用技术。2019 年，瑞松智能科技分别与中国移动、航天云网签订 5G 和工业互联网战略合作协议，启动了“瑞松科技机器人智能装备 5G 工业互联网应用标杆”项目，为其在中国工业机器人及智能制造产业领域的发展赢得更多筹码。

（三）协同创新是智能制造未来发展的驱动器

未来我国智能制造产业要实现“弯道超车”，突破口在于不同应用场景的市场拓展，在于作为连接工业机器人本体与细分领域应用的系统解决方案供应商的综合能力提升，更在于如何实现与信息技术、通信技术、人工智能等新技术的深度融合与协同创新发展。

以粤港澳大湾区的机器人产业发展战略为例，在确立以智能制造为发展核心的背景下，为汇聚粤港澳大湾区的研发能力、科技金融、开放生态、现代制造业等创新资源要素，建立大湾区智能制造的创新合作机制，广州瑞松智能科技股份有限公司联合工业和信息化部电子五所、国机集团共同牵头，汇聚了科大讯飞等机器人及

AI 领域众多知名企业，共同组建了广东省机器人创新中心。通过体制机制创新，实现创新资源的聚集和协同，打造助推粤港澳大湾区机器人技术创新的公共服务平台和创新平台，打通技术研究和产业化之间的连接，未来将为粤港澳大湾区机器人及智能制造产业的发展做出贡献。

三、我国工业机器人发展进入产业结构优化期所面临的挑战

据国际机器人联合会 IFR 的数据显示，我国已连续 6 年（2013—2018 年）成为全球最大的工业机器人应用市场，特别在 2016—2018 年，我国工业机器人年产量从 7 万多台 / 套增加到 14 万多台 / 套，年均增长超过 40%，已成为推动全球机器人产业稳步发展的重要力量。但从 2018 年下半年起，我国工业机器人产业出现了一个拐点：产量同比增长放缓，由过去的高速发展变成低速增长，甚至是负增长。不可否认的是，我国工业机器人产业正进入一个调整和升级的过程，也就是由过去的追求数量，开始进入高质量发展阶段，我国工业机器人企业也处于一个洗牌和再生的时期，由过去野蛮生长阶段开始进入理性发展阶段。

当前的产业发展格局是：从企业层面来看，龙头企业、优质企业仍能保持一定增长，尤其是细分领域企业盈利能力出现大涨；从应用领域来看，搬运、上下料、焊接等应用领域保持稳步增速的同时，包装分拣、装配、抛光打磨领域在逐步上升；从应用行业来看，新能源汽车、智能网联汽车等新型应用在崛起，而计算机通信和其他电子设备制造等新行业消费占比在上涨，更多新兴应用行业正在兴起……这些都表明了我国机器人产业发展增速放缓并不是收缩，而是从形成期向发展期转变的必经阶段，也是进入产业结构优化的黄金期。从深层次原因来看，我国工业机器人产业已经进入深度调整阶段，拓展新的应用领域、提质增效成为产业健康发展的迫切需求，当然，这期间必将面临诸多挑战。

（一）缺乏核心及关键技术和全产业链竞争力

在工业机器人领域的研究，我国主要集中在中下游应用领域，上游核心技术瓶颈始终难以突破，尤其缺乏上游核心及关键技术的原创性成果和创新理念，存在上游核心关键技术未能突破、企业创新力不足及创新成果转化率低等问题。特别是工业机器人的部分高端核心零部件和控制器等高可靠性基础功能部件，我国还不具备相应的制造能力，长期依赖进口，采购溢价十分严重，关键零部件伺服电机、控制器、减速机占成本的 50%～60%，多关节机器人减速机占成本的 30%左右，从而造

成全产业链竞争力不足的问题。

（二）技术研究和产品开发“两张皮”的局面导致创新能力不足

工业机器人作为应用型技术产品，研究主体应是以产品开发为主的企业，只有这样才能快速实现创新成果转化。世界上的工业机器人强国都拥有技术研发和产品开发均处于世界前列的巨头企业，从而在带动本国工业机器人产业发展的同时提升本国在全球机器人领域的地位。从目前来看，由于我国机器人技术研究主要集中于科研院所，因此研发成果的转化成为机器人产业发展的关键。从实践来看，除哈尔滨工业大学和中国科学院沈阳自动化研究所外，我国多数高等院校还未形成长期高效的技术转化模式，最为普遍的方式是就某个技术领域或产品与企业合作展开研发，但工业机器人技术是系统性、平台级的技术体系，尤其是上游技术的突破极为困难，研发周期长，且结果还有较大的不确定性，因此企业往往因为无法承担时间成本而中途放弃。截至目前，我国仍未出现能与发那科、库卡、安川、ABB“四大家族”抗衡的巨头企业，技术创新主要由科研机构进行，形成了技术研究和产品开发“两张皮”的局面，导致我国机器人产业整体研发投入力度不大、创新成果转化率低、产业化步伐缓慢，与国际平均水平仍存在较大差距，严重阻碍我国机器人产业的发展。因此，我国工业机器人产业应强化顶层设计，不应盲目追求数量的增长，一方面要鼓励和扶持一部分有科研基础和研发实力的研究机构与企业在三大核心零部件领域加快自主创新步伐；另一方面要整合国内优势资源与国际权威的研究机构合作，共建研发中心，共同布局机器人产业 2.0 时代。

（三）我国工业机器人在国内市场占有率低，而出口则遭遇技术性贸易壁垒冲击

目前我国已涌现出一批工业机器人及高端装备制造的领军企业，如沈阳新松、瑞松科技等，但与工业机器人“四大家族”相比，知名度仍存在一定差距，国产品牌的工业机器人市场占有率较低。外资工业机器人巨头则具有先发优势，纷纷抢占中国市场，外资企业在华销售的工业机器人产品类型以多关节机器人为主，占其在华销售工业机器人总量的 84%；而多关节机器人是国产机器人的主力，占其销量的 41%。同时，由于已有的工业机器人国际标准大多是在参考发达国家已有标准的基础上制定或转化而来的，标准化的优势又进一步促进了国外机器人公司对机器人市场的占领，缩小了我国机器人产业的市场空间。另外，我国工业机器人产品出口遭遇国外技术性贸易壁垒的巨大冲击。各个发达国家针对工业机器人产品设置了严格

的技术性贸易壁垒。当下，我国亟须制定与国际相接轨的工业机器人产品标准，以降低工业机器人企业出口成本，促进工业机器人国际贸易。

四、推进我国工业机器人产业高质量发展的战略思考

大力发展工业机器人及智能制造产业对推动供给侧结构性改革、培育新的科技发展动能和新产业具有重大现实意义。目前，我国在工业机器人的关键部件、产品与产业化及基础研究方面与发达国家依然存在较大差距，需要加强以下三个方面工作，加快我国工业机器人产业高质量发展。

（一）强化基础能力建设，突破产业核心技术瓶颈

目前，我国在工业机器人领域的研究主要集中在汽车、3C 电子、金属加工、食品饮料、制药等中下游应用领域，上游核心技术瓶颈始终难以突破，这不仅增加了国产机器人的制造成本，还存在随时遭遇发达国家技术封锁的风险，必须加快工业机器人产业核心技术的研发步伐，突破技术瓶颈。主要表现在要加快突破工业机器人上游核心部件关键技术的研发；要加强工业机器人关键共性技术的研发，突破人机交互、柔性控制、仿生及智能感知等前沿技术；要强化行业应用和终端服务，突破特殊工况下工业机器人工艺和系统解决方案和技术；还要以市场需求为导向，强化产业链及终端用户企业的协同，推进产品研发、零部件配套、生产制造、应用实施等各个环节的融合发展和创新体系。

（二）强化产业链纵向横向合作，推动协同创新发展

虽然，目前中国工业机器人已成为全球机器人重要的生产基地和消费市场，但是在产业发展中仍存在低水平重复建设现象和核心技术亟待突破等问题，要赶超先进，就要积极主动地开放合作，协调发展，积极开展国际交流与引进，推动产业链纵向横向合作及创新协同发展，构建并完善产业创新体系，提升技术模式创新能力。而且机器人产业具有集聚度高的特点，领军企业对产业发展的带动作用明显。日本和德国在产业发展中均有面向全球的龙头企业带动本国机器人产业整体发展的案例，如发那科、安川、库卡等。龙头企业的缺失一直是我国工业机器人产业发展的一大问题。因此，要鼓励实施兼并重组，扶持和发展具备行业竞争力和影响力的民族品牌，形成龙头企业引领产业发展的格局。因此，就我国而言，培育领军企业依

然是我们目前的战略目标，是机器人产业化发展战略的重要抓手。

（三）积极推动标准及检测认证体系，积极探索新型科技成果转化模式

我国在机器人产业发展进程中，要切实注重提升质量品牌，要不断推动和完善工业机器人的标准化建设和检测认证的体系建设，保持整体产业可持续发展的能力。建议从国家层面加大技术研发的投入力度，针对应用需求，开展工业机器人全生命周期可靠性和制造工艺技术研究，充分利用和整合现有资源，继续推进研发平台、应用验证平台和整机及关键零部件检测中心的建设工作。同时，我国大量的科研机构都拥有机器人领域的研发成果，但仍局限于现有的技术转化路径和模式，很多都不能及时有效地转化从而错失进入市场的窗口期。下一步要积极引导和鼓励有创新成果的科研机构与大型企业产学研交流甚至合资合作，加大技术和产品的推广力度，突破市场化、产业化和国际化瓶颈限制。

五、结束语

当前，在全球劳动力成本持续上升、自动化技术水平不断提高的共同作用下，工业机器人及智能制造产业发展迅速、市场空间巨大，正在成为第四次工业革命的一个切入点和重要增长点，将影响全球制造业格局，其研发、制造、应用已成为衡量一个国家科技创新和高端制造业水平的重要标志。未来，工业机器人及智能制造产业的发展将是机遇与挑战并存的，变革与颠覆将成为常态，相信在新一轮工业革命体系中，我国的工业机器人及智能装备制造业将作为代表性的产业方向，应用领域不断延伸，市场规模持续扩大，让我们拭目以待。

作者简介：

孙志强先生，广州瑞松智能科技股份有限公司董事长兼总裁，广东省第十三届人大代表、国际机器人联合会（IFR）委员、中国机器人产业联盟副理事长、广东省工商联执委、广东省机器人协会会长，曾荣获中国优秀企业家、中国优秀创新企业家等称号。

人工智能技术助力注塑装备产业创新

朱康建

当今的材料领域，塑料已超过钢铁成为第一大工业材料，带动包装、交通、电器、建筑、国防、生物医药等行业的发展。我国塑料产业规模达 3 万亿元。其中 70% 的塑料件通过使用注塑成型装备实现成型加工。我国注塑成型装备位居世界第一，规模超 500 亿元，被国家发展和改革委员会列为国家重点鼓励类产业。但是，注塑成型装备的智能化和网络化水平低下，直接导致注塑加工制造业面临产品质量不稳定、产品附加值低下、原材料浪费、人力成本高等问题，严重制约了我国制造业的转型升级。注塑装备行业将如何发展，是每位从业企业家重要的思考课题。

基础科学研究水平不断提高、新一代信息技术不断完善、高端装备制造的不断创新升级，已经为注塑装备行业的转型升级提供了新的基础平台。这一新平台涵盖 5G 通信、人工智能、工业互联网等，范围更广，更能体现数字经济特征，能够更好地推动中国经济在各个领域的转型升级。

一、当前注塑装备行业智能化发展总体态势

第四次工业革命的核心是物理信息系统（CPS），这也是加快注塑成型智能装备及关联行业转型升级的关键。注塑机的控制方法经历了开环控制、闭环控制和 PLC 控制等多个发展阶段，并有国外 HUSKY、Segmatek、KEBA 等公司制定相应的注塑机控制总线、控制策略等，研发成标准化的注塑机控制器。目前，采用自适应控制、模糊控制、神经网络控制、专家控制、前馈控制等技术，与加工工艺紧密结合，如工艺设计的专家系统、故障诊断的专家系统、参数自动设定等自适应调节系统等，可使智能控制系统的控制性能大大提高。但是，注塑成型装备控制系统是一项非常复杂的系统工程，控制过程、控制参数、使用环境等复杂多变，简单的精准控制技术无法有效解决面临的问题。

一是对人的经验依赖性大。注塑机成型工艺，包括合模、注射、保压、冷却、熔胶、开模、顶出、取件等一系列流程，每个流程都要设置相应的工艺参数（压力、速度、温度、位置等）。整个流程需要工艺工程师凭经验进行各种工艺的调整，最终产品的质量对工程师的依赖非常大，因此，产品的稳定性受到影响。

二是缺乏故障预测手段。当前的注塑机缺乏必要的自我健康状态的监测手段，导致设备可能生产大量的废品而不能及时知晓，往往是设备故障停机才发现问题。这样无法实现智能制造，需要大量的人工干预。

二、国外注塑装备智能化技术发展

研究资料显示，国外注塑装备品牌阿博格的注塑机有服务于系统的接口，客户可以很清晰地了解生产的状态。所有的设备可通过阿博格专有的 ALS 计算机系统连接起来，此系统能记录产品生产过程和质量数据，并传递到 Web 服务器上，目的是增强联网化及自动化生产中的附加值、生产效率及流程可靠性。恩格尔应对的方法是智能机器、智能服务和智能生产。恩格尔通过 e-factory 在其产品组合中拥有自己的 MES 系统，目标是充分利用注塑成型的潜力。智能机器拥有更高的稳定性和更好的产品质量，通过智能质量解决方案为客户提供最高的工艺稳定性；智能服务则带来更高的可用性和更好的维护保养。

通过上述案例可以了解到国外注塑装备行业企业大都在智能化上有所投入，但整体水平也只是在初级应用阶段，并没有实现高度的人工智能。

三、中国注塑机的智能化之路

中国现有塑料加工企业超过 1.8 万家，注塑装备行业市场规模超过 500 亿元。2013 年 4 月，由中国机械工业联合会牵头的“中国机器人产业联盟”成立，这是中国走注塑机智能化之路的一个重要信号。随后，国家加大了国家自然科学基金、“863”计划、“973”计划、高档数控机床与基础制造装备专项、智能制造装备专项、中小企业发展专项、技改资金等一系列针对产品智能化和生产过程智能化项目的支持力度。对智能装备的扶持力度也明显加大，实施了智能核心装置与成套设备创新发展和应用示范工程，2015 年国家首批 46 家智能制造试点示范企业出台，成为智能制造行业发展的风向标，作为第五届中国塑料机械工业协会会长单位的博创智能也成功入选。自此以后，海天、伊之密、东华等塑机行业的骨干企业纷纷加大对智能制造技术及工业互联网的投入，提高设备故障预警机制，提升使用效率，逐渐开始了智能化的转型升级。

同时，行业企业开始开展一批共性技术的研究开发，与院校、用户合作的“产学研用”联盟，围绕战略新兴产业和前沿技术发展新建一批国家工程（技术）研究中心，加快研制适用的智能制造装备，提升传统产业的智能化水平及智能制造领域软科学研究实力。政府也建立了相应机制，将社会各类资金引导至相关产业领域，如基金、贴息、担保等方式，促进了金融机构创新金融服务，增加对注塑机智能化领域的金融支持，拓宽企业的投融资渠道。

在各方面的支持下，下游注塑企业开始大力推进企业工业和信息化融合，加快对现有企业生产设施、装备、生产工艺条件的改造提升，开始接轨国际。国外智能制造企业不仅引入 ERP、MRP 等上层管理决策系统，还进一步引入 MES 系统来对生产过程与机器进行集中管理。由于 MES 系统需要与生产线中的生产机器对接，而传统注塑企业中存在品牌各异、新旧机器混杂、网络结构老旧、通信协议不统一等复杂问题，导致在实际部署 MES 系统时存在重重困难。根据分析，数据采集和数据测试部分是其中的关键部分。底层生产机器的数据采集系统是 MES 系统需要解决的重点问题。博创智能根据对生产现场的调研发现，目前用户的核心需求是在不对现有硬件设备、网络结构进行改动的前提下，满足简化配置操作、有效数据筛选、批量读取、灵活对接上层系统等要求。而目前业内使用的方案存在离散化控制、配置繁杂、关键信息提取困难、对系统移植拓展支持不友好等问题，亟须提出一种新的数据采集系统设计。

我国注塑装备龙头企业海天的“管工厂”（Go-factory）针对制造领域，通过 4.0 云平台和 App 平台帮助企业对注塑机及其制造过程进行实时远程在线状态监测，实现生产计划透明化、制造过程数字化、故障异常实时监测与反馈、品质在线管控等。震雄注塑机均标配联网功能，可以共享数据、参数，以及配合车间管理系统 MES 进行运作，云端服务、连接物联网的功能也应运而生。系统可无缝连接所有不同时期生产的设备，让客户轻松达到信息互通、数据共享的目的；东华塑机推出 iSee 4.0 智能监控云平台，通过实时上传机台运行的工艺参数、质量指标、排产进度、维修位置等，只要通过手机、PC、平板电脑等终端，即可获取所需的信息和报表。

近年来，注塑行业出现了产业链上下游整合创新、工厂数字化高效管理等现象，在工业互联网下实现转型升级。目前，智能模具、智能注塑机、机械手、智能组装等产业的主要工作模块均可装载智能传感器，实时采集位置、温度、速度、压力等关键参数，通过 PID 控制算法及智能学习调整参数，防止产品缺陷的出现。同时，通过控制器上的 PLC 对各个生产动作实行实时控制。

四、基于人工智能技术的新一代注塑装备

传统的注塑机主要以液压泵、液压阀、油路管、机械传动等机械参数为控制手段，现在的注塑智能控制系统以产品工艺、注塑机机械参数、过程参数（注塑速度、保压压力、溶胶转速、背压、位置等）和产品参数（重量、尺寸、外观表面）组成全注塑过程全闭环进行控制，从根本上确保产品质量，节约生产成本和管理成本。

新技术平台为智能化需求激增做好了充分准备，如开发了具备人机协调、自然交互、自主学习、智能传感功能的全新一代人工智能注塑成套装备，包括注塑机、机械手、智能检测、智能组装、智能传输、智能包装等生产模块，可根据客户的产品特点、生产流程对各个模块进行替换增减，快速实现个性化定制。产品涉及智能化注塑成型技术与装备集成、注塑智能生产单元与自动化产线技术、注塑大数据分析与云平台建设。其中涉及以下关键核心技术。

一是注塑成型大数据治理方法，根据注塑成型工艺工业数据的特点，研究在复杂工业环境下采集数据的质量评价方法、基于专家知识和工程师经验的数据清洗方法，构建工业互联网多级安全架构和数据大脑的数据仓库，并建立第三方数据共享和服务共享体系。

二是建立注塑成型知识表达方法和知识获取方法，通过有经验的工程师和决策者的智慧构建对知识数据进行有效标注，然后进行高级机器学习训练，构建面向不同应用场景的决策支撑体系的知识网络，提升工业过程企业运行优化的知识发现方法。

三是注塑成型过程运行优化控制智能方法，采用强化学习的控制过程体系，建立工业过程健康评估、故障诊断、故障自愈的控制方案，提升工业过程控制的精度和可靠性，建立数据驱动的工业过程优化控制方法。

四是建立基于知识发现的智能服务体系，面向注塑成型过程的工艺优化，生产优化控制、企业经营决策及行业发展的规划与战略决策，运用构建的知识体系，构建起智能生产、智慧运营和精准服务体系。

综上所述，我国在人工智能、大数据、云计算等业务的建设上已走到世界前列。在智能云方面，百度云、华为云、腾讯云等也早已经布局工业互联网与产业互联网，互联网在传统公共服务的信息化变革和增值服务建设中日渐发挥主导作用，而未来几年企业对人工智能（包括但不限于机器人）应用的需求也会增大。我国经过数十

年的工业发展，已经拥有了全球最完善的工业体系，现阶段非常适合发展工业互联网，然后基于工业互联网的数据进行工艺创新。我们建议政府继续加大在传统装备制造业上的投入，让中国装备真正强大起来，只有装备强大，才会有制造业的强大，才能在全球经济竞争中立于不败之地。

注塑机行业继续由传统行业向新兴行业的转型刻不容缓，我们要用更开放的心态迈开更大的步子，迎接智能注塑的未来新世界。

作者简介：

朱康建先生，高级工程师，博创智能装备股份有限公司董事长，中国塑料机械工业协会会长，智能注塑装备行业资深专家，全国机械工业优秀企业家。曾带领团队荣获国家科技进步二等奖、中国机械工业科技进步一等奖。

人工智能

人工智能作为新一轮产业变革的核心驱动力，将进一步释放历次科技革命和产业变革积蓄的巨大能量，并创造新的强大引擎，重构生产、分配、交换、消费等经济活动各环节，形成从宏观到微观各领域的智能化新需求，催生新技术、新产品、新产业、新业态、新模式，引发经济结构重大变革，深刻改变人类生产生活方式和思维模式，实现社会生产力的整体跃升。

——《国务院关于印发新一代人工智能发展规划的通知》(国发〔2017〕35号)，2017年7月8日

推进智能服务机器人产业化的思考

优必选科技

“人工智能改变世界”已经成为一个毋庸置疑的正在发生的世界趋势。人工智能是引领新一轮科技革命和产业变革的重要驱动力，正深刻改变着人们的生产、生活、学习方式，推动人类社会迎来人机协同、跨界融合、共创分享的智能时代。麦肯锡预测人工智能可在未来十年为全球 GDP 增长贡献 1.2%，为全球经济活动增加 13 万亿美元产值（数据来自中金公司研究报告），其贡献率可以与历史上第一次“工业革命”中蒸汽机等变革技术的引入相媲美。而智能机器人是人工智能应用最重要的载体之一。

一、智能机器人产业发展态势

在人工智能、物联网、大数据、云计算、5G 等技术的发展和推动下，在工业界、学术界和非营利组织的大量投资下，智能机器人技术得到了迅速发展，前景越来越光明。智能服务机器人不仅将与现存的各行业进行深度融合并给行业带来质的改变，还将创造一个智能服务机器人新领域和新产业，朝着人、机、环境三者共融的整体技术发展方向不断前进。智能服务机器人的环境适应性、安全性、仿生性、智能化程度、自然交互等能力都将不断提升，并不断演变以适应和融合各个产业的发展和需要，为智能服务机器人真正走进日常家庭场景、工作场景及一些危险、特殊场景奠定技术基础。2018 年年底，“人工智能”成为我国“新型基础设施建设”之一，智能服务机器人必将在其中发挥更大的作用。

人工智能和智能机器人作为全新的生产要素，将至少在三个方面推动产业和业态发展：第一，可以替代简单、重复工作，智能机器人能够自动执行实体环境中的简单工作，同时伴随大规模的重复工作，能够进行自我学习以实现持续升级；第二，可以补充和增强现有劳动力及资本，提高资源利用效率；第三，可以激发大量创新，如自动驾驶、新零售等。

自新冠肺炎疫情发生以来，服务机器人在医疗、配送、巡检、消杀、测温等方面大显身手，儿童陪伴机器人、客服机器人、教育机器人、扫地机器人、拖地机器人等家用服务机器人亦加速落地。随着包括5G、大数据中心、人工智能在内的“新基建”的加速推进，多重因素叠加，服务机器人市场正迎来新的发展机遇。

作为一个朝气蓬勃的新产业，智能服务机器人的产业化道路从20世纪末就开始有了很多尝试，但到2016年才被普遍认可为中国服务机器人的元年，再到2020年，其间涌现了很多家服务机器人创新型企业，同样也因为各种问题一些企业在浪潮中沉没。新型产业的开拓者总是充满了勇气，投资者也对业界前景充满信心，使得服务机器人企业展现出丰富多样性，如垂直型、平台型、技术供应商型、解决方案型和服务型等，从产业链上中下游都开始布局；在一些龙头企业的示范效应及各级政府的大力扶持下，用户从最早的观望迷惑到开始勇敢尝试，甚至与服务器机器人企业一起在自己的所属场景进行深度合作，共同开拓，共同发展。这些都极大地促进了新业态的成长和发展，然而，与大多数变革性技术的开始一样，大多数智能服务机器人企业都面临很多的挑战和风险，促使其在推动机器人产品产业化的过程中不断思考和探索。

二、弱人工智能时代面临的问题和挑战

（一）在不确定环境下寻找确定性

当前，人工智能中最热门的深度学习技术像一个黑盒子，具有不可解释的特征，这是技术在理论层面的不确定性，而智能服务机器人行业的不确定性会有更多含义。

1. 用户需求的不确定性

作为一个全新的行业，由于人工智能的属性，用户对新技术充满期待，企业也充满信心。但是，实际上大多数用户或客户并不具有技术背景，往往因受到各种影响而产生很多非真实和非理性的需求，或者相关企业自我产生了虚假的需求，由于没有可参考和比对的案例，等到产品出来的时候才发现并不能达到用户的需求。另外，服务机器人的研发周期相对较长，用户需求会随着自我的发展而发生变化；同时，每个人心中对机器人的认知有很大差异，用户需求的碎片化使得企业很难对机器人产品功能进行收敛。这些来自产品源头的不确定性，是绝大多数企业会面临的困难。

2. 技术的不确定性

人工智能是一项突破性的技术，最早成功在图像识别和语音识别上，应用在互联网、金融和手机等领域，而服务机器人需要具备自主性、移动性和交互性几个关键能力，对技术提出了更高的要求。将这些技术通过迁移应用在服务机器人上，其应用场景、交互模式、软硬件平台的变化都带来了技术的不确定性，场景的动态变化对技术的鲁棒性带来很大的技术挑战。一款机器人的技术链路之长，使得大部分企业不具备全链路技术评估的能力，很难在系统设计时正确规划技术路线，后期场景一旦变得更复杂，技术瓶颈就更难突破了。

3. 多线作战和重点突破的不确定性

在用户需求和技术不确定性的双重压力下，企业需要快速找到能持续提供稳定现金流的业务产品，企业的领导者就会面临一个重要的抉择：是选择多个业务同时探索提高成功概率，还是选择押宝某个重点业务。这是一个非常痛苦的过程，企业资源有限，多线作战有可能会浅尝辄止，场景无法击穿；重点突破有可能选择了一个不合适的场景，方向性失败。

这些不确定性给企业带来了经营管理上的困难，企业领导者需要在机会和成本上寻找平衡，同时需要打造一支拥有坚强意志和信念的团队，灵活机动抓住行业、政策的大势，因势利导，找到不确定中的确定。

（二）人工智能技术和机器人技术的融合

智能服务机器人本身是一个复杂系统，涉及人工智能、机器人、云计算及系统集成技术等，产品的体验往往取决于所用技术中最短板的那个。

（1）服务机器人的研发需要解决软硬件技术的融合，而往往企业的基因有倾向性，如软件基因、互联网基因、硬件基因等，软硬件的融合一直是一个难题，从产品定义、团队管理、研发管理到供应链管理都是很大的挑战。

（2）人工智能和机器人技术发展的不平衡。人工智能技术这几年在其他领域取得很好的应用，机器人方面并未出现类似深度学习突破性的技术。人工智能技术的日新月异，和机器人相关技术的稳步前进，都需要企业去适应。

（3）作为一个新兴行业，服务机器人的技术链路很长，同时涉及的关键技术又很多，企业必须做出选择，在相应的技术链路上学会放弃。

（三）技术发展水平和用户期望的差异

人工智能和服务机器人的产品跟手机相比，普遍低于用户预期。媒体对人工智能的过度宣传，以及用户从小在电视、电影和动画片中耳闻目睹的机器人形象已经深入人心，这些都超越了当前弱人工智能时代的技术水平。作为一个全新的行业，团队对人工智能和机器人的技术认知会有很大的差异，企业自身需要保持清醒的头脑，除了在产品定义和场景选择上需要匹配技术发展的水平，还需要管理好团队自身的期望，并且进一步管理好用户的期望。

三、加快创新型商业化探索和实践

当前，全球机器人市场规模持续扩大，工业机器人市场增速回落，其中，服务机器人和特种机器人增速稳定。产品在教育陪护、医疗康复、危险环境等领域的应用持续拓展，持续优化产品性能，前瞻布局机器人智能应用。优必选科技立足于服务机器人和人工智能核心技术研发，以让智能机器人走进千家万户为使命，在服务机器人产业化的道路上积极探索和勇敢实践，进行各种创新。

（一）从C端产品到人工智能教育解决方案

基于研发的小型高精度伺服舵机及运动控制算法，2015年下半年，优必选科技研发了Jimu Robot，搭配各类结构件、传感器及智能电子模组，用户可搭建出造型生动、运动精准灵活，并可通过编程与周边环境进行互动的机器人。随着人工智能教育的发展，优必选科技联合国内外技术和教育专家，共同研发出涵盖小学、初中、高中、职业院校和大学各学段贯通式端到端的校内外联动的完整人工智能教育解决方案，以机器人等硬件为载体，以人工智能课程为核心，将理论知识教学与应用实践相结合；同时，整体方案包括针对教师的培训认证和教学的信息化平台；协助学校组织学生参加教育部认可的赛事与活动以检验学生的学习成果。

目前，人工智能教育解决方案在全球多个国家和地区实践。在海外，优必选科技与俄罗斯、阿拉伯联合酋长国、沙特阿拉伯等多个国家的科技巨头、教育部达成人工智能战略部署意向；与联合国教科文组织高等教育创新中心签署战略合作协议，在智慧教室、产教融合、课程资源、AI人才培养等方面展开合作。在国内，优必选科技已在北京、上海、深圳、杭州、成都等地建设智慧校园或人工智能教育示范基地，让人工智能教育走进课堂。2019年，优必选科技与教育部所属中央电化教育馆签约合作，成为“全国中小学电脑制作活动——人工智能项目”技术支持单位。

（二）以平台化思维打造系列化商用服务机器人

基于公司机器人和人工智能核心技术积累，优必选科技研发了三款服务机器人，以服务机器人为载体，深耕行业应用场景，推出了智慧零售、智慧安防、智慧机房运维、智慧防疫等行业解决方案，已经在商场、机场、展览馆、派出所、室外广场、园区等场所使用。

新冠肺炎疫情发生后，优必选科技紧急成立了疫情应急技术攻关小组，以科技力量为抵抗疫情提供帮助。此次疫情最显著的特征是具有非常强的传染性，包括医院在内的很多场所，需要大量非接触式的防疫抗疫需求，如人体测温、口罩检测、环境消杀、疫情宣导等，这类重复和危险的工作非常适合使用机器人。我们在原有机器人基础上进行了开发，增加了体温检测、口罩检测、消毒杀菌等防疫功能，扩展到防疫领域，推出了卫生防疫智能服务机器人解决方案，包括室内测温巡检机器人、室外智能防疫机器人和医疗咨询机器人共三款机器人，提供室内体温监测与消杀、室外疫情管控与消杀、宣传与导诊三个场景的服务，成为“战疫”的有力“武器”。

（三）以技术和商业化探索为双重驱动的 Walker 机器人

未来机器人要在人类生活的环境中生存和发展，而人类活动的空间是按照人的生理特征和生活习惯来设计的，非常复杂和多样化，只有运动形式和外观上都与人相仿的机器人才能适应绝大多数的人类环境，并在心理上被人类所接受。机器人具有人的形态就可以操作很多人类现有的工具，更好地适应人类社会环境；机器人与人进行交互的时候也最好是人形，人类发展到一定程度之后，情感方面的需求会越来越强烈，交流时的认同感是很重要的。机器人在外形上更接近人类，人类在情感上就会更容易接受，交互的时候更容易接纳，人形机器人有更丰富的信息交互方式，人类也更容易理解。而且一些技术我们可以由人类（动作、表情、行为）映射到人形机器人，在技术上快速迭代。机器人抓取物体、直立行走等，很多都是按照人类的方式来做的，包括机械手臂的动作。人形机器人是唯一能够成为第三代人机交互中心的形式，一旦技术突破之后，相信大家会更愿意接受人形机器人成为助手和生活伙伴。

人形机器人拥有最好的人机交互模式，是走入家庭的最好形态，也一直代表着人类机器人研究和探索的最高水平和终极方向。这也是优必选科技在探索技术和商业化落地上进行的实践。这些技术不仅支撑 Walker 机器人，也会孵化或者支撑公司其他的机器人产品，成为公司产品的技术先锋。

四、智能机器人产业发展趋势和方向

机器人作为人工智能与高端制造结合领域中至关重要的一个方向，正在对众多行业产生颠覆性影响，推动众多领域变革和跨越式发展，作者认为会有以下发展趋势。

（一）多模态的主动式人机交互机器人将成为主流，尤其是人形机器人

伴随着语音识别、语音合成、声纹识别、自然语言处理等语音技术成熟，语音交互将成为继键盘 / 鼠标和屏幕后一种全新的人机交互方式，目前已经在各类智能终端上实现大规模应用。相对智能音箱等其他智能硬件设备，服务机器人尤其是人形服务机器人不仅在语音交互能力方面，而且在移动性、运动性、拟人性等方面提供了多模态的交互体验，同时，人形机器人相对现有智能设备而言具备主动交互的能力。因此，具备多模态和主动交互的机器人将更容易获得终端消费者的青睐，最终也将实现大规模商业化。

（二）通用性应用场景应用普及尚早，单一化和垂直化场景将率先迎来爆发

受制于当前人工智能和机器人领域技术成熟度尚低，短期内人工智能及机器人的落地仍呈现单一化和垂直化发展趋势，通用性应用场景的普及尚早。因此，单一化和垂直化场景，如商业迎宾接待、电力行业和 IDC 机房日常巡检等简单重复性、高危险工种，将率先被机器人所取代。

（三）人工智能与机器人在教育领域将持续普及

面对即将进入的智能化时代，普通大众尤其是青少年需要提前适应智能时代，提前认知和学习未来推动社会发展的基础技能，自 2014 年起，全球主流发达国家已经将人工智能和机器人教育上升为国家战略，纷纷将编程教育纳入 K12 课程。未来，人工智能技术和机器人硬件载体，将成为编程教育不可或缺的内容，人工智能和机器人在教育领域的普及也将进一步推动行业持续发展。

（四）5G助力人工智能和机器人加快当前垂直业态的演变

相对4G等通信技术，5G基础通信在带宽、连接终端数量、网络时延、网络切片和部署方式等方面有着跨越式的发展，当前终端形态、应用场景，甚至商业模式或被重塑。随着机器人应用场景的不断拓展，数据集规模将越来越大，对实时数据处理的需求也越来越大。5G具备的高数据传输速率、深度覆盖、低延迟、低功耗等可实现高效、快速数据处理，不仅有助于设计出可与其他机器人或人类员工实时沟通的机器人，还有助于降低机器人在工作场所和家中的成本。随着5G全球商业化进程的加快，其将助力人工智能和机器人加快当前垂直业态的演变。

作者简介：

优必选科技是集人工智能和人形机器人研发、制造和销售为一体的高科技创新企业，专注于人工智能及机器人核心技术的研发与商业化落地，以智能服务机器人为载体，以“AI+”赋能各行业，打造“硬件+软件+服务+内容”的智能服务生态圈。

高端装备制造产业

高端装备制造产业包括智能制造装备产业、航空装备产业、卫星及应用产业、轨道交通装备产业、海洋工程装备产业。

——《战略性新兴产业分类（2018）》（国家统计局令第23号），2018年11月7日

自主创新是发展国产数控系统的必由之路

陈吉红

数控系统是数控机床的“大脑”，是先进制造业的“芯片”。国产数控系统行业对国防安全和经济安全具有战略意义，一直受到国家和行业的高度关注。长期以来，我国市场急需的高档数控系统90%以上依靠进口，而发达国家对我国采取技术封锁限制措施，导致数控机床成为“受控”机床，严重影响了我国的国防安全、产业安全和工业信息安全。与芯片技术一样，数控技术“要不来、买不来、讨不来”，必须立足自主创新，自己掌握核心技术，始终坚持、坚守自主创新之路，不断突破国外技术封锁，打破国外已经形成的“市场生态圈”。

2009 年以来，国家有关重大课题专项为国内的数控系统产业带来了快速成长的春风。专项通过立项支持、投入研发经费等方式，支持国内数控系统骨干企业产、学、研、用深度融合，立足自主创新。历经几代技术攻关，国内企业成功研制出具有自主知识产权的系列化高档数控系统，形成了高档数控系统的工程化开发和产业化能力。在航空航天、汽车乃至国防军工等重点行业领域，国产中、高档数控系统的功能、性能和可靠性基本达到国外同类系统水平，可替代进口，成为我国数控系统产业的标杆。

一、数控技术的战略意义

2018 年 5 月 28 日，习近平总书记在院士大会上指出：“我国基础科学研究短板依然突出，企业对基础研究重视不够，重大原创性成果缺乏，底层基础技术、基础工艺能力不足，工业母机、高端芯片、基础软硬件、开发平台、基本算法、基础元器件、基础材料等瓶颈仍然突出，关键核心技术受制于人的局面没有得到根本性改变。”

（一）国产数控系统行业的重要地位

国产高档数控系统对国家的国防安全和经济安全都具有重大的战略意义，起到为国家“堵枪眼”的作用。数控机床是工业的“工作母机”，其技术水平代表着一个国家的综合竞争力。数控系统是机床装备的“大脑”，是决定数控机床功能、性能、可靠性、成本价格的关键因素，也是制约我国数控机床行业发展的瓶颈。要实现制造强国的目标，形成“中国智造”的核心竞争力，离不开数控系统（包括伺服驱动、伺服电机等关键技术）的自主创新和自主可控。

（二）国产数控系统行业的发展历史

国产数控系统产业的发展，经历了“六五”时期的技术引进，“七五”时期的技术消化吸收，“八五”时期的技术自主开发，“九五”到“十二五”时期中、低档数控技术产业化和高档数控系统奋起直追的艰难发展历程，但始终难以打破发达国家数控系统企业已经形成的“市场生态圈”。受自身规模、技术水平、人才队伍和财力投入等多方面的局限，2009 年以前，国产数控系统主要定位于中、低端市场。高档型、标准型数控系统，无论是技术成熟度还是产业化水平，都与国外存在较大的差距。

2009 年以前，国产经济型数控系统的可靠性已明显提高，功能实用且价格低廉，经济型数控系统的市场基本上全部被国产数控系统所占领。但是，在中档普及型数控系统市场中，70%的市场被进口产品占领；而在高档数控系统市场，特别是航空航天领域，国产高档数控系统的市场占有率仅为 1%左右，几乎处于空白。

（三）国产数控系统行业的近期目标

经过近 10 年的努力，国内建立了 2 个高档数控系统共性技术创新平台，研制出了高档型和标准型数控系统、伺服驱动和伺服电机，实现了从模拟接口、脉冲接口到全数字总线控制、高速高精的技术跨越。据统计，国产标准型数控系统的市场占有率已从专项实施前的 30%提高到目前的 60%左右，国产高档型数控系统的市场占有率从专项实施前的 1%提高到 20%左右。2020 年，高档数控系统、关键功能部件与主机实现批量配套，并得到应用示范。

二、核心技术买不来，出路在于自主创新

历史教训证明，对于国家经济、军事发展具有战略意义的数控系统核心技术，

依靠引进购买是办不到的。国外企业从来就没有转让过真正的核心技术给中国。数控技术难在自主创新，出路也在自主创新。

（一）国外数控技术“引进—消化—再创新”道路行不通

国内企业曾经试图引进国外数控企业的技术，走“引进—消化—再创新”的道路。但深入交流后，凡是我们没有的技术、凡是我们需要的技术，对方都不卖，而且在合作过程中，不断地提高要价。

“六五”期间，中国数控系统的技术基础“一穷二白”，发展国产数控系统只能寄希望于引进国外先进技术，但国外公司只愿意将其落后淘汰的技术转让给我国。“七五”期间，中国开始在引进技术的基础上消化吸收，并开始推动产业化。可是，国外公司马上将其性能质量更好、集成度更高的数控系统产品推向中国市场，阻碍我国数控系统产业的发展进程。然后，又以进口全套散件国内组装、合资办厂的方式，导致我国在引进技术过程中培养出来的骨干人员几乎全部流失，导致实现产业化的梦想几乎破灭。

（二）坚持自力更生、自主研发的道路曙光初现

“八五”至“十五”期间，国内数控系统企业只能靠自力更生、不断摸索，通过自主创新来缩小与国外的差距。历史上，我国形成了“中华Ⅰ型”“航天Ⅰ型”“蓝天Ⅰ型”“华中Ⅰ型”四个自主知识产权的数控系统。在激烈的市场竞争中，争得了一席之地，销量逐年增加，市场占有率不断提高。在产业化方面，数控系统行业形成了“东南西北中”的行业格局。其中，中国数控系统企业曾达到年产销数控系统13万台套的辉煌业绩，位居世界数控系统产销量第二。

但是，国内数控系统企业由于受到自身规模、技术水平、人才队伍和财力投入的局限，国产数控系统产品的90%以上主要还是定位中、低档市场。无论是技术上还是产业化水平上，高档型、标准型数控系统与国外都存在较大差距。

三、奋进中的中国数控系统产业

扎根民族企业，摆脱国外封锁，我国数控机床企业也纷纷加入数控系统技术的研发行列。但市场占有率和技术成熟度不足，仍然是制约我国数控系统产业发展的瓶颈。企业要想赢得更大的生存与发展空间，创新就不能仅仅局限在技术上，还包括市场策略的创新。几家数控系统企业，经过多年努力，均攻克了数控系统软硬件

平台和高速高精、多轴联动、总线技术、纳米插补等一批高档数控系统关键技术，研制出全数字总线式高档数控系统产品样机，实现从模拟接口、脉冲接口到全数字总线控制、高速高精的技术跨越。

（一）数控机床企业走上技术研发和市场策略创新之路

沈阳机床集团通过组建自己的研究院，从底层技术源代码算法做起，成功研制出 i5 数控系统，支撑融资租赁商业模式的创新，带动 i5 数控系统产业化。大连光洋自主研发了数控系统、伺服电机、主轴、传感器，实现机床自主化率高达 95%。大连机床集团则侧重于应用型研发，走与国内多家高校和科研机构合作的产学研之路，开创了国产数控系统和国产数控机床协同创新的全新发展模式。沈阳高精数控在实现中、高档数控系统配套应用的同时，针对行业转型升级对客户化定制的需求，拓展了国产数控系统的应用范围。

专项的实施为国产数控系统企业提供了极为宝贵的产业化应用机会，使国产高档数控系统在航空航天、汽车制造等高端重点领域得到大批量的示范应用。高档数控系统定标国外具有五轴联动、多通道、高速高精、车铣复合功能的最先进系统；中档普及型、标准型技术瞄准的是市场占有率最高的国外系统。

（二）十年磨一剑，华中数控攻克一批关键共性技术难题

随着专项的深入实施，华中数控与国内众多的机床企业开展了首台首套配套合作，为国产高速、精密五轴联动高档数控机床配备了华中 8 型高档数控系统。华科国家数控工程中心攻克了一批关键共性技术难题，包括开放式、模块化数控系统软平台技术，开放式数控系统二次开发平台，高速高精运动控制、现场总线和多轴多通道控制技术，基于指令域大数据分析的工艺参数智能优化、数控机床健康保障等智能化应用功能，为华中数控研制出自主可控的华中 8 型系列化中、高档数控系统提供了原创技术支撑。

2008 年，与现场总线技术结合，华中数控研制出华中 8 型高档数控系统，实现了由“模拟脉冲式”向“数字总线式”的技术跨越；2012 年，与应用云计算技术结合，研制出云计算结构的高档数控系统并达到国际领先水平；2013 年，与物联网、大数据技术结合，建立了数控系统和数控机床大数据中心，实现了数控云服务 iNC-Cloud；2016 年，与网络新通信技术结合，发起成立了“数控机床互联通信协议标准联盟”，制订了数控机床互联通信国家标准 NCLink，打通了国内 7 家数控系统的通信协议，连接了近 2000 台机床；2018 年，与新一代人工智能技术和 AI 芯片技术

融合，研制出华中 9 型智能数控系统和智能机床。将 AI 芯片嵌入数控系统中，这在国内外数控系统产业尚属首次。2019 年 11 月，华中数控的“新一代智能化数控系统”入选中国智能制造十大科技进展。

四、自主创新需要打破国外的“市场生态圈”

“十二五”以来，国产数控系统技术取得较大进步，与国外的差距逐步缩小，但国产数控系统的产业化之路任重道远。如何在技术成熟度和市场认同度都存在差距的现状下，实现国产数控系统的产业化，一直深深地困扰着我国数控系统产业。

（一）国外数控行业的“市场生态圈”

发达国家数控系统产业的发展历程表明，他们同样经历了产品从不成熟到成熟的过程。由于进入市场早，先入为主，他们在全球建立起了技术壁垒和市场壁垒，形成了专属他们的“市场生态圈”，从而为他们技术成熟度的快速提升赢得了时间：在反复循环的应用验证—问题反馈—优化提升过程中，他们的数控系统技术不断迭代升级，市场地位日益巩固。一些单位的政府采购招标通常指定国外数控系统产品，导致国内数控系统产品根本就没有同台公平竞争的机会。这些实际情况让国产数控系统难以打破国外产品的“市场生态圈”。

（二）国产数控行业的产业化关键

当前，发展国产高档数控系统的关键是实现产业化，实现产业化的关键是支持国产数控系统尽快提升技术成熟度并营造有利的市场环境，这是对国产数控系统的最大支持。建议国家充分发挥我国的制度优势，在市场、资金、政策等各方面支持自主可控高档数控系统的持续进步和产业发展，营造以选用国产产品、支持国产品牌为荣的机制和市场环境。要给国产数控系统参与竞争的平等机会，在同等的性能价格比下，应该优先选用国产数控系统。

在 2016 年 5 月 30 日全国科技创新大会期间，多位院士联名向中央高层递交了关于支持中国高档数控机床和系统的建议，希望国家从多个层面，全力支持产业化关键期的中国中、高档数控机床。院士们在报告中提出，希望国家出台系列扶持政策，包括推动政府采购优先选用国产产品、取消部分国产化已经突破的进口产品的免税政策等。

习近平总书记指出：“只有把核心技术掌握在自己手中，才能真正掌握竞争和发展的主动权，才能从根本上保障国家经济安全、国防安全和其他安全。”中国数控系统产业的发展历程证明，高档数控系统的关键核心是买不回来的，必须立足自主创新。国产高档数控系统产业已经“曙光在前头”。我们坚信，经过 5～10 年的努力，中国家电、手机、高铁等行业的今天，就是中国数控系统产业的美好明天。

作者简介：

陈吉红先生，武汉华中数控股份有限公司董事长，“高档数控系统”国家重大领域创新团队负责人，国家重大科技专项总体组专家、国家智能制造标准化专家咨询组专家、中国机床工具工业协会数控系统分会理事长。主要从事智能化、网络化、开放式数控技术与机器人控制技术研究。

新材料

新材料产业包括先进钢铁材料、先进有色金属材料、先进石化化工新材料、先进无机非金属材料、高性能纤维及制品和复合材料、前沿新材料、新材料相关服务。

——《战略性新兴产业分类（2018）》（国家统计局令第 23 号），2018 年 11 月 7 日

中国航空产业发展的机遇与挑战
——探索航空先进装备自主可控之路

王宇晗

目前，中国已经成为仅次于美国的全球第二大民用飞机市场。中国航空产业已经进入长期、可持续、高速成长时期，市场规模和发展空间巨大。由于强劲的需求拉动，中国航空零部件制造业正在迎来历史性发展机遇。同时，应用于航空领域的国产高档数控机床将成为智能制造装备的发展重点，中国航空零部件先进制造装备正面临着自主与可控的挑战，我们需要走出一条航空先进装备自主可控之路。

一、中国航空产业发展概况

航空工业是国家战略性高技术产业，航空航天飞行器号称现代工业“皇冠上的明珠”。在外贸领域曾有个说法：中国出口 8 亿件衬衫的利润才能买一架 A380 空客飞机。随着中国航空产业的不断发展，不仅“8 亿件衬衫换一架飞机”将成为历史，且航空产业将会成为中国发展高端装备制造业的重要驱动力和带动中国经济可持续发展的新的增长点！

（一）航空产业将成为中国经济新的增长点

未来 20 年，中国航空运输市场需求旺盛。根据中国商飞发布的《2018—2037 年民用飞机市场预测年报》，至 2037 年，中国的民航旅客周转量将达到 3.9 万亿千米，占全球的 21%；民航旅客周转量年均增长率为 6.5%，航空机队年均增长率为 5.3%。截至 2018 年年底，国内民用客机数量为 3615 架，近 10 年来年均增长率维持在 10%左右；未来 20 年，预计将交付中国航空公司的客机数量为 9008 架，价值约为 1.3 万亿美元（约 9 万亿元人民币）。

截至 2018 年年末，全球民航飞机共有 22680 架。根据空中客车 *Global Market Forecast* 的预测，自 2019 年起的 20 年内，全球范围内新增民用飞机交付 39213 架，其中亚太地区为主要增长区域（见表 1）。

表 1　全球民用飞机需求量

单位：架

项　目	非　洲	亚　太	独联体国家	欧　洲	拉丁美洲	中　东	北　美	合　计
小型机	960	12765	1298	5760	2400	1630	4911	29724
中型机	202	2270	141	1091	201	487	981	5373
大型机	107	1508	104	688	95	1128	486	4116
合计	1269	16543	1543	7539	2696	3245	6378	39213

面对巨大的市场需求，中国商飞在继续 ARJ21 交付的基础上，预计将于 2021 年实现 C919 客机的批量交付，并加快宽体客机等新机型的研发工作。同时，波音、空客两大民航机型制造商和 GE、普惠、罗罗三大航空发动机制造商也正在不断将其产能转移到中国。因此，未来民用航空装备制造行业对智能加工装备的需求将持续大幅增长。

从目前中国航空产业的发展态势来看，中央政策支持航空产业的信号强劲，地方政府争取国内外航空项目落地的力度空前，产业资本及投资基金高度关注航空产业并持续布局、实施投资。业界专家及投资人士普遍认为，未来 30 年，航空产业将会成为中国发展高端装备制造业的重要驱动力和中国经济可持续发展的新的增长点。

（二）中国航空零部件制造业正迎来历史性发展机遇

未来 20 年，中国的航空产业将继中国汽车、高铁之后，成为世界产业发展的又一个奇迹！一方面，受到中国民用航空市场快速发展的需求牵引，航空产业成为近期投资热点。在上市公司中航空制造板块的市盈率远高于普通机械加工和汽车零部件行业，航空零部件加工的企业 PE 溢价水平也远高于普通机械加工企业。另一方面，中国机械加工制造产业的规模化优势及中国特色的产业集群模式，将引导全球民用航空零部件采购持续、加速向中国集聚。中国各级政府对几大航空集团以外的航空配套产业发展十分支持，国家政策将会不断推动中国航空零部件产业的集群化、专业化发展，这些措施都将有效降低航空零部件的制造及物流成本。

中国未来的航空产业之路为：从承接全球零部件加工开始，进而形成全球航空零部件制造中心，然后推动民族品牌航空飞行器产业的发展。本文预测：未来 20 年内，在多种因素的协同推动下，中国将成为承接世界航空产业制造的产业中心，并且中国的航空飞机机身、航空发动机零部件制造业规模将达到世界第一。

（三）应用于航空领域的国产高档数控机床将成为智能制造装备的发展重点

根据《智能制造发展战略规划技术路线图》的预测，数控机床与基础制造装备将保持每年 10%以上的高速增长，市场年总体需求规模将有望超过 1 万亿元人民币。就目前来看，航空航天领域的数控机床占比约为18%。展望未来，应用于航空航天领域的国产高档数控机床与其他各类智能制造装备的需求规模将持续高速增长，发展前景可期，并将成为中国智能制造装备发展速度最快的一个细分产业领域。

但是，我国智能加工装备产业发展相对较晚，在技术和产业发展上还落后于发达国家。航空航天智能加工装备作为先进装备和高端制造的核心制造手段，相关技术交流和装备引进都受到一定限制。因此，在现阶段，我国航空航天智能加工装备主要面临购置困难、价格昂贵、使用效果不佳、售后维护不便、技术升级缓慢等产业发展瓶颈。

二、航空零部件先进制造装备面临的问题与挑战

面对航空产业民机和军机需求量的不断提升，航空零部件制造模式正在由以往的研制模式向批量模式转变。以往的航空零部件制造主要面向民机市场进行研制和小批量生产，因此，其制造过程主要依赖现有工艺技术和装备，而不重视制造效率和质量稳定性的提升。传统的制造模式大多通过增加试制零部件的数量，以抵消不良品率的影响。但是，这种研制模式成本高、效率低，无法保证质量稳定性。随着民机市场中的 C919 客机研制成功，且未来将逐渐开始大批量交付，而航空零部件制造领域的研制模式已无法满足大批量交付的要求。因此，我国急需研发新一代先进工艺和装备，提高零部件的制造效率和质量稳定性，降低制造成本。

（一）航空零部件制造工艺升级后面临的装备自主与可控挑战

随着新一代飞机不断向大尺寸、高性能方向发展，零部件中的新型材料、难加工材料应用比例也不断提升，整体化、大尺寸、复杂结构的零部件不断涌现，传统的飞机零部件制造工艺与装备在加工效率、加工精度和加工范围上已无法满足新一代飞机零部件高精度、批量化制造的需求。因此，近年来国内的飞机零部件制造企

业需要大量进口国外先进制造装备，用于满足新型、难加工、大尺寸、高精度的飞机零部件的加工。然而，国外最先进的制造装备普遍对中国实施禁运控制，高精度、多轴联动、智能化的数控加工装备都在实施禁运措施的《瓦森纳协定 2018》的目录控制范围之内。以飞机机身零部件制造为例，在批量化制造模式下制造工艺技术与装备面临的问题与挑战如下。

1. 钛合金等难加工结构件的加工技术与装备

钛合金等难加工材料在飞机机身框架、起落架等部件中的用量越来越大，传统上普遍采用立式五轴龙门机床单台加工方式，效率低下，难以实现大批量加工。国外开发的卧式五轴加工生产线、卧式翻板铣自动化加工技术，是实现飞机结构件高效、自动化加工的发展趋势。国内成飞、沈飞、西飞均引进了国外设备，该生产线可用于飞机框、梁类结构件加工。目前，国内已有部分机床制造企业开始研制大型卧式翻板铣五轴机床，如上海拓璞科技股份有限公司（以下简称上海拓璞公司）研制的航空大型框、梁类零件卧式翻板铣五轴加工生产线已交付客户。未来，飞机结构件将大量采用新材料，整体结构尺寸越来越大，大尺寸、高刚性、高自动化和智能化的卧式五轴加工装备将是飞机结构件高效制造的挑战性技术之一。

2. 大型薄壁蒙皮的镜像铣削技术及装备

蒙皮是飞机外表覆盖的大型薄壁零件，也是飞机的重要受力构件，具有尺寸大、厚度薄、加工精度要求高等特点。国内飞机机身蒙皮生产大量使用高污染、低精度、疲劳寿命短、成本高、手工作业的化铣工艺。欧洲空客最先应用的高精度镜像铣装备与加工技术是蒙皮减薄加工的高效、低成本、绿色工艺方法。上海拓璞公司也研发了更先进的镜像铣工艺和装备，目前该技术已在飞机蒙皮的镜像铣削减薄加工中进行了应用。

3. 大型复材结构件技术及装备

与传统的金属结构相比，复合材料具备强度高、重量轻、热稳定性优良的特性，被越来越广泛地应用到飞机零部件制造。如果采用先进的复材加工五轴机床，只需要一次安装即可完成大型复材机翼蒙皮的所有精加工工序，该类型机床已被空客等多家公司使用。国内的高端装备制造公司也研制了超大跨度复材加工五轴机床，该机床能够用于飞机大型零件和整体部件的高精度加工。随着复合材料用量的不断提升，尺寸不断增大，未来具有超大跨度、超高精度的大型五轴制造装备工艺技术将是大型整体复材结构件高效制造的挑战性技术之一。

（二）部总装产品的装配工艺提升后面临的装备自主与可控挑战

航空民机和军机批量化制造需求不仅对零件级产品的加工效率和质量提出了挑战，对部总装产品的装配效率和质量的提升也提出了巨大的挑战。以往研制试制模式下的装配工艺从部件装配过程中的人工制孔、铆接到总装过程中的转运、修配，均大量依赖人工操作，配套的装配设备也大多服务于人工装配，效率和质量均无法满足批量化生产需求。相比之下，国外已研制出了大量自动化、高精度装配装备和智能化装配生产线系统级产品，能够实现飞机部件的自动化装配。

1. 飞机部件自动制孔与钻铆装配生产线技术及装备

钻孔与铆接工艺是在飞机装配中应用最为广泛的机械连接技术。大型飞机使用了上百万颗不同种类的铆钉，而世界上最大的量产客机 A380 的航空铆钉用量超过了 500 万颗。人工钻铆无法应对如此巨大的钻铆装配工作量。国内外设备厂商均研制了高效自动钻铆工艺与装备，效率和质量稳定性均大幅提升。目前，自动钻铆设备的钻铆、紧固件涂胶和高锁螺栓自动安装等功能的集成度也越来越高，未来自动钻铆工艺与装备将能够实现多种产品类型及铆接规格，高柔性化、自动化钻铆装配生产线、可实现多机协同的移载式制孔机器人装备，将成为飞机部件装配的新挑战性技术装备。

2. 飞机大部件自动化装配技术及装备

飞机大部件自动化装配是装配工艺规划水平和自动化装备融合能力的综合体现。传统的大部件装配站位以工艺工装为主线，采用传统装配工艺，涉及的自动化设备也单纯用于替代部分人工操作。国外研制的大部件自动化装配技术及装备则围绕大部件高空间精度加工五轴机床，自动化装配工装，装配效率大幅提升。上海拓璞公司也为 ARJ21 平尾部段装配站位提供了大部件精加工五轴机床设备，并与设备使用单位共同进行了自动化装配工艺流程设计。未来具有更高精度、更高自动化程度、更深层次装配工艺适用性的大部件装配装备和配套工艺管理技术将成为飞机大部件自动化装配的挑战性技术。

3. 中国需要走出一条航空先进装备自主可控之路

航空航天飞行器制造技术能够成为现代工业“皇冠上的明珠”，是因为飞行器薄壳具有复杂曲面的形状，且飞行器对材料、精度、强度、重量有着苛刻的要求。

（三）对智能制造装备要求极高

航空航天零件复杂曲面的形状使得零件加工必须采用五轴联动机床，也使航空航天成为应用五轴联动机床比例最高的行业。为突破大型弱刚性薄壁结构易变形零件的精确加工这一技术挑战，需要保证大尺寸加工空间的高精度五轴联动技术及各种在线感知加工质量的智能化功能。另外，为满足对零件强度的苛刻要求，航空结构件都采用整体锻件加工，一些大型钛合金结构件的加工时间甚至需要几十天。因此，航空智能制造不仅需要高效的加工机床，对五轴联动机床的刚性、动力学特性也提出了很高的要求；对于很多难加工材料，还需要五轴机床有大切削力及复杂的冷却、除尘系统等。

事实上，用于航空航天的五轴联动机床比其他应用领域的五轴机床要昂贵得多，特别是大型卧式五轴机床、镜像铣机床、用于发动机零件加工的高精度卧式五轴机床、数控柔性工装等，在全球范围内都垄断在德国、瑞士、法国、意大利、日本等国的少数高端机床供应商中。用于飞机机身、火箭箭体、发动机零件加工的五轴联动机床，用于部件装配的机器人制孔 / 自动钻铆设备，用于总装的调姿对接设备都是航空航天领域的核心制造装备，这些核心制造装备的研发需要机械、控制、材料工艺、计算机软件等多学科的人才，并涉及精密传动系统、复杂机械构型设计、机械动力学、智能测控系统、精密测量技术、加工工艺软件等核心技术。

（四）对智能制造工艺要求极高

由于航空航天制造中的五轴联动机床、智能化部总装设备、智能化生产线等具有高难度、高复杂度等特点，航空智能制造对设备的操作使用和工艺水平都有极高的要求。同时，航空航天零件的复杂性及材料去除量大的特点，进一步提升了工艺规划的难度。三轴数控机床可以采用手工数控程序编制，而五轴机床必须采用计算机辅助编程，并且需要解算复杂的数学模型。因此，在五轴联动机床加工中加工工艺软件的应用是必不可少的。航空航天飞行器为了追求结构轻量化、可靠性高、有效载荷大等性能，大量采用整体化设计。高强度、轻量化、高服役性能指标，使航空航天零件具有大型整体、材料多元、特征繁多、轮廓复杂、壁薄刚性弱的制造难点，对航空制造业提出了严峻的要求。为保证加工精度，需要配套控制加工过程变形的测量、补偿等工艺及相应的软件。对于航空航天零件的五轴加工，即使使用同一台五轴机床进行加工，不同加工工艺的效率也会有 5～10 倍的差距。

飞机部总装配工艺涉及的零件数目多、系统刚性差、技术难度高、装配工序多且复杂，是一个针对数百万零件级的制造质量控制系统。到装配阶段，每个部件的价值都十分昂贵，对整个设备、工艺系统、操作过程的可靠性要求很高，否则会造成很大的损失。同时，飞机部总装也涉及飞机的最终质量状态，必然对极致要求可靠性的载人飞行器部署非常严格的制造过程，必须配套全过程的数字化工艺软件、数字化仿真软件。复杂的装备和工艺软件也导致客户难以掌握航空航天装备系统。很多昂贵的进口设备的操作、工艺编程复杂，造成中国客户用于工艺培训、系统稳定、批量达产的时间达 2～3 年。

综上，用于飞机机身、发动机零件加工的五轴联动机床，用于部件装配的机器人制孔 / 自动钻铆设备，用于总装的调姿对接设备，都是航空航天领域的核心制造装备，同时也是西方禁运目录范围内的高精尖装备产品。这些核心装备的研发需要机械、控制、材料工艺、计算机软件等多学科的人才，涉及精密传动系统、复杂机械构型设计、机械动力学、智能测控系统、精密测量技术、加工工艺软件等核心技术的开发。航空飞行器的先进制造装备研发投入巨大，当前市场化的设备招投标的方法有不科学之处，易造成低价竞争、技术成熟度不可控、供应商不够专业、后续换代研发不足等问题，阻碍国内装备制造企业的长期研发热情。国际上解决这个问题的方法是航空用户与装备制造商建立长期战略合作关系，互为补充，共同持续研发先进的航空制造技术及装备。因此，我们只有走航空先进制造装备的自主可控之路，才能做大、做强中国航空产业！

作者简介：

王宇晗博士，上海拓璞数控科技股份有限公司董事长。上海交通大学研究员、博士生导师，中组部国家“万人计划”科技创业领军人才，科技部科技创新创业人才。从事航空航天高端制造装备的研制与推广，发表 SCI 论文数十篇，曾获国家科技进步二等奖、省部级科技进步一等奖。

中国商业航天发展进入新阶段

彭小波

商业航天是以市场为主导，采用市场手段，运用市场机制，按照市场规律开展的航天活动，包括商业火箭、商业卫星研制和生产、商业卫星应用及相关的地面设备等上下游多个领域。西方发达国家的商业航天经过数十年的发展，已经形成了非常成熟的市场，中国商业航天近 5 年发展迅速，目前已初具规模。以民营商业火箭公司实现发射入轨、相关规范化政策出台为标志，我国的商业航天现在已经进入了新的发展阶段。本文结合国外商业航天现状，对中国商业航天的发展进行系统性的分析，并对未来发展进行展望。

一、世界商业航天发展

在冷战时期太空竞赛的压力下，各国不惜代价以举国体制作为航天产业的主要模式，政府主导航天活动，但大量业务外包给商业企业。美国在 20 世纪 60 年代开始出现商业卫星发射活动。到了 20 世纪 80 年代，随着卫星商业应用和商业卫星发射需求的出现，以阿里安集团为代表的西方航天企业取得了较大发展。21 世纪初，为了降低航天活动的成本，发展太空经济，美国政府出台了一系列政策激励和规范商业航天发展，并签订大批发射合同，SpaceX、蓝色起源、OneWeb、维珍银河等新兴商业航天公司在这一时期迅速成长起来。

美国和欧洲已经形成了庞大的商业航天市场，并具有广泛的市场潜力。根据统计，2017 年全球航天经济总量已达 3835 亿美元，2018 年更是突破了 4000 亿美元，其中商业航天收入在 3300 亿美元左右。据欧洲咨询公司 Euroconsult 在 2020 年 1 月公布的卫星制造和发射服务公司最新报告披露，到 2028 年，卫星制造和发射市场将发生根本性转变，制造和发射的卫星数量将增加 4 倍，平均每年发射卫星从 230 颗增加到 990 颗；未来 10 年，卫星市场规模将达到 2920 亿美元，比前 10 年的 2280

亿美元增长了28%（不含低轨卫星星座）。Euroconsult在其最新研究报告《2019年太空经济报告》中预测，商业航天价值链将在未来10年中稳步增长。根据著名行业资讯公司Bryce Space and Technology的统计，2019年全世界初创商业航天公司的投资总额达到了57亿美元，超过了2018年的35亿美元，虽然2019年全球经济并不好，但商业航天领域的投资反而出现了逆向增长，足以看出国际市场对商业航天的期待。

近10年来，新兴商业航天公司正在重塑商业航天市场格局。成立于2002年的SpaceX打破了联合发射联盟ULA（由波音、洛克西德·马丁两大军工巨头的火箭发射业务合并而成）在美国的垄断地位，改变了美国的运载火箭发射市场版图，其2018年的市场份额已经高达64%。市场化竞争大大降低了美国航天任务的价格，达到了美国政府推进商业航天发展的目的，同时带动商业卫星的发射价格从每千克数万美元降低到目前最低每千克5000美元，提振了美国乃至世界商业航天市场的活力。

近年来，创新技术的应用和创新商业模式的发展让国际商业航天市场不断出现新的增长点。SpaceX发展了运载火箭可重复使用技术，使发射成本显著降低，颠覆了卫星发射市场，引领了各国新一代火箭的研发。由低轨通信卫星星座构建的新一代天基互联网正在成为最具市场潜力的领域。不同于现有的高延时、低带宽、高价格的高轨通信卫星，低轨通信卫星星座能够提供全球覆盖、低延时、5G级别的高速互联网服务，对电信、互联网、物联网产业将产生深远的影响，在航天技术和人类经济活动、日常生活之间建立起前所未有的紧密联系。OneWeb、SpaceX、亚马逊等相继推出了各自的低轨天基互联网项目。其中，SpaceX在2020年计划进行20余次发射，拟将1500多颗卫星送入低地球轨道，为北美地区提供互联网接入服务，其最终卫星数量将达到4.2万颗。低轨天基互联网的发展将给商业卫星发射需求带来指数级增长，给火箭发射、卫星配套提供巨大的机会。作为另一个极具市场潜力的细分领域，太空旅游近年来也取得了实质性的发展。维珍银河在2019年9月上市，计划在2020年开始开展亚轨道太空旅游。蓝色起源的新谢泼德亚轨道飞行器已经成功完成了12次无人亚轨道飞行测试，后续也将开启载人亚轨道飞行。

二、中国商业航天现状分析

2015年以前的中国航天产业主要由政府和国有企业主导，中国航天产业在60多年的发展历程中取得了举世瞩目的成就，中国正处于由航天大国向航天强国转变的过程之中。2015 年前后，随着相关开放政策的出台，中国商业航天正式起步，作为中国航天的新生力量和有益补充，目前正在高速发展。航天强国的构成不能少了商业航天这个领域。

国家政策在我国商业航天发展中起到了至关重要的作用，一系列鼓励、支持、规范发展的政策推动中国商业航天进入了规范、有序发展的新阶段。2019 年 6 月，国防科工局、中央军委装备发展部联合印发了《关于促进商业火箭规范有序发展的通知》，鼓励商业运载火箭发展，补充和丰富进入太空的途径，给商业运载火箭企业在科研、生产和发射等多个环节做出了明确的要求和指示。《国家航天法》也已经在紧锣密鼓地制定，有望正式出台，为商业航天发展提供法律依据和保障。在相关鼓励政策的影响下，包括配套商、大型试验设施等在内的国有航天产业供应链向民营企业的开放程度逐步提升，国家发射场为我国首枚民营商业运载火箭的成功发射提供了强有力的支持。政策的开放让我国的商业航天企业能够利用我国雄厚的航天基础，避免重复投资，实现高效、健康的成长。

资本市场的助力是中国商业航天发展的另一个关键要素。根据不完全统计，目前已经有 200 家以上的中国民营航天公司注册成立。2015—2019 年，国内商业航天至少发生投融资事件 161 起，相关投资机构达到 218 家，累计金额已超过百亿元人民币。2019 年国际商业航天投资有一个标志性的变化，美国以外的接受投资的商业航天初创公司数量首次超过了美国，而中国在其中占到了相当高的比例。在创业者和资本不断涌入的背后，航天产业背后巨大的市场需求，才是吸引各方到来的关键。在 2019 年全球 102 箭的世界航天发射版图中，中国航天以全年发射运载火箭 34 次的成绩再居榜首，而 2020 年有望再创新高。同时，国内已公布的卫星星座计划发射数量超过 2500 颗，国内的卫星和运载火箭的研制生产都有较大的市场空间。另外，我国在卫星应用方面更是有很大的市场潜力可供挖掘。最近一年，伴随外部形势的变化和行业发展，商业航天领域的投资更趋理性，掌握核心技术的第一梯队商业航天企业获得更多的青睐，这一变化趋势也与国外商业航天行业的现有格局相似。

在政策与投资的推动下，国内商业航天公司逐渐探索出适合自己的发展道路，取得了一系列里程碑成果，进入了更为成熟的发展阶段。在商业运载火箭领域，“先固后液”已成为商业火箭企业的主流发展路线。星际荣耀于 2019 年 7 月 25 日在酒泉卫星发射中心进行了双曲线一号遥一运载火箭飞行试验，将多颗卫星送入预定 300 千米圆轨道，发射任务取得圆满成功，这是中国民营商业航天运载火箭首次成功发射并高精度入轨，也是中国民营商业航天首次一箭多星发射入轨，民营火箭公司开始真正具备卫星发射服务能力。在商业卫星领域，多家民营卫星公司发射了微小卫星和试验载荷，类型覆盖遥感、通信、导航、科研、教育等领域，各自的商业模式逐步得到验证。此外，随着全产业链的开放，商业测控、卫星运营、卫星应用及配套产品供应商等上下游体系出现了大量民营企业，也获得了快速发展。

以航天科技集团和航天科工集团为代表的“国家队”近年来也积极参与商业航天市场，形成了“国家队”和民营企业互相促进、良性竞争的新业态。归属航天科技集团的中国火箭公司完成了捷龙一号小型固体运载火箭的成功发射，并发布了捷龙系列固体运载火箭和腾龙系列液体运载火箭。航天科工火箭公司的快舟 1 甲火箭已经进行了多次商业发射。民营公司与“国家队”各具优势，多元化的竞争能够给未来的中国商业航天市场带来更多活力。

中国商业航天取得的成就与中国航天 60 多年的历史积淀是分不开的，中国航天完整的配套能力、科研体系和人才队伍及中国强大完整的工业体系，为中国商业航天的快速发展建立了人才基础和物质基础。而近年来国内活跃的投资市场、具有长远战略眼光和宏大格局的投资者、蓬勃发展的经济及充满活力、注重效率的社会氛围，让中国在商业航天初创公司方面领先于同样具有较为完整航天工业的欧洲、日本、俄罗斯等国家或地区。但与发展多年的美欧商业航天相比，中国商业航天在市场规模、成熟度、商业化供应链体系等方面还有较大的差距，未来还有很大的发展空间。

三、中国商业航天未来趋势展望

（一）国内低轨天基互联网建设是中国商业航天发展的重要契机

低轨通信卫星星座与高轨高通量卫星共存、卫星通信与地面蜂窝网络融合是未来互联网通信发展的大趋势，国外 Starlink、OneWeb 等项目已经进入实施阶段。低轨天基互联网作为下一代通信技术，影响着我国未来互联网经济及相关领域的国际地位，对我国全球战略有一定制约和影响，也关乎国家安全、社会管理等多个层面。我国两大航天集团推出了“鸿雁”和“虹云”低轨通信星座计划，国家也应有更高层面的发展规划。

2020—2025 年是全球低轨卫星密集组网阶段，也是中国未来在相关领域的发力阶段，我国低轨通信卫星星座的建设，可以支撑大量的卫星制造、卫星发射需求，这是商业航天公司实现快速发展、确定市场地位的重要机遇期。谁能率先推出满足市场需求的产品和服务，谁就能在这一机遇期内脱颖而出。为了抓住这一重要契机，卫星研发公司需要实现卫星的低成本和批量化生产，商业火箭公司需要用现有固体火箭的连续成功证明其可靠的发射能力，并推出低成本的液体运载火箭以满足批量化发射需求，可重复使用技术对于卫星组网发射的低成本化尤为重要。

（二）商业航天企业发展需要资本市场的进一步助推

航天是一个高技术、高投入的产业，资金仍然是商业航天企业面临的重要挑战。对于投资市场来说，中国商业航天具有很大发展空间，同时具有高门槛、高壁垒的特点，虽然前期需要高投入，但是市场泡沫低、附加值高，因此，可以预见未来将继续吸引大量投资者进入。尤其是未来低轨通信卫星星座建设引发了众多互联网巨头的关注，国外的亚马逊早已进入这一领域。此外，对于掌握核心技术且具备极强成长能力的国内商业航天企业来说，有丰富的市场想象空间，科创板是其获取投资的重要机遇，也对商业航天公司的商业闭环、营收能力、管理规范性等诸多方面提出了很高的要求。

（三）宏观压力中蕴藏中国商业航天发展的新机遇

世界经济的动荡和近期的新冠肺炎疫情增大了中国和世界的宏观经济压力，对商业航天的发展也造成了影响。但是，机遇往往隐藏在危机之中，机会往往出现在危机之后。国际形势的变化让国家对于硬科技的发展更为重视，让企业认识到核心技术是生命线。商业航天正是一个要求掌握核心科技的硬科技产业，未来也会成为中国参与国际竞争的重要领域，必将在当前的大背景下获得更多关注。在对抗疫情的战斗中，我国强大的互联网基础设施和服务体系在疫情管控、社会功能的正常运转和经济损失的减少等方面功不可没，尤其是 4G 网络发挥了重要作用。低轨天基互联网作为下一代无线通信技术，能够实现 5G 级别的全域覆盖，实现偏远地区的高速互联网接入，对地面设备的依赖更低，在大规模自然灾害条件下的可靠性大大提高，对于我国的国土安全和全域管理具有重要意义，将会在疫情之后获得国家进一步重视。

（四）低成本和技术创新是商业公司持续发展的必备要素

商业航天企业如果只是依靠优化供应链管理、管控成本或压低配套商的价格，其降成本的空间是非常有限的。国外的 OneWeb 和 SpaceX 在卫星生产上首次采用了自动化批量生产技术，将卫星成本降低至前所未有的程度，SpaceX 发展的火箭可重复使用技术大大降低了卫星入轨成本。设计思想、设计方案和生产技术创新才是实现商业航天产品低成本和高附加值的最有效途径，也是商业航天企业获得高竞争力的必备能力。

（五）中国商业航天需要进一步挖掘增量市场

卫星应用在国际商业航天产业中占有很大的比重，国内在这一领域的规模和成熟度相比国外还有很大差距，将是未来重要的增量市场，特别是未来低轨天基互联网的流量价值将远远超过传统的卫星通信市场。太空旅游在国外商业航天 toC 端市场炙手可热，国内的商业火箭公司也具有发展相关业务的技术基础。太空经济的未来如星空一般广阔，想象力有多深邃，增量市场就有多大，商业航天的概念和维度会不断地得到拓展。

四、结语

短短 5 年时间，中国商业航天产业在国家和市场的支持下，实现了如火箭速度般的发展，成为中国航天事业的一支新兴力量。商业航天已经不再是航天强国美国的专属名词。在全球商业航天加速发展的背景下，中国商业航天迎来了一轮新的机遇，民营商业航天企业作为生力军必将在建设航天强国的伟大事业中发挥应有的作用。我们相信，在共同的努力下，比肩国外公司的中国商业航天企业必将出现，商业航天会成为彰显我国硬科技实力的又一张名片。太空经济爆发时代已经近在咫尺，中国的商业航天已经迈出关键性的一步，星辰大海正在远方等着我们。

作者简介：

彭小波先生，北京星际荣耀空间科技有限公司总经理、项目总指挥兼总师。

集成电路篇

突破半导体加工设备产业瓶颈和发展改革建议

尹志尧

我们所处的数码时代，从根本上改变了人类的生产和生活方式。数码产业的基础是集成电路等微观器件，而半导体微观加工的设备和材料又是支撑微观器件制造的硬科技基础产业。本文旨在分析和阐述半导体微观加工设备产业发展的主要矛盾、瓶颈，并提出产业发展改革的建议。

一、半导体微观加工设备是数码时代的科技基础

数码产业由一个很长的产业链组成。数码产业最上层的各种应用，如软件、网络、AI 和 VR 等是靠电子系统来支撑的，包括计算机、网络设备、智能手机、物联网设备等各种电子产品。这个电子系统，是靠集成电路及各种微观器件来支撑的。而半导体微观加工的设备和材料又是支撑微观器件制造的重中之重的科技基础产业。没有高精密度的五轴联动加工中心，就没有轮船、飞机等；没有能加工人头发丝几千分之一到上万分之一微观结构的设备和相应的材料，就没有集成电路和各种微观器件，就没有各种电子系统，就没有网络、电商、传媒、大数据等应用，也就没有数码产业的发展。

集成电路产业在我国受到政府和业界的高度重视有其必然性。五六百年前从英国开始的第一次工业革命的本质是造出机器来代替工人，这场革命造就了“机械化时代”。其基础工业是以宏观加工为核心的传统工业，包括钢铁、陶瓷、化学材料等，从车床、铣床、钻床等到五轴联动加工中心，从蒸汽机、内燃机到电动机等动力源。这次工业革命发展的趋势是加工出来的东西越来越大（高楼、高铁、跨海大桥、大飞机等）。而五六十年前从美国硅谷开始的第二次工业革命的本质，是造出计算机代替人脑，也就是从机械化转为数码智能化。这次革命造就了“数码时代”。这

次工业革命的基础工业是以微观加工为核心的微观器件工业，包括微观材料（化学气相沉积薄膜、物理溅射薄膜、真空蒸镀薄膜、电镀膜等）、微观加工的母机（光刻机、等离子体刻蚀机、化学机械抛光等）和新动力能源（核能、太阳能、氢能等）。这次工业革命的发展趋势是加工出来的东西越来越小（集成电路、显示屏发光器件、传感器等各种微观器件等）。这两次工业革命彻底地改变了人类的生产方式和生活方式。有一个形象的比喻可以说明这两次工业革命的区别：第一次工业革命像帮助一个人打造健壮的体魄，而第二次工业革命帮助人打造高智能的神经中枢。我国改革开放 40 多年来，大部分时间都在努力补第一次工业革命的课，我们已经能造出最长的跨海桥、最好的高速公路，也开始能造出大飞机了。当我们在弥补第一次工业革命的短板之时，国际上发达国家已在第二次工业革命上取得了突飞猛进的发展。美国有人预测，到 2020 年全球数码产业的年产值可达到工业总产值的 41%，可以预见，到 2035 年数码产业的产值占比会超过工业总产值的 50%。我国现在面临的第一要务，是要尽快弥补第二次工业革命的短板，也就是弥补集成电路和各种微器件工业的短板，特别是半导体设备和材料的短板。这是使我国从制造大国上升为制造强国的关键。

这里所讲的半导体微观加工设备，相当于在原子水平上建造十几层的高速立交桥。现在的问题不是芯片设计不出来，而是没有设备可以把它做出来。由于我们的微观加工设备和材料工业投资非常有限，使得 95%以上的设备和材料靠购买国外产品，不但数千亿元人民币都要付给外国的设备公司，也造成我国的集成电路产业缺乏自主可控的牢固基础。只有当我们有相当比例的设备和材料自主可控，并在技术水平上处于国际前沿时，才会有足够的主动权和制衡力量。同时也应该看到，我们已经有潜在的优势，只要我们因势利导、集中力量聚焦并突破几个设备领域，完全能够赶上和超过国际先进水平。

制造集成电路芯片需要几百个甚至上千个步骤，经过层层铺垫材料，用光刻机和等离子体刻蚀机一层层地加工出微观结构，进而形成复杂的电子线路的微观楼宇和立交结构。完成芯片的加工需要十几种设备，最关键、最大量的是光刻机和等离子体刻蚀机及化学薄膜设备，由于光刻机的波长限制，如 10 纳米、7 纳米、5 纳米、3 纳米，要靠等离子体刻蚀机和化学薄膜设备的组合拳——多重模板技术实现。特别要指出，近 50 年来从集成电路的微观器件，已扩展到众多的泛半导体器件。加工各种微观器件都需要光刻机、等离子体刻蚀机、薄膜设备和检测设备等，需要的材料也相同或非常相似。可以将集成电路和泛半导体器件统称为微观器件产业，加工这些器件的设备可统称为半导体微观加工设备。

二、当前半导体设备产业发展的技术瓶颈与对策

半导体微观加工设备是集人类科学技术之大成的大国重器。这个产业有它独特的属性和发展规律，有极大的难度、极大的挑战和极大的不确定性。作为一个半导体行业企业，发展中要面对以下十大挑战，只有采取正确的措施和做法，才能实现稳定、高速和持续的发展。

（1）在原子水平上加工微观纳米结构已接近物理极限，需要集成人类创造的50多个学科的知识和技术来解决，难度不亚于“两弹一星”。必须吸引国际和国内顶尖人才，组建开发产品的全方位的国际一流团队，掌握全方位的知识和技能，才能开发出好的设备产品。

（2）微观加工设备面临最大的困难是加工结果的均一性、稳定性、可重复性、可靠性和洁净性。要加工人类头发丝几千分之一到上万分之一大小的微观结构，是最具挑战性的精密加工。这需要艰苦卓绝的努力和长期经验的积累，绝不可能一蹴而就。

（3）开发实验室的样机只完成开发生产设备的一小部分，只有经过研发样机、Alpha 生产样机、Beta 客户认证机、改造升级机、量产机 5 个步骤的几十个方面的不断努力，才能开发出在微观器件生产上可靠好用的设备。设备的开发过程需要有成熟的项目管理章法和严格的审查过程。

（4）在市场已被极少数国际大设备公司垄断的情况下，大生产线准入的门槛极高。往往需要一两年或更长的时间，花费极高的成本不断地对设备进行改进和升级，才能在一条客户生产线上核准一个个工艺过程。

（5）微观加工设备的开发和进入市场，需要对国际领先的设备公司的专利和知识产权有充分的认识，要有完整的知识产权保证体系，要有应付知识产权及专利纠纷的充分准备。

（6）微观加工设备的开发和进入大生产阶段，需要大量的研发经费和资金支撑。每年的研发经费会有几亿元到几十亿元，这对公司的融资能力有极大的挑战，对营运成本的控制和盈利及在资本市场的表现都会有很大的困扰。

（7）微观加工设备需要几百个材料和零部件产业链公司作为支撑，关键的材料和零部件都依赖国际一流的企业。必须建立强有力的供应厂商管理组织和体系，选择和培养高质量的材料和零部件供应厂商，形成可靠的供应链。

（8）微观器件的生产一般是连续的、较稳定的，但设备的销售是间断的，只有在客户扩产建造新生产线时才有机会。微观加工设备市场对世界和国家经济状况的起伏最为敏感，特别是对微观器件产业的市场波动更加敏感。所以，设备市场的周期性波动远高于微观器件产业和传统产业，往往每年的市场浮动在百分之三四十，甚至百分之七八十，并且很难预测。因此，研发制造单一设备是无法生存的，只有开发多种设备，覆盖不同的微观加工领域，在不同领域有不同的周期变化，才有可能稳定和持续地发展。

（9）随着集成电路和微观器件产业竞争的加剧，以及相关产品逐渐进入老百姓生活的方方面面，产品价格不断下降。微观器件产业不断要求设备提高输出量，降低设备价格，降低营运成本，这对设备公司带来更大的挑战。只有不断创新，开发出比竞争者性能好、输出量高、成本低的设备产品，才能保持持续的盈利能力。

（10）在中国，集成电路芯片生产线的设备市场投资占国际设备市场投资的20%，但其中只有10%左右的投资是国内投资，而另外10%的投资是国际芯片制造公司在中国的投资，因此设备购买的决策权在外国公司的总部。这就导致国内的设备市场不足以支撑国内设备公司的成长，必须有能力将设备产品推入国际主流集成电路和微观器件制造生产线，国内的设备公司才有可能成长为有国际竞争力的大公司。

三、解决半导体设备产业发展的主要困难及相应改革建议

半导体设备产业和其他硬科技产业有3个共同的特点：①产品开发需要投入巨大资金，一般需要几亿元到几十亿元；②产品开发需要很长时间，一般需要一二十年，甚至三五十年；③每种产品的市场，在国际上都被两三家垄断，甚至被一家垄断。这些居于垄断地位的公司一般比我国新生的公司大二三十倍，甚至更多。

我国半导体设备产业发展面临的主要困难是“极端不对称的竞争”，包括规模的不对称、市场的不对称、人力资源的不对称、研发经费的不对称、技术知识产权的不对称、准入门槛的不对称等，但其中最重要的是研发经费的不对称。例如，美国等离子体刻蚀机和化学薄膜设备年销售额超过100亿美元的龙头设备企业，每年投入研发的经费是10多亿美元。而我国以等离子体刻蚀机和化学薄膜设备为主的龙头企业每年投入研发的经费只有5000万美元，是美国同类公司的1/20。如果只靠我国数量稀少、实力单薄的中小公司去独自应对这种极端不对称的竞争，是不可能有效地实现赶超的，距离只会越拉越大。要化解被动的局面，最关键和最重要的策略是政府的力量（政府的推动、政策的扶持和相当的研发经费的资助）和企业的

力量（企业的奋发图强及市场的竞争机制）紧密结合，形成合力，只有这样，才能在较短的时期赶上去，甚至在一些方面超过国际上占垄断地位的公司。

科创企业发展的根本条件，第一个是“人”，第二个是“钱”。“人”就是能不能吸引国内外一流的人才，有没有强有力的激励机制，形成国际一流的极具战斗力的团队；“钱”就是能不能在没有包袱的情况下以大量的经费投入研发，保持企业的高速发展。我国集成电路产业虽然如雨后春笋般发展，但还处在松散的状态；国外的集成电路产业早已高度集中、高度垄断。在这种极端不对称竞争的特殊条件下，发展产业的第三个条件是要“合起来干”，要避免国内企业的各自为战、无序发展，甚至恶性竞争的状态。政府的政策和举措，都应该解决“人”“钱”“合起来干”的问题，都应该为了打造对产业发展最有效的机制、最好的产业发展政策、最好的产业发展环境。深化改革的核心，就是使生产关系一定要符合和促进科创生产力的发展。产业就像是一个“鼎”，需要强有力的 3 条腿去支撑，而且 3 条腿要平衡支撑，这个鼎才可以被顶起来。

（一）“人”

企业发展的第一要素是“人”，人才是决定企业发展最重要的、决定性的因素。可以把人才简单分为 3 类：国际人才、国内培养的人才、领军人才。

能否吸引到国际一流人才对企业来说至关重要。硅谷的成功在很大程度上是因为硅谷有有效吸引国际人才的政策，像应用材料这样百亿美元的大公司就吸引了 60 多个国家的人才。我国已实施了一系列吸引国际人才的政策，也启动了“永久居住身份证”制度，但在全面吸引人才的政策方面，还有不足需要尽快改进。

国内人才的培养主要包括学校教育和在职教育两个方面。国家和企业要在加强人才技能教育方面下功夫，培养更多具有工匠精神的人才。同时，企业也要加强员工的在职教育，不断更新和提高技术人员的专业知识，使他们能够跟上世界科学技术发展的脚步。

识别、信任和爱护领军人才是非常重要的一项工作。“三军易得，一将难求。”特别是在集成电路产业，需要很多学科和技术的集成，需要募集大量的资金，需要千百万人的共同努力，需要整个产业链的协同发展，所以领军人才的作用就更加突出。一个成功的公司，最重要的就是要有强有力的领军人物和团结一致的领军团队。政府和企业应该给领军人才提供更好的学习、进修和交流的机会，帮助他们更好、更快地成长。

企业有了发展所需要的人才，还应该制定措施，激励他们勇于创新、努力奋斗、团结一致，开发出极具竞争力的产品。实施有效的员工期权和股权的激励制度，是被国际先进企业反复证明的有效方法，这种激励制度可以说关系到科创企业的生存和发展。企业的战斗力和竞争力取决于管理层和员工能否把自己的近期利益和长远利益与公司的利益和发展紧密结合起来，只有员工认为自己是企业不可分割的一员、员工个人利益和长远利益与公司的发展紧紧绑定在一起的企业才有真正的战斗力。

（二）“钱”

“钱”就是企业发展所需要的资金，集成电路和半导体设备企业发展所需的资金有 3 种：股本金、低息贷款、政府研发资助，三者缺一不可。

如果企业要建造月产 5 万片 12 英寸芯片的生产线，需要先投资 500 亿美元建厂，其中 70%～80%的资金用来购买几千台设备，在随后的 10 年中还需要至少 200 亿美元用于研究开发技术和产品，所以一共需要的总投资为 700 亿美元。经过 10 年的努力，如果企业成功开发出 1～2 代产品，并投入大生产，设备在 7 年中折旧完，第 10 年销售额可达到 170 亿美元。如果要发展一个半导体设备公司，每年的产品研发费用需要 3 亿多美元（这只是美国同类型公司研发投入的 1/20），10 年间研发费用至少需要投入 35 亿美元，10 年后最理想的情况是公司每年可产生 7 亿美元销售额。

由于建造芯片生产线和发展半导体设备公司所需要投资金额都很多，如果全部通过募集股本金获得所需资金，那么企业的股票稀释情况就很严重，这种情况一般不可能获得预期的好回报。相反，作为低成本资金的长期低息贷款就会起到重要的作用。中国台湾地区的晶圆制造公司过去多年内在股票二级市场上并没有获得很多股本金，而是每年从银行获得几十亿美元的低息贷款，利息低至 1.5%以下，这使公司能够获得低成本资金，保证了公司的高速发展和在股市上的很好表现。

政府提供的专项研发资助也是集成电路和设备企业发展的重要支撑。当国内这一类企业规模还很小时，企业的销售额甚至大大低于国际同类型大公司的研发经费，因此，国内这一类企业研发经费的缺乏成为企业开发有竞争力的产品和高速发展的瓶颈。我国“02 专项”在过去的 10 多年中，资助了几十家半导体设备公司的上百个项目，使我国的半导体设备产业从无到有，再到初具规模。但当企业成长起来，具有相当规模的时候，企业自身应该可以通过销售、融资和贷款获得资金并能提供足够的研发经费，不应该总是依靠政府提供的研发资助，反而要尽量增加企业利润，并通过缴纳企业所得税来回报社会。

在企业解决了“股本金”“低息贷款”“政府研发资助”这3种资金来源之后，企业发展的基本矛盾就转变为研发投入和盈利的矛盾。我国半导体微观加工产业还处于大发展时期，无论是企业还是资本市场，都应该强调的是企业的研发投入、在市场上的竞争力、销售增长速度，而不是短期的盈利和回报。只有这样，科创企业才能在没有包袱的情况下，敢于投入大量的研发费用，确保企业不断开发出有竞争力的产品，保障企业高速发展。

（三）“合起来干”

产业中各相关企业能否“合起来干”，是产业发展的重要瓶颈。人类从农耕畜牧发展到现代化大生产阶段，发达国家已经进入大规模合作的大公司时代。但我国还处于集成电路产业的发展阶段，很多地方都要发展当地的集成电路产业，全国有近60个芯片生产线项目在启动，还有近3000家芯片设计公司和上百家设备公司。如果要做大做强我国集成电路产业，如何从政策层面鼓励这些企业“合起来干”，如何加速这类企业的兼并重组，是一个很重要的课题。如果能在未上市公司的估值上给予和已上市公司接近的估值方法，就会促进企业的整合。

解决发展企业的“人”“钱”“合起来干”这3个主要问题，要靠更深入的科技创新企业发展理论的探讨和深化改革来实现。特别包括投融资政策、劳动法政策、进出口政策、所得税政策、员工激励政策、上市政策的深化改革和升级。我国发展集成电路产业的势头非常好，但是在“人”“钱”“合起来干”这3个方面还很不平衡。在资金上，股本金占比大，低息贷款和研发资助较弱。在投资上，投资芯片生产线的资金占比大，投资设备和材料的资金占比很小。我国进行相关产业的深化改革，需要加强产业发展的这3个方面，而且要平衡用力，只有这样，才能实现产业的健康和高速发展。

四、结束语

半导体微观加工的设备产业是支撑微观器件制造的科技基础产业，是数码时代发展的重中之重。在我国从制造大国到制造强国，从科技大国到科技强国转变的历史时期，重视和发展半导体微观加工能力、开发国际最先进的微观加工设备和相关的材料及零部件是我们重要的战略任务。在极端不对称竞争的形势下，必须解决“人”“钱”“合起来干”的问题；必须发挥政府强有力的推动作用，不断地认识和研究这个产业发展的规律和特殊性，不断深化改革，改善政策和产业环境，最大限度地促进科创生产力的发展，赶超国际先进的半导体微观加工能力，打造国际一流的半导体微观加工设备和材料产业。

作者简介：

尹志尧博士，中微半导体设备（上海）股份有限公司董事长兼首席执行官，曾在美国硅谷任职于英特尔等公司，曾担任国际半导体设备总公司副总裁。获得 89 项美国专利和 200 多项其他国家专利。2018 年获得“感动上海年度人物特别奖”。在 2018 年美国 VLSI Research 的全球评比中，与英特尔董事长等一起被评为 2018 年国际半导体产业十大领军明星。

对中国集成电路设计企业发展的思考

杨崇和

中国半导体产业自 20 世纪 50 年代起步，至今已走过了近 70 年。纵观整个行业发展，市场需求大、产业规模小、绝大部分产品依赖进口仍然是整个产业的最大特点。本土设计、生产的集成电路产品只能满足国内约 24%的需求，集成电路进口额超过了石油和铁矿石进口额的总和，集成电路是我国排名第一的大宗进口产品。中国集成电路产业长期严重依赖国外，贸易逆差持续拉大，已引起政府的高度重视。

最近一年多来发生的一系列事件，更是让芯片成了热门话题，走到了风口。但对于芯片企业来说，不论环境冷暖、风向逆顺，都要以谦卑的态度潜心技术、尊重市场，坚持在自己的领域"先做强再做大"。在新经济时期，机遇与挑战并存，新兴行业急速发展，传统行业蝶变升级，都在接受市场与时代的考验。在此，笔者与大家分享一些行业经历和对芯片企业发展的思考。

一、中国集成电路产业的现状和发展机会

中国集成电路产业发展，可以简单划分为 3 个阶段。第一阶段是所谓"研究所的时代"。其实，中国的芯片研发并不晚，黄昆、谢希德等前辈培养了中国第一批半导体人才。韩国及中国台湾地区的半导体产业都比中国大陆地区的半导体产业起步晚，但它们都成为当今芯片"强力集团"的成员，而我们的产业发展却慢于它们。第二阶段是以 908 工程、909 工程为代表的产业化发展阶段。该阶段的产业发展以政府引导和扶持为核心，举国一盘棋，可谓"中央主导、地方集聚"，中国芯片产业从此开始真正意义上的发展。第三阶段是 2000 年以后。《国务院关于印发鼓励软件产业和集成电路产业发展若干政策的通知》（国发〔2000〕18 号）的发布，拉开了集成电路产业全面发展的序幕，特别是以上海张江为代表的集成电路聚集区推动了整个产业进入蓬勃发展期。

每一代芯片人都身负理想、踌躇满志。时至今日，中国芯片产业的前行道路虽然漫长，但在一些领域已崭露头角。从经济数据来看，全球半导体行业在 2019 年跌入低谷，创 10 年来最大跌幅，中国集成电路产业却迎来承上启下的转折之年。中商产业研究院数据库显示，2019 年中国集成电路产量为 2018.2 亿块，同比增长 7.2%；中国集成电路产业销售收入为 7562.3 亿元，同比增长 15.80%。其中，集成电路设计业销售收入为 3063.5 亿元，同比增长 21.6%，占总值的 40.5%；晶圆制造业销售收入为 2149.1 亿元，同比增长 18.20%，占总值的 28.40%；封测业销售收入为 2349.7 亿元，同比增长 7.10%，占总值的 31.1%。

我们可以看到，中国集成电路产业在不同细分领域都取得了长足进步。但在目前的国际市场上，作为后进国家的我们还处在“追随”和“赶超”的位置，从产业分工和价值链来看，我们仍处在从价值链底端向上爬升的过程。和美国及其他半导体发达的国家和地区相比，中国集成电路产业除了技术本身落后，产业结构也不够合理。尽管近几年芯片设计产业发展迅速，但企业仍然大量集中在附加值和技术含量较低的市场，大家一起打价格战，互相厮杀。过低的利润难以让企业通过健康的研发投入来提升产品的市场地位，导致恶性循环。在制造方面，企业也相对分散，不容易聚集财力和人力“办大事”。

笔者回国 26 年来一直坚信芯片是有前途的，芯片产业也能够发展起来。理由很简单：芯片是信息时代的“发动机”，是现代工业的“粮食”，它本身的重要性是不言而喻的。发展集成电路产业，要有长期的思想准备和投入，不能指望短短几年就获得回报。真正把集成电路产业发展起来，除了下决心，还要有定力，要把行业“短板”补齐，踏踏实实坚持做下去。

一些国际事件为我们敲响了警钟，现在举国上下都看到了芯片产业的重要性，芯片产业存在的问题也在逐渐改善，时代的发展也会对集成电路产业全新赋能。随着人工智能在物联网、5G、医疗健康、自动驾驶等领域的普及和发展，一个海量数据的时代正在到来，这些数据的处理和使用将会对芯片提出全新的需求，它们正是芯片行业大发展的重要推动力。

广阔的市场空间给芯片行业带来了新的发展机遇，并且随着国内企业技术研发实力的不断增强，国内集成电路企业也将会发现新的发展契机。

二、“中国芯”不可能一蹴而就，也不可能闭门造车

人们常问：“造芯”为什么那么难？

集成电路产业在产品上分为处理器芯片、记忆和存储芯片、特定功能芯片、存

储器、分立器件、设备、材料等；在生产工序上可以分为IP开发、设计、代工、封测等环节。如今，集成电路产业已经分工精细、内容繁多。集成电路产业是典型的全球化分工合作的产业，到目前为止，没有任何一个国家或地区拥有了完整产业链，而且基于产业链的复杂性，全产业链自给自足也不现实。

前段时间的日韩贸易战让我们看到，即便韩国这样的芯片产业强国，缺了几种看似不起眼的日本原材料，整个工厂就面临停产的困境。所以，芯片产业的发展还需要开放合作，最后融合于国际产业链中，做到你中有我、我中有你、谁也不能离开谁。“闭门造车”是不现实的。

事实上，我们在“造芯”路上一直在尝试，也曾在误区中徘徊。胡启立先生在《“芯”路历程》一书中总结了当时行业发展的三大误区：第一，把芯片工厂的建设简单当成一条生产线的引进，以为有了设备就能生产；第二，单纯追求技术的先进性，不从市场需求出发，误认为集成电路的线宽越细越好；第三，认为只要有钱就能搞半导体。他还指出，高科技产业发展必须坚持引进、消化、吸收、创新同步发展的战略，“真正的核心技术很难通过市场交换得来，引进不是目的，目的是发展自己，为我所用，最终实现自主创新，走自己的路，企业必须从引进之日就要制定消化吸收的具体措施和今后创新的长期战略规划，并积极努力加以实施”。

集成电路产业是一个周期长且投资大的产业，短时间内见不到效果，市场环境对行业发展的影响也非常大，发展芯片产业需要国家、企业和人才等共同的努力，不可能一蹴而就，这是急不来的。

芯片从设计到制造，要把数以十亿计的半导体器件集成在指甲盖大小的面积上，不允许出现任何差错，只有心无旁骛，才有成功的可能。

三、只有“先做强”，才能“再做大”

集成电路设计业作为整合和链接集成电路设计、芯片制造代工、封装测试、应用方案、渠道商、运营商的重要推动力，是打造战略性新兴产业价值链的核心要素。

纵观近几年中国集成电路各细分领域的产值数据，在产业结构调整中初步凸显出以设计业为龙头的发展格局。中国半导体行业协会数据显示，中国集成电路设计销售额由2015年的1325亿元增至2019年的3063.5亿元，占全产业销售总值的40.5%，年复合增长率为23.3%。可以看出，集成电路设计业始终是国内集成电路产业中最具发展活力的领域，其增长也最为迅速。

清华大学微电子所所长魏少军教授指出，目前中国的芯片设计公司超过1700家。

可以说，芯片设计行业已经站在了风口上，这是产业发展过热的一个表现，肯定有泡沫存在。反观一个产业的大发展时期，泡沫是不可避免的，甚至是产业发展需要经历的。19 世纪下叶英国的铁路建设和 20 世纪末的互联网兴起都产生了巨大的泡沫，同时也催生了整个产业。

然而，我们也要看到，芯片产业成熟之后，即便是中国这样巨大的市场，恐怕也不需要 1000 家设计公司，芯片产业未来会经历一个逐渐并购和整合的过程。特别是芯片行业需要长期、深层次的积累，想要取得成功的企业要做好长期奋战的准备——从粮草到心态。如今 5G、IoT 等应用被视为新的风口，这对于做好准备的芯片公司是巨大的机遇，但现在的 1700 家公司恐怕不是每家都准备好了。

除了时代给予的机遇，国际市场的风云变幻也给中国集成电路企业做出警示。在这个“你中有我，我中有你”的产业中，当对方要跟你脱钩时，你更要练好内功，让对方难以脱钩。

那么如何练好内功呢？“先做强，再做大”是中国集成电路设计企业应该坚守的生存法则。

笔者一直相信，只有“先做强”，才有可能“再做大”。企业要找到一个适合的领域埋头苦干、精耕细作，当没有在自己的领域做到前两名时（因为第三名已经没有肉吃，往往只能喝汤了），就不要急着跑去耕别人家的田。

如今，我们是一个全球化融合的市场，市场份额向头部集中是普遍存在的经济规律，在集成电路行业尤其显著。要想立于不败之地，企业首先必须赢得市场，做市场的强者。就像《“芯”路历程》一书中所说，“引进某高科技项目，往往首先想到为填补国内该领域的空白，容易导致从技术出发，忽视市场导向”，“如果与市场不合拍，即使技术水平再高，也得不到市场的回报，就会被淘汰出局”。中国集成电路行业发展是一场马拉松而非百米短跑，前行之路亦非坦途，行业形势时好时坏，赛道上亦不乏有实力的竞争者，只有坚持做到领跑，才算赢得比赛。

作者简介：

杨崇和博士，澜起科技股份有限公司董事长兼首席执行官，美国电气和电子工程师协会院士（IEEE Fellow），曾荣获“IEEE CAS 产业先驱奖”、JEDEC“杰出管理领袖奖”和上海市“白玉兰荣誉奖”等。

“轻设计”推动中国集成电路产业创新升级

戴伟民

集成电路产业作为信息技术产业的核心和国民经济信息化的基础，是新经济的重要一环，是支撑社会经济发展和保障国家安全的战略性、基础性和先导性产业，同时也是国家创新驱动发展战略的重点发展领域。集成电路产业的发展水平影响着中国在全球电子产业乃至全球经济格局中所处的地位，是衡量中国现代化程度及综合国力的重要标志。中国拥有全球最大的电子产品生产及消费市场，对集成电路产生了巨大的需求，但国内集成电路市场自给率偏低，进口的依赖程度较高，每年的进口额均超过石油进口额，引起了各界的广泛关注。近年来，中国大力发展集成电路产业，从家用电器、手机的生产制造，到大数据、云计算、物联网、人工智能、5G 的全面布局，中国集成电路产业发展正由国产替代逐步走向创新引领。其中，由产业链不断细分产生的“轻设计”模式，将进一步降低集成电路产业的准入门槛，促进术业专攻下的技术创新，符合中国集成电路产业的发展状况，并有助于促进集成电路产业的全面升级，大幅提升其经济效益。虽然新冠肺炎疫情对全球集成电路产业产生了一定程度的不利影响，供应链、终端产品需求都不同程度受阻，但展望 2020 年下半年，集成电路的需求也将得到集中释放，而且在疫情期间，社会爆发出的对云计算、边缘计算、智能制造、人工智能检验检疫等的需求，将进一步推动集成电路产业的切实发展。

一、中国集成电路产业发展背景：全球半导体产业的三次转移

从历史发展进程来看，自 20 世纪 60 年代半导体产业在美国发源以来，全球半导体产业因产业链进一步细化和应用市场需求变化，经历了两次产业转移，并正在进行第三次产业转移。第三次产业转移的“目的地”为中国大陆地区，这给中国集成电路产业的发展带来了机遇。全球半导体产业三次转移如图 1 所示。

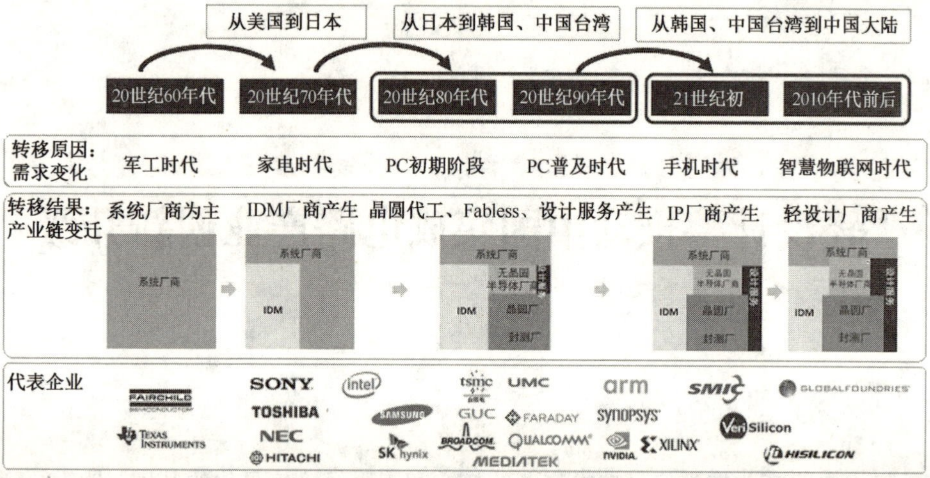

图 1　全球半导体产业三次转移示意

20 世纪 70 年代起，美国将半导体系统装配、封装测试等利润含量较低的环节转移到日本等其他地区。日本半导体产业由此开始发展，并借助家用电子市场对半导体技术及产量的需求不断完善产业链，最终在家电领域实现突破，由此产生了半导体产业的第一次产业转移。该次转移成就了索尼、东芝、日立等知名企业。在这期间，拥有芯片设计和生产能力的 IDM 模式得到快速发展。

20 世纪 80 年代至 90 年代，由于日本经济泡沫破灭、投资乏力等原因，日本的半导体产业开始没落。中国台湾地区的台积电和联电两家晶圆厂诞生，推动美国、日本半导体产业由 IDM 模式逐渐转变为 Fabless 模式。在半导体应用从家电到个人计算机的转型过程中，中国台湾地区着重发展半导体制造技术，在半导体产业链中占据了关键地位，韩国则聚焦存储技术，由此产生了半导体产业的第二次转移。该次转移成就了中国台湾地区的台积电和联电，韩国的三星、海力士等企业。与此同时，芯片设计公司和晶圆厂之间的技术衔接与匹配的需求，首次催生了芯片设计服务行业的诞生。

21 世纪起，随着半导体产业向手机延伸，终端产品更加复杂多样，芯片设计难度快速提升，研发资源和成本持续增加，促使全球半导体产业分工继续细化，芯片设计产业进一步拆分出半导体 IP 产业，而芯片设计服务产业的服务范围也进一步扩大。同时，中国大陆地区的半导体产业经历了低端组装和制造承接、长期的技术引进和消化吸收、高端人才培育等较长的周期，逐步完成了原始积累，并以国家战略及政策为驱动力，推动了全产业链的高速发展。随着智慧物联网时代的到来，受产业发展环境完善、人才回流、政策支持、资本青睐等众多因素影响，中国大陆地区的半导体产业得以在众多领域实现快速与全面布局，正逐步驱使全球半导体产业从韩国、中国台湾地区向中国大陆地区转移，即半导体产业的第三次转移。该次转移促进了以ARM、新思科技、铿腾电子、芯原、创意电子、智原等为代表的半导体IP供应商和芯片设计服务提供商的快速发展，也推动了中国大陆地区集成电路产业相关企业的成长，包括以中芯国际、长电科技等为代表的晶圆厂和封测厂，以及以华为海思、紫光展锐等为代表的芯片设计公司。

二、中国集成电路产业的发展趋势与特点

我国的集成电路产业发展起点较低，但依靠巨大的市场需求和良好的产业政策环境等有利因素，已成为全球集成电路产业的新生力量。根据IBS报告，2018年中国半导体市场规模为2497亿美元，占全球市场的52.99%；预计到2027年，中国半导体市场规模将达到4948亿美元，占全球市场的61.93%。在当下快速发展的历程中，中国集成电路产业具有4个显著特点，分别为：集成电路产能向中国大陆地区转移；本土初创公司快速发展和芯片设计项目快速增加；系统厂商和互联网公司芯片定制需求明显；自主、安全、可控的迫切需求。

（一）集成电路产能向中国大陆地区转移

中国大陆已是全球最大的电子设备生产基地，也是集成电路器件最大的消费市场，而且其需求增速持续旺盛。强劲的市场需求促使全球产能中心逐渐转移到中国大陆地区，进而扩大了中国大陆地区集成电路整体产业规模。根据SEMI的数据，2017—2020年，全球共有62家新晶圆厂将投入运营，其中26家在中国大陆地区，占比42%。IC Insights的数据则指出，2019年全球有9家新的12英寸晶圆厂开业，其中有5家来自中国大陆地区。

中国大陆地区晶圆厂建厂潮，为国内集成电路设计行业在降低成本、扩大产能、提高地域便利性等方面提供了新的支持，对于整个集成电路产业的发展起到了拉动作用。同时，中国大陆地区市场的旺盛需求和投资热潮也促进了我国集成电路设计产业专业人才的培养及配套产业的发展，集成电路产业环境的良性发展为我国集成电路设计产业的扩张和升级提供了机遇。

（二）本土初创公司快速发展和芯片设计项目快速增加

随着中国芯片制造及相关产业的快速发展，本土产业链逐步完善，为中国的芯

片设计公司提供了国内晶圆制造支持，加上产业资金和政策的支持，以及人才的回流，中国的芯片设计公司数量快速增加。ICCAD 公布的数据显示，自 2016 年以来，中国芯片设计公司数量大幅增长，2015 年仅为 736 家，2019 年则增长至 1780 家。

由于中国芯片设计公司的不断崛起，本土设计项目数量也不断增加。根据 IBS 报告，2018 年中国芯片设计公司规划中的设计项目有 1797 项，预计 2027 年将达到 3232 项，年均复合增长率约为 6.74%。

（三）系统厂商和互联网公司芯片定制需求明显

随着市场竞争的加剧，终端电子产品如手机、相机及平板电脑等生产厂商开始面对功能多样化挑战及成本压力，进而需要定制符合特定应用条件的高性能、低功耗芯片，因此，越来越多的系统厂商和互联网公司加入了定制芯片的行业，以应对产业升级、竞争加剧及核心技术国产化的挑战。例如，华为、小米、OPPO、苹果、海信、格力、康佳等系统厂商都拥有了自己的芯片设计团队，或者依托集成电路设计服务企业帮助自己开发专用芯片，Facebook、谷歌、亚马逊、阿里巴巴等互联网公司也纷纷着手开发与其业务相关的自有芯片。这种趋势进一步推动了集成电路产业的创新性、差异化和多样化发展，也为中国集成电路设计产业的发展拓展了市场空间。

（四）自主、安全、可控的迫切需求

集成电路芯片被运用在社会的各个角落，只有做到芯片底层技术和底层架构的完全“自主、安全、可控”，才能保证国家信息系统的安全独立。目前我国绝大部分的芯片依靠进口，而自主设计的芯片也大多建立在国外公司的半导体 IP 授权或架构授权的基础上。由于核心产品、技术和知识产权受制于人，我国半导体行业面临着较大的技术风险，市场对国产芯片的“自主、安全、可控”的迫切需求为本土集成电路企业和半导体 IP 供应商提供了发展空间。

值得一提的是，近年来快速发展的 RISC-V，作为一个免费、开放的指令集架构，为中国发展自主、可控的集成电路芯片提供了机遇。RISC-V 的出现极大地促进了开源硬件的发展，非营利组织 RISC-V 基金会也已有超过 300 家的会员，越来越多的公司将 RISC-V 用在自己的芯片中，如西部数据、英伟达、平头哥、华米等。2018 年 9 月，受上海市经信委推荐，领先的芯片设计服务和半导体 IP 供应商芯原，作为首任理事长单位，与上海集成电路行业协会协作，联合数十家国内 RISC-V 领域重点企业和科研院所、投资机构等成立中国 RISC-V 产业联盟（CRVIC），迄今为

止已有百余家会员，对国产芯片的应用和发展起到了较大的推动作用。

三、“轻设计”推动中国集成电路产业的创新升级

目前中国集成电路产业正处于快速发展期，智慧物联网、人工智能、5G 等新兴产业的涌现推动着集成电路生产工艺的快速进步，同时也驱动着芯片设计产业的快速升级。产业升级带来成本、风险和设计难度等的提升，促使产业链按专业分工细化，“轻设计”模式应运而生，推动了集成电路技术的不断创新发展。与目前针对“重设计”的 Fabless 模式不同，在“轻设计”模式下，芯片设计公司将专注于芯片定义、芯片架构、软件 / 算法，以及市场营销等，将芯片前端和后端设计、量产管理等全部或部分外包给芯片设计公司，更多地采用半导体 IP，减少运营支出，实现轻量化运营。

“轻设计”模式是芯原通过观察集成电路技术和产业升级的历程，总结出来的集成电路设计公司的新运营趋势。随着芯片生产技术的不断演进（工艺节点缩小），芯片的线宽不断缩小，单颗芯片上可容纳的晶体管数量快速增加，其单位面积性能得以提升。根据 IBS 报告，以 $80mm^2$ 的芯片裸片为例，在 16nm 工艺节点下，单颗芯片裸片可容纳的晶体管数量为 21.12 亿个；在 7nm 工艺节点下，单颗芯片裸片可容纳的晶体管数量可增加到 69.68 亿个。单位面积下晶体管数量的快速增加促使晶体管的单位成本快速下降，同时也使设计的复杂度不断增加，从而提高了设计成本，给芯片设计公司带来了较大的设计挑战。而在晶圆制造方面，先进工艺节点也会相应提升晶圆厂产线的开发和搭建成本，从而提升芯片的样片流片成本，使得芯片设计公司的设计风险进一步增加。高成本、高风险的设计投入使芯片设计公司在研发先进工艺节点的芯片产品时，需要有大规模的产销量来平摊生产成本，芯片设计公司将在生产制造协同、运营和市场管理能力方面面临更高的挑战，设计工程师也需要具备更多、更广的专业技能及先进、扎实的设计实施能力。由于具备上述完备能力的企业较少，为降低设计风险和成本，芯片设计公司越来越多地寻求专业的一站式芯片定制服务和使用经过验证的半导体 IP，即采用“轻设计”模式。此外，全球排名前十的集成电路设计公司近几年的研发费用占营业收入比例大多维持在 20%～30%的高位，随着产业的升级，集成电路设计的成本和难度还将不断加大，这要求企业具有更高的利润以支撑研发。“轻设计”模式则可大幅降低芯片设计公司的运营成本，芯片设计公司可以专注于自身核心竞争力的发展，如市场需求挖掘、产品定义、差异化实现、精准营销等。

在“轻设计”模式下，集成电路产业链企业得以合理分工，集中发展优势技术，推动了该产业的技术创新。Chiplet（小芯片组）便是一种可进一步平衡计算性能与成本，并提高设计灵活度的创新技术。Chiplet 的实现原理如同搭积木，即把不同功能的模块，如 CPU、存储器、视频编解码器等，预先选用不同的工艺节点分别进行生产，然后通过先进的封装技术将不同功能的模块集成在一起，形成一个系统芯片，使得该芯片的局部功能模块和生产工艺灵活匹配，整颗芯片不再受制于同一种生产工艺。Chiplet 的实现开启了半导体 IP 的新型复用模式，即硅片级别的 IP 复用。目前 Chiplet 已经实现了少量商业应用，并吸引了英特尔、AMD、台积电等领先企业投入研发，在当前 SoC 遭遇工艺节点和成本瓶颈的情况下，有望发展成一种新的芯片生态。作为领先的芯片设计服务和半导体 IP 供应商，芯原提出了 IP as a Chiplet（IaaC）的理念，旨在以 Chiplet 实现特殊功能半导体 IP 的“即插即用”，以在 7nm、5nm 等先进工艺下，实现芯片性能与成本的平衡，缩短较大规模芯片的设计时间并降低风险。

芯原是全球领先的依托自主半导体 IP，为客户提供平台化、全方位、一站式芯片定制服务和半导体 IP 授权服务的企业，也是“轻设计”模式中重要的一环。通过芯原提供的服务，客户可集中精力运用自身在产品定义、系统架构、软件开发及市场营销等方面的优势，借助芯原在芯片设计和量产优化等方面的优势，完善产品功能，提升产品性能，从而高效、可靠地实现“轻设计”模式。

四、结语

中国高度重视并大力支持集成电路产业发展。自 2014 年 6 月《国家集成电路产业发展推进纲要》发布之后，中国又相继出台了多项政策，以推动中国集成电路产业的发展进程。将集成电路产业发展提升到国家战略的高度，充分显示出国家层面的意志和决心，该产业迎来了前所未有的发展契机。“轻设计”模式将有助于为中国快速发展的集成电路产业打造健康的生态环境，促进本土芯片设计公司的快速发展，并为系统厂商和互联网公司的升级发展提供有力的技术支撑。如同以台积电为代表的晶圆厂商的兴起，推动了 Fabless 企业的快速发展，以芯原为代表的平台化设计服务企业也将在“轻设计”模式中，推动集成电路产业迎来创新升级，使之成为推动中国新经济发展的一股中坚力量。

虽然新冠肺炎疫情给集成电路产业的发展带来了一些阻力，但该影响将是短期的，且不会对中国集成电路产业发展的势头带来根本性变化。时事变换，“危”中有

“机”，集成电路产业从业人员可进一步挖掘工业互联网、大数据中心、人工智能等领域的真实需求，在快速响应、精准投入的同时，注重知识产权的保护，中国集成电路产业势必在疫情缓解之际，正式迎来腾飞。

作者简介：

戴伟民博士，芯原创始人、董事长兼总裁，曾任加州大学圣克鲁兹分校计算机工程系教授，美国 Celestry 公司共同董事长兼首席技术长，美国 Ultima 公司创始人、董事长兼总裁。曾获美国总统青年研究奖、安永企业家奖、胡润百富 2014 中国年度产业贡献奖、上海智慧城市建设领军先锋等。

集成电路（芯片）

集成电路产业是信息技术产业的核心，是支撑经济社会发展和保障国家安全的战略性、基础性和先导性产业。

——《国家集成电路产业发展推进纲要》，国务院，2014 年 6 月 24 日

三、金融服务篇

新金融助力我国新经济产业发展

包凡

新经济产业已经成长为中国当代经济的重要组成部分，并且与大众的日常生活息息相关。大家已经习惯了智能手机带来的信息爆炸，习惯了发达的快递网络带来的高效物流配送，也很难再回到没有移动支付、没有网购、没有外卖的时代。而这一切，都得益于中国新经济产业近 20 年的超高速发展。温故方能知新，作为一名长期支持、服务新经济产业发展的金融工作者，希望能通过对国际及国内新经济产业发展历程的回顾，使得同样处在高速发展中的新金融在下一个十年中，能够更好地服务新经济产业。

一、金融服务对国际新经济产业发展的重要作用

（一）海外新经济产业发展历程

新经济是相对于传统经济而言的。我的职业生涯起步于国际金融市场，对于美国新经济产业的兴起与发展有一定了解。20 世纪下半叶，以资本和设备投入为特征的美国重工业逐渐进入成熟期，而以科技创新和服务业为基础的、具有更高附加值的新经济也开始登上历史舞台。随着信息技术的快速发展，依托技术创新的新经济产业开始爆发，推动美国经济强劲扩张，新经济成为美国经济增长的重要动力。而随着移动互联网时代的到来，新经济开始快速向人们的日常生活渗透，向传统行业赋能，真正迎来大发展时代。从我的观察来看，美国新经济发展可以分为以下几个主要阶段。

1. 技术储备孕育阶段

第二次世界大战期间积累的科学技术、相对和平的世界环境、初步建立的国际自由贸易体系、数量和质量双提升的人口红利及战胜国中的超级大国地位，共同为20世纪下半叶美国经济腾飞奠定了基础。20世纪的诸多划时代的技术发明均诞生于美国，如第一台商用的电子计算机、集成电路及半导体，这些技术的诞生大幅加速了计算机的微型化、智能化进程。继硬件技术实现突破后，计算机软件技术也迎来了大发展。在C语言发明的基础上，又研发出了操作系统UNIX，使得电子计算机的大规模普及成为可能。微软、苹果，这些我们耳熟能详的公司都诞生在这个阶段。

2. 早期发展阶段

在这个阶段，得益于以计算机为代表的信息技术的进一步商用化与普及，我们国内熟知的DOS、Windows系统在这一时期登上了历史舞台。而硬件方面，以IBM为代表的厂商开始发布真正意义上的个人计算机，并随着硬件快速迭代而不断升级。与此同时，具有划时代意义的互联网IP和NCP等标准逐步建立，开始从美国推广向全球，为真正意义上的世界互联网的大发展奠定基础。在这一阶段，互联网作为新经济产业孵化的土壤，开始逐渐成形。

3. 快速发展及泡沫阶段

1995年是新经济产业里程碑式的一年。在这一年里，微软发布了殿堂级产品Windows 95，Amazon、Yahoo、Ebay这三家美国新经济产业的代表公司也在这一年不约而同地成立。1998年，Google诞生，个人计算机应用的广泛性和便捷性大幅提高。整个20世纪90年代，个人计算机迎来了自己的黄金年代，而其中的互联网用户更是实现了爆发式增长，从1990年的0.05%提升至2002年的10.5%，增幅超过200倍。在这个过程中，无论是家庭的消费电子支出比重，还是企业的IT支出占比，都迅速提高。市场的加速扩大，使得产业链上下游相关公司的业绩出现传统经济难以企及的爆发性成长，引致资金蜂拥而入，导致以互联网为主要代表的新经济在1999—2000年出现明显的泡沫迹象。

4. 泡沫破灭及调整阶段

既是泡沫就总有破灭的时候，只是很少有人能准确判断它什么时候到来。2000年3月，那是值得铭记的时刻，代表新经济晴雨表的纳斯达克指数在到达历史高点后，开始急剧地下跌，短短几天跌去了数百点，引发了投资者抛售的连锁反应。理性投资者们开始审视这些自称“新经济”的时代宠儿，相当数量的企业其实并不具备成熟稳健的商业模式与盈利可能性，而是依靠烧钱增加客户，讲故事，甚至少数企业通过财务造假、夸大收入的方式获取资本青睐，从而获得更多投资。这种依靠炒作概念的企业开始迅速被资本市场所抛弃。联想到最近中概股的纷纷扰扰，新经济与资本市场似乎也是天道轮回。

在这个调整阶段，真正具有技术实力、精准定位客户需求的一批新经济企业开始逐渐站稳脚跟。互联网及个人计算机渗透率仍在提高，增量主要从美国转向以中国为代表的新兴市场。也就是在这一时期，见证了美国互联网泡沫的兴起与破灭后，我认为中国是未来新经济产业新的爆发点，从而回到了国内市场。

5. 稳健成长阶段

2007 年，当国内的手机市场还在纠结于“直板”“翻盖”“滑盖”时，大洋彼岸，苹果 iPhone 横空出世，掀开了移动互联网的大幕。同期 3G 和 2012 年之后 4G 移动通信技术的运用，大幅加快了移动互联网时代的到来，使得互联网时代的格局迎来了新一轮的洗牌。随着基础设施的改善，一些在 PC 时代无法落地的商业模式、应用和梦想，纷纷得到实现，新时代的“领头羊”逐渐巩固了自己的地位，如苹果、Google、Amazon、Facebook 等美国新经济代表性企业，在科技硬件、社交、电子零售和人工智能领域确立巨大优势，建立起成熟的商业模式，盈利持续超预期。截至 2019 年年底，在全球市值前五名中，4 家属于科技公司；在前十名中，7 家属于科技公司。与 1995—2000 年那波周期相比，这波周期基础更加扎实，商业逻辑更加清晰，含金量也更高。

（二）成熟的金融市场及服务扮演重要角色

第一波新经济浪潮诞生于美国市场，其原因是多方面的。其中一个核心因素是以纳斯达克为代表的资本市场，为新经济源源不断注入发展动力，扮演了无可替代的角色，使得新经济企业均能有与其发展阶段相匹配的金融服务，并在与其他国家企业竞争中获得优势地位。在企业发展早期阶段，美国成熟的风险投资及定价体系可以为创业企业提供资金；而发展到一定阶段的企业，即便未实现盈利，企业也可以选择登陆二级市场，通过在纳斯达克挂牌交易，获得企业下一步发展的资金，并帮助早期风险投资人获得回报，实现良性循环。在公平交易、透明定价和风险分散下，美国科技企业通过市场机制优胜劣汰，能够脱颖而出的都是资本和用户高度认可与支持的佼佼者。

美国资本市场成功，主要源于几个方面。一是定位聚焦，坚持根本。无论是纽交所，还是纳斯达克交易所，始终都将自身定位聚焦于“股票交易场所”。监管部门主要负责维护公平的交易秩序，剩下的交给市场来完成。纳斯达克交易所没有在政策方面刻意偏好特定产业、方向，但因为上市门槛低、机制灵活，孵化出大批科技创业公司。二是全方位、多层次监督管理体系，各司其职，创造公平交易环境。一方面，SEC 会在上市、交易等多个环节对市场主体进行监管，对违法犯罪行为开高额罚单，直接责任人依法面临刑事指控，使法律、规则成为“带电的高压线”。另一方面，美国会计师、律师等中介行业发达，集体诉讼制度帮助中小投资者挽回损失，震慑了潜在的违法活动。在安然和世通造假案中，投资者通过集体诉讼制度，分别获得 72 亿美元和 62 亿美元的和解赔偿金。同时，依靠完善的做空机制，美国还有一批专职“做空”的投资机构，对商业欺诈、财务造假等瑕疵公司展开攻击，充分发挥了“啄木鸟”作用，使上市公司更加自律、审慎和守法。三是相信市场，容忍失败，允许大浪淘沙。美国资本市场孕育了许多伟大的公司，但同时我们也要看到，上市公司的淘汰率也非常高。2005 年至今，在美国交易所 IPO 的公司中，破发的比率远高于 A 股市场。判断一个交易所成功或失败的标准，在于其是否提供了“公平、良好”的交易环境和便利的交易手段，使参与交易各方充分表达观点，高效地实现市场均衡。四是注册制和退市机制消除套利空间，一二级市场实现平衡。注册制下，在纽交所和纳斯达克交易所上市的“门槛”不高。充足的股票供应，消除了二级市场“过高估值”和“壳”价值。一级市场和二级市场估值趋于平衡，有效打击了大股东借上市“套现”和“圈钱”的投机行为，美国上市公司数量也保持在一个相对稳定的状态。在一个一二级市场成熟的市场，上市不是“犒赏”，也不意味着“走向人生巅峰”，就是企业发展到一定阶段的一种选择；反之，退市也不意味着必然失败，如果股价被大幅度错杀，主动退市也是很正常的选择。

二、蓬勃发展且机遇无限的中国新经济产业

（一）在全球新技术浪潮中蓬勃发展的中国新经济产业

1978 年，中共十一届三中全会召开，标志着中国开始实行对内搞活、对外开放、以经济建设为中心的基本国策，开启了 40 余年的中国经济奇迹。改革开放之初，通过对外开放，中国经济实现了“补课”，利用我国相对完整的基础工业体系、成本较低的劳动力，以“出口导向”为战略，通过区域开放、吸引外资等政策，实现了

短时间经济的跨越式发展。然而，在中国大力发展以劳动密集与出口导向为特征的经济时，随着信息技术的发展，国外新经济产业从无到有，实现了一轮跨越式的发展。

1994 年，中国正式接入国际互联网，新经济产业萌芽的“路”修通了，信息技术革新引发的新经济产业革命终于登陆中国。国外新经济产业先行者的技术及商业模式启发了国内的创业者，中国也开始了一波又一波的互联网创业大潮，并在其中涌现了诸多优秀的本土互联网企业。“师傅领进门，修行看个人。”随着新经济产业在中国的本土化，国内开始涌现出了越来越多的具有中国特色、扎根国内的新经济企业。

2008 年，《纽约时报》刊文称，中国网民数量首次超过美国，成为世界上最大的互联网市场。随着基础技术的不断突破，中国的新经济企业抓住了移动互联网这一波浪潮。在诸多领域，中国的新经济企业不仅不惧国外同行的竞争，甚至一批龙头企业逐渐奠定了行业领先的地位，并成长为有世界影响力的新经济企业，开创了中国新经济奇迹。同时，部分新经济企业逐渐出海，将中国成功的新经济模式向海外市场推广，电商、共享经济、移动支付、外卖平台等在中国市场得到验证的新经济模式被移植到了海外，创造了数字“一带一路”的新现象。

（二）逐渐成长的中国新经济金融服务业

新千年的伊始，我回到阔别多年的国内市场，开始经历中国新经济风起云涌的 20 年，并有幸成为其中许多里程碑事件的亲历者与见证者。相较成熟的国际资本市场，可以说，中国的新经济金融服务同样是伴随着中国新经济产业，在国际浪潮的催生下，蹒跚学步而成长的。

虽然风险投资作为一个概念，早在 1984 年国家科委就提出了发展中国自己的 VC，但真正意义上市场机制运作的风险投资要等到十多年后才开始兴起。随着改革开放的春风，许多像我一样经过国际金融市场历练的金融专业人士纷纷看好国内市场的发展机遇，在归国的同时，也引入了国外针对新经济产业的定价模型、策略和资金，摸索着建立了市场化运作的风险投资体系，为行业发展奠定了基础。在这个过程中，有早期的野蛮生长，也有后续的规范治理，逐渐发展为私募基金募集资金，财务顾问帮助创业者获取投资，投资银行帮助具有一定规模的企业完成上市的新金融服务闭环，形成了有中国特色的新经济产业金融服务产业链条，伴随中国新经济产业一同成长。

时至今日，我们的新经济独角兽企业已经完成了数千亿美元的融资，占当年融资比例逐年提升，2019 年更是达到了当年融资总量的 54%[1]。所涉及的领域更是涵盖了消费互联网、产业互联网、房产服务、金融、医疗健康、硬件 / 先进制造业等各领域。可以说，新经济产业的兴起催生了中国的新金融服务，而从无到有的新金融服务产业又帮助新经济产业优胜劣汰、茁壮成长。中国的新经济产业取得今天这样的成就，新金融产业链上每个环节都做出了自己卓越的贡献。

（三）中国资本市场改革为新经济产业带来新机遇

相较海外，我们国内对于新经济企业的认知有一个过程，无论是资本市场，还是金融服务，起步都较晚，我们的资本市场基础设施设计之初就不是为了服务新经济企业的。中国的金融结构与美国也有很大的区别。2000 年以来，中国储蓄率一直在上升，国家统计局的数字显示中国储蓄率一度接近 52%，远高于世界其他国家，这也就决定了大量资金掌握在以商业银行为代表的传统金融机构的手中，而这些资金又很难精准滴灌进以轻资产、重技术、快速扩张、不惧亏损为特征的新经济企业。同时，资本市场也未针对新经济企业量身定制上市标准，这也导致了大量新经济企业最终都选择在中国香港、美国上市，增强了中国香港、美国等资本市场的影响力，也使得彼时新经济发展红利较大部分被中国香港、美国等投资者所分享。

2013 年 11 月，中央明确提出“推进股票发行注册制改革”，习近平总书记也于上海进博会开幕式上正式宣布设立科创板，并于该板块内进行注册制试点。2019 年 6 月，科创板正式开板，随着一批又一批具有新经济特征、掌握核心技术、代表未来发展方向的企业于科创板成功挂牌上市，我国的资本市场开始向新经济产业提供更多的资本支持，也为新经济产业的投资者带来了更多信心。而即将到来的创业板改革，更是给予了大家更多的期待。

当然，我们的资本市场毕竟不是一张白纸，监管者的考量、投资者的风险意识、市场的运行惯性、外部宏观环境的变化，这些都会对资本市场改革的推进速度产生影响。但是，相信新经济企业家及投资者对中国资本市场的长期发展有着坚定的信心，在政策环境允许的情况下，还是更愿意将国内的资本市场作为上市的首选。大家都时刻关注中国资本市场改革的进程，并热切盼望着随着注册制改革的落地、科创板改革的进一步深入，国内金融资本市场未来可以为新经济产业进一步高质量发展提供更多支持与帮助。

1 数据来源：CR Analysis, IT 桔子。

三、新金融助力新经济产业发展的下一个十年

几乎没有人会否认，中国是过去 20 年新经济发展最成功的国家之一，并且在可预见的将来仍展现了强大的竞争力，诞生了一批世界级的新经济企业，一些模式创新甚至引领了新经济的发展方向。

我时常思考，哪些因素孕育了中国新经济奇迹。在我看来，中国新经济产业实现“弯道超车”绝非偶然，能成功，是多方面因素叠加的必然产物。总结来看，我认为有以下 4 个因素厥功至伟。一是宽松的政策环境。我国的市场经济体系也是在不断摸索的过程中前进的，相较欧美国家，条条框框较少，政府对于新鲜事物的接受度也较高，愿意在早期提供一个较为宽松的政策环境，允许创业企业尝试新的商业模式与技术。二是长期高速发展的经济环境。连续数十年，中国经济始终保持了高速增长，外资不断涌入，为创新创业企业提供了优质的土壤与弹药。长时间高速的经济发展也提升了国民收入，培养了一批消费力较强的人群。三是完善的基础设施建设。“要想富，先修路”，似乎这句 30 年前的口号放在新经济领域也是成立的。无论是高速互联网的普及，还是 4G 乃至 5G 信号的全覆盖，这些都成为移动互联网时代坚实的技术基础，支撑着数亿网民通过智能手机和计算机接入这无比庞大的数字经济体。四是涌现了一批具有新经济思维的企业家。他们普遍有良好的教育背景，有一定的国际视野，都带有一股拼劲，同时善于拥抱资本，不断调整自身商业模式，注重用户体验与渠道下沉。“敢于试错，小步快跑，快速迭代”，是这一代新经济企业家的真实写照。

随着新经济发展进入了一个新阶段，新经济产业发展将从商业模式创新转向更为注重技术创新，这就更依赖新金融体系对新经济产业的支持。在可预见的未来，资本市场改革将进一步加速，目前体现在以下几个方面。一是新《证券法》实施。这将在培养机构投资者、集体诉讼制度、打击违法犯罪、退市等方面取得实质性进展。新《证券法》大幅提高了惩罚力度，加速引入集体诉讼，大幅提高对违法犯罪行为的威慑力。退市制度也将大幅提速，使得市场真正成为配置资源的决定性因素。二是注册制改革的全面落地。市场目前热切期盼着注册制改革在科创板及即将完善改革的创业板试点成功，并于全市场落地。注册制的推行，势必会引发对优质上市资源的竞争，而新经济将会迎来更多机遇。三是上市条件进一步放松。如放松科创企业行业限制、放宽 VIE 结构公司上市门槛等现有政策障碍，鼓励更多具有科创属性和竞争力的企业选择在境内资本市场完成上市，增强境内资本市场活力，提高企

业在新经济领域的影响力。四是完善多层次市场体系。逐渐形成主板、创业板、科创板和新三板等多层次资本市场，提高金融供给的可获得性，让处于不同发展阶段的企业均有机会获得资本支持。

迎来新十年的我国新经济产业，投资人将更趋理性，监管机构也更趋专业，新经济企业也从“百舸争流”到“脱颖而出”，信息科技、芯片制造、空天技术、生物医药、人工智能等 21 世纪尖端科技的集中体现将成为未来新经济产业的热点。技术、渠道、平台是新经济企业新时代的三大竞争力。支持“硬科技”发展是政府与资本达成的共识，也将是我国资本市场改革发展的方向。我坚信，随着我国资本市场改革的进一步深入与完善，我国的新经济产业将迎来长期、健康、高质量的跨越式发展。进入新十年的新经济产业，广阔天地，大有可为。

作者简介：

包凡先生，华兴资本董事长兼首席执行官，创立并带领华兴资本成为中国领先的服务新经济的金融机构，曾于 2015 年入选美国财经杂志《彭博市场》全球 50 大最具影响力人物。具有多年华尔街投资银行工作经验，先后服务于摩根士丹利和瑞士信贷，曾任亚信集团首席战略官。

创业投资基金

创业投资基金，是指主要投资于未上市创业企业普通股或者依法可转换为普通股的优先股、可转换债券等权益的股权投资基金。

——《私募投资基金监督管理暂行办法》（中国证券监督管理委员会令第 105 号），2014 年 8 月 21 日

发展权益金融：驱动科技创新和新实体经济增长

王广宇

在追求经济高质量发展过程中，金融的天职是服务于实体经济，而权益金融的发展水平，对科技创新型、中小型企业融资有重要现实意义，必须针对当前面临的问题深化改革。

一、权益金融研究：工具、投资与技术视角

权益金融在学术上并未有统一的定义，但在实践中，投融资各方都广泛理解和应用这一概念。本文从工具、投融资和金融科技的角度简述和分析权益金融及其价值。

从金融工具角度看，权益金融工具的应用较为普遍，但研究有待深化。《国际会计准则第 32 号——金融工具：揭示和呈报》对金融工具定义如下："一项金融工具是使一家企业形成金融资产，同时使另一家企业形成金融负债或权益工具的任何合约。"根据《企业会计准则第 37 号——金融工具列报》规定，权益工具是指能证明拥有某个企业在扣除所有负债后的资产中的剩余权益的合同，比如企业发行的普通股，企业发行的、使持有者有权以固定价格购入固定数量普通股的认股权证等。简言之，权益工具（Equity Instrument）是公司融资中形成的一种股权工具，是在公司扣除债务后的资产中拥有剩余索取权的合约。权益工具的发行形式有公开募集和私募，其发行人有义务根据公司的盈利状况向资产的持有者支付红利。

从金融行为角度看，权益金融行为就是指与权益相关的投资活动，是为了获取其他企业的净资产权利或利益的投资方式。权益金融投资，最终形成投资方与被投资方的所有权与经营权的关系。在一般情况下，对企业投资，投资者就持有了该企业的权益性证券，代表在该企业中享有所有者权益，投资者可以在今后的企业成长过程中汲取利益、行使相应的权利。换言之，投资者进行权益金融投资，就是为取

得对另一家企业的控制权、实施对该企业的重大影响，或为了其他中长期的经营目的。

从社会融资角度看，权益金融主要与直接融资相关。市场通常将融资方式分为“直接融资”和“间接融资”。直接融资一般指企业债券、股票及私募股权融资，定义为资金盈余者与短缺者相互之间进行直接协商（而非通过银行等中介）的资金融通活动。直接融资占社会融资的比重既反映了一国的金融结构，也反映了不同金融组织方式对实体经济的支持和贡献程度。直接融资的优点在于，资金供需双方联系紧密，有利于资金的快速、合理配置，不仅加强供给者对资金流向的关注和监督，提高货币资金的使用效率，而且有利于需求者筹集到稳定、可以长期使用的资金。但直接融资也有显而易见的局限性：第一，融资成本、难易及融资工具的流动性，很大程度上受制于资本市场的发达程度；第二，无论在融资数量、期限还是利率（或回报要求）方面，受到的限制要多于间接融资；第三，对于资金供给者来说，无论在哪个金融体系，直接融资的风险都要高于间接融资。

另外，从金融科技（FinTech）的演进角度看，现代计算机、通信和互联网技术的应用普及，导致金融供给条件发生巨大变化，有力地刺激了权益金融工具的创新。例如，众筹（Crowdfunding），发起人可借助互联网平台在全球市场中发起，跟投人可根据个人意愿自由参与，《世界银行报告》预测 2025 年众筹总金额将达 960 亿美元。股权类众筹具有低门槛、多样性、注重创意的特征，灵活实现向大众募资；除以法定货币众筹资金支持发起组织（或个人）的行为外，也出现了以虚拟数字货币和区块链项目首次发行代币，募集比特币、以太坊等数字货币的行为，即 ICO（Initial Coin Offering）。

二、应大力发展“市场主导型”金融体系

权益金融的主要作用体现在能增加金融市场主体规避风险、获取盈利的机会，同时为各类实体企业和创新主体提供长期发展资金。通过权益工具，投资者能够有更多选择的余地，以形成自己的资产组合，进而吸引更多的投资加入金融市场，为实体经济输血。在国家提倡供给侧结构性改革、振兴实体经济的今天，要扩展直接融资，促进权益金融，就必须重视“市场主导型金融体系”的改革，这样才能更好地服务实体经济。

在实务工作中较少使用直接融资和间接融资的概念，取而代之的是“市场主导型金融体系”和“银行主导型金融体系”。一般来说，直接融资比重较高的国家都实行市场主导型金融体系，如英国和美国；而间接融资比重较高的国家都实行银行主

导型金融体系，如德国、日本和中国。在经济发展之初，储蓄资源短缺，解决储蓄缺口是第一要务。能够促进经济发展的投资项目往往在技术上较成熟，其收益前景也比较确定，这时，银行主导型金融体系能够充分发挥其动员储蓄、促进经济增长的功能。当经济发展到一定程度的时候，金融体系的首要任务就变为在确保风险分散和金融安全的前提下，使储蓄资源能够被运用到那些前景并不完全明确的投资项目。在这种情况下，市场主导型金融体系的作用就更为显著，能够提升社会资源增长的效率。

美国的金融结构是最典型的市场主导型金融体系。20 世纪 90 年代初期，按照存量法计算，其直接融资比重已经超过 80%并保持至今。即便在 2008 年全球金融危机期间，其直接融资比重都没有发生太大变化。由于拥有发达的多层次资本市场，美国公司能够很方便地通过股票市场大量融通资金、扩张业务。美国公司债券市场也非常发达，不仅规模庞大、交易活跃，而且债券品种丰富，可以选择场内或场外交易，是中小企业直接融资的主要渠道。更重要的是，美国还是风险投资和股权投资市场的发源地，这一体系历史悠久、业务完善，不仅能为创业者提供优质服务，也可以为各类企业的兼并收购和产业整合提供有力的金融支持。

拥有银行主导型金融体系最典型的国家有德国和日本，尽管如此，这两个国家在 20 世纪 90 年代直接融资的比例以存量法计算就已经在 40%～50%，且近年来金融结构不断向“市场主导型金融体系”靠拢。如德国实行全能银行制，但商业银行原则上可以经营所有业务，包含债券、股票发行、项目融资、资产管理等直接融资业务。最近 20 年来德国风险资本业快速增长，受政府资助的银行向风险投资公司投入长期信贷或承担部分股份损失风险（最高可以达到 50%），通过与创投合作支持科技园和企业孵化器，对创新型经济予以扶持。

三、权益金融支持新实体经济和科技创新

改革开放 40 余年来，我国科技实力实现了突破性增长，以科技要素总量和投入规模为基准，整体科技实力已步入世界前列。与此同时，我国科技研发人员数量不断增加，在 2014 年就已位居世界第一并保持至今；科技投入规模也持续提高，2017 年，全社会研究与开发支出达到 1.76 万亿元人民币，占国内生产总值（GDP）的 2.15%，位居世界第二。到 2018 年，根据国家统计局发布的《2018 年国民经济和社会发展统计公报》，2018 年我国研究与试验发展经费支出为 1.97 万亿元人民币，比 2017 年增长 11%。科技投入的增加使得我国科研基础条件从量变到质变，

形成了包括国家重点实验室、大型科学仪器、行业技术平台、企业研发中心等完整的科研基础条件。2000—2018年，我国国际科学论文总量从世界第八位提升到第二位，发明专利申请量和授权量则位居世界第一，在一些战略技术领域，如嫦娥探月、北斗组网、航母海试、鲲龙击水、载人航天、采用自主研发芯片的超算系统、国产大飞机等也逐步取得举世瞩目的成就。借助科技创新，中国在越来越多的产业领域取得突破，并涌现出一大批能运用前沿技术并引领产品创新的企业。

科技创新是真正可以跨越经济周期的长期、持久的增长动能，具有深刻的供给侧结构性改革含义。从企业层面看，科技创新会增强企业的市场竞争力，往往会带来巨大的利润。大多数企业管理者都具有企业家精神，内心渴望追求革新，往往形成一种对创新不懈追求的内部文化。从社会层面看，在经济发展中消费习惯会随着生活质量不断变化，消费者会不断追求新产品和服务，因此企业需要加速科技创新以满足消费者的需求。另外，自然资源的加速匮乏、原材料运输成本的提高、人们日益增长的环保意识都对企业造成较大的压力，也促使企业进行技术创新。但从另一个角度说，科技创新是一项复杂的系统工程，企业才是市场经济中最有效的科技创新主体，科技与经济的相互融合及相互支持，是社会快速进步的必需和必然。在中国推进供给侧结构性改革的过程中，应结合时代特征和发展趋势，以引领第四次工业革命为目标，坚定不移地开展科技创新，大力发展新实体经济。

新实体经济是指能够有效满足客户真实需求、科技含量高、可容纳现代人才就业、生态环保可持续发展的新型经济形态，也包括传统实体经济在新时代背景下的升级、转型和发展。新实体是经济主体的本源意义的回归，意味着需要推进互联网、大数据、人工智能等与实体经济深度融合，发挥好新经济平台作用，全面推动“创新大平台”建设，打造“创新生态链”。换言之，新实体经济就是面向未来跟先进科学技术结合的新业态，就是现代工业，就是先进制造业，就是科技服务业，就是创新产业。对于我国来说，新一轮工业革命将为新实体经济发展创造巨大空间，要抓住这个机遇，借助权益金融市场，拓展产业优化及升级路径，打造具有国际竞争力的新实体经济航母。

四、权益金融市场的主要问题及改革建议

回顾过去，我国直接融资比重一直较低。在金融“去杠杆”的基调之下，间接融资的主导地位在某种程度上又被强化，这表明服务于科技型、创新型和中小型企业，权益金融的发展仍然任重而道远。

（一）要持续增强证券市场的推进器功能

我国股票市场对 IPO 有严格的准入条件，有把经营不善者挡在公开市场大门之外以保护投资者利益的良好初衷，但却排斥了创新型企业的融资和上市。我们的建议是：第一，要完善证券市场的法制建设，完善基础性制度及发行制度，加快推进注册制进程；第二，继续积极发展科创板、创业板和新三板，规范发展区域性股权市场，在科创板上加大支持符合国家产业战略发展方向、掌握核心技术，同时具有一定规模的优质境外上市中资企业参与 A 股融资；第三，加强投资者教育，继续发展长期价值型机构投资者，加强机构投资者财务管理、风险管理能力，使其更好地为个人投资者服务，在让个人投资者的资金更有效地进入资本市场的同时降低市场波动；第四，增加资本市场产品的多样性，发展期货及衍生品市场，为多样化的投融资需求打造高效匹配及能够分散风险的平台，从而增强资本市场吸引力；第五，探索企业直接融资的制度创新，如创新企业在股票融资中，使用 IPO 方式之外的直接上市（Direct Listing，DL），企业不再采取首次公开募集资金，也不需要投资银行的承销，交易的股票来自存量股东（创始人及私募融资方），摒弃为新增股份向投资机构路演推销的传统方式。

（二）坚定推进债券市场体系改革

虽然企业债券近十年间的发展势头强劲，但中小企业债券融资的规模仍与一些发达国家有相当程度的差距。在宏观上体现在债券市场的监管效率低，法律法规不健全，存在着各部门监管目标模糊、政策自相矛盾的问题。在微观上体现在债券的发行条件相对严苛，导致只有大型企业能够进行债券融资。我们的建议是：第一，参考国际发达债券市场，在企业债券的发行、定价等方面给予较大的灵活性，加速债券市场化进程；第二，从企业角度来说，应加强自身信用观念，维护债券信誉，从而降低风险，这也直接影响债券发行利率和融资成本；第三，从市场中介和信用评级机构角度应进一步放开，2020 年期货、基金、证券三类市场机构的外资股比将先后取消，在此基础上，可以进一步推动其他境外金融机构如保险、资产管理等机构的制度优惠措施，通过完善法律法规及监管政策，促进国内市场的改革升级，并适当引入国外广受认可的信用评级机构，积极推动境外评级机构稳妥入市，同时培育国内评级机构的良性市场，提倡良性竞争，有效帮助国内机构增强自身竞争力。

（三）重视和鼓励风险资本和私募股权发展

风险资本在各种融资方式中更具灵活性，更能满足经济转型和实体经济发展的需要。这一行业当前面临着多重监管、缺少流通市场等问题，由于发展历程尚短，相关的政策法规并不完善和统一，整个行业在募、投、管、退 4 个重要流程方面都面临困境。我们的建议是：第一，风险资本行业应积极吸引银行、保险公司、养老机构、慈善机构、上市公司等各类机构的长期资金，多渠道拓展资金来源；第二，应完善行业发展的相关法律法规，提供适度宽松的监管环境，主要针对基金投资者保护进行设定，对私募机构运作及管理的监管不宜过度；第三，加快多层次资本市场体系建设，开设“二手基金交易市场”以促进交易，提高流动性，为基金退出和实现收益建设平台；第四，从风险投资机构的角度，应帮助企业实现“融资”和“融智”的结合，为不同企业提供融资之外的有效增值服务，更好更快地帮助企业成长和发展。

（四）应积极审慎加快金融开放，放宽金融服务业的准入限制，鼓励中外机构的互利合作和良性竞争

当前是一个高度开放的时代，全面的科技、金融、贸易和文化交流往来，是任何国家经济繁荣发展的前提。开放经济就意味着自由和繁荣。目前中国作为世界第二大经济体，更需要考虑如何接受、遵守、重塑、引领开放经济的规则。中国经济、金融和科技发展，从时间维度来看，实现了“从被动改到主动改、从被全球化到主动参与全球化”的转变，下一步更要学习和摸索如何以创新促进改革并引领新的开放。从国际角度来看，权益金融的发展也会在中国“一带一路”倡议中发挥重要作用，因为权益工具的独特地位能够发挥风险共担、利益共享的优势，用更市场化的方式配置金融资源，支持新实体企业真正“走出去”，参与国际化经济交流合作。

作者简介：

王广宇先生，华软资本集团董事长，著名的投资和金融科技专家，国务院侨办专家咨询委员会委员，华夏新供给经济学研究院理事长，长江商学院金融学会会长，于 2008 年创立的华软资本集团是中国创业投资和私募股权十强机构，出版《先锋：股权投资在中国》等多部著作。

资本助推“新经济”发展

黄朝晖

近年来，中国经济转型发展取得长足进步，“新经济”对中国社会及经济发展的影响力逐步加强。在我国经济进入新常态，经济增长动力由传统的投资驱动步入由高科技、新模式驱动的高质量发展新阶段，我国新经济也将在政策的支持与高新技术的支撑下迎来发展浪潮，提升新经济在国民经济中的地位和份额，是引领中国新旧动能转换的核心力量。同时，国际先进的金融企业和国际长期资本的参与将有利于中国企业与金融机构吸收先进的经营管理理念和提升专业能力，增强国际竞争力。

一、“新经济”成为经济活力的重要源泉

（一）“新经济”发展概况

我国资本市场改革开放蹄疾而步稳，巨大的政策合力推动资本市场的进一步健康发展，助力经济高质量发展，资本市场机制的健全在支持我国经济发展方面发挥更大的作用。

随着资本市场全面拥抱新经济，新经济在资本市场的发展也十分亮眼。2019 年，中国股票牛市中，领涨的三大行业分别是日常消费、信息技术和医疗保健，全部是和新经济相关的领域，这反映了我国经济将更多依靠消费和创新驱动而非货币和投资。从具体数据来看，2019 年社会消费总额增速稳定在 8%，远超投资增速的 5.2%和出口增速的-0.3%，是经济的核心支撑；2019 年中国 7500 笔私募融资交易总融资金额逾 1600 亿美元，新经济领域相关交易占比达 66%，前十大交易均来自新经济领域。

（二）新经济企业的蓬勃发展

新技术的出现催生了新的商业模式。传统产业发展逐渐陷入低迷，亟待转型升级，新经济行业如新零售、在线教育、数据中心等呈现爆炸式增长。新经济行业的迅速增长起到了良好的示范效应，进一步带动了社会资源的走向。

在我们的协助下，阿里巴巴作为全球新经济的龙头企业，2019 年完成了在中国香港的二次上市。经过 20 年发展，阿里巴巴已从成立之初的电商公司发展成初具轮廓的横跨数字商业、数字金融、智慧物流、云计算等领域的商业基础设施巨头，并由此形成了一个独特的数字经济生态，过去 5 年间网站成交额（GMV）增长了 2 倍，收入增长了 6 倍。阿里巴巴二次上市后不到两个月的时间，股价上涨超过 20%，是全球表现最好的科技公司之一，并带动美股股价一路上涨到历史高位，这充分展现了投资者对中国新经济实力和价值的认可。

二、“新经济”发展的驱动力

（一）新技术的出现是新经济发展的客观基础

近几年中国在高科技发展方面取得了十分耀眼的成绩，这得益于中国巨大的统一的市场，拥有足够丰富的场景和数据，可以容纳众多赛道，而每个赛道里都有机会诞生世界级的明星公司。另外，中国每年有近 700 万名大学毕业生，其中新技术新科技行业的高素质人才占大多数，他们是随着技术进步成长起来的一代人。此外，每年还有 50 多万名海外留学生归国，他们共同为增强中国的科技竞争力起到了推动作用，是中国经济增长从“人口红利”向“工程师红利”切换的基础。

（二）科创板助推高质量经济发展

2019 年，以科创板为试点的注册制改革是落实国家创新驱动和科技强国战略、推动经济高质量发展的重大举措，目前已合计融资近 900 亿元，总市值达 1 万亿元，其中知名投资机构投资了 40 家，占比超过 54%，对应市值合计超 6400 亿元，约占总市值的 64%，有力地促进了经济转型的实践。科创板重点鼓励的新一代信息技术、高端装备、新材料、医疗、节能环保等几个行业领域都是国家最期待自主创新和技术突破的行业，通过借助资本市场的力量，鼓励地方政府、中国企业加大投入，吸引更好的人才，形成了非常好的合力和良性循环。

科创企业在合理的估值下必然会受到市场的追捧，这为投资机构创造了不少投资机会。以 2019 年上市的金山办公为例，金山在办公软件和服务领域持续投入了 30 多年，以一己之力做出可和微软比肩的 WPS Office 产品，月活跃用户已超 3 亿人，海外月活跃用户近 7500 万人，随着中国自主安全可控政策的落地和产品全球化程度的提升，未来预计将取得更大成绩。2019 年 11 月金山登陆科创板后，便受到资本市场的追捧。

资本流向科技公司，有效地助推了科技产业的迅速发展。尽管最近美国在中美贸易摩擦当中对我国科技方面的进口采取了诸多限制，但这实际上也可能会成为中国企业和中国政府投入科技研发的重要驱动力，从而更好地推动科技进步和创新发展。

（三）全球资源整合助推产业升级

中国经济，包括中国金融行业史无前例的全面对外开放，进一步促进了全球资本的流动。我国已经取消了对 QFII 的额度限制，大幅放宽了对外资投资中国的比例限制，持股比例可达 100%，而且所有的业务完全跟中国企业一样经营。从交易层面看，近年来跨国公司在中国资本运作持续活跃，入境并购规模年均保持在 300 亿美元以上，如宝马约 36 亿欧元增持华晨宝马合资公司、喜力集团 243 亿港元入股华润啤酒、美国生物制药巨头 Amgen 27 亿美元收购百济神州 20.5%股权、德国安联保险收购泰康保险集团约 4%股权、百事可乐入股五谷磨房等明星交易。未来几年，跨国公司在中国和亚太市场的资本运作将围绕行业整合、入境收购、分拆上市等主题进一步加强，这为全球的投资者创造了巨大的投资机会。

同时，随着中国企业整体实力的提升，近年来境内企业积极寻求境外优质资产，通过全球资源整合，以投资推动产业升级、实现价值创造。出境并购从 2010 年的约 500 亿美元大幅增长到 2016 年的历史高点 2160 亿美元，2018 年以来，中国企业在境内外监管压力增大的挑战下，出境并购交易大幅下降，但两年出境并购总额仍达 1200 亿美元。

（四）PE/VC 为新经济发展提供关键性支持

过去几年，我国创新型企业吸引了大量 PE/VC 资金，成为私募股权投资最受青睐的领域。据中国证券投资基金业协会统计，在截至 2019 年 12 月底登陆科创板的 70 家企业中，共有 60 家企业在成长过程中获得过私募基金支持，获投比例高达 85.7%。私募基金具有挖掘市场潜力项目的天然驱动力，为新经济企业的诞生、成长和发展提供了风险匹配和期限匹配的最优资金，形成风险资本的完整链条。凭借专业化、市场化机制，私募资金将社会资金转化为金融资本，推动高新技术企业、创新创业企业融资和成长。相关数据显示，互联网等计算机运用、机械制造等工业生产、医疗器械与服务、医药生物等产业升级及新经济代表领域是私募基金的布局重点。“小微强则国强”，私募基金在中小微企业的创新创业和战略性新兴产业的发展方面起到了关键性的支持作用。此外，我国风投的年均复合增长率远超美国，这是一股特别强劲的力量，可以支持更多以科技为导向型、以模式创新为引领型的公司迅速地进行迭代，快速崭露自己的头角。

三、“新经济”下金融机构的机遇与挑战

（一）“新经济”刺激下金融机构的机遇

一是新经济刺激新的投资热点。人们对于美好生活的追求始终如一，随着中国人均收入水平的提升，人民对于美好生活的追求愈加强烈，新的需求层出不穷。如何用创新的技术、模式来解决社会“痛点”或满足消费者“爽点”，这为新技术与新经济企业的发展创造了有利条件。同时，从更为宏观的角度上看，我国经济正在向形态更高级、分工更复杂、结构更合理的阶段演化，经济发展进入新常态。新常态的主要特征：从高速增长转为中高速增长，经济结构不断优化升级，从要素驱动、投资驱动向创新驱动转变。这意味着消费、投资、就业、生产组织形式、经济发展驱动力等方面都将发生变化，而这些发展与变化也将刺激新的投资热点。

二是多元化投资需求强劲。中国拥有全球最高的储蓄率，储蓄规模可观，同时中国拥有仅次于美国的高收入人群数量，虽然比例比美国低很多，但是高收入人群总数加起来仅次于美国。在过去，大部分高收入群体投资集中在房地产，近几年随着国家“房住不炒”的调控、人口结构的调整和城镇化放缓，高收入群体对高端金融服务的需求非常强劲，很多人都开始主动寻找多元化投资、海外配置机会，给资产管理、财富管理、另类投资等业务发展带来非常广阔的空间。

（二）“新经济”下金融机构面临的主要挑战

中国证券市场成立近 30 年以来，相关制度和规则持续完善，逐步建立起了多层次资本市场体系。金融机构作为证券市场最重要的参与者，见证证券市场发展的每个阶段，新经济的发展则对中国金融机构提出更高要求。

一是辩证看待新经济行业的发展。新经济企业网络化、轻资产、高人力资本的特征往往也伴随着更加复杂、动态的风险。新的商业模式及新技术的复杂性，投资周期长、规模大、风险高与不确定性等向金融机构提出了更大的挑战。近期，我们关注到部分新经济企业出现问题，包括电商平台的假货现象、网约车的安全事件、中概股的造假丑闻等。新经济兴起是大势所趋，不可避免地存在一些问题、风险与不确定性，我们要辩证看待，不能忌惮新经济的风险而因噎废食。

二是加强风险控制能力。金融机构应当时刻关注与警惕商业模式创新风险、跨行业风险、市值管理和股权投资风险及政策风险等。在充分认识与防范新经济企业风险的同时，也应当积极进行战略布局，建立精细化和系统性的风险管理体系，有效利用市场机制与专业能力推动创新与资本的高效融合，助推新经济发展稳中向好。在相关配套法律制度、市场交易制度、监管制度等方面差距较大及国内金融机构服务企业海外上市仍处于起步阶段的情况下，金融机构更需要提高自身专业能力，坚守职业道德规范，积极应对海外上市所带来的种种风险。

三是提升全链条金融服务能力。新经济领域涉及面广、跨界融合明显，商业模式新颖和发展模式多样，且投资理念和价值认同往往与传统资本存在显著不同，因此金融机构更要强化金融服务的整体研究能力。在企业成长的不同阶段，从早期投资开始，跟踪客户需求，加强各个业务部门之间的资源共享，协同配合，为新经济企业提供个性化、定制化、灵活化、全机构、全市场和全周期的全面综合的金融服务解决方案，特别是相对于国内 IPO 保荐制度，海外注册制更加灵活，以信息披露为中心，上市确定性较高，因此很多新经济企业选择在海外上市，国内资本市场还需要更大的包容性，毫不犹豫地推动市场化改革才能适应新经济发展的需要。同时，PE/VC、投资银行等金融机构在经济周期性发展中要时刻保持理性审慎的投资状态，顺应市场发展趋势，以价值投资为导向，谨慎评估新经济企业的成长潜力与发展空间，不能盲目求大求新，同时也要对企业的运营情况起到一定的监督作用，从而实现长期的优异回报，促进资本市场的良性发展。

（三）回顾与展望

从 10 年前起，中金公司便开始积极转型，从创业板开始，到布局科创板和新经济领域，大量高成长型企业客户如雨后春笋般涌现，国企、民企、各行业客户百花齐放，客户数量呈现爆发式增长，融资规模逐年攀高，目前已成功协助多家新经济战略客户完成境内外上市。中金公司统一的私募股权投资基金管理平台中金资本管理众多私募股权投资基金，积极开展境内外私募投资基金业务，以全方位、高质量的服务助力中国新经济的进步与发展。

面向未来，在国家持续深化改革、加大对外开放、推动新经济发展的过程中，在国际先进的金融企业和国际长期资本的深度参与中，我们相信，金融机构将进一步提升自身经营管理水平与专业能力，增强国际竞争力，不断丰富资本市场的产品、服务和工具，推动中国企业资本的国际化进程与良性循环，在中长期内将促进中国资本市场活跃度和深度的提升，为中国新经济的发展发挥更大的作用。

作者简介：

黄朝晖先生，中国国际金融股份有限公司首席执行官。1998 年加入中金公司，历任公司投资银行部负责人、公司管理委员会成员等。

私募投资基金

私募投资基金，是指在中华人民共和国境内，以非公开方式向投资者募集资金设立的投资基金。

——《私募投资基金监督管理暂行办法》（中国证券监督管理委员会令第 105 号），2014 年 8 月 21 日

完善资本市场资源配置功能 推动新经济高质量发展

黄金琳

改革开放以来，中国经济发展成果令全球瞩目。随着中国人口、土地等发展红利逐渐消失，欧美经济复苏缓慢及国际贸易摩擦频发，中国经济从高速度增长回落已持续较长时间，迫切需要寻找经济发展的“新动能”。本文将从新经济发展是经济转型升级的必然和有效路径、健全有效的资本市场是实现新经济持续增长的重要保障、政策建议与展望 3 个方面讨论发展新经济与资本市场助力新经济的重要意义和作用。

一、新经济发展是经济转型升级的必然和有效路径

（一）中国新经济产生

2008 年美国次贷危机爆发并蔓延全球，对中国外向型经济造成重大打击，中国经济下行压力加大，中央政府采取有力的经济刺激政策，通过放松信贷、扩大基建工程等系列措施提振国内经济，使经济仍然保持增长趋势。但是，经济增长进程曲折，增速有所回落，在传统制造领域产生了局部产能过剩和部分债务高企等需要解决的新问题。

2010 年中国的抚养比从低点缓慢上升，标志着中国人口红利正逐渐消失，推动劳动力生产要素价格不断上升。投资对 GDP 增幅的贡献占比从 2010 年的 85.3%下降到 2019 年的 31.2%，欧美复苏缓慢及国际贸易摩擦导致净出口持续不振，居民、实体经济部门的杠杆率不断上升。这些因素累积削弱了经济增长的传统原动力，经济从高速度增长回落已持续较长时间，需要寻找发展“新动能”。

近 10 年来，互联网技术应用规模急剧膨胀，信息交换日益便捷，新兴技术创新及迭代风起云涌，呈现科技及应用大爆发的状态。5G、语音识别、云计算、物联网、新能源、新材料、增强现实、自动驾驶、基因编辑等前沿技术不断产生，并且被快速应用到经济生活中。世界经济论坛创始人兼执行主席克劳斯·施瓦布表示，“第四次工业革命的浪潮已经来临，它将数字技术、物理技术和生物技术有机融合在一起，对我们的经济和社会产生深远的影响”。

在这样的时代发展背景下，2016 年发展“新经济”首次被写入《政府工作报告》，《国家创新驱动发展战略纲要》强调以科技创新为核心带动全面创新，推动经济社会发展动力根本转换。中国“新经济”的明确提出具有重要的意义，其以第四次工业革命的创新科技为驱动，促进中国经济的新旧动能转换，旨在培育新经济增长方式，增强经济发展的内生动能。

（二）中国新经济的内涵和外延

当前中国发展正处于关键时期，必须培育壮大新动能，加快发展新经济，推动新技术、新产业、新业态加快成熟。中国新经济覆盖了各种各样的科技创新，由此诞生多种多样的新经济业态和新产业。从某种意义上说，新经济实际涵盖了中国经济的一、二、三产业，几乎无所不包，如图 1 所示。

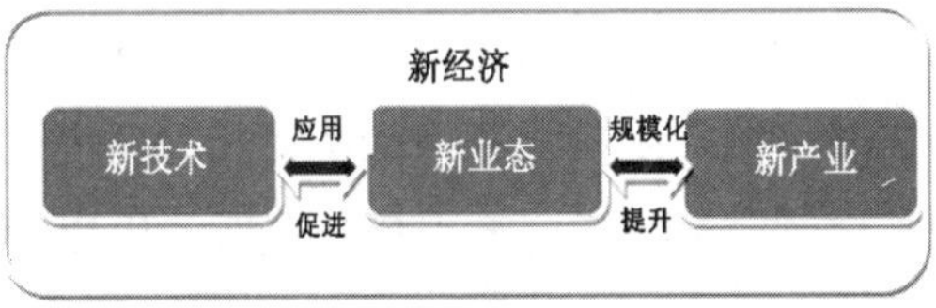

图 1　新经济各组成部分的关系

数据来源：华福证券。

第一，新技术是基础。大量新技术如移动互联网、物联网、生物基因技术、新能源、新材料等依托信息高速公路、高性能硬件不断诞生，推动了彼此间互相结合产生更先进的技术，如人脸识别、人工智能、无人驾驶等。这些不断进化的技术又成为经济新业态产生的基础，孕育发展的新动能。

第二，新业态是应用。第一种是依托科技创新向上延伸改变传统经济业态，例如，共享业态改变了出租车行业、旅游住宿行业；移动支付业态改变了销售方式等。第二种是加强技术创新产生新的需求，形成新的业态，如数字化家庭、智慧物流、P2P 金融、移动办公、直播带货、网络课堂等新的业态，蕴藏着推动经济向中高端迈进的强大动能。新业态的产生也促进了新技术的变革提升。

第三，新产业是规模。随着新业态不断被发现和传播，出现了新的市场需求，产生新产业或使原有的产业体系发生重大升级。新产业有两条主线：第一条为产业升级，包括新兴产业和制造业升级，如智能机器人产业、智能穿戴设备产业、云应用、高端设备产业等；第二条为消费升级带来的产业变革，如将线上和线下结合的新零售、新能源汽车产业、智能安保产业、共享产业等。规模化的新产业会对经济产生重大影响，甚至改变原有经济发展的路径和方向，成为新经济的重要组成部分。

（三）中国新经济的未来和意义

从 2016 年开始，中国展开双臂拥抱新经济，各种新技术、新业态、新模式加速向多行业、多领域渗透，众多企业抓住市场机遇和资本市场催化作用成功孵化，也促进了更多新业态和新产业的产生。例如，中国最大的共享出行公司“滴滴打车”可以没有车；最大成交量的销售平台淘宝可以没有任何存货；最受欢迎的文字媒体新浪微博自己不生产任何内容。众多的改变都是颠覆性、革命性的。

在新经济的基础和动能方面，多年来中国也做了长足的准备。2006 年全国研发经费仅 1630 亿元，到 2018 年增长到 1.29 万亿元，年复合增长率近 20%。在人力资源方面，中国高等教育毕业人数以年均 8.8%的速率增长，其中硕士、博士年均增长率分别为 11.35%和 7.33%，中国虽然逐渐失去人口红利，但是正迎来工程师红利。

总体来看，新经济已经深入中国的方方面面，民众每时每刻都感受到新经济带来的变化，新经济的发展也已逐渐成为我国经济增长的新动能，对经济拉动作用越来越明显，对经济增长贡献越来越大，未来势必在新的历史条件下对中国经济的长远发展发挥重要的推动作用，帮助中国从制造大国向制造强国迈进。

二、健全有效的资本市场是实现新经济持续增长的重要保障

约瑟夫·熊彼特的经济发展理论指出：创新才是经济长期持续发展的最终动力。国际经验显示，银行信贷主导对经济创新具有抑制作用，只有以股权融资为特征的资本市场，才能为新经济提供重要的直接融资渠道，推动新经济更快、更好发展。

（一）发展新经济需要健全有效的资本市场

以人工智能、云计算、大数据等为核心要素的科技创新企业普遍具有规模小、盈利弱、资产轻等特征。但是长期以来，我国金融体系以银行间接融资为主，商业

银行提供信贷资金注重资产抵押，信贷资金低风险偏好导致科技创新企业“融资难、融资贵”，又令金融风险过度集聚在商业银行体系。

股权融资通常具有风险共担、收益共享等市场化特征，能为科技创新企业节约融资成本，并筹集长期稳定的发展资金。股权融资定价的有效性也能促进资源配置，有利于资金流向效率更高的科技创新企业，促进经济转型阶段企业的优胜劣汰。

（二）资本市场可以助力新经济发展

30 年来，资本市场为上市公司累计募集股权资金达 14.48 万亿元，帮助 3758 家企业实现 IPO 上市，总市值规模达到 65 万亿元，有力推动了中国经济的崛起。诞生了福耀玻璃、格力电器、美的电器等国际知名制造企业，奠定中国制造大国的地位；也推动了中国平安、中国建筑、招商银行等蓝筹企业成功上市，为中国经济基建、外贸、消费三驾马车的同步腾飞奠定扎实的金融基础。

目前，中国经济已经来到新旧动能转换的关键时点，新经济成为发展资本市场的主线。新技术、新材料、新能源上市公司数量和市值规模大幅攀升，创业板指数中信息技术、医疗保健两个新经济行业市值占比超过六成。根据科技部发布的《2017 年中国独角兽企业榜单》显示，我国 164 家独角兽企业合计估值 6284 亿美元，其中互联网金融行业估值总额最高，达到 1592.7 亿美元，电子商务和交通出行领域紧随其后，分别约 901 亿美元和 720 亿美元。这 3 个行业中有耳熟能详的“超级独角兽”，如蚂蚁金服、美团点评和滴滴出行。

（三）新经济能为资本市场提供超额回报

创业板作为新兴产业上市集聚地，超过九成企业为高新技术企业，七成以上属于战略性新兴产业。2019 年 10 月 31 日，深交所公布创业板十年运行报告，截至 2019 年 10 月 30 日创业板公司已达 776 家，占 A 股上市公司总数的 20.96%，总市值 5.71 万亿元，占 A 股总市值的 10%。十年间创业板上市公司营业收入、净利润年复合增长率分别达到 23%、15%，远高于同期其他板块；创业板公司累计分红超过千亿元，占累计实现净利润的 26%。

2017 年 6 月 15 日中证指数公司发布了中证迈格中国新经济指数（反映 A 股市场中符合新经济主题的上市公司整体表现）年化收益率为 10.37%；同期万得全 A 指数年化收益率仅为 1.21%。这些数据显示，中国资本市场为科技创新企业孵化提供重要平台，而科技创新企业也给资本市场带来丰厚的投资回报。

三、政策建议与展望

新经济将推动中国制造转向中国创造。中国需要高度重视资本市场的核心作用，持续提升资本市场服务新经济能力。

（一）多层次资本市场对新经济的支持正逐渐增强

2018 年中央经济工作会议指出：逐步推动资本市场与产业升级良性互动，坚持市场化、法制化原则优化资本市场基础制度。2019 年 9 月中国证监会围绕中央顶层设计安排，明确“全面深化资本市场改革的十二项重点任务”，加速推动资本市场各项配套政策落地，推动资本市场进入新一轮改革周期。

作为落实创新驱动和科技强国战略的重大改革举措，科创板推进速度屡超市场预期，2019 年 6 月 13 日科创板正式开板试点注册制落地；7 月 22 日首批 25 家科创板上市公司上市交易；2019 年 12 月 26 日全国股转公司推出精选层及转板业务规则，新三板深化改革落地；2020 年 4 月 27 日深交所推出创业板改革并试点注册制的实施方案。

2020 年 3 月 1 日，全国人大常委会审议表决通过的新《证券法》正式施行，明确实施注册制的基本定位，将发行股票“具有持续盈利能力”条件更改为“具有持续经营能力”，降低了企业发行上市的门槛，而新经济成分占比高的新三板、创业板率先改革，都表明资本市场对新经济的扶持力度持续增强。

（二）资本市场配合新经济发展的政策建议

为抓住资本市场加快改革发展契机，进一步提升资本市场服务新经济发展，本文提出以下政策建议。

一是提高新经济产业直接融资比例。根据国家级战略性新兴产业的发展规划，积极支持符合条件的战略性新兴产业企业上市或挂牌融资，尽快完善全国股份转让系统挂牌公司分层并向创业板转板，建立全国股份转让系统与区域性股权市场合作对接机制。

二是完善新经济产业的创业投资和风险投资。聚焦北京、上海、深圳等新经济发达区域，以地方政府或产业园区为中心创设产业投资基金，鼓励各类创投企业和风险投资人投资初创期科技型企业，提供新兴产业并购融资渠道，完善创投资金稳定有序的退出方式。

三是壮大机构投资者，鼓励长线投资。鼓励保险公司、社会保险基金和其他机构投资者，积极投资创新型企业或创新股权基金，给予长线投资机构税收减免优惠，强化资本市场的产权定价和交易功能，帮助上市公司提高治理水平，推动提升上市公司质量。

四是加快传统企业产业升级步伐。支持传统企业通过设立子公司或股权投资基金投资新兴产业，支持传统产业上市公司、巨无霸上市公司分拆上市激发活力，给多元化经营的公司提供创新业务发展融资支持。

五是提高存量新兴产业上市公司质量。完善上市公司治理，提高企业的经营管理和规范运作水平。切实把好发行入口和退市出口两道关卡，充分发挥资本市场并购重组主渠道作用，优化重组上市再融资等制度，畅通多元化退市渠道，促进科技创新上市公司优胜劣汰。

六是发挥证券公司专业投行中介功能。顺应政策导向做大做强证券主业，积极探索证券业务新领域、新市场、新模式，构建与新经济时代相适应的建构在互联网金融和现代财富管理体系基础上的现代投资银行核心竞争力。

作者简介：

黄金琳博士，华福证券董事长，高级会计师，中证协投资者服务与保护委员会主任委员。参与《企业单位预算会计》等近十部书籍的编写工作，先后公开发表了《对提高我国货币政策有效性的思考》等多篇论文。

基金

在中华人民共和国境内，公开或者非公开募集资金设立证券投资基金（以下简称基金），由基金管理人管理，基金托管人托管，为基金份额持有人的利益，进行证券投资活动。

——《中华人民共和国证券投资基金法》，2003 年 10 月 28 日第十届全国人民代表大会常务委员会第五次会议通过，2012 年 12 月 28 日第十一届全国人民代表大会常务委员会第三十次会议修订

从投行视角看我国新经济产业发展趋势

江禹

一、我国新经济产业概览

（一）我国新经济产业发展背景及现状

在如今全球化和信息化的背景下，中国经济在经历了近 30 年的高速增长后，正面临着由以信息技术和生物医药为代表的新兴产业逐步替代传统产业作为经济发展新引擎的换挡期。2016 年，“新经济”一词被首次写入我国《政府工作报告》，报告指出当前我国经济发展正处于由高速增长向高质量增长的关键换挡期，必须培育壮大新动能，加快发展新经济。为了保持经济发展的可持续性，我国已经将发展新经济提升到了国家战略层面，并积极出台了多项相关政策推动经济产业结构的升级及支持发展新经济产业。

对比传统经济分类来看，新经济产业覆盖面较为广泛，主要包括新一代信息技术、生物医药、高端装备、新材料、新能源等领域。近年来，伴随着大数据、物联网及生物工程等新兴技术的发展及相关产业政策的支持，我国新经济企业正处在快速成长时期，其成长速度显著高于其他传统行业，并在整体经济的增长中扮演着越来越重要的拉动角色。数据显示[1]，2016 年和 2017 年整体高新技术产业及装备制造业的年平均增速约为 10%；其中，医药制造业和电子信息制造业的年平均增速均超过 12.5%，显著高于同期工业行业 6%的平均增速及我国整体 GDP 的增速，可以看出新经济对我国整体经济的拉动效应已经日趋明显。

在面对当前日趋复杂的国际政治环境及人口老龄化的大背景下，可以预见以信息技术及生物医药为代表的我国新经济产业将面对国内外更加广阔的市场空间，新经济的发展不仅会为我国经济的进一步发展提供新动能，也将会是我国提升硬实力、

1 数据来自 Wind。

保持长期国际竞争力和影响力的重要因素。

（二）我国新经济产业特点

不同于传统经济产业，新经济产业中的企业通常具备早期风险较高、前期资金投入较大及早期盈利能力较弱等特点。由于新经济产业所包含的企业多为技术密集型的创新型企业，其核心的创新驱动力来自可以覆盖整个研发周期的持续性高研发与高人力资本的投入；与此同时，创新型企业往往需要在前期经历较长的研发周期并待产品成熟上市后，才可以逐渐实现盈利，实现自身现金流与产品研发投入之间的良性循环。以创新药研发企业为例，据统计[1]，中外头部创新药企业对单款新药的研发周期通常为 10 年左右，创新药在上市前的平均研发与临床试验费用投入约为 25 亿美元，而创新药研发上市的成功率仅为 11.6%左右。由此可以看出，以创新药企业为代表的新经济企业在其发展前期通常具备较高的经营性风险。

基于创新型企业的特点，我国传统以银行信贷为主的企业融资渠道已无法适应其发展，因此，多层次市场化的资本市场对于新经济企业的发展起到了至关重要的作用。从企业发展周期来看，新经济企业通常在早期以接受 VC/PE 等一级市场股权投资基金的资金为主；当企业发展到一定规模后，通常会考虑上市并通过二级市场为企业的进一步发展寻求长期资金。例如，美国的互联网浪潮始于 20 世纪 90 年代，在之后的 10 年间，相继有 483 家互联网企业登陆纳斯达克，互联网行业产值由 3159 亿美元增加至 7953 亿美元，年复合增长率达 9.7%[2]；而现如今世界知名的 Google、Amazon 等龙头互联网及信息技术公司均起源于美国互联网浪潮时代。可以看到，20 世纪 90 年代互联网企业的持续兴起助推了美股近 10 年的牛市，而资本市场的繁荣又进一步为更多新兴互联网企业的发展起到了强有力的支持和助推作用。

由此可见，打造适用于新经济企业的多层次市场化的资本市场，为其提供持续不断的资本支持，对于发展新经济企业是非常重要的一环。2018 年 11 月，习近平总书记在首届中国国际进口博览会开幕式上宣布在上海证券交易所设立科创板并试点注册制，以提升资本市场服务科技创新企业的能力。2019 年 6 月，科创板正式开板；截至 2020 年 2 月 14 日，科创板已累计有 84 家公司上市，总市值达到 1.28 万亿元，约占 A 股总市值的 2%。2020 年 3 月 1 日，修订后的《证券法》正式实施，为全面推行注册制提供了明确的法治保障，创业板注册制改革也箭在弦上。

1 数据来自 Tufts Center 研究。

2 数据来自 Capital IQ。

二、资本市场对我国新经济产业发展的支持

（一）新经济企业上市

为了更好地支持新经济企业发展，科创板作为我国多层次资本市场体系的补充，从市场准入和发行制度等多个维度实践了注册制改革。自 2019 年 6 月开板以来，科创板已经得到了企业及市场的广泛接纳和认可，相信未来将会助力越来越多的优质新经济企业成长。

1. 盈利指标

新经济企业由于具有前期资本投入较高且盈利水平较低的周期性特点，在其上市之初往往需要资本市场较为宽容地看待其历史盈利数据，并更多地考量其未来的发展及盈利能力。数据显示，在美股上市的共 637 家生物医药公司中，有 512 家公司截至上市前一年度尚未实现盈利，占比高达 80.4%[1]。2018 年 4 月，针对生物科技类公司的盈利周期及特点，港交所亦通过修订其《主板上市规则》并出台《新兴及创新产业公司上市制度》，放松了对该类型新经济公司的上市标准。自该政策出台以来，已有 12 家未盈利生物医药企业实现在港上市，占全部 62 家港股上市生物医药企业的 19.4%[2]。

我国科创板在实践注册制的改革中同样不再过分强调企业历史盈利水平，而是增加了市值、收入和现金流等多项指标，多维度、多角度地综合评估企业未来的发展前景。截至 2020 年 2 月 14 日，科创板已累计通过审核 115 家新经济企业，其中约 56%的企业未满足传统审核制下 A 股主板对于企业三年累计净利润不低于 3000 万元的要求。值得注意的是，科创板亦针对未盈利的生物制药企业出台了相应的“第五套”上市标准，截至 2020 年 3 月 20 日，已有泽璟制药、百奥泰两家未盈利生物制药企业通过第五套标准登陆科创板。

2. 特殊表决权

新经济企业在上市前大多会进行多轮股权融资，且公司为了吸引保留核心管理团队和高级技术人才也通常会对其进行较大比例的股权激励，因此公司创始团队的

1 数据来自 Wind、Capital IQ；数据统计截至 2020 年 2 月 14 日。

2 数据统计截至 2020 年 2 月 14 日。

股份在一定程度上会被稀释。为了保持创始人对公司的控制力，新经济公司创始人所持股份通常会设置特殊表决权。因此，资本市场放宽并接纳具有特殊表决权企业的上市，会在很大程度上促进新经济企业的发展。

截至 2020 年 2 月 14 日，在所有美股上市公司中，拥有特殊表决权的公司占比约 12.4%；其中，信息技术类企业数量最多，共 140 家，在该行业占比约 18.6%。另外，在美股上市的中概股企业中约 43.8%的公司拥有特殊表决权设置，其中同样以信息技术类企业数量最多，共 44 家，在该行业占比为 53.7%，如图 1 所示。由此，我们一方面可以看到在全球范围内以信息技术企业为代表的新经济企业中，有较大比例的公司设置了特殊表决权；另一方面在中概股企业中，拥有特殊表决权的企业占比接近一半，显著高于美股平均水平，传统 A 股与美股上市规则中对于特殊表决权企业的差异，在很大程度上成为一些国内新经济企业远赴境外上市的原因之一。

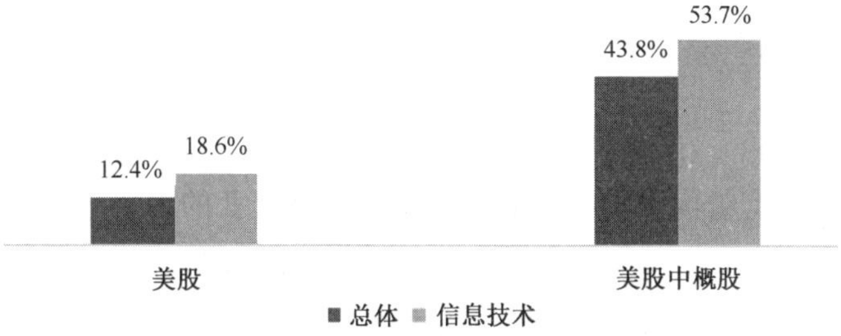

图 1　拥有特殊表决权公司的占比

科创板也针对具有表决权差异安排的企业对传统规则进行了改革，在满足一定市值及营收标准的前提下，允许该类企业申请上市。2020 年 1 月 20 日，优刻得（688158.SH）在科创板挂牌上市，成为 A 股市场首家“同股不同权”的上市企业。公司是国内云计算早期拓荒者之一，由于云计算领域前期研发投入较高，公司自 2016 年以来连续进行了 7 轮市场化私募股权融资，上市前公司三位实际控制人在发行完成后合计仅持有公司 23.1%的股份。为保证其对公司的控制权，三位实际控制人所持有的 A 类股份表决权数量被设置为其他股东持有的 B 类股份的 5 倍，因此实际控制人合计实际持有公司约 60.1%的表决权。优刻得的上市，是国内资本市场改革的又一里程碑式的标志，呈现出国内资本市场对表决权差异企业的开放态度；可以预见的是，未来更多拥有差异化表决权安排的新经济公司会在国内资本市场的支持下茁壮成长。

3. 发行定价

在成熟资本市场的定价体系下，成长性较强的企业往往会获得相较于传统企业更高的估值与定价。因此，对于具备较大增长空间的新经济企业而言，资本市场是否具备市场化定价的功能将直接影响企业的融资能力及未来的发展速度。

中美资本市场在新经济企业的发行定价方面具有较大不同。数据显示，近 10 年来在信息技术和生物医药两个行业的美股上市公司中，其行业平均首发市盈率分别为 78 倍和 122 倍，而美股整体市场平均首发市盈率约为 70 倍[1]，较高的首发市盈率反映出投资人对于信息技术和生物医药行业公司高成长性的认可；而在传统 A 股的制度下，上市公司首发市盈率一般不超过 23 倍，如图 2 所示。

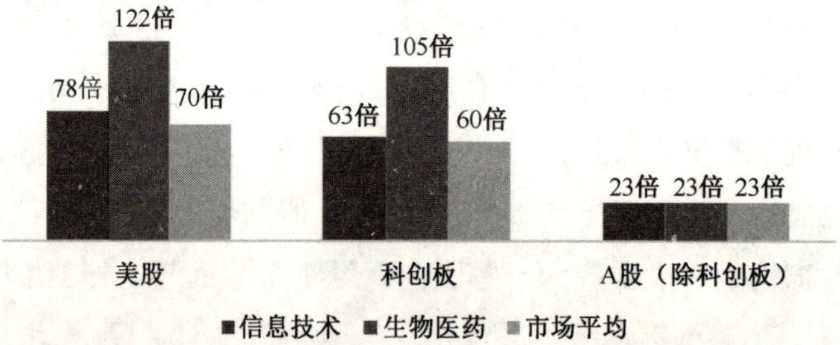

图 2　平均首发市盈率倍数（摊薄后）

为了使资本市场更好地反映出新经济企业的成长性，科创板采用市场化发行机制，通过向专业投资机构询价的方式，让市场决定企业的价值。截至 2020 年 2 月 14 日，科创板上市公司的平均发行市盈率为 60 倍，而信息技术和生物医药两个行业公司的平均首发市盈率分别为 63 倍和 105 倍，均超过了科创板的平均首发市盈率；同时，在科创板上市的生物医药公司的平均首发市盈率远超过同行业在美股的平均首发市盈率。当前科创板的高估值不但充分体现了市场对中国新经济企业巨大成长空间的认可，也会进一步促进更多优质新经济企业的发展。

（二）资本市场并购重组助力新经济企业发展

新经济企业在发展达到一定规模后，通常会通过并购自身赛道中优秀的新兴企业的方式，快速布局新的潜在业务增长点并吸纳新技术，以达到维持自身长期竞争力的目的，例如，阿里巴巴和腾讯均得益于近年来在云计算及物联网等战略性新兴领域的前瞻性投资和布局，使得其可以在快速变化的市场环境中保持长期的领先地位。对于在国内上市的新经济企业来说，资本市场对其进行并购重组，尤其是对同行业境内外优质资产收购的支持力度，同样对企业的长期发展至关重要。

近年来，为在进一步推动对外开放的同时支持中国企业走出国门，商务部及证

1　数据来自 Wind、Capital IQ；数据已剔除在美股上市时的亏损企业及异常数值；数据统计截至 2020 年 2 月 14 日。

监会等多部门于 2018 年对《外国投资者对上市公司战略投资管理办法》出台征求意见稿，征求市场对于进一步放宽 A 股上市公司利用股份支付的方式收购境外公司的相关限制，即松绑“跨境换股”交易的反馈，此举也被市场解读为对国内上市企业跨境并购的进一步支持。在此之前，A 股上市公司跨境收购境外资产的支付方式大多仅限于现金，而这对于上市公司的资金实力提出了较高要求，在一定程度上导致部分上市公司失去了布局境外优质资产的良机；而放开股份支付的方式，会大大减轻上市公司跨境并购时对资金的依赖和压力，较大幅度地提高上市公司布局境外优质资产的热情和能力。2019 年，国内血浆制品龙头公司上海莱士通过发行股份的方式收购欧洲最大的血浆制品公司西班牙 Grifols Diagnostic Solutions Inc.45%的股份，已经于近日获得了境内外监管审批机构的批准，完成了交割。

另外，近年来在并购重组政策的支持下，越来越多的 A 股上市公司通过境内外并购重组，实现了自身从传统业务向新经济产业的转型升级。2019 年，闻泰科技以 268 亿元收购德国安世半导体（Nexperia），从传统的手机代工生产商转型成为全球领先的半导体标准器件供应商，对于我国智能汽车和物联网行业的发展具有重要意义。同样，雅克科技于 2017 年完成了对韩国 UP Chemical 和成都科美特的收购，从传统的阻燃剂生产企业转型成为国内领先的半导体前驱体材料和特殊气体生产制造公司，增强了我国在半导体特殊材料领域的实力。

（三）政府产业投资基金助力新经济企业发展

我国新经济企业的高速发展同样离不开政府产业投资基金的大力支持。自 2014 年起，我国针对信息技术及医疗健康等战略性新兴产业的政府产业投资基金进入快速发展阶段。截至 2019 年年中，国内政府引导基金的数量累计达到 1311 只，总规模 19694 亿元[1]；同时，针对新兴产业的国家级基金也得到了快速发展。2014 年 9 月，国家集成电路产业投资基金（“大基金”）正式成立，规模达到 1387 亿元，主要集中投向集成电路行业中的制造和设计企业。得益于“大基金”的投入，2015 年以来设计和制造行业在我国集成电路行业中的占比不断提升，销售额增速也保持在年均 25%以上，而设计和制造行业的快速增长也支撑了我国集成电路行业整体的快速发展。目前，“大基金”第二期已经获得国务院批复，并于 2019 年 10 月 22 日注册成立，注册规模达到 2042 亿元。

越来越多的政府产业投资基金由于受到政策支持，主要投向并重点支持新经济行业的发展。而受益于新经济行业普遍增长速度较快、附加值和利润率较高等特点，

1 数据来自投中信息《2019 中国政府引导基金报告》。

产业基金较高的投资回报率得以进一步撬动，并激励社会资本和资源持续投向新经济行业，带动资本与资源向新经济行业聚集，最终实现新经济产业的发展壮大。

三、我国新经济产业发展趋势展望

近年来，我国新经济产业在国家政策、资金及技术等多方面的支持下，取得了快速的发展。据统计，在过去的 10 年间，美国共新增 223 家独角兽企业[1]，占全球新增独角兽企业总数的 41.6%；中国新增 105 家独角兽企业，占全球新增独角兽企业总数的 19.6%[2]，排名仅次于美国。截至 2019 年年底，中美两国合计新增独角兽企业数量超过全球的 60%，在独角兽企业分布上已经形成了中美“双寡头”的局面。

然而，在对比美国和中国新经济企业在资本市场的表现时，在美股市场的前十大市值的上市公司中有 8 家新经济公司，其中，7 家来自美国，1 家来自中国，总市值达到 6.13 万亿美元[3]；而在我国 A 股市场前十大市值的上市公司中，有 7 家传统金融类国企、2 家能源类央企及 1 家消费品公司，没有新经济公司出现。可以看出，与我国新经济产业在以独角兽企业为代表的实体经济发展中迅速崛起并快速成长为中美“双寡头”的局面不同，我国资本市场在助力新经济企业的发展方面稍显滞后。

令人欣慰的是，随着我国坚定不移地执行对外开放政策及深化资本市场的改革，我们已经在刚过去的一年中看到了以科创板为代表的注册制改革试点的成功落地，以及多层次资本市场的初步建立。相信随着注册制改革在国内资本市场的深化和普及，未来会有更多的中国新经济企业选择登陆 A 股，并借助 A 股所具备的市场化运行机制、资金及资源优势快速发展。可以预见的是，中国新经济产业在国内更加完善的资本市场的助力和赋能下，未来将展示出更加强劲的增长势能，并进一步拉动经济增长。

作者简介：

江禹先生，华泰联合证券有限责任公司董事长，长期从事投资银行工作，兼任中国证券业协会投资银行专业委员会副主任委员、中国证监会第六届上市公司并购重组审核委员会委员。

1 独角兽企业是指成立 10 年以内、估值超过 10 亿美元、获得过私募股权投资机构的投资且尚未上市的企业。

2 数据来自 CB Insights。

3 数据统计截至 2020 年 2 月 14 日。

“新基建”助力中国数字经济领跑

许英博

当前，全球正处于从“传统经济”向“数字经济”迁移的过程中。中国信息通信产业研究院《中国数字经济发展与就业白皮书（2019 年）》显示，2018 年，中国数字经济规模达到 31.3 万亿元人民币，按可比口径计算，名义增长 20.9%，占 GDP 比重的 34.8%。数字经济蓬勃发展带动更多就业，2018 年，中国数字经济领域就业岗位 1.91 亿个，占当年总就业人数的 24.6%，同比增长 11.5%，显著高于同期全国总就业规模增速。软件和信息技术服务业、互联网行业增长较快，当年收入同比分别增长 14.2%、20.3%。信息消费、数字经济领域投资、数字贸易等需求活力不断释放，助力数字产业化发展。

一、数字经济发展：从“数字生活”到“数字产业”

（一）中国数字经济产业：数字娱乐和数字生活产业蓬勃发展

在数字经济发展的进程中，我们正在经历从“数字娱乐”到“数字生活”再到“数字办公”的变迁。受益于中国广泛普及的智能手机、遍布全国的 4G 通信网络、便利的支付体系、覆盖全国的高效物流配送体系，中国数字娱乐和数字生活产业高速发展。

（1）2018 年，中国游戏产业收入 2144.4 亿元，同比增长 5.3%，占全球游戏市场收入的比例约为 23.6%。

（2）2018 年，中国在线视频市场规模达 2016.8 亿元，超越广播电视广告 1538.5 亿元的收入规模。2013—2018 年，网络视听市场规模从 132.2 亿元激增至 2016.8 亿元，增幅高达 1525%。

（3）2018 年，全国网上零售额 90065 亿元，比 2017 年增长 23.9%。其中，实物商品网上零售额70198亿元，增长25.4%，占社会消费品零售总额的比重为18.4%。

（4）截至 2018 年 12 月，中国互联网用户规模达 8.29 亿人，普及率达 59.6%；中国移动互联网用户规模达 8.17 亿人，通过手机接入互联网的比例高达 98.6%；人均周上网时长为 27.6 小时，即时通信类 App 用户使用时间最长。

在不同的应用类型中，即时通信、网络新闻、网络视频、网络购物、网络音乐、网络游戏的用户普及度较高。截至 2018 年年底，即时通信应用的用户规模达 7.92 亿人，同比增长 9.9%；网络新闻用户规模达 6.75 亿人，同比增长 4.3%；网络视频用户规模达 6.12 亿人，同比增长 5.7%；网络购物用户规模达 6.10 亿人，同比增长 14.4%；网络音乐用户规模达 5.76 亿人，同比增长 5.0%；网络游戏用户规模达 4.84 亿人，同比增长 9.6%。此外，短视频用户规模达 6.48 亿人（首次统计）；网上外卖用户规模达 4.06 亿人，同比增长 18.2%；网络直播用户规模达 4.00 亿人，同比下降 6.0%；网约专车或快车用户规模达 3.30 亿人，同比增长 40.9%；网约出租车用户规模达 3.33 亿人，同比增长 15.1%。互联网已经渗透到娱乐、生活的方方面面。

（5）2018 年，中国最大的 7 家科技互联网公司（腾讯、阿里巴巴、百度、京东、网易、美团点评、小米）的收入规模总计达 1.56 万亿元，较 2017 年增长 37%。上述收入主要来源包括互联网游戏、电商、线上生活服务等。

（6）当前，数字化进程进一步向办公领域普及。在新冠肺炎疫情的背景下，在线协同办公、网络（视频）电话等应用快速普及。腾讯企业微信、腾讯会议、阿里钉钉、华为 Welink、字节跳动飞书等科技巨头悉数入场。在不久的将来，我们会看到来自数字化办公领域的更多机遇和快速成长。

（二）数字经济的发展方向：从“互联网”向“物联网”和“产业互联网”演进

未来，互联网产业将进一步向纵深方向发展，物联网和产业互联网是数字经济中值得重视的领域。互联网行业历经近 20 年的高速发展，逐渐进入成熟期。未来，更多的机遇将来自物联网和产业互联网，更多、更广泛的连接将被引入，产生更多维度、更大体量的数据规模，带来人工智能 AI 应用的更多可能。

（1）物联网是互联网的延伸，通过将各种信息传感设备与互联网结合起来而形成的一个巨大网络，实现在任何时间、任何地点人、机、物的互联互通。物联网通过多种传感器，包括射频识别、红外感应器、全球定位系统、激光扫描器等，按约定的协议，把物的信息与互联网相连接，进行信息交换和通信，以实现对物品的智能化识别、定位、跟踪、监控和管理，广泛应用于家居、物流、安防等场景。

（2）工业互联网通过智能机器间的连接并最终将人、机连接，结合软件和大数据分析，重构全球工业结构，激发生产力。工业互联网的本质和核心是通过工业互联网平台把设备、生产线、工厂、供应商、产品和客户紧密地连接融合起来，可以帮助制造业拉长产业链，形成跨设备、跨系统、跨厂区、跨地区的互联互通，从而提高效率，推动整个制造业服务体系智能化。工业互联网的概念最早由通用电气于2012 年提出。2018 年 7 月，工业和信息化部印发了《工业互联网平台建设及推广指南》和《工业互联网平台评价方法》。2019 年 1 月 18 日，工业和信息化部印发《工业互联网网络建设及推广指南》。2019 年 3 月，工业互联网成为“热词”，并写入 2019 年国务院《政府工作报告》。

二、“新基建”助推中国数字经济领跑全球

（一）中国加速“新基建”

数字基础设施是承载数字经济的重要基础，“新基建”也是未来 10 年提升综合国力的重要保障。2018 年中央经济工作会议重新定义基础设施建设，把 5G、人工智能、工业互联网、物联网定义为“新型基础设施建设”。随后“加强新一代信息基础设施建设”被列入 2019 年《政府工作报告》。2020 年 3 月，中共中央政治局常务委员会召开会议提出，加快 5G、数据中心等新型基础设施建设进度。随后，工业和信息化部召开加快 5G 发展专题会，加快新型基础设施建设。

（二）新冠肺炎疫情考验各国数字基础设施

新冠肺炎疫情给各国的数字基础设施带来巨大挑战，中国数字基础设施顶住了考验。疫情发生以来，人们的活动范围受到显著限制，互联网时长和流量显著增加，多个国家出现了网络基础设施的承载问题。据不完全统计，2020 年 3 月，英国运营商网络一度出现大面积故障，数百万在家工作的英国人受到影响，无法正常打电话、上网；西班牙、法国、意大利、瑞士、德国等国家曾出现网速显著下降的情况；美国部分运营商为保证网络容量，紧急扩容。疫情期间，中国强大的数字基础设施实现了平稳运营。根据工业和信息化部数据，2020 年 1—2 月，全国移动互联网的累计流量达到了 235 亿 GB，同比增长 44.2%，2 月户均移动互联网接入流量达到 8.88GB，同比增长 45.5%，达到了近 12 个月以来的最高点。

（三）新冠肺炎疫情加速数字经济发展

新冠肺炎疫情将加速传统经济向数字经济迁移。数字经济是未来的发展方向，传统经济向数字经济的迁移将是未来持续多年的趋势和机遇。从“碳基文明”向“硅基文明”的转变，数字化程度越高，才有可能有更高的智能化水平，并进一步整合资源提升效率。新冠肺炎疫情将加速传统经济向数字经济迁移的进程。人们的活动半径被迫缩短，大量线下活动面临取消，消费和工作活动被迫由线下转移至线上，视频娱乐、在线消费、视频会议、协同办公等应用的使用频率和使用时长显著提升。正如 2003 年“非典”之后，中国互联网用户的在线时长显著提升，驱动了游戏、电商等行业的蓬勃发展。我们认为，新冠肺炎疫情也有望加速全球传统经济向数字经济迁移的进程，数字办公将逐渐成为常态，更高效的连接和应用将进一步提升工作效率。

三、值得重视的数字经济投资领域

中国在未来数字经济的竞争中或将占据先机。当前，中国、美国等主流经济体在科技领域竞速，美国在半导体、SaaS 云计算、人工智能等领域占据先机，中国在互联网应用、大数据、数字化物流、IaaS 云计算等领域快速发展。中美贸易摩擦和新冠肺炎疫情将进一步导致 IT 产业链从全球一体化向中美两极化方向发展。中国本土将孕育更多科技机遇，本土软件和 SaaS 公司面临机遇，物联网和工业互联网将在本土强大的互联网基础上快速发展，新基建拉动数字基础设施保障数字经济发展，中国将在未来全球数字经济的竞争中占据先机。

未来值得重视的领域包括软件和 SaaS 云服务，物联网和工业互联网，新基建等。

（一）软件和 SaaS 云服务

伴随数字化程度持续提升，面对更大体量、更多维度的数据，软件和 SaaS 云服务（Software-as-a-Service）需求将持续提升。2010 年以来，软件和 SaaS 云服务是美股市场涨幅最大的科技领域，在美股科技股的市值占比从 26%持续提升至 36%。美股市场孕育了 30 多家百亿美元以上市值的 SaaS 云服务公司，代表性公司如微软、Salesforce、Adobe、Zoom、Veeva、Twilio 等。展望未来，美股 SaaS 云服务领域将孕育更多投资机遇，中国市场也将迎来软件和 SaaS 云服务行业的持续成长时期。

（二）物联网和工业互联网

物联网和工业互联网技术的拉动力度较大，有助于工业和传统行业的转型升级和效率提升。我们已经看到物联网技术在安防、智慧物流等领域的广泛应用，未来还会在更广阔的领域广泛应用，如无人驾驶汽车、智慧城市、智慧家居等领域。物联网产业将驱动传感器行业蓬勃发展，透过人工智能 AI 技术，进一步改善用户体验，提升工作效率。

（三）新基建：5G、数据中心 IDC、IaaS 云计算、大数据、AI 等

数字经济建立在数字基础设施基础上，更加智能的硬件、更宽的数据通路、更大的数据存储、更高效的人工智能算法等将助推数字经济发展。中国在 5G 领域进展较快，2020 年将成为中国 5G 投资加速落地的一年，预计三大运营商 5G 总投资达数千亿元量级。此外，数据中心、IaaS 云计算等领域也在持续扩大固定资产投资。我们认为，新基建相关领域度过大幅投资期之后，将产生持续稳定的现金流和回报，也将持续驱动中国数字经济发展领跑全球。

参考资料：

1．中国音数协游戏工委（GPC），伽马数据（CNG）．2018 年中国游戏产业报告[R]. 2018.

2．清华大学，CTR，CSM，MEMA．传媒蓝皮书：中国传媒产业发展报告（2019）[R]. 2019.

3．中国互联网络信息中心．第 43 次中国互联网络发展状况统计报告[R]. 2019.

作者简介：

许英博女士，中信证券科技产业首席分析师。研究主要聚焦于“数据产业链和人工智能”“新能源汽车和智能驾驶”等领域，全面负责公司全球科技产业研究。曾获得新财富、水晶球奖和金牛奖最佳分析师第一名等奖项。

私募股权基金支持新经济创新发展

中金资本运营有限公司

一、新兴产业已成为中国经济新增长点

回望 21 世纪走过的前 20 年，我们历经了两次技术创新与企业创业浪潮。第一波是 20 世纪 90 年代末到 21 世纪初的互联网浪潮，第二波是 2010 年以来的移动互联网浪潮，其间还穿插了精准医疗、新能源汽车、新材料等大量前沿领域的产业创新。

移动互联网极大地颠覆了人们的生产生活方式，推动着产业结构变革，也催生出了大量成功的企业。如果我们观察 20 世纪 90 年代全球市值排名前十的公司和 2019 年全球市值排名前十的公司，可以发现以软件互联网为代表的数字技术公司的崛起成为主流。这不仅发生在上市公司，如果观察全球独角兽企业排名也能观察到这一类似现象。

同期，我国一批具有全球竞争力的企业，“大众创业，万众创新”取得了积极成效。这些企业抓住了互联网、AI 和电动车浪潮，在互联网平台经济、智能手机制造、动力电池等方面取得了产业主导地位，在 AI 技术领域也接近了国际前沿。在部分领域的基础研究与核心技术攻关方面实现突破，如在 5G 领域的专利、基站、终端设备均实现抢先布局，技术能力位居世界前列。

以战略性新兴行业为代表的新经济已经逐步成为推动国内经济增长的重要动力源。国家统计局数据显示，2018 年，战略性新兴产业占规模以上工业增加值的比重已经超过 19%，规模以上的战略性新兴服务业中主营业务收入的比重超过 25%，均已经超过我国关于到 2020 年战略性新兴产业增加值占国内生产总值的比重要达到 15%的目标。

二、风险投资支持新兴产业的成长

新经济的高速发展离不开风投机构所提供的大量资金支持。投中研究院数据显示，2018 年，PE 和 VC 投资额超过 2000 亿美元，仅 VC 年度投资额就超过 960 亿美元。私募股权投资是重要资金来源，填补了传统金融机构在这方面的短板。

创新创业本身存在一定风险，据统计，获得 A 轮融资的初创企业再获 B 轮融资的比例不高于 5%，只有非常小一部分的初创企业能够克服技术、商业模式、资金、运营管理等多重挑战，最终在市场竞争中存活下来。中国金融体系以银行业为主，但银行资金大多偏好稳定性好、现金流回报稳定、风险可控的资产，大部分贷款流向了国企和大型民企。尽管国家出台了大量扶持小微企业信贷的优惠政策，截至 2018 年 6 月末，在中资银行境内贷款中，流向小微企业贷款的占比仅为 20%，在银行 2019 年单季的新增境内贷款中，流向小微企业贷款的占比仅为 7%左右。导致这一现象的原因，除银行资金与“双创”天然存在期限风险偏好错配外，银行自身也相对缺乏甄别初创企业风险的能力与市场化的激励机制，因此要求银行直接为“双创”发展提供资金支持存在困难。

而私募股权融资和债券融资方式很好地弥补了间接融资的不足，能够通过更市场化的风险评估方式投资“双创”企业。在国外，美国长期的财富积累和市场化的资产配置方式培养了众多成熟的机构化投资者，风投机构为苹果、脸书、亚马逊、特斯拉等高科技企业提供资金支持，这些企业最终成长壮大并引领了信息时代的经济和科技新革命浪潮，帮助美国稳固了在全球的技术和市场领先地位。

三、新兴产业发展面临的挑战

近期我国新兴产业发展显现出后继乏力的态势。前几年快速增长的互联网流量红利已经逐渐消失，消费级互联网的增长速率正在放缓。此外，新兴行业内原始创新占比仍然较少，众多企业依然沿袭模仿和进口替代的创新路径。其中原因在于以下几个方面。

（一）原始创新仍然不足

中国的高速发展在很大程度上源于国际产业链转移，但原始创新仍然不足，本国主导的产业链相对有限。尤其在制造业，国内多数制造业企业依然处于低端领域。

相比之下，日本自 20 世纪 60 年代起在数控机床、激光设备等尖端领域有着极大优势。受限于工业积累的不足，国内企业发展多依赖于模式创新，在底层原理、原始技术、关键设备、核心部件、核心软件等方面仍存在薄弱环节。如国内机床厂商仍缺乏核心数控技术与核心零部件，作为工业母机的高端数控机床长期依赖进口。

（二）发展原始创新与长线资本缺失的矛盾

我国风投机构的资金以企业、银行等短期资金为主，资金属性决定了中国大量的“双创”投资以商业模式投资和跟随策略为主，注重短期回报，而不愿投资研发成长周期更长的原始创新和技术创新。根据中国证券投资基金业协会数据，截至 2018 年年末，中国私募基金行业的主要出资者为企业、资管机构和居民，占比分别为 51%、33%和 12%，长线资本如养老及社保基金占比仅为 0.51%。金融机构和企业等短线资本所主导的短线投资，和 8～10 年的长期股权投资存在期限风险错配，影响了我国私募行业的长期发展。反观国外，根据 Preqin 数据，截至 2018 年 6 月，美国私募行业中 59%的资金来自退休基金、捐赠基金、保险资金和主权财富基金、家族基金等长线资本，长线资本为美国私募股权行业的可持续发展提供了坚实的保障。

（三）近期风险投资遭遇募资难题，多个融资渠道受阻

资管新规出台后，银行等金融机构向私募股权行业出资受到重大影响，前几年投入私募行业的大量银行资金亦受到严格的监管挑战。当前，银行业整体对私募股权行业的出资极为谨慎，即使政府引导基金的募资也受到冲击，资金端较为紧张。一是受经济大市及“2017 年定增新规”的影响，企业对私募股权行业出资收紧。企业资金占私募基金募资额的 51%，在 GDP 增长趋缓，经济周期性波动，多个行业处于结构调整的背景下，民间投资整体低迷，市场可投资金匮乏。同时，企业与地方政府债务压力较大，各地“爆雷”事件频发，企业的投资意愿大幅下降。二是高净值客户投资参与度下降。资管新规中提高投资门槛、提升合格投资者的认定标准，使得合格投资者范围缩小，个人 LP 对私募股权投资参与度降低，进一步提升私募股权行业募资压力。三是能提供市场化长期风险资本的政府引导基金体量有限且受政策影响大。进入 2018 年，随着各项监管政策及资管新规的落地，政府引导基金对私募机构的投资呈现审慎态度，并把控投资额。与此同时，2018 年以来各地方政府的财政压力不断加剧，赤字率不断提升，这都加剧了地方政府对政府引导基金和创投基金未来持续资金支持的不确定性。

四、发展新兴行业需要全面的战略举措

无论从短期战术角度考虑，还是从长期战略视野分析，我国经济发展都要依赖科技创新。随着外部局势动荡、中美大国角力加剧，外部技术封锁更为严厉，高科技贸易、投资和人才交流都受到了更为苛刻的限制。新冠肺炎疫情更是从多方面导致全球化逆转，对经济的供需两端产生深远的影响。这一切都更急迫地要求我国以“大众创业，万众创新”为抓手，培养原始创新能力及技术的自我造血能力。因此我们认为未来需要做好以下工作。

（一）健全创新创业的长线资本参与和退出机制

一是短期内中国市场化长线资金来源匮乏的现状难以改变。对比海外经验，美国经过上百年的发展，富有家族的财富传承及完备的养老金投资体系为社会积累了大量长线资本，这些资本可以克服短期资金的投机问题，以长期价值投资为出发点，通过和社会化、专业化的机构投资者合作，全方位支持企业的创新发展。中国国情与美国迥异，财富积累不足，养老金及企业年金制度尚不完备，《遗产税法》有待完善，这些使得能够与欧美对标的市场化机构类长线资本匮乏；这些长线资本的积累往往也需要数十年的持续投入，中国难以在短期实现追赶。

银行作为当前私募股权投资的主要资金方，资管新规完全禁止其后续出资对整个行业的短期负面影响较大，因此建议允许较少比例的银行资金支持长期股权投资。一方面，为匹配银行整体的风险收益偏好，降低资金风险，可以通过比例制等形式对银行配置私募股权资产的总体规模进行严格控制，比如允许 1%的资金进行期限错配，投资私募股权；资管新规对于资产的穿透式管理虽然有助于控制风险，但是资金融通的本质也在一定程度上需要期限的长短结合，从而达到资源的跨期最优配置。另一方面，银行也可以通过选取具有规模化、专业化优势的优质机构类基金作为管理人，来提高资金配置效率，降低投资风险。

二是初创企业从原始创新到商业化规模化均需要资金的接力支持。战略性新兴行业（包括创新药、新材料、半导体等）的成熟是有一定周期的，整个过程对资金的需求是巨大的。需要拓宽产品形式，推出创新产品从全流程支持产业发展，比如可以引入风险投资债（Venture Debt），通过风险投资发债的方式，帮助机构更好地募集社会资金；也可以引入 VC 间交易市场（Secondary Market），投资新兴产业，通过 VC 间交易市场将接力棒有序传递，吸引更多机构参与进来。

三是需要增加养老金和医保基金对私募股权在内的权益类产品的敞口。这样既能更好地提升养老金与医保基金的长期回报水平，也能发挥长线资金对于中国资本市场的活化作用，为市场机构投资者的稳健运作提供坚实保障。与长线资本机制改革配套的是资本市场改革，需要进一步落实科创板，探索创业板开放注册制，改革上市规则，吸纳更多战略性新兴产业公司在境内上市，强化事中和事后监管，从而提升资本市场的有效性。

（二）优化创新创业投融资环境

新一代信息技术、新能源汽车、生物技术、绿色低碳、高端装备与材料、数字创意等战略性新兴行业，大多是资金密集型和技术密集型行业，需要大量前期资金投入以进行技术研发和市场应用，只有国家层面提供充足的政策引导与资金支持，才能充分撬动社会资源并吸引优质人才，帮助产业解决资金瓶颈问题，推动这些产业的长期发展。

美国之所以能够在芯片、生物医药、航空航天等高科技领域领先全球，离不开美国企业在科研中持续数十年的大额资金投入。2017 年 Amazon 以全年 226 亿美元的研发投入在全球企业中列居首位，位居其后的 Google、英特尔、微软和苹果的研发投入量级也都在 100 亿美元以上，而中国只有华为的研发投入超过 100 亿美元，排名第二的阿里巴巴全年研发投入仅约 27 亿美元。另外，美国的市场和政策环境也给予初创企业创新充分的容错率，不仅有早期风投机构，政府往往也配套相关资金鼓励科研创新，在这方面中国整体市场环境亟待完善。

（三）改进国内科研体系

一是形成一套鼓励科学家独立探索冒险的原始创新机制，要深化科研体系的改革，更加重视长期的基础科研投入，建立长效的评价考核机制，避免因经费的时限与成果的硬性要求而打消科学家从事冒险性研究的动力。同时，要在制度上完善科研容错机制，不能因为制度因素让科学家成为科研失败后果的承担者。

二是建立开放共享的全球科研汇聚平台，进一步加强我国的科研创新领导力和吸引力。一方面，我国在基础科研的经费使用中，应适当向全球层面开放项目申请，吸纳全球科研人才进行研究。而事实上，在诸如太空站的规划中，我国正在与各国的航天员进行合作，并向各国开放未来航天站的科研使用权。另一方面，我国也应该加强和全球资本的金融合作，开放外资对我国进行科研的价值投资，引导创新型企业发展。

三是通过科创基金等模式推动科研成果商业化。通过市场化基金管理方式，配置长期资本来引导硬技术、原始创新、高精尖产业的发展。科研成果商业化是有一定周期的，而在整个过程中对于资金量的需求是巨大的，以新材料为例，从实验室研究成果到实现产业化，大约耗时 10 年；以创新药为例，从前期药物设计到药品最终上市，平均需要 12～14 年，投入研发资金超过 10 亿美元。

（四）改善营商环境，健全行业监管框架

一是健全可预见的新兴行业监管框架。新经济行业多是新兴行业，若监管缺失可能导致一系列市场失灵问题，需要增强行业监管。行业监管的目的是为市场构建良好的运营环境，鼓励和支持行业内合规企业的发展，治理扰乱市场的不合规行为。要巩固新经济产业集群和龙头企业的良性发展势头，坚定资本市场的信心，就需要增加监管部门与被监管行业内企业通畅的信息沟通，帮助企业及时了解政策意图。这也有助于监管机构及时得到市场对监管政策的反馈，引导并凝聚行业政策共识，从而给企业和投资者提供可预见、可判断的前瞻性监管指引，在根本上提升国内的营商环境。

二是需要为发展预留空间。政府政策要为互联网经济的未来发展预留空间，不能管得太“死”，避免矫枉过正。互联网经济在整个经济谱系中还属于新生事物，技术日新月异的发展带来新业态和新模式的不断涌现，而政策的刚性决定了其对快速变化的新事物适应性有限，所以应采取审慎且包容的态度，在合规的前提下鼓励行业发展。《国务院关于实行市场准入负面清单制度的意见》指出：“对市场上出现的新技术、新产品、新业态、新商业模式等，要本着鼓励创新、降低创业门槛的原则，加强制度供给，寓监管于服务，不急于纳入市场准入负面清单管理。”规制者在对新问题和新现象深入了解之前，应该留有“试错空间”，采取更加宽容的态度。

（五）推进创新创业企业和投资的税收优惠

一是进一步落实对创新创业企业的减税政策。对比其他国家和地区，总体上中国的企业税赋还处于较高水平，比如新加坡采用单税种制，最高利得税为 17%，国内企业的相关税收优惠相较之下仍显不足。中小企业和高科技企业对于带动经济增长和社会就业具有重大作用，如果能够为这些“双创”企业进一步减税降负，则能进一步加速这些企业的发展，更充分地激发“大众创业，万众创新”的活力与热情。

二是创投资本对于促进“双创”发展具有重大意义，税收层面对创投资本的优惠和鼓励也应得到重视。受中国资本市场长线资本发展不足影响，国内的创投基金

行业发展远落后于外资机构。当前，国内融资仍以间接融资为主，配套资本市场发展尚不完善，因此创投基金对中小企业和高科技企业的融资支持至关重要。只有持续在税收等层面进一步加大对创投基金的支持，减少基金的经营顾虑和负担，才能更好地发挥金融资本服务实体经济发展的重要作用。同时企业通过优异的财务表现和持续运营也将推动中国长线资本的发展，形成中国“双创”投资与发展的良性闭环。

作者简介：

中金资本运营有限公司是中国国际金融股份有限公司的私募投资基金业务平台，管理中金境内外私募股权投资基金业务。基金类型涵盖政府引导基金、存量经济改革基金、人民币母基金、人民币股权投资基金、并购基金等，是中国领先的私募投资基金管理平台之一。

政府投资基金

政府投资基金，是指由各级政府通过预算安排，以单独出资或与社会资本共同出资设立，采用股权投资等市场化方式，引导社会各类资本投资经济社会发展的重点领域和薄弱环节，支持相关产业和领域发展的资金。

——《政府投资基金暂行管理办法》（财预〔2015〕210 号），财政部，2015 年 11 月 12 日

新经济产业投资助力区域经济发展

徐啸晨

近年来，随着新一轮科技浪潮的推动，人工智能、大数据、“互联网+”等产业飞速发展，经济呈现全球化、信息化、数字化、共享化趋势。以绿色经济、数字经济、知识经济、共享经济等为代表的新经济，正逐步成为我国经济高质量发展阶段激发新动能的新引擎，新经济产业也一跃成为区域产业转型升级和经济高质量发展的重要抓手。

相对于重资源投入的传统产业，各区域新经济产业的发展几乎处在同一起跑线上，越早抓住机遇就越有可能占据竞争优势。然而，地方政府在生产要素成本、人力成本、环境资源禀赋等方面的比较优势日趋弱化，传统招商引资手段在引资方式、制约机制、政府职能发挥等方面存在弊端。传统招商引资方式的成效减弱，优质企业分布的不平衡现象加剧，制约了部分地方经济的进一步发展，也挤压了优质企业的成长空间。而与此同时，新经济产业发展理念不断更新，对于当地的产业基础、人才环境、融资方式、营商环境等因素的考量更趋客观理性。

在此背景下，以基金工具的综合运用为纽带，引入市场化机构，通过市场化投资的手段为区域导入新经济产业，有助于高效地促进产业、项目、人才等资源要素的有序自由流动与平等交换，为区域经济高质量发展夯实基础，并拓展升级地方招商引资工具，成为地方政府资本招商、基金招商等先进理念的有益实践。同时，新经济产业在原有发展基础上获得了更为有力的资金、基础设施、市场环境及政策法规支持，成为新时代背景下新旧动能转换和产业转型升级的“利器”。

一、新经济产业投资促进区域经济发展

（一）区域经济转型升级急需新经济产业

区域经济竞争力通常由两大部分构成：一部分是指地区长期积聚的竞争优势，

如沿海发达地区的先天区位优势及在此基础上形成的产业发展优势；另一部分是指地区通过实现产业转型升级形成的区域竞争优势，此种优势是地区后天自主发展区域经济的结果。

随着我国社会发展进入“新常态”，原有的经济发展模式遇到了瓶颈。部分地方政府依靠低生产要素成本、低劳动力成本、牺牲环境承载力的方式发展已经不适应新时期市场经济的发展需要。各地政府产业转型升级、提升区域竞争力的意愿较为迫切，主要体现在以下 3 个方面：

一是希望吸引高附加值、低污染的产业。环保问题是城市经济发展的“阿喀琉斯之踵”，党的十九大报告首次提出将污染防治作为三大攻坚战之一，原有的“先污染再治理”的发展方式已不符合当下要求。二是希望打造总部经济，减少土地资源使用。全国重点省（市、地区）普遍面临土地资源日益紧张的局面，发展集约型经济、提高单位土地面积产值成为地区经济考量的重要因素。实践表明，总部经济在并不大规模地占用土地的情况下对区域经济的发展具有较强的外溢效应，如税收供给效应、产业聚集效应、产业关联效应、消费带动效应、就业乘数效应、资本放大效应等[1]。三是希望调整人口结构。我国人口老龄化问题日益严重，新增出生人口数量连续多年低于预期，人口增量发展遭遇瓶颈。存量人口结构的调整成为各城市提升健康可持续发展能力的重点关注指标，在此背景下地方政府希望借助产业的转型升级带动人口结构的调整。

新经济产业的定义目前还没有统一的标准，但通常会定义为具有新产业、新业态、新商业模式的行业，这类行业通常具有高人力资本投入、高科技投入、轻资产、可持续快速增长等特点[2]。在较少占用土地资源的前提下带来高附加值产出的新经济产业已成为地方政府的发展共识。随之吸引而来的高层次人才进驻，可提升区域人才的总体水平，为区域经济可持续发展奠定更坚实的基础。

（二）新经济产业发展关键在于行业龙头企业

新经济产业受资源、人才、政策、发展基础等多方面因素影响，在空间分布上存在明显的不均衡，部分省、市聚集了绝大部分的优质产业。例如，电子品牌企业研发中心高度集中在九大城市，集成电路设计高度集中在四大城市，集成电路制造工厂集中在八大城市，先进制药产业集中在全国十五大城市，互联网信息技术服务

1 宫燕，马宏展，杨晓琳. 济南中央商务区打造总部之城[J]. 走向世界，2014（24）：44-45.

2 陈慧，七大新经济行业发展潜力强大[N]. 第一财经日报，2017-12-24.

业集中在四个一线城市与杭州，新能源汽车企业总部均在大城市等[1]。新经济产业资源聚集的现象也加剧了其他地区对于先进产业、优质企业的渴求。

有学者认为，应当侧重在主导部门和具有创新能力行业聚集的地区或大城市重点发展建立增长极，通过增长极的扩散效应带动相关地域发展[2]。地方政府将工作重心放在重大项目的招商引资上，将有利于区域经济的持续发展，并有效增强区域经济的核心竞争力。新经济龙头企业的引领带动作用可以有效促进其上下游相关产业的发展，拉动区域经济增长。与此同时，随着新经济龙头企业的不断发展，这些企业也能成为所在区域的新名片，提高城市自身知名度。

以特斯拉上海生产基地为例，特斯拉上海工厂落地后，特斯拉凭借在全球范围的影响力，让全世界相关行业人士及行业资源聚集上海，其自身也迅速成为上海的新名片之一。同时，特斯拉上海工厂的发展也聚集了大量上下游产业链企业，硬件需求的不断增加，加速带动了产业聚集。此类新经济龙头企业，能够吸引聚集人才、资金、技术等创新要素，为区域经济注入新活力。

（三）产业投资基金是吸引新经济企业的有效工具

新经济企业由于发展时间相对较短，多处于成长初期，具有较多不确定性，因此融资难度较大。

一方面，传统金融机构侧重于选择已有稳定的经营与盈利模式、安全性更高、信贷资金保障度更好的成熟型企业；企业类型方面重视大型央企、地方国企，对民营企业支持力度不足；产品设计方面注重对企业现金流、物流、信息流的管控。新经济企业通常尚未挂牌上市、主体信用不足，发展初期重视成长而非迅速盈利，存在长期亏损的情况，从而导致新经济企业难以获得传统商业银行等间接融资支持或融资成本较高。

另一方面，直接融资在社会融资总量中占比有限，难以大规模支持新经济产业发展。资金来源中机构资金占比偏低，资金供给的稳定性与可持续性有待提升。资管新规等政策发布以来，直接融资规模进一步收紧，加剧了市场募资难度，新经济产业融资难现象日趋严峻。

新经济企业通常需要较长的研发周期，在传统融资渠道不畅的情况下，更需要

1 炤寅．详剖8大中高端产业分布谁是下一个产业高地[J]．产城，2018（12）：38-41.

2 丁涛，盖锐．创业投资与区域经济增长的灰色关联性分析——以南京为例[J]．技术经济与管理研究，2015（1）：32-35.

长期资本的支持。只有长周期的资金，才能够匹配长周期的新经济企业的收益预期。以股权投资为核心方式、以基金为工具的产业投资是帮助新经济企业实现直接融资的最有效手段，同时能够协调和平衡各方诉求和利益。地方政府通过新经济产业投资，可有效解决上述新经济企业的融资难题，奠定吸引新经济行业龙头企业落地的基础，培育新经济产业发展环境，从而加速实现区域经济发展目标。

二、新经济产业投资运作模式

在各类政策驱动下，各地方政府逐步改变旧理念，希望通过“拨改投”方式撬动社会资本投资于新经济产业，优化资源配置，提高财政资金使用效率。“资本招商”“基金招商”等新型招商模式被越来越多的区域所接纳。回顾我国创投发展历史，地方政府通过财政资金参与新经济产业投资采用了以下几种运作模式。

（一）国有创投机构直接投资模式

1985 年，国务院正式批准设立了我国第一家官方性的风险投资公司“中国新技术创业投资公司”。此后，我国首批国有创投机构相继成立，如上海科技投资公司、广东科技创业投资公司、深圳高新技术产业投资服务公司、江苏省高新技术风险投资公司等。

国有创投机构多由政府主导，隶属国资委管辖，资金来自政府财政，根据政府产业导向进行投资。由于内部激励机制不足、投资决策效率不高等原因，国有创投机构在项目挖掘、筛选判断上相比市场化机构存在劣势，对外投资决策、运营方式、管理模式、投资对象等均受到一定程度限制，使其难以充分发挥自身竞争力，实际经营状况相对较差。

在此过程中，地方政府意识到了国有创投机构直接投资模式存在的问题，开始逐渐从直接投资模式向政府引导基金模式转变。

（二）政府引导基金模式

2008 年 10 月，十部委发布首个引导基金运作规范，即《关于创业投资引导基金规范设立与运作的指导意见》。2016 年以来，全国各地政府引导基金出现了爆发式的增长，该模式逐步被各地方政府接受，且已逐渐成为地方政府进行产业投资的主流手段。

目前，政府引导基金模式多由政府授权具备相应职责和能力的事业单位或国有企业作为投资管理平台，由该受托投资管理平台行使政府引导基金的出资人职责，通过阶段性参股子基金方式间接支持区域内企业。

政府引导基金的运作管理通常受到地方政府制定的引导基金管理办法制约，在子基金的筛选投资与投资后管理方面相比市场化基金有更多的限制。

与市场化基金相比，政府引导基金有着不同的定位和功能，其本质是在单纯通过市场配置股权资本效用失灵时，由政府设立政策性基金，加强股权投资的政府资金供给，发挥政府协调、调配职能和财政扶持功能。地方政府希望通过政府引导基金撬动社会资本，提升财政资金的使用效率，形成良性循环。

（三）专项招商基金模式

相比传统产业投资，新经济产业投资前期论证、项目研判难度更高，需要更强的专业性，对决策的要求也更高，从而出现了传统政府引导基金投不出去，或者投出去但完成不了引导产业发展的现象。相比之下，更为专业化、市场化的专项招商基金成为越来越多地方政府进行新经济产业投资的新选择。

专项招商基金在财政资金的使用上，能够较好地撬动综合实力较强的产业方资源，围绕产业方的业务落地诉求，根据其业务发展所需资金及用途制定融资方案，使得地方政府与产业方围绕同一战略项目进行投资协同。

同时，通过政府参与的专项招商基金，可撬动外部金融资源，协助企业获得低成本债权融资并实现股权层面的深度合作，形成股权与债权相结合、短期招商成果与长期经济效益相结合、优质企业引进与产业转型升级相结合的专业化方案，统筹整合多种资源要素，为新经济企业的顺利落地提供坚实保障。

同时，在专项招商基金的运作管理上，引入第三方专业管理机构，能够有效实现地方政府与新经济企业的市场化高效对接。专业化、市场化的第三方管理机构深度理解地方政府能够提供何种资源、愿意提供何种服务，同时从产业方需求出发，深入研判新经济企业落地的真实需求，组织协调相关资源、定制资本招商方案，将基金收益安排、让利机制、风控措施等与产业方实际落地发展情况挂钩。以此，为地方政府与产业方之间筑起沟通桥梁。

以资本为纽带、以产业为切入口，整合资金、税收、土地、政策等各类资源，是招商理念的更新和招商模式的有效探索。

三、完善新经济产业发展的建议

新经济产业的发展是区域经济转型升级的关键，需要创新探索更加合理可行的政策体系和投资模式，以提升新经济产业投资的效果，增强区域经济发展动力。

（一）打造新经济企业生态圈

地方政府应当持续支持、鼓励对新经济企业的研究、跟踪和宣传，构建分层分类的企业支持体系，支持新经济企业发展。除新经济产业的行业龙头、独角兽企业外，还应关注早期创业企业，重视“创业—瞪羚—独角兽”整个企业成长链条的衔接和培育，为不同阶段的企业提供不同的扶持措施，打造完整的新经济企业生态圈[1]。

（二）关注传统行业中的创新者

随着中国传统制造业的转型升级，传统制造业与新经济产业跨界融合已成为市场发展的重要趋势，并由此构建出由消费者驱动的全新商业形态。这些传统行业中的创新者，将会成为行业内其他企业通过技术创新、模式创新参与全行业转型升级的参考典范。同时，这些创新者也将成为新经济与传统经济融合发展的重要桥梁。

（三）以创新模式投资新经济龙头企业

地方政府应改进原有的财政资金使用模式，更高效地采用市场化、专业化的投资模式，参与对新经济龙头企业的扶持，发挥龙头企业对区域经济的带动作用。同时，要宽容失败、鼓励创新，充分发挥长效管理机制优势。建议政府部门出台对专业团队的科学考核评价机制和委托管理机制，做到权责对等，激发专业团队内驱力，提升管理效率。

作者简介：

徐啸晨先生，盛世投资高级副总裁。拥有近十年的政府引导基金运作经验，曾任职于上海浦东科创集团，参与上海、江苏、安徽等多支政府引导基金的管理工作，负责数十支子基金的投资管理。

1 王立军. 从科技小巨人到独角兽企业[J]. 杭州科技，2018（2）：37-40.

引导民间资本在新经济发展中发挥其重要作用

胡迅怡

一、引领民间资本进入新经济领域

中国的经济发展方式转变和产业结构调整都无法绕开民间资本的参与，鼓励民间投资是中国经济发展的必然选择，也是未来中国经济持续发展的最大源泉和内生动力引擎。

（一）民间资本已成为促进中国经济发展的主要动力

民间资本是中国特有的概念，目前还没有统一的定义，一般将民间资本定义为非政府拥有的资本，即掌握在民营企业及股份制企业中属于私人股份和其他形式所有的私人资本的统称。长期以来，人们一提起民间资本，就刻板地认为是在整个经济活动中相对于国有资本属于次要和从属地位的资本，但实际上中国经济发展到如今的阶段，这种状况已经发生了重大的变化。民间资本在中国经济发展中的地位日益提高，无论是从对 GDP 的贡献，还是对就业的贡献来看，民间资本都已经成为激发中国经济发展内生动力的主要源泉。有调查显示，我国民间资本总额已经超过 2 万亿元人民币，民间资本对中国 GDP 的贡献已经超过 60%，已当之无愧成为促进中国经济发展的主要动力，民间资本投资运作对国家经济长远发展有着无法替代的重要作用。

（二）新经济领域是当前中国经济的主要发展方向

所谓“新经济”，最早是指在全球化背景下，信息技术革命及由信息技术革命带动的、以高新科技产业为龙头的经济。表现为 20 世纪 90 年代，美国经济在信息技术革命的带领下，出现了第二次世界大战以后罕见的高速度增长。而新经济真正被广大人民群众所关注，则源于 2016 年《政府工作报告》首次将“新经济”这一提法正式引入。

新经济作为信息技术革命带来的经济文化成果，在当前传统行业日渐式微，且存在高耗能、高投入、高污染等各种结构性问题的背景下，不仅能为经济发展注入新的动能和新的活力，确保我国经济继续保持迅猛的发展势头，更能助推传统行业的转型改造、转化提升和迭代升级。因此，新经济的快速发展正以个性化、速度化的特点成为时代宠儿。政府各级部门都将发展新经济作为重要的经济发展战略来规划，也出台了各种措施和文件，明确提出除政府资金外，要引导和带动更多社会资本特别是民间资本参与战略性的新经济领域的产业发展，加快培育和发展战略性新兴产业。

（三）引导民间资本进入新经济领域的对策建议

新经济领域作为国家的重点战略方向，虽然相对传统行业有着较高的不确定性，即相对较高的风险，但同时又有着相对较高的收益预期。民间资本具有较敏感的嗅觉及较快的决策机制，在行业萌芽期能较快抓住发展机遇。故要引导民间资本进入新经济领域，核心是要打破体制机制因素的制约，深化重点领域的体制机制改革，清理和修改不利于民间资本投资的法规和政策规定，拓宽民间投资领域，保障民间资本在不同市场主体之间的平等竞争。具体体现在以下方面：

一是要消除对民间资本的政策歧视，赋予公平的市场竞争地位。放宽民间资本投资的准入限制，改变目前民间资本投资门槛设定较高、限制过多的情况。以更大包容性允许资本进入新经济领域，打破以通信、高品质服务业等为代表的新经济领域仍然存在的或明或暗的行政垄断和市场壁垒。根据民间资本的特点，放开相应的投资额度限制，适当降低对投资主体的要求，简化审批、备案程序，扩大民间资本可以投资的领域。

二是要在探索发展中逐步完善相关法律制度，创造平等竞争的市场化环境，促进行业的健康发展，避免资本的短期逐利性影响行业的长期发展。资本天然具备的逐利性犹如一把双刃剑，既可以在行业萌芽期为其带来迅速发展，然而如果配套的法律制度无法及时跟上，其逐利性往往会导致行业间鱼龙混杂并损害行业的长期健康发展。新经济产业链中不断萌发的新兴行业往往具有爆发式成长的特点，其形成周期较短，对现有的法律制度来说均有较大的突破与挑战。在先发展还是先规范上，为了支持新经济的发展，往往采取了摸着石头过河的方法逐步完善制度，这在以往的经验中也付出过一些代价，对一些行业的长期发展造成了伤害。

三是要加大财税等各方面的政策扶持，分担民间资本投资所面临的投资风险。

从各个民间投资主体来看其相对政府资本普遍实力不强，一旦在投资过程中面临各种内外部突发事件，民间投资主体面临的风险要远远高于其他的经济主体，因此也制约了部分民间资本投资的积极性。在这一形势下，若民间资本投资的是国家鼓励的新经济领域行业，政府应推动相关机构在投融资、财政、税收等方面给予民间资本一定的扶植，通过政策优惠增强民间资本的投资热情，以此诱导民间资本进入新经济领域。

二、民间资本在经济转型中拥抱新经济获得新发展

随着新经济浪潮对全社会各行业、各部门加速渗透和扩张，它直接影响并冲击着传统产业的发展，如何正确看待民间资本在新经济条件下逐步从传统产业转向新经济产业，传统企业如何升级转型、突出重围是当前需要高度关注和讨论的话题。

（一）新经济对传统行业带来巨大挑战

新经济是建立在知识和信息的生产、分配和使用基础之上的经济。在新经济背景下，科学技术日益成为最重要的生产要素，科技进步在经济增长中的作用也日益突出，资本也越来越倾向于高新技术产业。在这种情况下，以钢筋、水泥、机械等为突出代表的传统产业主要面临以下挑战：

其一，传统企业一般使用的是大众化、传统型技术，相对于使用高新技术的新经济产业，生产效率、单位产品附加价值相对较低，进而在创利能力和效率上相对落后，影响企业竞争力。

其二，在新经济时代下，客户的需求和服务的要求日益多元化和个性化，产品和服务更加要求以客户为中心。而从大生产时代一路走来的传统行业，对这种时代变化的反应还不够迅速，仍习惯于同质化、规模化的生产模式。

其三，部分传统企业属于高能耗、高物耗、高污染的生产型企业，在当前世界各国人民日益重视环境保护的今天，其造成的生态破坏已受到越来越多的重视。从各方面的产业政策和舆论导向看，这些企业如果不加以改造提升，将来的发展道路必将越来越窄。

（二）传统行业仍是新经济时代的基础

新经济正在改变传统的生产方式和生活方式，这是新经济发展的必然结果，但它不会取代传统的经济活动，传统行业和传统企业也不会被完全替代或消失。因为

传统行业往往与我们生活最基本的衣食住行需求相关，技术的变革只会推动传统产业的主导技术逐步被高新技术所取代，从而使产业结构的整体素质不断得到提高。在新经济形势下，传统产业的生产方式、主导技术、组织结构可能会发生很大的变化，但它不会消失，新经济不可能消除传统经济活动的基本内容。实际上，传统产业在大部分国家仍然是支柱产业，是构成国民经济的物质基础。即使在工业发达国家，传统产业也继续在国民经济中发挥着重要作用。

另外，新经济的先导产业——高新技术产业与传统产业也是相辅相成的关系，并且具有不断融合的趋势。尽管技术落后是传统产业逐渐丧失竞争力的主要原因，但传统产业仍然是新经济时代的产业基础，高新技术企业离不开它，电子商务、互联网络也离不开它。通过引进高新技术，传统产业也可以再现生机。因此，发展新经济既要促进高新技术的产业化，也要立足于传统产业的转型升级。要加速对传统产业进行改造和提升，使之适应新经济的发展。

（三）传统产业在新经济发展背景下的机遇

传统产业的经济形态普遍以制造业为主，以高新技术的迅速发展和广泛运用为基本特征的新经济，为传统产业升级提供了新的契机。

一是新经济的发展为传统企业带来了新的发展观，使得传统企业更加深刻地认识到科学技术在经济发展和企业经营中的重要作用，将促进传统企业生产方式由粗放型向集约型转变，促进企业更加重视科技研发和技术创新。更深远的影响是将重塑和升华传统企业的人才观，强化传统企业对人力资源开发的重视程度，进而不断提升传统企业从普通工人、技术人员到管理人员的综合素质，为传统企业的转型升级提供必要的人力和技术支持。

二是新经济的发展为传统企业带来了新的市场空间。新经济的快速发展，一方面将同步带动传统行业的投资需求，诸如为新经济行业配套的基础设施、公共设施、信息化建设等领域，都会为传统行业提供大量新的市场需求，传统企业可以在自身升级转型或在同新经济相互融合的过程中获得新的发展空间；另一方面新经济在促进经济发展的同时，也提升了人们对高水平生活的需求标准，进而起到了促进消费的作用，使整个经济的内需潜力进一步释放，传统企业也能在此过程中相应获益。

三是新经济的发展为传统企业转型升级提供了良好的基础。新经济使各经济主体的思维方式及行为方式发生巨大而深刻的变化，传统企业的经济增长方式转型、传统产业的技术创新等有了新的推动力量。同时，新经济引发了新一轮全球性的产业结构调整，为传统企业的升级提供了新的发展机遇。

（四）新经济发展背景下民间资本引领传统企业转型升级

以高污染、高能耗、高成本、高投入和劳动密集型为依托的传统产业为经济发展做出过巨大贡献，也随着其发展进程沉淀积累了大量的民间资本。但是，伴随着新经济、新业态的到来，大部分民间资本需要及时规划企业的转型，引领传统企业不断适应市场，不断与新经济融合发展，实现转型升级，才能在新的经济环境中继续生存。

1. 转变传统企业的发展模式

传统产业大部分以生产制造活动为主，普遍为高能耗、高投入、高污染粗放式的发展模式。但是在新经济背景下，高科技技术、高附加值、高人才资源及集约型的发展道路才是更加具有市场竞争力和可持续发展能力的选择，科技研发与服务更是决定企业生存的关键因素。依靠单纯的资源投入，已不再能支撑传统企业的持续发展，技术和创新才是拉动经济发展的关键，将信息化、智能化、互联网技术等更多地运用到传统产业当中，借助物联网、"互联网+"、智能制造等与传统产业融合正成为传统企业新的发展方向。民间资本与其他经济模式相比，其灵敏的触觉与快速的反应速度能使企业迅速调整方向，重新出发。

2. 提高传统企业的技术结构

运用高新技术改造传统产业，加强高新技术对传统产业的辐射和渗透作用，用高新技术改造生产工具、劳动对象和工艺流程。新经济时代突出的特点就是高新技术层出不穷、科技成果商品化更迅速，产品的技术含量越来越高，产品的成本不断降低。一个产业、部门和企业如果不在技术上占据优势，很难在新经济时代形成市场优势。对传统企业来说，一方面要使用高新技术改造传统设备，强化自动化控制技术在企业生产中的运用，提升生产自动化水平和劳动生产率；另一方面要借助高新科技改造传统工艺，推广信息化技术在设计、制造、生产领域的辅助作用，推进产品向多品种、少批量方向发展。而传统企业要实现技术上的提升，除要加大研发投入，提高自我创新能力，建立有自主知识产权的核心技术优势外，最重要的是要建立符合新经济时代的人才观，高度重视人才在企业发展中的作用，加强企业内部人才的挖掘和培养。

3. 改造传统企业的组织结构

传统企业在管理上普遍强调企业内的职能运作要独立且分工明确，但新经济时代的一个显著特点是技术门槛越来越高，涉及的领域越来越广泛，技术创新甚至是工艺改进不再是依靠少数人的灵感和努力就能实现的，越来越依赖集体的共同努力。企业要实现技术创新，必须强调企业内部的各部门协调和资源共享，要在企业内部各职能部门和业务部门之间建立通畅的联系机制，以及类似柔性团队的灵活组织。新经济时代的市场需求变化迅速，市场机会稍纵即逝，传统企业要抓住市场机遇，必须不断提升响应速度。传统企业一般采取的等级管理方式相对比较僵化，难以完全适应新经济时代决策的需要，应在现有管理的基础上更多地借鉴更少约束、更为灵活的网络组织形式，吸收互联网企业等新经济时代代表性企业管理模式中的优点。

4. 提升传统企业的管理水平

许多传统企业不仅在发展模式、技术等方面与新经济不相适应，其企业管理方法和管理手段也落后于时代。比如很大一部分传统企业为民营企业，这些企业很多都未能建立起现代企业制度，经营决策更多地依赖企业管理者的主观判断和个人喜好，缺少对企业发展长期的战略规划。对这些企业而言，首先要改革企业原有的管理体制，加快产权制度改造，完善现代企业法人制度，使企业作为真正独立的市场经济主体而存在；其次要学习先进的管理理论来优化传统的经营管理理论和管理方式，在注重微观管理的同时，要加强对企业发展战略的思考，明确企业在市场中的定位和角色，强化企业的战略管理；最后要善于使用信息化技术来辅助决策，提升决策的科学性。

作者简介：

胡迅怡女士，工银家族财富（上海）投资管理有限公司总经理，曾担任平安信托产品部总监、新加坡星展资产管理有限公司产品副总裁等职务。在平安信托工作期间成立了国内第一支家族信托，致力于民营企业完成传承与规划。

四、平台支撑篇

坚持“五个聚焦”
打造世界领先科技园区和创新高地

中关村科技园区管理委员会

中关村是我国第一个国家级高新区和国家自主创新示范区，也是北京建设全国科技创新中心的主阵地。从 20 世纪 80 年代初“电子一条街”起步，历经北京市新技术产业开发试验区、中关村科技园区、中关村国家自主创新示范区等发展阶段。近年来，中关村示范区改革开放持续深化，自主创新能力显著提升，新经济、新业态蓬勃发展，创新创业取得了全方位、突破性成效，成为世界知名的“创新名片”。中关村示范区在北京市委市政府的坚强领导下，深入贯彻落实习近平总书记“中关村正努力打造世界领先科技园区和创新高地”重要指示精神，加大实施创新驱动发展战略力度，深化先行先试改革，加强关键核心技术创新，促进科技成果转化和产业化，着力培育高精尖产业，创新发展迈上新台阶。

一、聚焦先行先试，重要改革实现新突破

作为我国改革创新的“试验田”和“先行区”，中关村坚持以深化改革激发创新活力。在党中央国务院支持下，中关村率先实施以“1+6”“新四条”“国际人才 20 条”等为代表的一系列具有破冰意义的改革试点，初步建立了跨层级、跨部门促进自主创新、科技成果转化和产业化的政策体系，在中关村试点的科技成果“三权”改革、股权激励、研发费用加计扣除、新三板、出入境便利化等 30 余项创新政策被推广至全国或其他示范区，科技成果转化政策被纳入新修订的《中华人民共和国促进科技成果转化法》，为全国深化重点领域改革提供了示范。

中关村围绕破除束缚创新创业的体制机制障碍，持续打造先行先试改革升级版。在改革统筹方面，制定打造中关村先行先试改革升级版工作方案，统筹推进北京市

全面深化改革与中关村先行先试专项办 22 项任务和项目。在科技成果转化方面，开展央企科技成果转化改革试点，印发支持全球能源互联网研究院试点工作方案，制定《关于在中关村示范区开展赋予科研人员职务科技成果所有权或长期使用权试点工作方案》。在人才管理改革方面，提出中关村人才特区新一轮国际人才改革创新举措，其中 10 余项举措为全国率先提出。在科技金融方面，联合人行营业管理部、北京银保监局、北京市知识产权局印发《关于进一步促进中关村知识产权质押融资发展的若干措施》。在新技术、新产品应用推广方面，建立创新医疗器械应用推广机制，推动医疗机器人医院采购取得重大突破。中关村破除机制桎梏、释放创新创业活力的案例被写入中组部全国干部教育培训教材。

二、聚焦创新能力提升，高精尖产业实现新升级

中关村作为我国新兴产业策源地，在移动互联网、人工智能、集成电路设计、石墨烯材料制备、柔性 AMOLED 显示、创新药物与医疗器械等领域，很多技术创新与全球同步甚至领先。百度、小米、紫光、中芯国际、京东方等企业国际影响力不断增强，龙芯、今日头条、寒武纪、地平线等新生代企业快速崛起，成为产业细分领域的头部企业，在国际竞争中崭露头角。中关村初步形成了新一代信息技术、生物医药与健康、智能制造和新材料、节能环保、现代交通、新兴服务业六大新兴产业集群，其中，新一代信息技术产业规模超过 2 万亿元，生物医药与健康产业利润率在全国主要医药发达省市中连续多年排名第一。近年来在互联网技术大发展和“双创”热潮推动下，中关村数字经济、共享经济、平台经济等快速发展，为经济增长提供了新动能。中关村经济规模质量实现双提升，在全国高新区综合排名中稳居榜首。目前，拥有高新技术企业达 2.4 万家，2019 年示范区企业实现总收入 6.5 万亿元，同比增长 10.5%；实现技术收入 1.3 万亿元，同比增长 16.9%。上市公司总数 365 家，境外上市公司 113 家，总市值达 6.2 万亿元，百度、小米、美团点评等 12 家中关村企业市值超千亿元。在 2019 年《财富》世界 500 强企业排名中，中关村有 9 家上榜，小米成为全球最年轻的世界五百强。5 家企业入选 BrandZ 发布的 2019 年“全球品牌百强榜”，占全国的 1/3。8 家企业入选 Brand Finance 发布的 2019 年“全球科技品牌百强榜”，约占全国的四成。

中关村牢牢把握北京减量发展、高质量发展要求，围绕加快实现自主可控，加速科技创新和细分领域产业布局，大力支持颠覆性项目，深化实施《中关村示范区关于支持颠覆性技术创新的指导意见》，支持首批 8 家颠覆性技术项目。积极搭建

高精尖协同创新平台，支持领军企业、高校院所联合建设 5G、药品与医疗器械等 19 个高精尖协同创新平台，聚焦人工智能、集成电路、生物健康等重点领域支持高精尖项目 138 个。成功举办中关村国际前沿科技创新大赛、5G 大赛和中国创新挑战赛中关村专题赛。支持企业做强做大，实施“金种子”企业培育工程，确定第八批金种子企业 207 家。落实北京市重点企业“服务包”任务，开展示范区盈利下降企业调研帮扶工作，研究示范区旗舰企业培育行动。联合顺义、海淀、亦庄、石景山等分园，印发实施第三代半导体材料、药品医疗器械、工业互联网等产业政策。印发实施《中关村示范区知识产权行动方案（2019—2021）》，加快“中关村标准”品牌培育，成立“中关村标准”战略委员会，探索建立“中关村标准”快速转化为国际标准直通机制，打造中关村标准国际化品牌。近年来，中关村创新能力持续增强，2019 年企业研发投入同比增长 16%左右，企业发明专利申请量、发明专利授权量和企业 PCT 专利申请量分别为 5.1 万项、2.3 万项和 4005 项，同比分别增长 12.2%、16.9%和 37.1%，占北京市企业的七成左右。其中，京东方以 2147 项发明专利申请量位列知识产权产业媒体 IPRdaily 和 incoPat 创新指数研究中心发布的“2019 年全球半导体技术发明专利排行榜（TOP100）”第三位，百度以 5712 项申请量位列我国人工智能专利申请量排行榜第一。涌现出寒武纪云端 AI 芯片思元 270、灵汐科技世界首款类脑芯片“天机”、百济神州泽布替尼抗癌新药、龙芯 3A/B4000 系列 CPU 等一批原创科技成果。企业累计创制标准 10313 部，其中国际标准 434 部。

三、聚焦创新源头传导，创新创业生态实现新优化

中关村发挥人才、技术、资本“三驾马车”要素集聚优势，积极搭建平台、整合资源，推动高等院校、科研院所、科技企业、创新人才、创业孵化机构和风险资本融合互动，引领创新创业蓬勃发展。持续完善创新创业服务体系，引导服务机构向专业化、高端化、国际化发展，不断强化“双创”服务能力。成立技术经理人队伍，支持 70 多家高校院所、大企业、医院发起成立中关村技术经理人协会。不断完善企业孵化体系，建设 22 家硬科技孵化器，给予 2920 家小微企业研发经费支持。开展科技成果转化“火花”活动 23 场，促进科学家、企业家、投资人深度合作。推进中关村前沿技术创新中心建设。扎实推动人才特区建设，发掘战略科技人才 31 名，发现腾盛博药、睿镞科技等海外战略科技人才领衔的高水平创新团队。深入实施中关村国际人才新政 20 条，为超过 1 万名外籍人才提供了出入境、体检等便利服务。成立中关村国际人力资源服务联盟，聚集知名猎头机构近 20 家。创新中关

村高聚工程遴选模式，建设中关村国际青年创业平台，吸引汇聚全球青年创新创业人才及国际高端创新要素。促进科技金融深度融合，扩大外债便利化政策覆盖面和便利化程度，2019 年为企业节约财务成本 6.66 亿元，同比增长 474%。针对企业“融资难、融资贵”问题，加强对首次贷款、中长期贷款、商票等科技信贷产品的贴息和风险补贴力度，支持 800 多家科创企业低成本获取贷款 74 亿元。充分发挥社会组织作用，现有各类创新型社会组织近 600 家，持续发挥联盟和协会组织作用，加强对重点企业的跟踪服务，及时响应和解决企业需求。

目前，中关村形成了覆盖企业成长全生命周期的服务体系，有创业孵化服务机构 248 家，社会组织近 600 家，以及上千家法律、会计、知识产权服务机构。2019 年，新创办科技型企业 2.7 万家，涌现独角兽企业 82 家，占全国四成以上。2019 年前三季度发生风险投资案例数和金额，分别占全国 32%和 36%，中关村成为全球风投和独角兽最集聚的区域之一。中关村示范区 13 人入选福布斯发布的“2019 年亚洲 30 位 30 岁以下杰出青年”，占我国入选者的二成以上；15 人入选财富发布的“2019 年中国最具影响力的 50 位商界领袖”，占全国三成。

四、聚焦规划统筹引导，一区多园协同发展得到新加强

经过多年发展，中关村形成了一区十六园的发展格局。2019 年，中关村深入落实北京城市总体规划，加强一区十六园统筹发展，促进与“三城一区”联动发展，打造首都高质量发展的核心引擎。编制形成《中关村示范区及十六园统筹发展规划（2020—2035 年）》和三年行动计划，明确示范区重点发展组团和各分园主导产业，聚焦重点发展组团，建立重点任务清单。加强与“三城一区”的联动发展，会同海淀区政府编制实施《中关村科学城规划》，推进中关村生命科学园、集成电路设计园、首钢人工智能园等特色园区建设。不断完善一区多园统筹机制，定期召开一区多园工作季度交流会，中关村管委会深化“一处一园”联系服务分园工作机制，开展示范区分园创新发展考核评价，促进优质企业和项目在分园落地，引导分园高质量发展。初步统计，2019 年海淀、朝阳、亦庄等 9 个分园总收入过千亿元，一区多园成为北京市高质量发展的核心引擎。

五、聚焦示范引领，开放创新合作形成新格局

中关村充分发挥辐射与连接作用，以全球视野推动创新，形成高效协同、多点

布局的开放式创新发展网络。推动构建京津冀协同创新共同体，与雄安新区管委会签署《加快建设雄安新区中关村科技园合作协议》，实施支持天津滨海-中关村科技园创新发展若干措施，中关村企业在津冀设立分支机构超过 8000 家，初步形成京津冀协同创新园区链和产业链。推动京外其他共建园区建设，支持举办“创新中国行·走进沈阳暨 2019 产业转型创新论坛”“2019 创新中国行走进南宁——南宁·中关村协同创新合作交流会”、京吉协作创新座谈会等各类创新活动。中关村已与国内其他地区共建 27 个合作园区，2019 年中关村及北京市技术交易成交额 5695.3 亿元，实现了技术输出、政策输出、品牌输出。组织推动中关村企业开展扶贫协作，共带动 80 多万贫困人口脱贫，4 家中关村企业入选国务院扶贫办发布的《中国企业精准扶贫优秀案例（2018）》。深化“一带一路”科技创新合作，会同北京市科委印发实施《“一带一路”科技创新北京行动计划（2019—2021 年）》。支持启迪在英国建设剑桥启迪科技园，支持一批企业在海外设立研发中心和海外孵化器。在硅谷、伦敦等地设立 14 个海外联络处，支持创业孵化器在海外设立一批分支机构，小米成功进入印度、法国、西班牙等多个国家。成立中关村企业服务站，为企业走出国门、拓展国际市场提供法律、合规等方面服务。

中关村国际化发展水平不断提升，高水平举办 2019 中关村论坛，邀请 50 个国家和地区的 400 多名科学家、企业家、投资人，首发 100 多项新技术新产品，中关村论坛正打造成为国家级、国际化、高水平的科技创新交流合作平台。聚集 300 多家跨国公司地区总部或研发中心，示范区企业在海外设立研发中心或分支机构近千家，中关村加快成为全球创新网络的关键枢纽。

作者简介：

中关村科技园区管理委员会是负责对中关村科技园区（包括东城园、西城园、朝阳园、海淀园、丰台园、石景山园、门头沟园、房山园、通州园、顺义园、大兴-亦庄园、昌平园、平谷园、怀柔园、密云园、延庆园）发展建设进行综合指导的北京市政府派出机构。

强化科技创新策源功能　推动张江高质量发展

上海推进科技创新中心建设办公室

近年来，张江高新区深入学习贯彻习近平总书记关于科技创新的重要论述和在上海考察时的重要指示精神，坚持科技创新、制度创新双轮驱动，聚焦建设国家科学中心战略任务，聚焦建设科创中心主阵地和主战场。经过近 10 年的努力，张江高新区呈现出创新创业要素密集、产业集群发展良好、自主创新能力提升的态势，成为代表中国参与国际高新技术产业竞争的特色品牌。

一、加快建设张江综合性国家科学中心，夯实科技创新策源功能的核心基础

张江综合性国家科学中心是建设上海科技创新中心的关键举措和核心任务，聚焦从 0 到 1 的基础研究，以建设高水平研究机构、重大科技基础设施和重大科技项目为依托，着力夯实科技创新策源功能的核心基础。

（一）目标定位和主要任务

张江综合性国家科学中心的目标定位包括：一是成为面向世界科技前沿的前瞻性、战略性布局的集中体现；二是成为汇聚一流创新单元、研发机构与创新团队的重要基础；三是成为构建创新网络、发起科技行动计划的强大引擎；四是成为推进科技体制改革、营造创新生态环境的有力抓手；五是成为在前沿科技创新领域孕育和产生一批重大原创性成果的肥沃土壤。

张江综合性国家科学中心的主要任务包括：一是建立世界一流重大科技基础设施集群，为前沿科学技术和经济社会重大需求问题提供长期、关键的科学技术支撑；二是推动设施建设与交叉前沿研究深度融合，推动实现重大原创性突破；三是构建

跨学科、跨领域的协同创新网络，汇聚培育全球顶尖研发机构和一流研究团队；四是探索实施重大科技基础设施管理新体制，加快建立符合科学规律的多学科交叉前沿研究管理制度。

（二）四大支柱行动的进展情况

第一大支柱行动：建设世界级重大科技基础设施群和国家实验室。这是建设国家科学中心的核心力量和基础支撑。在大科学设施建设方面，上海市已建成和在建的国家重大科技基础设施共 14 个，其数量、投资额和建设进度均领先全国，张江综合性国家科学中心正在努力建设全球规模最大、种类最全、综合能力最强的光子大科学设施集群。在国家实验室方面，聚焦光子与微纳电子方向的张江国家实验室即将挂牌。

第二大支柱行动：创新单元、研究机构与研发平台。重点开展系统性强、开放协同程度高的研发活动，是建设国家科学中心的重要主体和载体。张江综合性国家科学中心成立了李政道研究所，引进了清华、浙大、中科院计算所等国内顶尖科研机构。上海科技大学建设初见成效，张江药物实验室、量子科学研究中心等高水平专业实验室稳步推进；复旦张江国际创新中心、上海交大张江科学园、朱光亚研究院等进展顺利，初步形成功能互补、良性互动的协同创新格局。

第三大支柱行动：创新网络。从点、线、面上布局网络化协同创新，是建设国家科学中心的放大器和倍增器。张江综合性国家科学中心在重点领域与方向上着力构建创新链、产业链、资金链、政策链相互支撑的创新网络，着力构建长三角城市群及更大区域的创新网络。

第四大支柱行动：大型科技行动计划。积极参与全球科技竞争与合作计划，逐步实现从跟跑到并跑的转变，是建设国家科学中心的巨大牵引力和推动力。张江综合性国家科学中心积极筹划更大范围、更高层级的国际科技合作，在全基因组蛋白标签、全脑介观神经连接图谱等领域发起国际科技合作，为参与和发起国际大科学计划做好前期探索。同时，张江高新区积极牵头承担国家科技重大专项项目，实施上海市科技重大专项。

二、加快建设“活力四射”的张江科学城，打造科技创新策源地浓缩样板

2017 年 7 月，上海市人民政府批复同意张江科学城的建设规划，张江科学城总

面积约 95 平方千米，目前正全力推进的“五个一批”建设，已启动实施了两轮，总投资约 2600 亿元。科学会堂、“科学之门”等地标性项目进展顺利，生活配套设施不断完善，创新创业氛围逐渐浓厚。

张江科学城是张江综合性国家中心和上海科创中心的核心承载区，肩负成为科技创新策源地和重要经济增长极的双重使命。2019 年，张江科学城 GDP 占上海市 GDP 的近 7%。2020 年第一季度，张江科学城实现逆势上扬，工业总产值 662 亿元，同比增长 22.6%；固定资产投资 66.8 亿元，同比增长 29.4%；实到外资 8 亿美元，同比增长 117%。

科创特征日趋明显。张江科学城的科创策源功能在浓度、广度、深度上优势突出。其实验室单元已集聚光子、生命科学、天文、物理等多个重大科学设施，汇集了张江国家实验室、上海量子科学研究中心、上海脑科学国家重点实验室、海洋国家实验室、微纳电子国家重点实验室等重大科学研究平台，世界一流大科学设施集群也初具规模。张江科学城的科创成果十分突出，每万人有效发明专利拥有量为 640 项；科创板上市企业数量占上海市 43%；新药研发领域优势突出，2019 年上海市获批新药中的一半来自张江科学城。张江科学城的科创生态日益完善，各类先行先试改革试点的制度策源优势明显，其中药品上市许可持有人（MAH）试点率先在张江科学城施行；全国首个中国（浦东）知识产权保护中心正式运行，发明专利从申请到授权的时间从 3 年缩短到 3 个月；全国唯一的上海科创中心海关落地张江科学城。

高端产业不断提速。在集成电路领域，张江科学城拥有国内最齐全的产业链布局：全球芯片设计 10 强中有 4 家在张江科学城设立区域总部、研发中心；全国芯片设计 10 强中有 3 家企业的总部落户张江科学城，2019 年张江科学城的集成电路产业营收入占上海市的 61%。在生物医药领域，新药研发优势明显：张江科学城已形成新药研发、药物筛选、临床研究、中试放大、注册认证、量产上市的完整创新链，成为名副其实的“中国药谷”，2019 年张江科学城的生物医药产业总收入约 845 亿元，占上海市的 20%。在人工智能领域，芯片研发基础层和市场应用开发两端发力，集聚效应逐步显现。张江科学城是上海人工智能企业最集聚、类型最丰富、人才最密集地之一，目前已集聚 IBM、平头哥、微软 AI Lab、英飞凌、云丛科技等 90 多家国际、国内知名企业。张江人工智能岛获批上海首批人工智能应用场景，并成为唯一的“AI+园区”的实施载体。

三、持续推进张江国家自主创新示范区建设，放大科技创新策源功能的引领效应

张江高新区是上海市高新技术产业、战略性新兴产业集聚发展的高新区域。2011 年 1 月，国务院批复同意张江高新区建设国家自主创新示范区。张江高新区规划面积约 531 平方千米，包括含张江科学城在内的 22 个分园，分布在上海市 16 个行政区。

创新创业要素持续集聚。2019 年，张江高新区已有科技型企业约 5.2 万家，包括世界 500 强企业近 400 家、高新技术企业 6000 多家、上市企业 257 家、独角兽企业 32 家，独角兽企业占上海市的 68%；拥有上海市 80%以上的高端人才，其中海归、留学生、外籍专家近 5 万人。

高新技术产业持续增长。2019 年，张江高新区规模以上企业实现营收 5.72 万亿元，约占全国 169 个国家高新区营收总额的 15%；已开发区域每平方千米营收超过 150 亿元、税收达 9 亿元。2015—2019 年，张江高新区产业稳步增长，为上海市产业发展起到明显支撑作用，其中战略性新兴产业产值占上海市比例由 51%增长到 60%；集成电路产业产值占上海市比例由 73.6%增长到 85.6%；生物医药制造业产值占上海市比例由 66%增长到 74.8%。

科技创新成果不断涌现。2019 年，张江高新区集聚各类研发机构近 2000 家，包括高校 40 余所、国家级研发机构 180 多家；申请发明专利 3.6 万项，技术合同成交额达 630 亿元。张江高新区集聚国家大学科技园 13 家、国家级科技企业孵化器 39 家，以及一批国际知名孵化器、技术转移服务机构，张江高新区内的企业和机构参与了蛟龙、天宫、北斗、天眼、墨子和大飞机等重大科技成果研发。张江高新区持续支持企业创新，诞生了多项自主创新成果，其中高端医疗影像设备填补了国内空白，首台国产一体化 PET-MR 打破了国际巨头垄断；原创药 GV-971 获准上市，给全球 5000 万名阿尔茨海默病患者带来福音；首个国产心脏起搏器、首个国产血流导向装置相继获准上市；细胞治疗、高端医疗装备技术已达到国际领先水平。

四、在新形势下，继续提升张江高新区发展质量

为了实现科学规律的第一发现者、技术发明的第一创造者、创新产业的第一开拓者、创新理念的第一实践者从无到有的跨越，形成一批基础研究和应用基础研究的原创性成果，突破一批“卡脖子”的关键核心技术，张江高新区紧扣稳中求进工

作总基调，强化科技策源功能，持续加强核心基础、核心功能、核心载体建设，推动经济高质量发展。

（一）夯实张江综合性国家科学中心科技创新策源功能核心基础

一是依托国家实验室等平台，进一步夯实科技协同创新基础。受本次新冠肺炎疫情影响，我们更加迫切地感到要加快科技协同攻关。下一步，在组建国家实验室和落实三大产业上海方案的过程中，张江高新区要加快探索科技协同创新机制，推动更多高校、科研机构等参与科创中心建设。

二是全力推进和优先布局国家重大科技基础设施。张江高新区要抓好硬 X 射线、光源二期、海底观测网、燃气轮机等建设；进一步发挥好大科学设施对原创科技成果的支撑作用，推动转化医学设施、超强超短激光等开放运行，基本形成光子、生命科学等设施群；深化储备项目前期研究与建设方案，力争部分方案纳入国家“十四五”规划，面向 2030，做好前期规划和储备。

三是大力引进高水平研究机构和平台，夯实上海基础研究力量。张江高新区要推动中科院以增量优先布局、存量优化整合、强化能力建设等方式，加大在沪科研力量布局；持续引入国际、国内顶尖大学在沪设立研究机构；以李政道研究所为试点，形成高水平研究机构引入、建设和运行的一整套制度经验，力争新增若干国际高水平研究机构。

（二）打造张江科学城科技创新策源地核心功能

一是加快创新资源集聚能级提升。张江高新区要继续为在张江科学城集中布局和规划建设的国家重大科技基础设施提供有力保障；引导高水平的高等院校、科研机构和企业研发中心在张江科学城集聚，吸引一批全球高层次人才创新创业。

二是着力抓好“五个一批”项目建设。张江高新区要发挥有效投资关键作用，加快在建项目建设进度，首轮 73 个项目（除硬 X 射线自由电子激光装置外）实现年内全面完工；新一轮 82 个项目实现年内全面开工；筹划启动第三轮“五个一批”项目建设，争取早落地、早开工。

三是推进高端产业持续发力。张江高新区要突破集成电路技术堵点，加强关键技术研发攻关，推动中芯国际、华力二期产能提升；加快布局具有全球影响力的生物医药产业，支持生物医药产业高质量跨越式发展；重点建设上海集成电路设计产业园、张江创新药产业基地、张江细胞产业园、张江总部园等特色园区；力争到 2025 年，集成电路产业实现营业收入 3000 亿元，生物医药产业实现营业收入 1500 亿元。

四是持续优化创新生态环境。张江高新区要继续深化“放管服”改革，落实审批制度改革试点工作，确保“张江事、张江办结”；深化建设张江科学城企业服务地图，启用线上服务平台，构建高效、便利的企业服务体系；发挥“双自联动”优势，加快政策制度创新，会同海关探索开展综合监管试点，探索设立公共保税仓库，推动进境特殊物品联合监管。

（三）建设张江高新区科技创新策源功能核心载体

一是将张江打造成区域创新极。张江高新区要继续优化科创中心建设空间布局，推动建设创新要素集聚、综合服务功能完善、适宜创新创业、各具特色的科创中心承载区；引导各类顶尖产业创新要素不断向张江高新区集聚，着力打造张江品牌，形成具有国际影响力的区域创新极，扩大知名度和影响力。

二是促进产业高质量发展。张江高新区要聚焦产业高端领域和优势领域，提升产业能力，推动张江高新区成为新经济引领地、新产业集聚地、新业态发源地、新产品创造地；加大对集成电路、生物医药、人工智能等“硬科技”新兴产业和龙头企业的培育，加快推进各领域新兴技术跨界融合，带动相关产业持续高质量发展。

三是促进科技成果转移转化。张江高新区要围绕产业链部署创新链，聚集产业发展需求，集成各类创新资源，通过在高校、科研院所与园区企业间搭建转移转化服务平台，加快科技成果向现实生产力转化，促进科学研究、实验开发、推广应用的有机结合。

四是优化创新创业生态。张江高新区要在科技金融、知识产权、技术交易、产业配套、共性技术、人才培养、合作交流等方面持续提供优质服务；不断提高政府服务水平，加大政策供给，营造良好的生态环境。

张江高新区将紧紧围绕增强配置全球资源、科技创新策源、高端产业引领、开放枢纽门户四大功能，不断提升集聚、示范、辐射和带动能力，全面推进具有全球影响力的科技创新中心建设，向世界一流科技园区迈进。

作者简介：

上海推进科技创新中心建设办公室为上海市人民政府派出机构，承担国务院科创中心建设领导小组上海办事机构日常工作，协调推进上海科技创新中心建设；负责推进上海张江高新技术开发区建设，国家自主创新示范区的战略研究、统筹引导和协调服务；负责推进张江科学城开发建设；负责上海自贸试验区张江片区有关管理工作等。

天津开发区实施“六大工程”推动智能产业提速发展

天津经济技术开发区管理委员会

随着人工智能技术的快速发展和在产业领域的日益广泛应用，以智能技术的产业化和既有产业的智能化为两大支流的智能产业跨入高速发展轨道，不仅加速了智能制造、智能服务及机器人、无人机、智能装备等新业态、新模式的市场规模扩张，而且推动了生产方式、经济形态、商业模式、生活认知等方面的一系列颠覆式变革。智能产业已经成为世界各国竞争的热点，也是我国新时期推动转型发展，构建现代化经济体系，实现由制造大国向制造强国，由“中国制造”向“中国创造”转变的核心环节。天津开发区作为首批国家级经济技术开发区之一，具备雄厚的产业发展基础和技术创新实力，新时期将聚焦智能产业发展，加快高端新兴发展要素的导入和培育，大力推动智能技术与传统产业的融合，激发区域发展的新动能。

一、开发区智能产业发展基础

近年来，天津开发区针对智能产业发展出台了专门的规划和政策，完善了发展环境，增加了资源投入，智能产业发展明显提速，近 3 年年均增速达到 20%，2019 年实现产值超过 200 亿元，初步形成了“计算智能+认知感知智能+应用智能”的产业体系。

（一）产业聚集效应初显

智能大数据领域，构建了以国家超级计算天津中心为代表的、集“采集—存储—处理—应用”一体的完整大数据产业链；智能制造领域，引进了以一汽大众、诺和诺德、那诺机械、美克家居等为代表的一批智能制造工厂和明匠智能等智能化改造集成商；智能终端产品制造领域，聚集了包括深之蓝、瀚海蓝帆的水下机器人、一飞智控无人机操作系统、泰达机器人喷涂自动化、辰星并联搬运机器人等 20 余家企业；智能装备核心零部件领域，拥有恩智浦半导体、唯捷创芯、中星电子、天津国芯科技、诺思微系统等 50 余家芯片设计及制造企业，以及 SEW、飞旋科技、汉海环保、商科数控、奥美自动化等数十家“隐形冠军”企业。

（二）产业市场空间潜力巨大

天津开发区制造业门类齐全、体系完整，拥有汽车、电子信息、石油化工、医药健康、装备制造五大制造支柱产业，2019 年实现工业总产值逾 5000 亿元，其中，年产值规模 10 亿元以上的工业企业超过 200 家。面对国内人力资源成本快速提升的大趋势，区内企业推进智能化改造，实施“机器人换人”的内在动力充足，为开发区对接、引进和研发智能化生产技术、促进智能产业的加速发展提供了的巨大需求空间。

（三）产业生态基础优越

开发区支撑带动智能产业发展的产业、技术、资本、环境等资源较为丰富。一是拥有服务器规模达 50 万台的滨海新区云计算产业基地，汇聚了国家超级计算天津中心、腾讯数据中心及云计算基地、军科院天津（滨海）人工智能创新中心、国家数字交换系统工程技术研究中心天津中心、中科智能识别产业技术研究院等多个智能技术创新平台。二是围绕科技金融服务、服务外包、“互联网+政务服务”等打造了完善的服务体系，有利于智能技术的研发和转化。三是依托北京、天津两大中心城市，高端人才和科教资源丰富，推动智能技术创新资源聚集的条件优越；同时，基于天津市“中国北方对外开放门户”的功能，天津开发区在智能技术发展上也具备对接国际资源、开展跨国协同创新的便利条件。

二、开发区智能产业发展的总体思路和方向选择

结合自身产业发展基础和智能产业发展趋势，天津开发区将重点围绕突破人工智能关键技术和核心基础产品，加快推动传统优势产业的智能化改造，促进人工智能技术在各行业领域和硬件终端的产业化应用，构建模块化、特色化的智能产业发展和创新体系。在具体的发展思路上突出 4 个原则：一是以创新驱动为核心，集聚

全球创新资源和高端要素，突破一批产业关键核心技术，努力实现创新能力从跟跑向并跑、领跑转变；二是以产业集聚为支撑，依托坚实的制造业基础，着力促进产业发展增量，搭建产业服务平台，培育一批具有国际影响力的行业领军企业，构建全球顶尖的智能制造创新生态；三是以应用示范为抓手，推动重点制造业企业转型升级，实施一批融合创新应用示范工程，形成可对外复制和推广的示范性项目；四是以市场为导向，着力促进实体经济高质量发展，加快传统产业智能化提升改造，实现传统制造企业提质增效。

到 2025 年，天津开发区将建成一批国家级、市级智能产业共性技术研发和成果转化创新服务平台、创新平台，着力在人工智能技术和终端产品的广泛应用上走在全国前列，智能产业产出规模力争突破 1000 亿元，培育形成智能运载工具、智能机器人、智能制造装备等 4～5 个产值规模超百亿元的细分优势领域，从而成为京津冀重要的智能技术应用创新中心和产业化基地，成为全国有影响力的智能产业集聚地和智能应用创新策源地。

结合以上发展目标，基于对自身产业发展基础和智能产业细分领域发展前景的深入分析，天津开发区将选择以下智能产业细分领域作为发展重点。

（一）智能产业基础技术方面，聚焦发展四个细分领域

（1）人工智能芯片。推动人工智能芯片设计技术发展，促进专用于深度学习训练环节和推断环节（包括云端和设备端）的 FPGA、ASIC 芯片研发。

（2）智能关键零部件。促进可靠性设计、仿真模拟、集成开发工具、嵌入式算法等关键环节技术创新，发展精密减速器、伺服电机及微机电系统加工、非硅模块化集成等智能制造核心零部件制造，面向消费电子、汽车电子、工业电子、医疗电子、智能制造、物联网等领域，开发新型生物、气体、压力、流量、惯性、距离、图像、声学等智能传感器。

（3）人工智能开源平台。针对机器学习、模式识别、智能语义理解等共性技术和自动驾驶等重点行业应用，支持人工智能开源开发平台、开放技术网络和开源社区建设，鼓励区内企业构建和参与基于开源开放技术的软件、硬件、数据、应用协同的新型产业生态。

（4）工业互联网技术平台。建设基于 5G 的工业互联网，推动工业企业产线和业务系统上线运行；支持重点工业骨干企业创新应用工业技术软件；打造京津冀工业互联网创新应用示范基地。

（二）智能产品制造方面，着力发展四个方向

（1）智能运载工具。积极发展汽车控制芯片、电机等零部件，突破电控技术、控制系统等核心技术，推行自动驾驶、汽车共享等新型服务模式；推动无人机关键配件、总体设计制造、集成测试、飞行控制等环节发展。

（2）智能机器人。大力支持探测识别、信息融合、系统集成等多控制技术研发，促进高速搬运机器人、重载码垛机器人、喷涂机器人、焊接机器人、水下机器人、并联机器人、全方位移动机械臂等工业机器人制造及系统集成服务业态的聚集。

（3）智能终端产品。包括智能腕带、智能手表、智能耳机、智能眼镜等可穿戴产品，以及智能养老照护系统、智能健康监测仪等智能医疗设备等。

（4）智能制造装备。重点促进高档数控机床与基础制造装备、自动化成套生产线、智能控制系统、精密和智能仪器仪表与试验设备制造商的引进和发展。

（三）人工智能技术应用方面，力争实现制造业和服务业齐头并进

按照“自动化、智能化、智能制造”三个层次推动传统制造业改造升级，组织实施开发区制造业智能转型示范专项行动；鼓励骨干企业加快智能工厂建设，形成具有行业特色的智能制造模式；依托名匠智能、中科国际、天津宝涞、爱波瑞等，重点引进、培育系统解决方案供应商，支持其为制造企业升级提供战略咨询、系统设计、项目实施及后续支持等系统服务。推动行业服务智能化，充分发挥天津的港口优势，推动港口全面感知的监测系统，提供物联化、互联化、智能化的港口服务；推动智能物流一体化建设，优化物流运输服务网络，使各物流环节能相互联系、共享数据；优化交通运输设施规划与建设、安全运行控制、交通运输管理决策，实现交通运输信息数据共享；发展基于大数据和人工智能技术的智能金融系统和创新产品，为投资者提供个性化增值服务。

三、开发区促进智能产业发展的六大重点工程

天津开发区依托自身工业基础雄厚、创新资源丰富、产业链较完整的综合优势，将大力实施龙头企业引培工程、智力资源导入工程、创新创业促进工程、政策体系完善工程、发展环境提升工程和园区品牌塑造工程“六大工程”，促进智能产业发展要素的快速聚集，力争在智能技术研发应用和智能装备、关键智能部件生产方面走

在全国前列，形成智能产业发展的先发优势。

（一）龙头企业引培工程

制定重点企业引进目录，从行业影响力、产业引领作用、成长潜力、入驻需求及承接条件等方面设定遴选标准，强化人工智能核心基础、智能运载工具、智能机器人、智能终端产品、智能制造装备、行业智能服务等领域龙头企业的引进力度。鼓励重点企业增加智能技术研发投入，支持重点企业与国内外重点院校、科研单位建立产学研技术合作联盟，开展联合技术研发，共建研发平台。推动优势企业做大做强，支持智能科技领军企业和智能服务型企业发展壮大，积极培育一批智能产业各细分领域“隐形冠军”。加强资金支持，针对行业内骨干企业、“小巨人”和拥有前沿技术的初创期企业，分类施策，赋予对接产业基金、提供贷款贴息、给予财政扶持等政策支持。

（二）智力资源导入工程

以项目聚人才、以人才带项目，聚集高端领军人才，加强智能产业区高端人才储备，分类型、分领域加强高端人才队伍建设。积极引进海外优秀人才，加强与国外高校、研究中心的交流合作，支持外籍人才在产业园创新创业，对外籍人才申报创新创业项目、科学技术奖项赋予国内人才同等政策待遇。加强与京津地区高校和科研院所合作，推进智能产业领域 “高技能人才培训基础能力建设”，设立面向重点行业领域的“人工智能+*X*”学科、专业和课程，紧密对接市场需求，培养紧缺的跨学科、复合型、高学历、高专业度技能型人才，实现专业技术人员订单式培养与输送。建立联合实验室，引进重点企业研发中心，开展技术攻关，促进科研成果转化，形成对产品研发、技术管理和产业发展的支持。引进检测认证机构、行业性援助工作站等第三方机构，提供质量检测、信息安全等专业性认证，以及专利申报、项目可行性推进等咨询服务。

（三）创新创业促进工程

建设智能科技产业创客载体，为创新创业者提供良好的工作、社交和资源共享平台。引导现有创业服务机构向低成本、便利化、全要素、开放式的众创空间模式转型，推动创新与创业相结合、线上与线下相结合、孵化与投资相结合。建设智能产业产学研用协同创新体系，深度挖掘天津本地智力资源，积极引入北京、上海、深圳等智能产业发展基础雄厚地区的创新资源，提升产学研用协同创新的深度和广度，形成良好的创新氛围。建设智能产业孵化中心，创新完善智能制造孵化功能，积极引进社会资本参与建设众创空间、孵化实验室、技术交换中心，逐步形成“创业苗圃+孵化器+加速器”的全产业链培育模式。鼓励智能制造企业发展基于网络技术的众创、众筹、众包等商业模式创新。

（四）政策体系完善工程

优化创新促进政策，设立专项资金，对具有国际一流水平、填补国内空白的智能科技重大创新成果产业化项目给予资金支持；针对智能产业开源软硬件基础平台、群体智能服务平台、混合增强智能支撑平台、自主无人系统支撑平台和智能基础数据与安全检测平台等专业化公共研发技术、测试服务平台等创新载体，给予运营资金支持和财政奖励。完善创业扶持政策，对新设立、新引进的智能产业领域内相关企业，给予房租减免、创业辅导、融资支持等多方面扶持措施。建立有竞争力的人才激励政策，对行业领军人才、高端科研人才提供创业资金支持，完善落户、子女入学、配偶就业、医疗保险等方面的优惠待遇；对海外专家赋予与国内人才相同的政策支持，对企业实施的海外专家引智项目，给予经费资助。强化技改鼓励政策，针对存量企业实施智能化技术改造，给予专项资金支持。

（五）发展环境提升工程

提升网络基础设施，加快推进 5G 网络建设，促进基于 5G 产业云、工业互联网等平台项目引进和发展，争取足够的国际网络带宽，建成高等级、全覆盖的网络服务系统，为智能技术的研发和应用提供有力的网络平台支撑。优化城市服务功能，围绕企业员工日常居住、基本消费与文化娱乐，加强人才公寓、员工宿舍、商务酒店、文化活动中心、餐饮中心等服务平台建设，完善园区生活功能配套，为企业职员、高层管理人员、园区客商提供优质的生活配套服务。完善生产性配套设施，结合园区人工智能、智能制造装备、智能服务等领域各重点环节建设，完善物流、金融、研发等生产线配套设施，加快推进商贸物流服务、金融租赁服务、研发设计服务等生产性服务，形成与园区功能协调发展的配套格局。

（六）园区品牌塑造工程

依托国家超级计算天津中心等智能服务基础设施，建立智能技术展示交易服务平台，展示行业领先技术，宣传园内企业案例，提供快捷安全的智能交易环境，搭建业务对接、信息交流和产品展示的权威平台，扩大园区影响力。积极承办智能产业相关的高层次峰会和博览会，组织举办机器人设计大赛、智能应用创新大赛、智能升级大赛等智能领域世界化、市场化、专业化、高端化的系列国内外交流活动，提升园区在全行业的知名度。定期组织邀请行业专家、企业家、知名学者进园区参观，通过培训班、报告会等方式，向企业提供技术指导，介绍先进发展经验。定期组织园区企业走出去，开展调研、访谈、市场拓展等活动，扩大园区品牌整体影响力和竞争力。

作者简介：

天津经济技术开发区于 1984 年 12 月 6 日经国务院批准设立，为滨海新区的核心功能区。开发区的经济发展实力居国家级开发区前列，拥有汽车、电子、石化 3 个千亿元级和装备、大健康两个五百亿元级产业集群，是中国北方重要的先进制造和研发转化基地。

苏州新经济发展现状及对策

顾杰　陈泽亚

以新产业、新业态、新模式为主要内容的新经济已经成为推动地区经济发展、提升城市竞争力的强大引擎。作为全国著名的经济强市、江苏经济发展的“领头羊”，苏州近年来在发展新经济方面取得了显著的成绩。2019 年，苏州实现地区生产总值 1.93 万亿元，以普通地级市的身份位居全国第六，新经济在其中发挥了重要作用。同时，我们注意到，苏州新经济发展也面临着一些风险与挑战，需要在下一步发展中予以重视和解决。

一、苏州新经济发展现状

近年来，苏州大力推动先进制造业集群，前瞻布局先导产业，着力发展新经济，推动经济高质量发展。

（一）新产业具备较强竞争力

2019 年，苏州规模以上工业总产值为 3.34 万亿元，新兴产业产值占比达到 53.4%。苏州大力发展先进制造业，着力打造新型显示、高端装备、高端纺织等十大千亿元级先进制造业集群。电子信息产业在集成电路、新型显示、传感器件等产品的研发制造领域，已经具有国内领先的综合竞争优势。装备制造业也已拥有一批具有核心技术和自主知识产权的高端制造企业，具有较强的智能制造基础。新能源产业拥有较强的规模化和配套生产能力，产业链较为完整。2019 年，苏州市新增国家级企业技术中心和工业设计中心各 2 个，认定国家高新技术企业 3160 家、瞪羚企业 368 家；新建 14 家苏州自主品牌大企业和领军企业先进技术研究院；5 家企业通过首批国家级专精特新企业认定。新一代信息技术、生物医药、纳米技术应用、人工智能四大先导产业产值在苏州市工业经济中占比达到 21%。

（二）新业态、新模式不断涌现

2017年，苏州启动首批20家自主品牌大企业和领军企业先进技术研究院建设。2019年，20家研究院新增研发投入约80亿元，占苏州市1万多家规模以上企业研发总投入的15%以上。新增发明专利约680项，占苏州市发明专利授权数的6%以上。加快车联网前沿技术突破和模式创新，获批创建首个省级车联网（智能网联汽车）先导区。加快工业互联网平台建设和应用，新增省级工业互联网平台9个，国家十大工业互联网双跨平台已有6个落户苏州；新增省级星级上云企业434家，占江苏省的1/4；成功举办全国第二届工业互联网平台创新发展大会。苏州加快5G建设和应用，2019年完成5461座5G基站建设，签约并实施了110个5G应用项目，光纤入户覆盖率达100%。

（三）集聚带动效应明显

苏州积极争创国家级先进制造业集群，生物医药产业入选国家战略性新兴产业集群。大力推动先进制造业和现代服务业深度融合，新增省级以上工业设计中心16家，其中国家级2家、省级14家，新增数量位居江苏省第一，新增省级服务型制造示范企业17家。深化制造业与互联网融合发展试点，新增省级工业互联网平台9个、特色基地2家，启动建设国家级工业互联网平台应用创新体验中心，首次发布苏州市智能工厂建设指南并开展市级智能工厂评定工作，3家企业入选江苏省智能制造示范工厂。大力培育智能制造服务机构，3家企业中标国家高质量发展专项智能制造系统解决方案供应商，11家企业入围江苏省智能制造领军服务机构名单，数量位居江苏省第一；获评省级生产性服务业集聚示范区企业4家，新增服务业创新型示范企业33家、总部企业19家，数字经济规模突破2000亿元。苏州荣获中国软件特色名城称号。

（四）创新主体不断壮大

苏州大力推进企业创新载体建设，着力构建企业主导的自主创新体系，全社会研究与试验发展经费支出占地区生产总值比重达到3.25%，成功创建国家先进功能纤维创新中心。深入实施智能制造“十百千万”工程，扎实开展“千企技改升级”行动，新增省级智能制造示范工厂5家、省级示范智能车间182个、市级示范智能车间152个。实施“服务业创新型示范企业”创建工程，苏州市累计认定市级服务业创新型示范企业超过130家，新增高层次人才2.4万人、高技能人才6.4万人。苏州新增国家级企业技术中心2家、省级企业技术中心163家。苏州市产业技术研究院、深时数字地球研究中心等加快建设，南京航空航天大学苏州研究院、赛迪研究院苏州分院、长三角先进材料研究院等一批重大研发机构相继设立。

二、面临的主要问题与挑战

苏州在发展新经济方面虽然取得了显著的成绩，但创新效率不高、创新产出不多、创新实力不强、“有高原无高峰”等问题仍然比较突出。在全球贸易保护主义抬头和中美贸易摩擦加剧的背景下，加上新冠肺炎疫情的影响，苏州新经济发展面临诸多问题与挑战。

（一）关键核心技术急需加强

电子、装备等主导产业上游的核心部件、中游的高端装备、工业软件等大部分被海外企业掌控，本土企业的产品和零部件的性能、水平还难以对标国际一流梯队，特别是各类机床、加工中心等工业母机，高精度、高复杂性产品和工控软件仍然依靠国外供应，大大制约了装备自给的能力。造成这一情况的原因除产业发展起步晚、基础薄弱外，还包括产业链控制力弱、企业利润水平低、研发投入少。

（二）产业链整合能力有待提高

苏州产业规模虽然大，但大多数产业链上的核心企业均为外资企业，本土企业更多充当全球产业链配套、供应商的角色。对比深圳等地更是缺乏华为、中兴等能够整合产业链的核心企业。这导致产业链上的企业多呈现散状和碎片化，企业间的竞争关系大于合作关系，区内企业缺乏协同创新机制。从“独角兽”企业数量稀缺和上市公司市值偏小等市场表现来看，能够对行业发展产生关键影响的、自主可控技术的企业还十分稀缺。

（三）区域协同创新需要完善

苏州基础研究能力偏弱，对比上海更是缺乏各类国家级科研院所、创新平台和大装置的支撑。虽然“千人计划”人才多，但能为高端人才配套的中高端人才梯队相对薄弱。高端人才主要靠政策引入，而非企业通过薪酬等市场化因素吸纳。对比江苏省内的南京，苏州院校较少，而工程技术类专业更是缺乏，在技术转化和人才的本土供应上十分欠缺。苏州地理位置靠近上海，虽然有助于产业发展，但是在人才引进特别是高技能人才引进上反而受制于上海对高端人才的虹吸效应。

（四）全球宏观经济环境风险增大

苏州是外向型经济发达地区，受中美贸易摩擦影响的程度远高于深圳、上海等城市。突如其来的新冠肺炎疫情，更是给苏州企业的生产和进出口带来更大的压力，造成了很大的影响。目前，国内新冠肺炎疫情虽已得到较好控制，但是全球新冠肺炎疫情还在持续发展，其蔓延时长及可能引发的外国政策变化，都将对苏州新经济发展带来更大的风险。

三、加快苏州新经济发展的对策建议

危机面前，苏州更要立足当前、放眼长远、发扬优势、弥补不足，加快实施创新驱动发展战略，大力推进新技术、新业态、新模式发展，支持传统产业改造升级，加快推进新旧动能转换。

（一）快速壮大新主导产业

目前，苏州生物大分子Ⅰ类新药批件数、行业龙头企业数和产业高端人才数量等主要指标均占全国20%以上份额。生物医药从业人员已经达到4.46万人，198家规模以上企业实现产值883.4亿元，占江苏省生物医药产业比重近20%。因此，苏州市委、市政府明确提出继电子信息产业之后，将生物医药作为当前和今后一段时间的“一号产业”。就此，有以下建议。第一，要瞄准更高定位推进产业集群。苏州的“一号产业”必须瞄准世界级产业地标，确保领跑全国、引领全球，才有可能真正推动如此庞大的经济体持续增长。要针对生物医药产业本土大型企业较少、产业链条不完整的问题，紧盯世界最前沿，加速形成完整的产业生态，提升产业规模层次，塑造产业核心竞争力。第二，要培育龙头企业引领产业发展。苏州要引导和鼓励产业集群中规模优势明显的企业联合金融机构，聚焦产业链关键环节和创新资源，开展跨地区、跨行业、跨所有制、跨国（境）兼并重组、高端并购，在产品竞争、市场开拓、渠道布局等方面取得快速突破，加快形成一批根植于苏州且核心竞争能力强、品牌知名度高、带动辐射效应好的龙头企业。第三，要注重区域联动形成优势互补。苏州要按照“协同联动、集约集聚、特色发展”的原则，结合各市区产业发展基础、区位交通条件、城市功能定位，构建以苏州工业园区为核心，高新区、吴中区、太仓市、昆山市等联动发展的“一核多极”生物医药产业发展新格局。第四，要继续推进其他重点产业。信息技术、纳米技术、人工智能这三大行业也是苏州的优势产业，苏州必须继续给予关注和支持，着重发展关联延伸产业及使用新一代信息技术对传统产业改造升级形成的产业，如智能制造、制造业数字化和服务化、个性化定制、3D 打印等，推动产业链和创新链深度融合。

（二）构建自主可控的先进制造业体系

苏州要积极参与国家制造业发展重点任务分工，以智能制造为主攻方向，加快推进建立自主可控的先进制造业体系。一是加快制造业智能化改造。苏州要以数字化、网络化、智能化为基本范式，推动传统行业智能化技术改造；通过大力培育和扶持技术服务商，深入推进智能工厂和智能车间免费诊断工作；引导和帮助企业采用智能装备与先进工艺和技术，逐步建立面向生产全流程、管理全方位、产品全生命周期的智能制造模式。二是加快智能制造生态体系建设。苏州要大力引进和培育国内外知名智能制造技术服务商和系统集成商；指导重点系统集成商共建基于制造领域关键共性技术突破的开放式研发创新平台；整合全球创新资源，打造一批较为完整的国产装备、国产软件和国产控制系统等自主可控的典型产业和整体解决方案。三是加快智能制造服务体系建设。苏州要全面推进以云计算、大数据、人工智能为主要内容的工业互联网布局；建设一批提升企业全过程研发、生产、销售、服务的自主工业互联网平台，以及支持中小企业提升管理水平、对接市场的工业互联网服务平台；引导金融机构定制金融产品和融资平台，帮助企业打通资金堵点。

（三）加速催生新业态、新模式

苏州要加快形成一批创新活跃、效益显著、质量卓越、带动效应突出的深度融合发展企业、平台和示范区。一是要强化高水平创新载体建设。苏州要鼓励有能力的企业和机构参与国家级和省级创新中心建设，积极培育平台经济、数字经济、科创经济、健康经济、低碳经济、创意经济、共享经济、体验经济等新业态。二是要加快数字信息技术与各行业、各领域渗透融合。苏州要推动卫星导航、地理数据、物联网、智慧医疗等新经济领域发展，强化“互联网+传统服务业”“互联网+交通”“互联网+教育”“互联网+商贸”“互联网+金融”“互联网+物流”等领域发展，催生服务新业态。三是要大力推进“卡脖子”技术攻关。苏州要开展高端装备研制赶超工程，引导企业对标国际先进水平，加快高端装备研制步伐，支持研制单位和应用单位联合实施首台（套）示范应用项目；提升关键基础材料、核心基础零部件（元器件）、先进基础工艺和产业技术基础等工业基础能力。

（四）大力打造一流人才高地

苏州要瞄准具有引领性、原创性、突破性技术的“高精尖缺”人才和团队，加速集聚高层次领军人才。一是要瞄准全球顶尖人才。苏州要紧盯科技前沿和国际水准，采用一人（团队）一策、一事一议的办法，量身定制人才及项目支持政策，打造人才高峰。二是要拓展招才引智渠道。苏州要持续强化产业引才导向，进一步用好、用活创新创业大赛、基金会、海外合作组织、创投企业、新型研发机构等各类市场化引才力量，提高引才的精准性和靶向性，发挥以才荐才、以才引才的正向效应。三是要落实引才奖励政策。苏州要加快实施区域重点产业人才专项，按照“一区一重点”的理念，引导各市（区）加快形成依托产业集聚人才、通过人才引进提升产业竞争力的良性循环，促进人才链、创新链与产业链的深度融合；鼓励有条件的行业龙头企业整合高端创新资源，建立应用开发、创业孵化、风险投资等平台载体，带动产业链人才创新创业；聚焦与高端人才息息相关的住房、医疗、子女教育、收入分配等关键问题，出台具有比较优势的人才招引细则，解决高端人才落户苏州的后顾之忧，打造人才集聚的“强磁场”。

（五）完善新经济扶持政策

苏州要运用系统化思维，整合不同部门关于新经济的奖补政策和专项资金，实现政策系统集成；对战略性新兴产业领域内具有新经济特点的项目优先推荐专项资金支持，加大专项资金对新经济研发和应用等环节的支持力度；加快政府性融资担保体系建设，探索设立融资代偿补偿资金池；要转变过去注重考察投资、基建、税收等传统“重资产”指标的思维，转向更加注重企业的人力资本、研发投入等软性指标的提升。政府要秉持审慎包容的监管态度，探索包容审慎的监管制度，对新业态、新模式等不要一上来就“管死”，弱化即期利润、税收等盈利性指标的束缚；坚持以企业需求为导向，系统梳理和评估前期产业政策，稳定有效政策、调整无效政策，从市级层面加强要素市场和营商环境政策体系建设，形成鲜明的产业发展导向。

作者简介：

顾杰先生，高级农艺师，苏州市人大常委会办公室二级巡视员，苏州科技大学客座教授、研究生导师，曾任苏州市人大常委会秘书长、中共苏州市委农办主任。长期从事城乡发展一体化研究，特别是政策研究，对苏州推进城乡发展一体化进程起到了积极作用。

陈泽亚先生，苏州市人大常委会办公室四级调研员。长期从事调研、宣传等文稿写作，涉及政治、经济、生态等领域研究。曾获国家级、省级、市级研究成果奖，部分研究成果已经转化为实际工作举措。

苏州工业园区新一代信息技术产业发展现状及对策建议

沈卫奇　储安然　廖勇斌

新一代信息技术是当前国际新一轮产业竞争中抢占经济科技制高点的战略先导产业，是发展基于数据和知识的战略性新兴产业的重要抓手。根据《国务院关于加快培育和发展战略性新兴产业的决定》（国发〔2010〕32 号），我国将“加快建设宽带、泛在、融合、安全的信息网络基础设施，推动新一代移动通信、下一代互联网核心设备和智能终端的研发及产业化，加快推进三网融合，促进物联网、云计算的研发和示范应用。着力发展集成电路、新型显示、高端软件、高端服务器等核心基础产业。提升软件服务、网络增值服务等信息服务能力，加快重要基础设施智能化改造。大力发展数字虚拟等技术，促进文化创意产业发展”。发展新一代信息技术产业，对于推动产业高端化转型、提升关键技术自主可控能力、加快发展动能转换，具有十分重要的意义。

一、基础和现状

苏州工业园区（以下简称园区）是中国和新加坡两国政府间的重要合作项目，承担着“发展中外经济技术互利合作”“在开放创新、综合改革方面发挥试验示范作用”的重要使命。自 1994 年设立以来，园区始终坚持“产业立区、科技强区、人才兴区”战略，积极发展高端、高新产业，形成了先进制造业与现代服务业双轮驱动、主导产业与新兴产业比翼齐飞的生动发展格局，尤其是近年来，园区抢抓新一轮技术革命和产业变革的重大机遇，推动新一代信息技术产业跨越式发展。截至 2019 年年底，园区已集聚相关企业逾 2800 家，产值近 2000 亿元，以全区 3.17%的企业、17.24%的员工，创造了 34.7%的工业产值。

一是结构布局不断优化。园区从区域实际出发，坚持项目招引和培育并重，在集成电路、平板显示、人工智能、5G 通信等领域形成了具有较强竞争力的产业集群。

在集成电路领域，园区构建了集 IC 设计、芯片制造、封装测试，以及相关原材料、设备于一体的完整产业链，形成了涵盖模拟芯片、逻辑芯片、各类动态随机存储器及快闪存储器的多元产品体系，是首批国家集成电路产业园。2019 年，园区集聚集成电路企业 154 家，实现销售收入 431 亿元，从业人员 3.5 万余人。在新型平板显示领域，园区形成了以中游面板模组制造为主、包含上游材料及相关电子材料制造的产业集群，集聚了一批生产规模在全球名列前茅的顶尖液晶面板生产企业，产品涵盖大、中、小各类尺寸，是国内重要的平板显示制造基地。2019 年，23 家规模以上企业实现产值 491 亿元。其中，投资 5.7 亿美元的三星液晶面板项目是国内规模最大的高端平板显示项目之一，2019 年实现工业产值超百亿元。在人工智能领域，园区形成了以云计算和大数据为支撑，以自动驾驶、语音识别等为重点的特色产业集群，近年来产值年均增速达 30%左右，2019 年实现产值 290 亿元，集聚泛人工智能企业近 600 家（其中核心企业超过 200 家），相关从业人员超 2 万人。百度、腾讯、科大讯飞、苹果、微软等业界巨头均在园区设立了相关产业基地或研发中心。在 5G 通信领域，园区近年来不断加快 5G 终端、网络、平台、系统集成等领域的研发和产业化进程，5G 基础设施建设力度持续加大，形成了以华为为代表的 5G 产业集群，建成了江苏省首个 5G 全覆盖的智能网联测试区，在智能网联汽车、智能制造、智慧城市等领域的 5G 示范应用场景持续深化，为 5G 产业集聚、技术创新、示范应用奠定了坚实基础。

二是创新生态持续优化。依托强大的制造业优势，园区基本形成了以新型电子元器件、印制电路板组装及相关电子材料为主的电子信息产品配套企业群，为新一代信息技术产业奠定了扎实的制造基础。园区大力引进中科院微电子所、自动化所、计算所等大型科研机构，支撑新一代信息产业创新发展；投资 20 多亿元建设集成电路设计公共服务平台、亚洲首个 T4 等级大数据中心（国科数据中心）等重大公共服务平台；联合国家集成电路产业投资基金，共同发起设立首期规模 40 亿元的集成电路产业投资基金；整合国资、国企资源，设立总额 100 亿元的产业投资基金，区域股权投资基金规模超 2000 亿元；基本建立起覆盖创新型企业全生命周期的科技金融服务体系。园区发挥开放创新优势，与国际技术先进的国家科研机构开展深度科技合作，在海外人才密集地区主动布局离岸创新中心，在美国、新加坡、以色列等国家设立一批海外离岸创新创业基地，本土创新、离岸创新互动的格局逐步形成。

三是政策保障日趋完善。从 2002 年开始，园区加速完善新一代信息技术产业政策扶持体系，根据产业发展趋势和市场需求，先后出台了集成电路、平板显示、人工智能、5G 等细分领域的数十项产业政策，包括“人工智能产业发展行动计划”“5G 产业发展行动计划”、设立平板显示产业发展基金等，一系列政策的出台有力地推动了上述产业快速、健康发展。

四是品牌企业加速成长。园区积极推进自主品牌企业成长链条，近 300 家新一代信息技术企业通过国家高新技术企业认定，约占园区高新技术企业总数的 21%；累计培育新一代信息技术产业相关上市公司 14 家，占园区上市企业总数的 40%；涌现出一批具有较强技术实力和综合竞争力的创新企业，如华兴源创作为我国平板显示及集成电路检测设备领军企业，是国内科创板“第一股”，旭创科技是国内光模块领军企业，东微半导体是国内仅有的极少数以原创半导体晶体管结构为核心技术的公司。

五是高端人才加快集聚。园区深入实施科技领军人才创业工程，累计评选领军人才创业项目 1691 个，其中，新一代信息技术产业相关人才项目占比 40%左右。园区大手笔打造人才创新创业孵化器，投资 70 多亿元建设国际科技园、创意产业园、人工智能产业园等创新载体，仅国际科技园就集聚新一代信息技术相关人才近 4 万名，引进、培育国家级重点人才工程计划 21 人、省双创人才 36 人、姑苏领军人才 54 人、园区领军人才 221 人。同时，园区吸引哈佛大学、牛津大学等 29 所中外知名院校在园区合作办学或设立研发机构，并结合产业发展需要，引导或入驻高校开设计算机网络技术、微电子技术等专业，为产业发展提供人才支撑。

二、短板和不足

在取得一定成绩的同时，对标国内外先进地区，园区的新一代信息技术产业发展仍然存在短板和不足，主要体现如下。

一是核心技术竞争力不强。重大成套设备、关键技术主要依赖引进，特别是在集成电路产业链中上游领域，半导体设备国产化率极低，技术相对落后，核心设备光刻机为寡头垄断格局，ASML 等国际巨头占据全球 95%以上市场份额；在晶圆制造方面，和舰科技等园区企业所掌握的 28nm、40nm 等制程工艺，较行业领军企业台积电的 5nm、7nm 技术落后 2～3 代。

二是龙头品牌企业实力不强。规模较大的标杆性自主品牌缺乏，产业链整合协同能力和行业引领能力不足，新技术、新产品贡献份额不大，存在“有高原、没高峰”现象，市场竞争力影响力有待增强。以上市企业为例，2019 年年底，14 家上市企业总市值仅 1130 亿元，远低于中关村 86 家、2 万亿元，以及深圳高新区 68 家、4 万亿元的市值。

三是政策体系结构有待优化。对比广州开发区“金镶玉”政策体系，园区对项目扶持侧重于招商前导，主要侧重于项目的招引阶段，对于助推企业在落户后持续成长壮大、鼓励企业经营贡献等后续措施力度不足。对于经各级主管单位支持认定的先进项目，以及实现技术改造或增资扩产的企业主体，园区的配套奖励政策也还不够完善。

四是成本上涨过快。近年来，园区商务成本、用工成本、生活成本呈快速上升态势。2019 年，园区商务楼宇租金均价 97 元/平方米/月，企业员工现金薪酬中位值为 92443 元/人，在国内处于较高水平。

三、对策和建议

2020 年 3 月，园区正式发布《建设世界一流高科技园区规划》，明确提出将打造具有国际影响力的新一代信息技术产业基地，重点在以下领域深耕发力。大力发展以专用芯片设计为特色的集成电路产业。重点突破高端芯片关键技术，聚焦物联网专用芯片研发，加快数字基础设施类芯片应用，探索建立芯片设计、制造封装测试、模组与整机系统企业间联动机制。大力发展以前沿突破为导向的纳米技术应用产业。重点发展基于氮化镓单晶衬底的同质外延技术与相关器件，推动大尺寸、低成本硅基电力电子器件、工艺及封装技术等的开发。大力发展以应用融合为引领的人工智能产业。重点突破智能语音、机器视觉、自然语言处理三大关键共性技术，推进人工智能应用场景建设，构建特色智慧园区样板；推动人工智能与制造业深度融合，培育工业互联网产业发展生态，推进制造业数字化、网络化、自动化、智能化发展。大力发展以高端汽车电子为重点的车联网产业。重点发展车载雷达系统、车载互联终端、车载视觉系统，强化集成控制系统产品的技术水平。引进布局 5G-V2X 产业，打造特色鲜明的车路协同产业生态。大力发展以 5G 为核心的新一代通信网络产业。重点推动功耗低、体积小、速率高、温度范围宽的光模块规模化发展，推进 5G 核心光电芯片技术产业化，深入开展 5G 示范应用。园区力争到 2025 年产值规模突破 4000 亿元，新一代信息技术产业的国际竞争力、品牌影响力、辐射带动力明显提升；到 2035 年产值规模突破万亿元，基本建成国内知名、国际一流的新一代信息技术产业基地。

根据园区新一代信息技术产业重点发展方向，结合园区产业发展现状和问题短板，应着力把握以下几个方面。

一是聚焦创新能级提升，狠抓核心技术突破。园区以实现关键核心技术自主可控为目标，5 年内在全社会科技领域投入不少于 2000 亿元，建立和完善重大科学基础设施建设协调推进机制和运行保障机制；设立一批重大科技专项，布局一批重大创新平台，加快诺奖实验室、姑苏实验室、第三代半导体技术创新中心等高水平创新载体的争取和落地。支持龙头企业在纳米技术应用、人工智能等重点产业领域，到 2025 年，集聚国家级研发平台 15 个，建设外资研发平台 750 家，企业平均研发投入强度达到 5%，从业人员万人发明专利拥有量达到 300 项。紧抓“一带一路”、长三角一体化等国家战略机遇，深化协同创新体系，进一步优化离岸创新的“园区模式”，支持园区企业与国际一流大学、科研机构、跨国公司合作设立离岸研发中心和创新创业基地，推动先进信息技术成果在园区的产业化进程。加强推动园区与长三角重点城市的协同合作，梳理区域内产业链薄弱环节，推动大科学装置、国家级实验室、产业技术创新中心等重大科技基础设施共建共享，主动服务长三角全域新一代信息技术产业的优化布局和统筹发展。

二是聚焦头部企业培育，打造自主品牌集群。园区积极抢抓后战“疫”时代新机遇，打好安全、可靠、稳定、高效的投资环境牌，实施补链、延链、扩链计划，促进国际资源要素向园区流动，吸引全球供应链向园区集聚，推动高端品牌企业向园区落户。支持龙头企业健全研发组织体系，攻克关键核心技术，承担国家重大科技项目、参与国际大科学工程；支持龙头企业平台化发展，围绕产业链上下游要素开展兼并、重组、拓展业务，提升资源配置能力。坚持招商和育商并举，遴选一批发展潜力大、技术能力优的企业，建立千亿级旗舰企业、百亿级企业培育后备库，给予“一企一策”式集成支持，尽早实现千亿级本土品牌企业零突破；建立有层次、有梯度的分类培育制度，深入实施高新技术企业、瞪羚企业、独角兽企业培育计划，激发企业高速成长潜力，打造规模大、综合竞争力强的自主品牌企业集群；推动企业上市培育工作，引导企业有效利用多层次资本市场，鼓励企业登陆科创板，开辟上市绿色通道，在改制、辅导、受理等阶段予以定向支持；到 2025 年，集聚科技企业超过 1.5 万家、高新技术企业 5000 家、上市及独角兽企业 100 家。

三是聚焦尖端人才需求，强化政策体系保障。园区紧扣新一代信息技术产业发展趋势和变革性技术，建立全球顶尖人才数据库，研制重点领域人才开发路线图。园区依托重大科学基础设施、重点科研院所等平台，面向海内外引进一批诺贝尔奖获得者、国家最高科学技术奖获得者、两院院士、发达国家院士等具有国际水平的顶尖科学家，培养一批掌握核心技术、带动产业发展的科技领军人才。创新海外高层次人才引智模式，支持园区科研机构和高等学校设立海外研发机构，就地吸纳当地顶尖创新人才，到 2025 年，集聚院士等顶尖人才团队 55 个，引进培育科技领军人才 3500 人，累计新引进高层次人才 4 万人以上。围绕人才工作生活需求，进一步完善以人才优购、优租、领军人才安家补贴等的全方位人才住房保障体系，支持国际优秀专业机构和资本进入医疗和养老等领域，加强高端人才医疗保障服务体系建设，实现高层次人才配套服务的高标准供给。

四是聚焦资源要素集聚，厚植综合发展优势。园区学习借鉴上海临港、张江等地经验，整合国资资源，成立国资科创股份公司作为区域科技创新主体、战略性新兴产业培育平台和资本运作平台，以市场化手段构建专业、精准的投资决策和风险管理机制，加大资本市场直接融资力度，强化科技金融对科技创新的催化作用，提升科技创新的可持续发展能力。园区充分加强与国家、省、市科技创新战略对接，推出一批优质科创项目，主动接洽国家集成电路产业投资基金，利用大基金资本的带动作用，撬动更大规模的社会投资，拉动更高水平的人才集聚，帮助园区新一代信息技术重大项目推进、产业竞争力提升。园区放大苏州自贸片区的改革示范效应，携手苏州全市 14 个联动创新区，构建交流联动、项目合作、平台共建机制，释放产业转型升级的溢出效应。

五是聚焦制度集成创新，优化产业发展环境。园区充分发挥中新合作、苏州自贸片区、苏南自主创新示范区、开放创新综合试验等战略叠加优势，围绕企业需求和实际关切，加快梳理产业链中的堵点、难点、痛点，争取先行先试相关政策，破除产业发展制度性阻碍，增强产业发展制度保障。园区对标国际经贸规则和世行标准，借鉴新加坡等先进地区的经验与做法，研究制订营商环境提升方案，提升市场准入、信息公开、知识产权保护、信用体系建设水平，力争营商环境模拟评估进入世界先进水平。坚持精准发力，统筹做好审批环节、审批时限、运营成本“三个减法”，提升集成服务、增值服务、创新服务“三个加法”，深化“放管服”改革，系统化推进政务服务、投资贸易、商事登记、事中事后监管等制度性改革，优化“一网通办”平台，实现花最少的时间、跑最少的路、交最少的材料、找最少的部门“四个最少”常态化；深化政务服务网能力，推进“互联网＋政务服务”云平台建设，探索人工智能审批新模式，完善平等普惠、线上线下、有统有分的全天候亲商服务机制。深化财政科研项目和经费管理改革；通过“一人一策”等灵活方式，赋予行业领军人才更大的技术路线决策权、人财物支配权和资源调度权。

作者简介：

沈卫奇先生，苏州工业园区工委管委会研究室主任，商务部国家级开发区培训基地特聘专家，同济大学发展研究院高级研究员，长期从事开发区理论研究与实务工作，参与撰写了《开发区建设管理理论与实践》等著作，参与起草了苏州自贸片区、苏州工业园区等重大改革发展方案。

储安然先生，现任职于苏州工业园区工委管委会研究室，从事开发区创新发展相关调查研究工作。

廖勇斌先生，现任职于苏州工业园区工委管委会研究室，多年来一直从事开发区创新发展相关调查研究工作，参与了《再燃激情——苏州“三大法宝”读本》等著作起草工作。

高新技术产业开发区

国家高新技术产业开发区，是指经国务院批准的高新技术产业开发区。开发区的主要任务是促进高新技术与其他生产要素的优化组合，创办高新技术企业，运用高新技术改造传统产业，加速引进技术的消化、吸收和创新，推进高新技术成果的商品化、产业化、国际化。

——《国家高新技术产业开发区管理暂行办法》（国科发火字〔1996〕061 号），1996 年 2 月 9 日

实体经济数字化成为新经济增长重要方式
——基于广州开发区制造业数字化的转型发展分析

李耀尧

党的十九大报告指出，要加快数字经济等新兴产业蓬勃发展，推动互联网、大数据、人工智能与实体经济深度融合。作为当代新经济的重要模式，数字经济对于国家级开发区、高新区抢占全球竞争制高点极为关键。本文基于广州开发区制造业数字化实践提出经济数字化发展思考。

一、实体经济数字化发展是新经济增长的重要方式

（一）数字化知识成为新生产要素

与传统的土地、资本、劳动要素相比，不断数字化的知识与信息已经成为新的关键生产要素。人类生产、生活及治理的数据基础和信息环境正在得到大幅强化，移动互联网和物联网持续普及，智能终端和传感器加速应用渗透，人、机、物交互融合。与经济增长和社会发展相关的各项活动已启动全面数字化进程，呈现出从被动到主动、从碎片到连续、从单一分离到综合协同的三大转变，蕴含着巨大的价值和潜力。可以这样说，大数据已成为超越资本与土地的关键性生产要素，被不断地分析、挖掘、加工和运用，价值持续得到提升、叠加和倍增，有效促进全要素生产率优化提升及经济增长。

（二）实体经济数字化催生新业态

一方面，新经济在经济全球化和信息技术革命的带动下，以生命科学技术、新

能源技术、新材料技术、环境技术和管理技术为核心的高科技产业成为新经济增长的引擎；另一方面，以“数字+”实现传统产业提升也是新经济增长的另一引擎。新经济趋向全球一体化，各孤岛型经济体被紧密地连接为一个整体。数字化提升可以加速传统产业转型升级，不仅促使制造业、服务业、农业等行业本身实现快速增长，而且“数字+传统产业”实现了产业大融合、大提升，催生出各种产业形态，改变了传统经济增长的方式与路径。

（三）实体经济数字化成为新增长源泉

2006—2016 年，美国 GDP 的增速只有 1.5%，而数字经济的年均增速却高达 5.6%。2016 年，美国数字经济占据美国 GDP（18.6 万亿美元）的 6.5%（1.2 万亿美元）。2018 年 5 月，华为发布的《全球联接指数（GCI）2018 报告》显示，数字经济增速是全球 GDP 增速的 2.5 倍。该报告预测，到 2025 年，全球数字经济规模将达 23 万亿美元，比 2017 年的 12.9 万亿美元的规模（占 GDP 比重 17.1%）增长接近一倍。2017 年 8 月，麦肯锡全球研究所（McKinsey Global Institute，MGI）发布的《中国数字经济：全球领先力量》（*China's Digital Economy：A Leading Global Force*）报告显示，近 10 年来中国已处于数字经济领域的领先地位。2017 年中国数字经济总量达到 27.2 万亿元，同比名义增长超过 20.3%，显著高于当年 GDP 增速，占 GDP 比重达到 32.9%，同比提升 2.6 个百分点。2017 年中国数字经济对 GDP 的贡献为 55%，接近甚至超越了某些发达国家，数字经济在我国国民经济中的地位不断提升，成为带动经济增长的核心动力。

二、探索以制造业为核心的实体经济数字化模式

国家级开发区、高新区以其超前思维、厚重实力、优越机制大力发展数字经济，孕育着新经济增长的核心动力。广州开发区是制造业大区，形成了 IAB（新一代信息、人工智能、生物医药）、NEM（新能源、新材料）高端产业集群，集聚行业巨头公司（世界 500 强）195 家；2019 年全区规模以上工业总产值近 8000 亿元，占广州市工业总产值的一半，跃居全国工业百强区第二位；创建了全国首个区块链特色中国软件名城示范区、广东省首个面向 5G 技术的物联网与智慧城市示范区、首批省级大数据产业园、新型网络基础设施工业互联网标识解析国家顶级节点。其发展有几种模式。

（一）新型基建先行——建成数字经济基础设施

在物联网基础设施方面，广州开发区于 2018 年 12 月开通了工业互联网标识解析国家顶级节点，成为中国华南地区工业互联网互联互通的数据枢纽。在新一代通信技术方面，广州开发区实现了生物岛 5G 基站全覆盖，全区建成 5G 基站 728 座，力争在 2020 年年底建成 5G 基站 3500 座。在高性能计算基础方面，数据中心等基础设施逐步升级完善，广州开发区已建成广宽云数据中心、广州科天智慧云公司、广东电信 IDC 云计算中心等大型数据中心，率先与广州市超算中心完成了互联互通。中兴通云计算数据中心、中国移动（广东广州）数据中心等超融合云计算中心也即将建成，中科院超算环境分中心为各类应用研究提供强大计算支持。

（二）制造业大转型——促进核“芯”能力增强

一是实施“强芯”工程。2018 年，该区启动了广州市第一个芯片制造项目——粤芯 12 英寸芯片制造项目，打破了广州“缺芯”的局面。2019 年，引入了国芯集中研发高端嵌入式 CPU 技术及产品、高性能 RAID 存储卡、可信存储服务器和系统。二是实施突“显”工程，瞄准全球创新资源和高端要素，打造“世界显示之都”。引入了全球最大、国内首条 8.5 代 OLED 面板生产线——乐金 8.5 代液晶面板项目、全球领先的基板玻璃生产商——日本电气硝子、广州首个大型偏光片生产项目——LG 化学偏光片项目、创维 4K 超高清工程等。三是实施补“链”工程，助推产业集群发展。形成了包括新一代信息技术知名企业在内的完整产业链，通过深化电子信息在健康医疗、安防监控等领域的应用，加快产业链、价值链、创新链、资金链、政策链深度融合发展。

（三）5G+制造业提升——打通新经济多领域场景

依托广东省工业互联网产业示范基地，广州开发区先行、先试，推动新一代信息技术与实体经济深度融合，利用 5G 技术推动实体经济转型升级的方式，推动知名技术企业如京信通信等建成一批 5G 智慧工厂。一些企业结合 5G、物联感知、智能算法、AR 建模等技术，实现了生产单元、机器手臂等设备与 MES 系统的实时无线连接。在 5G 智慧工厂场景中，该区结合京信通信和昊志机电工厂的实际需求，利用 5G 高速率、大带宽、低延时的三大特性，结合物联感知、智能算法、AR 建模等技术，实现了“身临其境”地对厂区及设备进行实时监测，极大提高了工业机器人及 AGV 小车等设备在数据采集、传输、分析方面的可靠性，提升了工厂的网络化、柔性化、智能化水平。在 5G 智慧河涌场景中，以黑臭水体治理，打造绿水青山为目标，基于“无人船+固定点”模式的 5G 智慧河涌示范项目已开始运作，广州开发区搭建起集监测、分析、预警、优化于一体的河涌在线监测机制。在区块链+5G 智慧停车场场景中，广州科学城总部经济区、市民公园、香雪人才公寓、科学城广场·未来空间 4 个基于区块链技术的 5G 智慧停车场已投入使用，构建起了从地上到地下的智慧化综合交通服务体系。

（四）工业互联网应用——实现供与用双擎驱动

广州开发区探索了工业互联网开放、共享、互动、融合方式，呈现出供给支撑日益完善、融合应用逐渐丰富、产业生态日趋成熟的工业互联网生态，显现新经济增长活力。在工业互联网平台方面，高技术公司中设智控探索基于平台设备资产管理的金融服务生态链；航天云网 INDICS 平台探索基于工业互联网的开发者双创孵化平台；上市公司广州视源电子实现龙头 OEM 工业企业驱动供应链上游伙伴数字化迭代。在工业互联网应用模式方面，广州京信通信采用数字化协同模式，实现人均效率提升 22%，设备利用率提升 10%，供货周期缩短 8 天，原材料库存降低 60%；昊志机电采用智能化生产模式，实现设备利用率提升 10%，生产效率提升 30%；智能化企业明珞汽车装备采用服务化延伸模式，成功从生产型向服务型转型，这种模式也成为典型的发展模式。

（五）区块链助力制造业——应用加速突破与赋能

广州开发区率先在智慧城市、税务、政策兑现引入区块链技术，借助区块链技术创新促进新经济增长。实施“区块链+智能停车”，开放了科学城 1500 个公共停车位，高效释放了闲置停车资源；实施“区块链+政策兑现”，在全球首推“政策公信链”，通过引入区块链分布式网络和共识机制，实现审核自动化、流转可信化、审批同步化，每年将为企业节约成本约 4500 万元，压缩时间超 50%；实施“区块链+税收治理”，率先搭建全国首个电子发票区块链平台“税链”，建立起以税务部门为主的多方共管机制，破解了传统电子发票归集效率低、自查真伪难、重复报销等难题，该平台首批接入企业 100 家，已开出上链电子发票 16470 张。推动基础算法、云计算、数据挖掘、传感器、芯片、机器人、无人机、智能制造、语音交互、视觉交互、脑机交互、认知智能、教育评测、多语种技术等领域发展。

广州开发区也面临实体经济融合式发展问题：企业数字化转型升级话语权不够，企业升级权限不够，不能彻底进行数据采集和分析；产业链话语权不够，不少企业

一、坚持聚焦高端产业，优化产业结构

坚持产业高端化、智能化、服务化、绿色化发展方向，加大对网络信息技术产业的支持力度。每年从财政支出中按不低于15%比例安排产业扶持资金，用于支持高新技术产业发展。持续推动高新产业国际化，做强做大数字经济优势产业，布局未来产业，推进数字安防、电子商务、通信设备、信息软件、文化创意、人工智能、区块链、大数据应用、生物医药大健康、新能源新材料十大产业集群发展。2019年4月，杭州城市大脑受邀赴中国香港参展香港国际资讯科技博览，滨江企业在智慧安防、智慧交通、智慧医疗等方面的世界领先实力凸显，同时在智慧家居、智慧环境、智慧教育等领域，涌现出一批细分领域的单打冠军，为产业转型升级、城市管理、民生事业等提供技术输出。

二、坚持创新第一动力，提升产业竞争

以建设国家自主创新示范区为契机，在创新源头、创新过程、创新产出3个供给端发力。注重发挥企业的创新主体地位和作用，鼓励企业加大研发投入，2019年以来，高新产业核心技术研发投入超80亿元，加强校地合作，促进核心关键技术突破和就地转化，提升区域创新能力，加快北航7名院士领衔的6个重点研究院建设，安恒信息、当虹科技等多个企业与北航签约共建9个联合实验室。注重知识产权公共和市场化服务；加强知识产权保护，2019年年初获批为浙江省首个国家知识产权服务业集聚发展示范区，集聚各类知识产权服务机构157家，6月杭州高新区（滨江）知识产权综合服务中心正式启动。2019年专利申请量18330项，专利授权量10341项，首次突破万项大关，其中，发明专利申请量9309项，增长27.5%；发明专利授权量2939项，增长48.4%，每万人发明专利拥有量340项，继续列浙江省第一。获评国家知识产权示范企业4家，占浙江省1/5；获中国专利奖7项；新增“浙江制造”标准6部。

三、坚持两化深度融合，促进转型升级

把推进两化融合作为促进制造业转型升级的最重要抓手。坚持以示范应用促推广，以推广促产业化。大力支持“场景”创造，加强“四个滨江”应用供给，加快

推出一批包括“未来社区”、5G 示范应用、智慧治理在内的应用场景模式，打造浙江省智慧经济应用的先行区。狠抓产业平台建设，创新推进“新制造业计划”。全面优化五大平台功能定位，积极推进高新区富阳特别合作区建设。加快信息技术与制造装备的融合发展，通过培育和引导中控、力太等企业，推进物联网、云计算、大数据等信息技术在制造业研发设计生产过程、企业管理等各个环节的应用，促进企业提质增效和转型升级，实现工厂物联网和工业互联网。近 3 年来，在杭州市 30 个工厂物联网和工业互联网示范项目中，就有 13 个项目由滨江智能制造服务商提供技术支持。

四、坚持企业市场主体，促进内生发展

全面实施“1+X”产业新政和支持民营企业高质量发展的“新 11 条”，壮大“领军企业+骨干企业+独角兽企业+瞪羚企业+创业企业”集群。2019 年以来，新增市场主体 7000 余家，拥有在册国家高新技术企业 904 家、瞪羚企业 233 家。阿里系、海归系、浙大系高端科技创业裂变效应明显，以阿里巴巴为代表的平台型企业催生企加云、丁香园等科技型企业；依托大企业的项目裂变的二次创业创新，涌现出零跑科技、网易严选、优行科技等一批新的行业骨干企业。新经济企业梯队培育加速，从技术研发孵化到公司上市，高新区（滨江）分 5 个阶段实施全流程精准服务，列入国家规划布局重点软件和集成电路企业 33 家，占浙江省的 72.7%。与科技部火炬中心联合共建的中澳生物医药科技产业园正式启用，三维信息科技园被评为国家级科技企业孵化器，贝壳社等 2 家企业成功创建省级海外创新孵化中心，新增楼友会等 2 家市级国际化示范众创空间，海创基地、芯火双创基地、天和高科技产业园等专业孵化器作用进一步发挥。2019 年新认定市级以上孵化载体 36 家，创历年新高，在孵企业 2451 家。强化上市后备企业梯队建设，出台了《关于推进企业上市和并购重组的实施意见》和“百家上市公司行动计划”，与上交所、深交所、港交所建立战略合作，先后开展两批上市后备企业的认定和培训辅导，形成了多层次、密集型的上市后备企业梯队。

五、坚持营造良好环境，优化产业生态

把高端人才引进和培育作为经济工作的最首要任务。坚持走“以人才带项目、以项目引人才”的招商引智良性循环之路。将每年的 5 月 5 日定为国际人才节，出

台“人才新政 30 条”，集成“人才引进+创新+创业+生活”一揽子人才政策；加速完善国际化创新人才生态，大力实施新一轮“5050 计划”，设立 1 亿元海外项目投资基金，率先实施外籍高层次人才申请永久居留工作；依靠平台引才，加速建成人才培养平台，设立企业博士后科研工作站及分站 56 家，加快建设北航杭州研究生院，深化与浙江大学、中科院长春光机所、西安电子科技大学、浙江工业大学、中国计量大学等高校院所合作。布局公共技术协同创新平台，落地建设国家“芯火”双创平台、投用华为全球培训中心和“滨江联合创新中心”5G 实验室等。持续打造一流营商环境，深化“最多跑一次”改革，推进省级全面创新改革试验区建设，率先探索双创服务“一件事”和知识产权“一件事”改革，扎实推进“走亲连心三服务”活动，坚持“百名干部联千企”制度，深化“店小二”服务理念，研究落实更多惠企惠民举措和利好政策，坚持做到随叫随到、服务周到、亲清精到，营造担当作为、干事创业的创新氛围。在金融全周期加速服务优化方面，高新区（滨江）形成了天使创投、科技信贷、科技担保、政府基金等多层次的科技投融资体系，为科技创新注入“血脉”，优化创新服务。整合路演中心、科技金融服务中心、知识产权保护中心、省科技大市场创新服务资源，形成全生命周期创业服务；加强与银行、证券等金融机构的战略合作，加强政企互动和政银企联动。

高新区（滨江）始终坚定不移沿着“八八战略”指引的路子阔步前进，坚持创新驱动发展战略，坚持推进高质量发展，坚持四大战略、四级定位，抓住“前亚运、后峰会”的历史机遇，努力抢占世界科技发展的制高点，努力成为具有重大引领作用和全球影响力的创新高地，紧抓资本市场改革机遇，落实凤凰计划行动，培育更多能够代表国家参与国际竞争的高新企业上市、做大做强，把高新区（滨江）建成浙江省、杭州市高新技术企业最为集聚、上市公司最为集中的区域，打造资本市场更具竞争力的“滨江板块”，为浙江省、杭州市经济高质量发展做出更大贡献。

作者简介：

杭州高新区（滨江）由高新技术产业开发区与滨江区行政城区合二为一而成，是国家级自主创新示范区。科技部火炬中心将杭州高新区（滨江）列入建设世界一流高科技园区计划序列。杭州高新区（滨江）努力建设世界一流高科技园区、全国数字经济最强区，彰显科技新城首位度和贡献率。

成都市发展新经济培育新动能

成都市新经济发展委员会

2019 年，成都市坚持以习近平新时代中国特色社会主义思想为指引，深入学习贯彻习近平总书记在四川视察重要指示精神，认真落实四川省委十一届五次、六次全会和成都市委十三届五次、六次全会精神，牢牢把握新经济工作的正确方向，加快推进新经济理论创新、制度创新、实践创新，引培新经济 IP 企业，赋能产业功能区，打造产业新生态，提升城市竞争力，为建设全面体现新发展理念的城市注入强有力的新动能。截至 2019 年年底，成都市新经济企业达 36.6 万户，同比增长 27.6%；新经济百家重点监测企业实现营业收入 285.5 亿元，同比增长 20%，净入库税收 13.1 亿元，同比增长 18.4%；6 家企业达到独角兽标准，122 家企业达到准独角兽标准；新经济企业获得风险投资总额 193.6 亿元，同比增长 47.1%。成都市新经济活力指数居全国第三位，新职业人群规模居全国第三位，“最适宜新经济发展的城市”品牌效应凸显。

一、2019 年新经济发展情况

（一）健全新经济精准政策体系

一是加强新经济前瞻战略研究。坚持“规划引领”，启动新经济 2035 规划和“十四五”规划，摹画成都未来新经济前进方向、发展路径。

二是完善“1+6+7+*N*”政策框架。在“六大形态”“七大应用场景”实施方案基础上，进一步强化细分专业化研究，精准解决企业发展“痛点”，围绕新经济人才、共享包容新场景，推动场景理念融入公园城市、东部新区、三城三都等城市重大发展战略，形成了智慧医疗、智慧城管、共享停车等典型场景应用案例。打造高新区新经济活力区“AI+”应用场景，在国务院第六次大督查中受到通报表扬。

（五）强化新经济企业特色服务

一是开展全生命周期企业培育。深入实施梯度培育计划和“双百工程”，遴选2019年百家重点培育企业和百名优秀人才，分层分级精准施策，设立5000万元新经济发展专项资金，对种子企业技术创新给予补贴，对准独角兽企业开拓外地市场给予奖励，为独角兽或行业领军企业开展“一事一议”服务。

二是建立新经济企业服务专员制度。为新经济头部企业搭建绿色服务通道，建立专项服务台账，明确专人跟踪服务；召开专题协调会议，为准时达、医云科技、1919、携恩科技等数十家企业解决行政许可、办公场地、融资需求等问题。

三是加强创新产品（服务）推介。召开新经济企业新产品发布会，对外推介成都新经济企业产品和服务，帮助开拓市场。

四是开展特色金融服务。会同中国人民银行成都分行发布金融创新产品和服务包，联合20余家银行提供天使投资—股权投资—债权融资等全链条金融产品服务。

（六）抢占新经济话语塑造品牌

一是搭建资源链接平台。利用重大活动汇聚资源、引领话语，以“新经济新生态新场景”为主题举办2019创交会，参会嘉宾数量、交易额再创新高；“兴隆湖畔·新经济高峰论坛”首发“新经济·新治理”成都宣言，成为大咖云集、碰撞思想的品牌活动；在京举办以“新经济新治理与高质量发展”为主题的研讨会，国务院发展研究中心副主任王一鸣、权威经济学家林毅夫等中央部委领导、专家学者充分肯定成都新经济做法；开展“2019川大校友话新经济”，推动四川大学、校友资源与成都新经济深度链接，打造校友新经济。

二是搭建功能服务平台。发挥成都市新经济研究院智库作用，为新经济发展提供态势感知、趋势预测、政策设计、决策判断、平台运营、对外合作、生态建设等方面的服务和支撑，围绕前沿领域开展 20 余项前瞻研究，举办学术交流、资源对接活动 20 余场；发挥新经济企业俱乐部桥梁作用，举办“普华永道×成都新经济创新加速营”，促成 25 项商业合作，6 家入营企业新获融资实现估值翻番；挖掘典型案例 100 余个，形成一批新经济理论实践成果。

三是加强新经济对外宣传。围绕创交会、清单发布等重大活动开展宣传，召开 10 余场新闻发布会，网络检索新闻 3000 余万条，道琼斯市场观察家、One Page 新闻等境外媒体专题报道，最适宜新经济发展的城市氛围凸显。

（七）健全新经济工作机制

一是健全新经济统计体系。推动新经济从“范围模糊”到“家底清晰”，梳理国民经济行业中具有新经济特征、符合“六大形态”的类别，创新制定新经济行业分类目录，开展新经济统计普查，摸清全市新经济体量。

二是健全新经济监测体系。推动新经济从结果分析到趋势预测，建成新经济大数据监测平台，作为成都市新经济数字化决策辅助系统，自动采集互联网公开数据，实时监测新经济发展水平、预测趋势，互联网大数据显示成都市新经济高级人才需求、创新能力、企业融资都保持稳定增长。

三是健全新经济考核体系。推动新经济从单兵作战到多方联动，运用目标考核指挥棒，引导市级部门围绕场景供给，开展场景试点，主动释放资源，提供城市机会；引导区（市）县围绕行业认可度、市场认可度、资本认可度，加快培育领军企业、“隐形冠军”企业，新经济企业数量快速增加，融资金额数量级提升。

二、2020 年工作展望

2020 年，成都市将牢牢把握新经济工作的正确方向，加快建立新机制、集聚新要素、营造新生态，以发展新经济作为追赶世界先进城市的突破口、参与未来全球城市竞争的发力点，为建设全面体现新发展理念的城市和“两中心两地”注入强有力的新动能，重点聚焦以下 7 个方面。

（一）聚焦疫情抗击求突破

加强对新冠肺炎疫情影响实时监测，密切关注人才、技术、资本变化情况，开展大数据分析和趋势研判，掌握新经济优势产业领域企业复工情况、供应链上下游供给情况、人员流动情况。发布企业疫情防控能力清单、开辟天使基金项目直投绿色通道、开展企业精准对接活动，多渠道帮助新经济企业纾危解难。围绕医药医疗、远程办公、在线教育等新业态、新模式发布专题城市机会清单，组织新经济产品发布会疾控专场，建立“医疗行业未来场景实验室”等试点示范场景，鼓励前沿技术、创新产品、新兴业态在疫情抗击、生产恢复、生活保障、城市治理的创新转化和推广应用。

（二）聚焦功能布局求突破

积极向上争取政策红利，提升城市能级和核心竞争力。把握具有基础性、面向前沿、引领发展的国家重大项目战略布局，推动国家级工业互联网平台、大科学装置等重大功能性平台落户成都。抢抓新型基础设施布局，适度超前推进智能感知设施、边缘计算节点基础设施、通信网络基础设施建设，积极对接电信运营商，加快5G 应用示范，建设开放型创新应用实验室。

（三）聚焦场景供给求突破

加快完善场景构建机制、城市机会清单发布机制。建设“城市未来场景实验室”，搭建新技术、新模式、新业态创新应用的空间和载体，遴选符合未来发展方向、城市建设需求的创新项目进行推广应用。打造新经济应用场景 IP，聚焦公园城市、东部新区、智慧治理、消费升级等领域开展应用场景试点示范。强化场景创新运用，健全城市机会清单发布机制，组织开展应用场景沙龙、未来场景创新大赛等主题活动，提升场景供给在招商引资、资源配置等方面的质量效益。

（四）聚焦要素集聚求突破

优化新经济要素生态，贴近企业、产业和功能区实际需求，创新新经济要素供给方式，提高要素供给的精准性。围绕高层次人才引进，面向全球聘请新经济行业领军人物担任“成都新经济双招双引大使”，加强与高端猎头公司合作，共同开展招商引资、招才引智。发挥好新经济天使基金领投作用，开展优质新经济项目挖掘，引导建立企业全生命周期融资服务体系。加快用新科技赋能城市治理，增强城市数据汇聚、开发、应用能力，推进新技术与城市治理的全面融合，建设数字孪生城市，打造数据驱动的智慧城市。

（五）聚焦生态营造求突破

加大新经济创新产品采购，制定成都市新经济创新产品目录，开展新经济企业新产品发布活动，探索建立新经济创新产品供需对接机制，为创新产品打造城市级宣传展示平台。发挥新经济研究院智库作用和新经济企业俱乐部平台作用，强化前瞻引领性研究，举办创新加速营、融资对接会等活动，与国际组织联合国人居署等共同举办成都新经济专场推介会，加强新经济资源链接、传播能力。运用“大数据+”手段提升新经济企业服务水平，持续推进行政处罚“三张清单”，探索采取宣传引导、行政提示、行政约谈、行政告诫等多种方式，实行包容审慎的柔性执法。

（六）聚焦企业培育求突破

将新经济“双百工程”和“梯度培育”延伸到区（市）县一级，完善市、区（市）县两级新经济重点企业培育库，健全新经济企业“服务专员制度”。用好、用活新经济发展专项资金，加快形成种子企业、准独角兽企业、独角兽或行业领军企业梯队。适时优化新经济500强企业库，瞄准头部企业功能性板块、技术先进性企业、一流人才创办企业、产业开创型或引领型企业、有资源有流量有牌照企业开展招引活动。根据产业功能区资源禀赋、产业基础，突出功能区新经济主攻方向和细分领域，提升人才创新力、要素集聚力、资源转化力，加快构建具有鲜明新经济特色的产业生态圈、创新生态链。

（七）聚焦话语引领求突破

探索制定成都新经济评价指标体系，对新经济发展水平进行定量描述和定性分析。积极对接国务院发展研究中心、中国社科院等国家级智库，在北京、成都两地举办新经济发展论坛，问计、问策顶级专家，传播成都新经济声音。深度挖掘成都新经济发展的实践案例，及时总结提炼形成可复制、可推广的“成都经验”，努力为国家贡献高质量发展、城市转型升级的“成都模式”。

作者简介：

成都市率先在全国成立负责新经济发展工作的政府部门——**成都市新经济发展委员会**。成都市新经济委员会于2019年1月16日正式挂牌，切实解决传统的行政管理体制、政府部门职责体系、制度创新供给与发展新经济不相适应的问题，推动新经济在全国率先起势，从创新走向应用、从概念走向实践。

高新技术企业

国家重点支持的高新技术领域包括：一、电子信息；二、生物与新医药；三、航空航天；四、新材料；五、高技术服务；六、新能源与节能；七、资源与环境；八、先进制造与自动化。

——《高新技术企业认定管理办法》（国科发火〔2016〕32号），2016年1月29日

成都高新区发展新经济培育新动能的实践

成都高新技术产业开发区

2015 年 10 月，成都高新技术产业开发区（以下简称成都高新区）经国务院批准成为西部首个国家自主创新示范区，而后相继成为中国（四川）自由贸易试验区、国家全面创新改革试验区核心区，肩负代表成都、代表四川、代表国家先行先试，率先实现新旧动能转换和高质量发展的神圣使命和国家责任。2017 年 4 月以来，成都市在全国率先擎举发展新经济大旗，提出打造“最适应新经济发展的城市”和建设“成都新经济活力区”的战略部署。经过两年艰辛奋斗实践，取得了显著成效。2019 年成都高新区地区生产总产值 2285.6 亿元，增长 8.4%；一般公共预算收入 200.2 亿元，增长 8.6%；新增新经济企业 16335 家，增速达 25%以上；新经济性质企业达 8.8 万余家，新经济企业营收超过 4000 亿元，新经济对全区经济社会发展发挥重要作用。成都高新区站在全球新经济发展浪潮之巅，大胆闯大胆试，率先走出了一条高质量发展的新经济发展“成都路径”。

一、抢抓新经济发展的战略机遇

（一）适应国内外发展新形势

发展是主航道，形势是大逻辑。有洞悉全球科技产业变革和国家、省、市、区发展的主航道、大逻辑，才能把握机遇，引领高质量发展。一方面，全球新一轮科技产业革命已达到了前所未有的高度，但仍处于蓬勃发展、加速演进的阶段。如人工智能依托互联网、大数据技术，正向深度学习发展，对全球产业结构、生产方式、政府管理等正在全面重塑。另一方面，从国家和省市区来看，中国经济已由高速增长阶段转向高质量发展阶段；成渝城市群正在成为国家除京津冀、长三角、珠三角外的区域发展第四极；成都作为我国“新一线”城市的代表，逐渐成为除北上广深之外投资兴业的首选地之一；成都高新区在区域竞争上面临内外双重挤压，发展压力更加凸显。成都高新区只有积极作为抢占制高点、把握主动权，才能开创发展新经济、培育新动能、高质量发展的新未来。

（二）谋划成都新经济活力区

新一轮成都市城市总体规划的修订，对成都未来较长一个时期推进高质量发展进行了科学规划和系统谋划，提出了建设全面体现新发展理念城市的总体目标。成都高新区经过 30 年高速发展，作为成都“中优”核心区域，成都高新区南部园区已成为最能体现成都核心竞争力和发展活力的名片，具备优越的区位条件、坚实的产业基础、浓厚的创新氛围、活跃的开放环境。成都高新区以新一轮成都市城市总体规划修订为契机，创造性提出把成都高新区南部园区建设成为成都新经济活力区的战略构想，将原来成都市中心城区“双核双轴多点”的空间结构，优化为“双核双轴、一区（成都新经济活力区）多点”，赋予成都新经济活力区高势能，既在中心城区中传承老城中心的活力，又引领天府新中心，更能辐射带动东部新城，实现活力链接，这是成都新经济活力区的使命与重任。

二、打造新经济的成都样板

（一）探索经济发展新路径

成都高新区在新经济发展理念上敢于突破常规思维，创新推进“三个转变”。一是“政府配菜”向“企业点菜”转变，让企业、科研院所等业界力量参与政策制定，针对性解决企业成长阶段的各类痛点；二是“给优惠”向“给机会”转变，对企业的支持从单纯的政策优惠向更广阔的场景机会转变，探索成都高新区城市机会清单发布机制，特别是帮助企业缩短市场对新技术的采纳生命周期；三是“个别服务”向“生态营造”转变，打造国际化、市场化、法治化、便利化营商环境高地，探索智慧治理，提升“互联网+政务”能力，实施《成都高新区优化营商环境行动方案》，率先探索业界共治模式，汇集产业发展的广泛力量。

（二）创造营商环境新打法

一是聚焦主体培育，以全生命周期为导向，精准构建四级企业梯度培育企业。过去主要支持大企业的政策导向存在着政策阳光雨露洒不到小企业、洒不到科技型企业的问题。针对企业培育的痛点和难点，将政策逻辑起点转到企业梯度培育上，成都高新区创新构建种子期雏鹰企业、瞪羚企业、独角兽企业、平台生态型龙头企业四级企业梯度培育体系，制定产业培育新政 18 条及实施细则，满足企业全生命周期成长需求。培育种子期雏鹰企业，重在评价和辅导；培育瞪羚企业，重在发展速度；培育独角兽企业，重在提升发展质量；培育平台生态型龙头企业，重在生态带动。针对 4 个梯度不同发展阶段的企业分类施策，精准匹配政策支持。2019 年 6 月 14 日，成都高新区举办产业培育大会，发布首批 420 家四级企业梯度培育榜单和 52 家孵化载体，并兑现 7467.37 万元奖励资金，形成有效支持种子雏鹰企业快速起步、瞪羚企业壮大规模、独角兽企业提升效益、平台生态型龙头企业行业整合的培育生态。

二是力抓产业社区，以产业社区为中心，提供产业发展空间载体。成都高新区以城市场景为支撑，打造“功能复合、尺度适宜、特色鲜明”的各类产业社区，为新经济产业发展提供空间载体。超前谋划 AI 创新中心、新川创新科技园、瞪羚谷、中国—欧洲中心、骑龙湾、天府软件园六大产业社区。其中，AI 创新中心打造中西部人工智能产业新高地，是西部首个“5G+人工智能”产业园区，与中国移动、中国电信等行业龙头企业一起推动建设 5G 产业创新中心，打造中移（成都）产业研究院、新加坡创新中心。2019 年，104 家规模以上 5G 和人工智能重点企业实现营业收入 193 亿元，同比增长 22.5%，110 家规模以上大数据和网络安全重点企业实现营收 140.4 亿元，同比增长 19.1%。新川创新科技园打造中国（成都）5G 产业示范城，累计引进产业化项目 30 个，计划总投资 426 亿元，总用地面积约 1487 亩，占园区产业规划用地面积 44%，目前正围绕关键轨道站点进行 TOD 开发，加快建设市政及景观工程、新川人才公寓及公建配套项目。瞪羚谷产业社区打造中西部瞪羚企业聚集的文化创意都市林盘，成都高新区在第七届中国网络视听大会上发布《瞪羚谷公园社区城市设计规划》及《成都高新区网络视听产业规划》，出台《成都高新区高质量发展电子竞技产业三年行动计划（2019—2021 年）》，引入亚洲电子竞技大师杯·中国赛等高质量赛事。50 家规模以上数字文创与网络视听重点企业 2019 年实现营业收入 253.9 亿元，同比增长 5%。中国—欧洲中心打造国家级对欧战略合作平台，专注总部经济，已引进德国巴伐利亚州、北威州四川代表处、波兰投资贸易局驻成都代表处等政府及商协会代表机构项目 13 个，引进 Amazon AWS 联合创新中心等跨国企业项目 10 个，引入成都—以色列科技创新中心等配套平台型项目 5 个。目前正积极推动省市和国家发展改革委、商务部将中国—欧洲中心上升为国家级对欧合作开放平台。

三是打造应用场景，以城市机会清单为主轴，探索新经济场景革命新范式。场景原本是影视学的一种概念，是指戏剧、电影等技术作品的场面。新经济应用场景是新经济企业产品（服务）应用的空间场所或服务领域，主要由企业产品（服务）、市场或政府需求方、应用场所或具体项目等要素构成。场景思维的本质是以用户需求为中心，利用场景实现与新经济企业的业务合作，建立应用场景机会清单发布机制，政府通过场景梳理和发布机会清单，促进新经济企业的技术、产品、服务与城市发展需求对接，实现由"给优惠"向"给机会"转变。以成都承办世界警察和消防员运动会为契机，创造新经济应用场景，创新实施成都高新区新经济应用场景标志性项目——1.4GHz无线政务专网高新示范项目，引导本土培育的瞪羚企业鼎桥通信等企业创新参与。以中法合作为契机，生成新经济应用场景，引导平台公司高科公司创新参与中法合作 sigfox 智慧养老项目。同时，建立成都高新区新经济应用场景城市机会清单发布机制，以 2019 全球人工智能峰会为平台，精准谋划、响亮发声，瞄准 5G 与人工智能、大数据和网络安全等细分产业领域，发布成都高新区人工智能应用场景机会清单（第一批），共涉及"人工智能+"领域 25 项应用场景需求清单和 201 项应用场景供给清单。

四是注重生态营造，以业界共治为驱动，打造国际营商环境高地，探索业界共治新模式。成都高新区每年设立 5000 万元业界共治专项资金，成立大数据和网络安全、网络视听与数字文创、5G 与人工智能三大新经济业界共治理事会，制定《业界共治理事会专项资金和新经济应用场景资金管理办法实施细则》。构建由政府、高校院所、企业界、市场、专家等多方参与、共建共治共享的产业发展新模式，业界代表占比 90%以上，打破传统政府主导产业发展模式，促进区域内市场主体从被管理、被服务的对象转变为自我管理、自我服务的主体，实现产业政策精准聚焦、资源要素精准匹配、企业服务精准响应，推动产业发展快速突破。目前，新经济三大业界共治理事会举办"走进华为"、参与数字世界博览会等行业主题活动 20 余场，组织企业走访调研 20 余次，在金融、知识产权等领域服务企业 1000 余家次，业界企业提出产业政策高质量建议数十条。通过业界共治理事会超前对接《流浪地球》《哪吒之魔童降世》等现象级文创产品制作企业——墨镜天合、可可豆动画，推动企业集群入驻瞪羚谷产业社区。牵头制定并发布成都高新区人工智能应用场景机会清单（第一批），获得积极反响。以自贸试验区改革为牵引，"自贸通综合金融服务"改革案例被商务部评为国家自贸试验区第三批最佳实践案例并向全国推广。实施重大功能性建设项目审批"告知承诺制"改革及工程项目招投标"两阶段"备案试点改革。"首证通"行政审批制度改革进一步扩大至医美、客货运输等 6 个行业。打造"自贸一站通"线上线下服务平台，西部首个涉外政务服务大厅——自贸区政务服务大厅投入运营。着力培育供应链创新应用，推动鼎桥通信等"总部在成都、生产在沿海”的企业实施成都海关报关、沿海口岸离境的模式；艾尔健在中国西部成为首个通过空、铁联运实现医疗产品通关的企业。

三、推动高新区创新发展的举措

尽管成都新经济探索发展取得了显著成绩，然而，对标美国硅谷、以色列特拉维夫、深圳高新区、杭州高新区等国内外世界一流的高科技园区，成都新经济活力区高质量发展转型之路任重道远，两年多的新经济发展实践也催生了反思。

（一）创新思维方式，强化市场最优配置，推进新经济实践应用

新经济是崭新领域，不应纠结和局限于理论研讨，特别是新经济应用场景建设大多为成本高的新生事物，具有无经验案例可循、风险高、回报不确定性大等突出特点。成都新经济活力区在创新实施 1.4GHz 无线政务专网高新示范项目和中法合作 sigfox 智慧养老项目中，改革思维、创新模式，充分调动企业积极性，以政府引导、企业参与的市场化模式，有力推进新经济应用场景落地落实。

（二）发挥产业引领，锁定行业龙头企业，激发生态发展强劲动能

以软件行业为代表的新经济产业，相较北京、上海、杭州、深圳等地，成都高新区还未培育形成自己的行业龙头企业，腾讯、阿里巴巴、新华三行业头部企业虽已在区内布局，但基本是单线发展，与本土软件企业的协同合作较少，平台带动效应不明显，以行业龙头企业为引领的协同发展的产业生态还未形成。下一步成都高新区对外将围绕世界软件百强、中国软件百强等目标企业重点跟踪促进，定制个性化招商工作方案；对内将制定出台专项政策，进一步优化种子期雏鹰企业、瞪羚企业、独角兽企业、平台生态型龙头企业构成的四级企业梯度培育机制，策划实施一批智慧园区、智慧社区项目，打造人工智能、5G、大数据、网络安全等行业应用场景，为新经济产业发展积势蓄能。

（三）加强政府扶持，聚焦产业培育战略，增强创新创业活力

尽管成都高新区拥有大量的创新创业企业，每年诞生的市场主体不少，但大部分都是以模式创新为主，拥有核心技术和原创性“硬科技”的企业仍然较少。面对产业培育存在的短板和不足，我们要按照习近平总书记对国家级高新区“科技集聚地、创新孵化器”的定位要求，更加坚定不移地走产业培育创新驱动发展之路，从

政策、策略和推进机制等方面完善实施路径，确保产业培育思路落地、战略谋划见效。一是营造氛围，落实减税降费等政策，向社会宣示成都高新区进一步加大产业培育的坚定决心；二是深入实施企业梯度培育，助力科技型中小企业成长，推动高新技术企业倍增，精准扶持高成长企业，提升企业服务水平；三是加强提能升级，打造具有全国引领性的新经济产业，出台新经济战略规划，发布新经济机会清单，探索发展新经济的路径模式；四是布局国家级科技创新平台，加快平台型新型研发机构建设，建立校地协同创新体制，优化孵化网络体系，加快建设涵盖全链条的孵化载体；五是加大人才集聚力度，拓展“四派人才”招引渠道，落实“人才新政”，提升人才服务水平；六是全面深化体制机制改革，推进科技成果权属改革，建立科技创新工作体系，促进一大批创新企业、优质企业成长，推动高新区经济高质量发展。

（四）对标国际一流，改革创新服务模式，打造营商环境最优区域

对照世界银行营商环境 2019 年评估标准，聘请国际知名咨询机构毕马威开展成都高新自贸试验区营商环境测评，得分为 76.66 分，国际排名第 34 名，高于中国内地（北京、上海）2018 年的国际排名 12 个名次，部分指标处于世界先进水平，但是部分企业“获得感”“用户体验”“对外开放”指标上与世界一流水平仍存在差距。目前成都高新自贸试验区改革创新呈现碎片化，改革创新探索大多局限于流程的优化和改进，如管理程序减少、管理方式优化等，这些举措在一定程度上有利于提升贸易便利化水平，改善营商环境，但触及根本制度的改革较少，而制度性改革创新是自贸试验区建设和全面推进市场化、法制化、国际化营商环境更重要的任务。下一步，成都高新区将以《成都高新区深化“放管服”改革优化营商环境工作方案（2020—2021 年）》为指导，严格实施 27 项指标（领域）、110 项具体举措；进一步强化基础设施及基础服务能力，围绕企业关切利益，全面提升企业服务、信贷、创新创业、业务办理、经营监管、行政改革等领域的水平；强化多维联动，建立完善高位调度机制，优化营商环境甄审机制、营商环境监督机制等；加强营商环境宣传，增强“人人都是营商环境、事事关乎营商环境”的思想共识。

作者简介：

成都高新技术产业开发区筹建于 1988 年，1991 年获批成为全国首批国家级高新区，2006 年被科技部确定为全国创建“世界一流高科技园区”试点园区，2015 年经国务院批准成为西部首个国家自主创新示范区，是四川省全面创新改革试验区和自由贸易试验区核心区。

五、政策法规篇

一、2018 年文件节选汇编

（一）中共中央、国务院

中共中央、国务院，《中共中央 国务院关于实施乡村振兴战略的意见》，2018 年 1 月 2 日

重点解决农产品销售中的突出问题，加强农产品产后分级、包装、营销，建设现代化农产品冷链仓储物流体系，打造农产品销售公共服务平台，支持供销、邮政及各类企业把服务网点延伸到乡村，健全农产品产销稳定衔接机制，大力建设具有广泛性的促进农村电子商务发展的基础设施，鼓励支持各类市场主体创新发展基于互联网的新型农业产业模式，深入实施电子商务进农村综合示范，加快推进农村流通现代化。

中共中央，《中共中央关于深化党和国家机构改革的决定》，中国共产党第十九届中央委员会第三次全体会议通过，2018 年 2 月 28 日

创新监管方式，全面推进“双随机、一公开”和“互联网+监管”，加快推进政府监管信息共享，切实提高透明度，加强对涉及人民生命财产安全领域的监管，主动服务新技术新产业新业态新模式发展，提高监管执法效能。

中共中央、国务院，《中共中央 国务院关于完善促进消费体制机制进一步激发居民消费潜力的若干意见》，2018 年 9 月 20 日

信息消费。加强核心技术研发，加快推动产品创新和产业化升级，提升产品质量和核心竞争力，鼓励和引导居民扩大相关产品消费。加快提升新型信息产品供给体系质量，积极拓展信息消费新产品、新业态、新模式。升级智能化、高端化、融合化信息产品，重点发展适应消费升级的中高端移动通信终端、可穿戴设备、超高清视频终端、智慧家庭产品等新型信息产品，以及虚拟现实、增强现实、智能汽车、服务机器人等前沿信息消费产品。创新发展满足人民群众生活需求的各类便民惠民生活类信息消费。推动基于网络平台的新型消费成长，优化线上线下协同互动的消费生态。

中共中央、国务院，《中共中央 国务院印发〈乡村振兴战略规划（2018—2022 年）〉》，2018 年 9 月 26 日

深入实施电子商务进农村综合示范，建设具有广泛性的农村电子商务发展基础设施，加快建立健全适应农产品电商发展的标准体系。研发绿色智能农产品供应链核心技术，加快培育农业现代供应链主体。加强农商互联，密切产销衔接，发展农超、农社、农企、农校等产销对接的新型流通业态。实施休闲农业和乡村旅游精品工程，发展乡村共享经济等新业态，推动科技、人文等元素融入农业。强化农业生产性服务业对现代农业产业链的引领支撑作用，构建全程覆盖、区域集成、配套完备的新型农业社会化服务体系。清理规范制约农业农村新产业新业态发展的行政审批事项。着力优化农村消费环境，不断优化农村消费结构，提升农村消费层次。

2018 中央经济工作会议，2018 年 12 月 21 日

我国发展现阶段投资需求潜力仍然巨大，要发挥投资关键作用，加大制造业技术改造和设备更新，加快 5G 商用步伐，加强人工智能、工业互联网、物联网等新型基础设施建设，加大城际交通、物流、市政基础设施等投资力度，补齐农村基础设施和公共服务设施建设短板，加强自然灾害防治能力建设。

国务院，《国务院关于同意深化服务贸易创新发展试点的批复》，国函〔2018〕79 号，2018 年 6 月 1 日

进一步创新发展模式。依托自贸试验区、经济技术开发区等建设一批特色服务出口基地。发挥海关特殊监管区域政策优势，发展仓储物流、研发设计、检验检测、维修、国际结算、分销、展览等服务贸易，重点建设数字产品与服务、维修、研发设计等特色服务出口基地。探索推进服务贸易数字化，运用数字技术提升服务可贸易性，推动数字内容服务贸易新业态、新模式快速发展。推动以数字技术为支撑、高端服务为先导的“服务+”整体出口。积极拓展新兴服务贸易，重点推进服务外包、技术贸易、文化贸易发展。

国务院，《国务院关于印发打赢蓝天保卫战三年行动计划的通知》，国发［2018］22号，2018年6月27日

大力培育绿色环保产业。壮大绿色产业规模，发展节能环保产业、清洁生产产业、清洁能源产业，培育发展新动能。积极支持培育一批具有国际竞争力的大型节能环保龙头企业，支持企业技术创新能力建设，加快掌握重大关键核心技术，促进大气治理重点技术装备等产业化发展和推广应用。积极推行节能环保整体解决方案，加快发展合同能源管理、环境污染第三方治理和社会化监测等新业态，培育一批高水平、专业化节能环保服务公司。

国务院，《国务院关于推动创新创业高质量发展打造"双创"升级版的意见》，国发［2018］32号，2018年9月18日

深入推进工业互联网创新发展。更好发挥市场力量，加快发展工业互联网，与智能制造、电子商务等有机结合、互促共进。实施工业互联网三年行动计划，强化财税政策导向作用，持续利用工业转型升级资金支持工业互联网发展。推进工业互联网平台建设，形成多层次、系统性工业互联网平台体系，引导企业上云上平台，加快发展工业软件，培育工业互联网应用创新生态。推动产学研用合作建设工业互联网创新中心，建立工业互联网产业示范基地，开展工业互联网创新应用示范。加强专业人才支撑，公布一批工业互联网相关二级学科，鼓励搭建工业互联网学科引智平台。（工业和信息化部、发展改革委、教育部、科技部、财政部、人力资源社会保障部等按职责分工负责）

国务院，《国务院关于印发中国（海南）自由贸易试验区总体方案的通知》，国发［2018］34号，2018年9月24日

推动贸易转型升级。培育贸易新业态新模式，支持发展跨境电商、全球维修等业态。探索建立跨境服务贸易负面清单管理制度。支持海南享受服务外包示范城市政策，建立特色服务出口基地。支持海南设立跨境电子商务综合试验区，完善和提升海关监管、金融、物流等支持体系。支持跨境电商企业建设覆盖重点国别、重点市场的海外仓。支持开展跨境电商零售进口网购保税。支持在海关特殊监管区域设立国际文化艺术品交易场所，依法合规开展面向全球的保税文化艺术品展示、拍卖、交易业务。试点实施进口非特殊用途化妆品备案管理。支持开展橡胶等大宗商品现货离岸交易和保税交割业务。支持跨国公司、贸易公司建立和发展全球或区域贸易网络，打造区域性离岸贸易中心。支持具备资质的供油企业开展国际航行船舶保税油供应业务，建设保税油供应基地。将国际快递业务经营许可审批权下放到海南省邮政管理局。

国务院办公厅，《国务院办公厅转发证监会关于开展创新企业境内发行股票或存托凭证试点若干意见的通知》，国办发［2018］21号，2018年3月22日

试点企业应当是符合国家战略、掌握核心技术、市场认可度高，属于互联网、大数据、云计算、人工智能、软件和集成电路、高端装备制造、生物医药等高新技术产业和战略性新兴产业，且达到相当规模的创新企业。其中，已在境外上市的大型红筹企业，市值不低于2000亿元人民币；尚未在境外上市的创新企业（包括红筹企业和境内注册企业），最近一年营业收入不低于30亿元人民币且估值不低于200亿元人民币，或者营业收入快速增长，拥有自主研发、国际领先技术，同行业竞争中处于相对优势地位。试点企业具体标准由证监会制定。本意见所称红筹企业，是指注册地在境外、主要经营活动在境内的企业。

国务院办公厅，《国务院办公厅转发商务部等部门关于扩大进口促进对外贸易平衡发展意见的通知》，国办发［2018］53号，2018年7月2日

创新进口贸易方式。加快出台跨境电子商务零售进口过渡期后监管具体方案，统筹调整跨境电子商务零售进口正面清单。加快复制推广跨境电子商务综合试验区成熟经验做法，研究扩大试点范围。加快推进汽车平行进口试点。积极推进维修、研发设计、再制造业务试点工作。支持边境贸易发展。

国务院办公厅，《国务院办公厅关于印发全国深化“放管服”改革转变政府职能电视电话会议重点任务分工方案的通知》，国办发［2018］79号，2018年8月5日

坚持对新兴产业实施包容审慎监管。区分不同情况，量身定制包容审慎监管模式和标准规范，坚守安全质量底线。对符合发展方向但出现一些问题的，要及时引导或纠正，使之有合理发展空间；对潜在风险很大，特别是涉及安全和有可能造成严重不良社会后果的，要及早发现问题、果断采取措施；对以创新之名行侵权欺诈之实的，要予以严惩。

国务院办公厅，《国务院办公厅关于印发完善促进消费体制机制实施方案（2018—2020 年）的通知》，国办发〔2018〕93 号，2018 年 9 月 24 日

支持企业加大技术研发投入，突破核心技术，带动产品创新，提升智能手机、计算机等产品中高端供给体系质量。支持可穿戴设备、消费级无人机、智能服务机器人等产品创新和产业化升级。利用物联网、大数据、云计算、人工智能等技术推动各类应用电子产品智能化升级。创新发展生活类信息消费，重点发展面向社区生活的线上线下融合服务、面向文化娱乐的数字创意内容和服务、面向便捷出行的交通旅游服务。推进网络游戏转型升级，规范网络游戏研发出版运营。培育形成一批拥有较强实力的数字创新企业。建立健全公共数据资源开放共享体系。

（二）国务院各部委、各直属机构和最高人民法院

国家发展改革委，《国家发展改革委关于印发〈国家产业创新中心建设工作指引（试行）〉的通知》，发改高技规〔2018〕68 号，2018 年 1 月 11 日

国家产业创新中心的主要任务是：

（一）推动产业链、创新链、资金链和政策链深度融合，打造“政产学研资”紧密合作的创新生态；

（二）深化与国内外创新主体合作，整合联合国家和地方创新平台，构建长期稳定的协同创新网络；

（三）开展实验室技术熟化、产业前沿技术研发和竞争前商品试制，创制产业技术标准，推动产业技术变革；

（四）开展知识产权集中运营，整合利用高校、科研院所和企业等的专利技术，综合集成为系统解决方案；

（五）推动技术创新成果转移转化，扩散新技术、新模式，培育新业态、新产业，促进区域产业集群发展、创新发展；

（六）深化创新体制机制改革，先行先试成果转化、人才激励、科技金融等改革举措；

（七）开展军民科技协同创新，推动军民融合产业前沿技术、共性技术联合攻关，促进科技成果双向转移转化。

科技部、国家发展改革委，《科技部 国家发展改革委关于支持新一批城市开展创新型城市建设的函》，国科函创［2018］59号，2018年4月2日

有关城市要以习近平新时代中国特色社会主义思想为指导，将创新型城市建设作为实施创新驱动发展战略的旗帜性抓手，着力加强对中小企业创新的支持，发展壮大高新技术企业；着力完善人才管理、评价、流动、激励机制，培育引进高水平科技人才；着力建立产学研深度融合的技术创新体系，加快重大科技成果转移转化；着力提升高新技术产业开发区发展质量，促进高技术产业和战略性新兴产业发展；着力打造科技企业孵化器、众创空间等创新创业载体，推动双创迈上新台阶；着力加快政府职能转变，提升政府创新治理能力；着力探索具有自身特色的创新发展路径，形成可复制、可推广的经验做法，打造区域创新示范引领高地。

工业和信息化部、发展改革委，《工业和信息化部 发展改革委关于印发〈扩大和升级信息消费三年行动计划（2018—2020年）〉的通知》，工信部联信软［2018］140号，2018年7月27日

推动信息消费领域“双创”发展。支持大型企业建立基于互联网的“双创”平台，培育信息消费融合发展新业态、新模式。建设一批国家中小企业公共服务示范平台，为中小企业提供信息、技术、创业、培训、融资等服务。公告一批国家小型微型企业创业创新示范基地，广泛吸引中小企业入驻，引导示范基地积极整合社会服务资源，提供多方面、多种形式的服务，助力信息消费创新发展。

工业和信息化部、国家标准化管理委员会，《工业和信息化部 国家标准化管理委员会关于印发国家智能制造标准体系建设指南（2018年版）的通知》，工信部联科［2018］154号，2018年8月14日

按照“共性先立、急用先行”的原则，制定安全、可靠性、检测、评价等基础共性标准，识别与传感、控制系统、工业机器人等智能装备标准，智能工厂设计、智能工厂交付、智能生产等智能工厂标准，大规模个性化定制、运维服务、网络协同制造等智能服务标准，人工智能应用、边缘计算等智能赋能技术标准，工业无线通信、工业有线通信等工业网络标准，机床制造、航天复杂装备云端协同制造、大型船舶设计工艺仿真与信息集成、轨道交通网络控制系统、新能源汽车智能工厂运行系统等行业应用标准，带动行业应用标准的研制工作。推动智能制造国家和行业标准上升成为国际标准。

工业和信息化部、中国农业银行，《工业和信息化部 中国农业银行关于推进金融支持县域工业绿色发展工作的通知》，工信部联节［2018］247号，2018年11月20日

创新绿色金融产品。各级农业银行要深入研究县域绿色发展项目需求，加大绿色金融产品研发力度，优化产品组合，打造包括信贷、投行、基金、金融租赁等区域特色明显的金融服务专属产品箱；定期补充、修订、更新绿色金融业务产品箱内容，不断丰富完善绿色金融产品体系，积极满足县域工业绿色发展融资需要。各级工业和信息化主管部门要发挥行业主管部门优势，研究提出本地区县域工业绿色发展的重点方向和技术标准，以企业为主体，推动财政资金、社会资金与农业银行绿色金融产品有效对接，加强与财政政策协同，形成支持县域工业绿色发展的合力。

工业和信息化部，《工业和信息化部关于印发〈车联网（智能网联汽车）产业发展行动计划〉的通知》，工信部科［2018］283号，2018年12月25日

到2020年，实现车联网（智能网联汽车）产业跨行业融合取得突破，具备高级别自动驾驶功能的智能网联汽车实现特定场景规模应用，车联网综合应用体系基本构建，用户渗透率大幅提高，智能道路基础设施水平明显提升，适应产业发展的政策法规、标准规范和安全保障体系初步建立，开放融合、创新发展的产业生态基本形成，满足人民群众多样化、个性化、不断升级的消费需求。

工业和信息化部、国防科工局，《工业和信息化部 国防科工局关于印发〈推进船舶总装建造智能化转型行动计划（2019—2021年）〉的通知》，工信部联装［2018］287号，2018年12月27日

突破船舶智能制造关键共性技术。面向智能制造单元、智能生产线、智能车间建设，加快物联网、大数据、虚拟仿真、系统协同、人工智能等技术应用，突破船舶智能制造总体技术、工艺设计、智能管控、智能决策等一批关键共性技术；研发船舶智能制造核心支撑软件，构建船舶行业工业软件体系。

中国证券监督管理委员会，《试点创新企业境内发行股票或存托凭证并上市监管工作实施办法》，证监会公告［2018］13号，2018年6月6日

试点企业应当是符合国家战略、科技创新能力突出并掌握核心技术、市场认可度高，属于互联网、大数据、云计算、人工智能、软件和集成电路、高端装备制造、生物医药等高新技术产业和战略性新兴产业，达到相当规模，社会形象良好，具有稳定的商业模式和盈利模式，对经济社会发展有突出贡献，能够引领实体经济转型升级的创新企业。

二、2019年文件节选汇编

（一）中共中央、国务院

中共中央、国务院，《中共中央 国务院关于支持河北雄安新区全面深化改革和扩大开放的指导意见》，2019年1月24日

推动高端高新产业发展。把提高供给体系质量作为主攻方向，激发雄安新区经济发展内生动力。支持雄安新区吸引北京创新型、高成长性科技企业疏解转移。创造有利于一二三产业融合发展的新机制、新模式。严格产业准入标准，建立入区产业项目科学评估论证机制，制定雄安新区限制承接和布局的产业负面清单，对符合新区定位和发展方向的本地传统产业进行现代化改造提升，有力有序淘汰落后产能。

中共中央、国务院，《中共中央 国务院印发〈粤港澳大湾区发展规划纲要〉》，2019年2月18日

推动新一代信息技术、生物技术、高端装备制造、新材料等发展壮大为新支柱产业，在新型显示、新一代通信技术、5G和移动互联网、蛋白类等生物医药、高端医学诊疗设备、基因检测、现代中药、智能机器人、3D打印、北斗卫星应用等重点领域培育一批重大产业项目。围绕信息消费、新型健康技术、海洋工程装备、高技术服务业、高性能集成电路等重点领域及其关键环节，实施一批战略性新兴产业重大工程。培育壮大新能源、节能环保、新能源汽车等产业，形成以节能环保技术研发和总部基地为核心的产业集聚带。发挥龙头企业带动作用，积极发展数字经济和共享经济，促进经济转型升级和社会发展。促进地区间动漫游戏、网络文化、数字文化装备、数字艺术展示等数字创意产业合作，推动数字创意在会展、电子商务、医疗卫生、教育服务、旅游休闲等领域应用。

中共中央、国务院，《中共中央 国务院〈关于支持深圳建设中国特色社会主义先行示范区的意见〉》，2019 年 8 月 9 日

加快构建现代产业体系。大力发展战略性新兴产业，在未来通信高端器件、高性能医疗器械等领域创建制造业创新中心。开展市场准入和监管体制机制改革试点，建立更具弹性的审慎包容监管制度，积极发展智能经济、健康产业等新产业新业态，打造数字经济创新发展试验区。提高金融服务实体经济能力，研究完善创业板发行上市、再融资和并购重组制度，创造条件推动注册制改革。支持在深圳开展数字货币研究与移动支付等创新应用。促进与港澳金融市场互联互通和金融（基金）产品互认。在推进人民币国际化上先行先试，探索创新跨境金融监管。

中共中央、国务院，《中共中央 国务院印发〈交通强国建设纲要〉》，2019 年 9 月 19 日

加速新业态新模式发展。深化交通运输与旅游融合发展，推动旅游专列、旅游风景道、旅游航道、自驾车房车营地、游艇旅游、低空飞行旅游等发展，完善客运枢纽、高速公路服务区等交通设施旅游服务功能。大力发展共享交通，打造基于移动智能终端技术的服务系统，实现出行即服务。发展“互联网+”高效物流，创新智慧物流营运模式。培育充满活力的通用航空及市域（郊）铁路市场，完善政府购买服务政策，稳步扩大短途运输、公益服务、航空消费等市场规模。建立通达全球的寄递服务体系，推动邮政普遍服务升级换代。加快快递扩容增效和数字化转型，壮大供应链服务、冷链快递、即时直递等新业态新模式，推进智能收投终端和末端公共服务平台建设。积极发展无人机（车）物流递送、城市地下物流配送等。

中共中央，《中共中央关于坚持和完善中国特色社会主义制度 推进国家治理体系和治理能力现代化若干重大问题的决定》，中国共产党第十九届中央委员会第四次全体会议通过，2019 年 10 月 31 日

完善科技创新体制机制。弘扬科学精神和工匠精神，加快建设创新型国家，强化国家战略科技力量，健全国家实验室体系，构建社会主义市场经济条件下关键核心技术攻关新型举国体制。加大基础研究投入，健全鼓励支持基础研究、原始创新的体制机制。建立以企业为主体、市场为导向、产学研深度融合的技术创新体系，支持大中小企业和各类主体融通创新，创新促进科技成果转化机制，积极发展新动能，强化标准引领，提升产业基础能力和产业链现代化水平。完善科技人才发现、培养、激励机制，健全符合科研规律的科技管理体制和政策体系，改进科技评价体系，健全科技伦理治理体制。

中共中央、国务院，《中共中央 国务院关于推进贸易高质量发展的指导意见》，2019 年 11 月 19 日

促进贸易新业态发展。推进跨境电子商务综合试验区建设，复制推广成熟经验做法。完善跨境电子商务零售进出口管理模式，优化通关作业流程，建立全口径海关统计制度。在总结试点经验基础上，完善管理体制和政策措施，推进市场采购贸易方式试点。完善外贸综合服务企业发展政策，推动信息共享和联合监管。鼓励发展其他贸易新业态。

中共中央、国务院，《中共中央 国务院印发〈长江三角洲区域一体化发展规划纲要〉》，2019 年 12 月 1 日

共同培育新技术新业态新模式。推动互联网新技术与产业融合，发展平台经济、共享经济、体验经济，加快形成经济发展新动能。加强大数据、云计算、区块链、物联网、人工智能、卫星导航等新技术研发应用，支持龙头企业联合科研机构建立长三角人工智能等新型研发平台，鼓励有条件的城市开展新一代人工智能应用示范和创新发展，打造全国重要的创新型经济发展高地。率先开展智能汽车测试，实现自动驾驶汽车产业化应用。提升流通创新能力，打造商产融合产业集群和平台经济龙头企业。建设一批跨境电商综合试验区，构建覆盖率和便捷度全球领先的新零售网络。推动数字化、信息化与制造业、服务业融合，发挥电商平台、大数据核心技术和长三角制造网络等优势，打通行业间数据壁垒，率先建立区域性工业互联网平台和区域产业升级服务平台。

2019 中央经济工作会议，2019 年 12 月 12 日

要推动实体经济发展，提升制造业水平，发展新兴产业，促进大众创业万众创新。

国务院，《国务院关于全面推进北京市服务业扩大开放综合试点工作方案的批复》，国函［2019］16 号，2019 年 2 月 22 日

发展新业态新模式。加快推动跨境电子商务综合试验区发展，支持开展跨境电商保税备货业务，实施网购保税进口（监管方式代码 1210）试点政策。在符合现行规定的前提下，探索通过跨境电商模式进口部分医药产品。研究完善市内免税店税收政策。创新对无人超市（便利店）等新业态的监管模式。探索发展“互联网+医疗健康”服务模式。积极发展分享经济，吸引分享经济总部企业在京发展。

国务院，《国务院关于推进国家级经济技术开发区创新提升打造改革开放新高地的意见》，国发［2019］11 号，2019 年 5 月 18 日

支持国家级经开区创建国家新型工业化产业示范基地，坚持市场化运作、内外资企业一视同仁，培育先进制造业集群。加快引进先进制造业企业、专业化“小巨人”企业、关键零部件和中间品制造企业，支持企业建设新兴产业发展联盟和产业技术创新战略联盟。

国务院，《国务院关于印发中国（上海）自由贸易试验区临港新片区总体方案的通知》，国发［2019］15 号，2019 年 8 月 6 日

实施国际互联网数据跨境安全有序流动。建设完备的国际通信设施，加快 5G、IPv6、云计算、物联网、车联网等新一代信息基础设施建设，提升新片区内宽带接入能力、网络服务质量和应用水平，构建安全便利的国际互联网数据专用通道。支持新片区聚焦集成电路、人工智能、生物医药、总部经济等关键领域，试点开展数据跨境流动的安全评估，建立数据保护能力认证、数据流通备份审查、跨境数据流通和交易风险评估等数据安全管理机制。开展国际合作规则试点，加大对专利、版权、企业商业秘密等权利及数据的保护力度，主动参与引领全球数字经济交流合作。

国务院，《国务院关于加强和规范事中事后监管的指导意见》，国发［2019］18 号，2019 年 9 月 12 日

落实和完善包容审慎监管。对新技术、新产业、新业态、新模式，要按照鼓励创新原则，留足发展空间，同时坚守质量和安全底线，严禁简单封杀或放任不管。加强对新生事物发展规律研究，分类量身定制监管规则和标准。对看得准、有发展前景的，要引导其健康规范发展；对一时看不准的，设置一定的“观察期”，对出现的问题及时引导或处置；对潜在风险大、可能造成严重不良后果的，严格监管；对非法经营的，坚决依法予以查处。推进线上线下一体化监管，统一执法标准和尺度。

国务院，《优化营商环境条例》，国令第722号，2019年10月22日

政府及其有关部门应当按照鼓励创新的原则，对新技术、新产业、新业态、新模式等实行包容审慎监管，针对其性质、特点分类制定和实行相应的监管规则和标准，留足发展空间，同时确保质量和安全，不得简单化予以禁止或者不予监管。

国务院，《国务院关于进一步做好稳就业工作的意见》，国发［2019］28号，2019年12月13日

培育壮大新动能拓展就业空间。加快5G商用发展步伐，深入推进战略性新兴产业集群发展工程，加强人工智能、工业互联网等领域基础设施投资和产业布局。支持科技型企业开展联合技术攻关，完善首台（套）重大技术装备示范应用扶持政策，支持科技型企业到海外投资。加快落实促进平台经济规范健康发展的指导意见，促进新产业新业态新模式快速发展。

中共中央办公厅、国务院办公厅，《中共中央办公厅 国务院办公厅印发〈数字乡村发展战略纲要〉》，2019年5月16日

积极发展乡村新业态。推动互联网与特色农业深度融合，发展创意农业、认养农业、观光农业、都市农业等新业态，促进游憩休闲、健康养生、创意民宿等新产业发展，规范有序发展乡村共享经济。

国务院办公厅，《国务院办公厅关于促进平台经济规范健康发展的指导意见》，国办发［2019］38号，2019年8月1日

探索适应新业态特点、有利于公平竞争的公正监管办法。本着鼓励创新的原则，分领域制定监管规则和标准，在严守安全底线的前提下为新业态发展留足空间。对看得准、已经形成较好发展势头的，分类量身定制适当的监管模式，避免用老办法管理新业态；对一时看不准的，设置一定的“观察期”，防止一上来就管死；对潜在风险大、可能造成严重不良后果的，严格监管；对非法经营的，坚决依法予以取缔。

各有关部门要依法依规夯实监管责任，优化机构监管，强化行为监管，及时预警风险隐患，发现和纠正违法违规行为。

国务院办公厅，《国务院办公厅关于加快发展流通促进商业消费的意见》，国办发［2019］42 号，2019 年 8 月 16 日

促进流通新业态新模式发展。顺应商业变革和消费升级趋势，鼓励运用大数据、云计算、移动互联网等现代信息技术，促进商旅文体等跨界融合，形成更多流通新平台、新业态、新模式。引导电商平台以数据赋能生产企业，促进个性化设计和柔性化生产，培育定制消费、智能消费、信息消费、时尚消费等商业新模式。鼓励发展“互联网+旧货”、“互联网+资源循环”，促进循环消费。实施包容审慎监管，推动流通新业态新模式健康有序发展。（发展改革委、工业和信息化部、生态环境部、商务部、文化和旅游部、市场监管总局、体育总局按职责分工负责）

中共中央办公厅、国务院办公厅，《中共中央办公厅 国务院办公厅印发〈关于强化知识产权保护的意见〉》，2019 年 11 月 24 日

完善新业态新领域保护制度。针对新业态新领域发展现状，研究加强专利、商标、著作权、植物新品种和集成电路布图设计等的保护。探索建立药品专利链接制度、药品专利期限补偿制度。研究加强体育赛事转播知识产权保护。加强公证电子存证技术推广应用。研究建立跨境电商知识产权保护规则，制定电商平台保护管理标准。编制发布企业知识产权保护指南，制定合同范本、维权流程等操作指引，鼓励企业加强风险防范机制建设，持续优化大众创业万众创新保护环境。研究制定传统文化、传统知识等领域保护办法，加强中医药知识产权保护。

（二）国务院各部委、各直属机构和最高人民法院

国家发展改革委、市场监管总局，《国家发展改革委 市场监管总局联合印发〈关于新时代服务业高质量发展的指导意见〉》，发改产业［2019］1602 号，2019 年 10 月 2 日

加强技术创新和应用，打造一批面向服务领域的关键共性技术平台，推动人工智能、云计算、大数据等新一代信息技术在服务领域深度应用，提升服务业数字化、智能化发展水平，引导传统服务业企业改造升级，增强个性化、多样化、柔性化服

务能力。鼓励业态和模式创新，推动智慧物流、服务外包、医养结合、远程医疗、远程教育等新业态加快发展，引导平台经济、共享经济、体验经济等新模式有序发展，鼓励更多社会主体围绕服务业高质量发展开展创新创业创造。推动数据流动和利用的监管立法，健全知识产权侵权惩罚性赔偿制度，建设国家知识产权服务业集聚发展区。

国家发展改革委、中央网信办，《国家发展改革委 中央网信办联合印发〈国家数字经济创新发展试验区实施方案〉》，2019 年 10 月 20 日

根据国家重大区域战略部署，综合考虑各地数字经济发展基础，在前期工作较深入、数字化转型走在前列、代表性引领性较强的区域，开展先行先试。其中，雄安新区重点探索数字经济生产要素充分流通机制，以政企数据机制化融通利用，加快智慧城市建设，为推动京津冀协同发展和建设京津冀世界级城市群提供支撑。

国家发展改革委、工业和信息化部、中央网信办、教育部、财政部、人力资源社会保障部、自然资源部、商务部、人民银行、市场监管总局、统计局、版权局、银保监会、证监会、知识产权局，《关于推动先进制造业和现代服务业深度融合发展的实施意见》，发改产业［2019］1762 号，2019 年 11 月 10 日

深化制造业服务业和互联网融合发展。大力发展“互联网+”，激发发展活力和潜力，营造融合发展新生态。突破工业机理建模、数字孪生、信息物理系统等关键技术。深入实施工业互联网创新发展战略，加快构建标识解析、安全保障体系，发展面向重点行业和区域的工业互联网平台。推动重点行业数字化转型，推广一批行业系统解决方案，推动企业内外网升级改造。加快人工智能、5G 等新一代信息技术在制造、服务企业的创新应用，逐步实现深度优化和智能决策。

国家发展改革委、教育部、民政部、商务部、文化和旅游部、卫生健康委、体育总局，《关于促进“互联网+社会服务”发展的意见》，发改高技［2019］1903 号，2019 年 12 月 6 日

鼓励新技术创新应用，培育壮大社会服务新产品新产业新业态。推进大数据、云计算、人工智能、物联网等新一代信息技术在社会服务领域集成应用，支持引导新型穿戴设备、智能终端、服务机器人、在线服务平台、虚拟现实、增强现实、混合现实等产品和服务研发，丰富线上线下相融合的消费体验。鼓励开展同步课堂、远程手术指导、沉浸式运动、数字艺术、演艺直播、赛事直播、高清视频通讯社交等智能化交互式创新应用示范，引领带动数字创意、智慧医疗、智慧旅游、智慧文化、智能体育、智慧养老等新产业新业态发展。深入推进“互联网+中华文明”行动计划。

工业和信息化部，《工业和信息化部关于加快培育共享制造新模式新业态促进制造业高质量发展的指导意见》，工信部产业〔2019〕226 号，2019 年 10 月 22 日

加强 5G、人工智能、工业互联网、物联网等新型基础设施建设，扩大高速率、大容量、低延时网络覆盖范围，鼓励制造企业通过内网改造升级实现人、机、物互联，为共享制造提供信息网络支撑。

工业和信息化部、生态环境部、国家卫生健康委员会、国家药品监督管理局，《工业和信息化部 生态环境部 国家卫生健康委 国家药监局关于印发〈推动原料药产业绿色发展的指导意见〉的通知》，工信部联消费〔2019〕278 号，2019 年 12 月 20 日

加快技术创新与应用。强化企业技术创新主体地位，健全产学研用协同创新体系，集聚创新技术人才，激发创新主体活力，增强原始创新和集成创新能力。聚焦产业绿色发展需求，加快推进绿色技术攻关和产业化应用，推广高效提取纯化、绿色酶法合成、微通道反应等绿色工艺，突破一批关键核心绿色技术，培育一批高质量创新型企业，打造一批创新平台、战略联盟、示范基地。

商务部、科技部、工业和信息化部、财政部、自然资源部、住房城乡建设部、人民银行、海关总署、税务总局、市场监督管理总局、银保监会、证监会，《商务部等 12 部门关于推进商品交易市场发展平台经济的指导意见》，商建函〔2019〕61 号，2019 年 2 月 12 日

支持商品市场加大信息基础设施投入，完善数字化交易配套和服务设施，为平台化发展提供支撑。鼓励商品市场立足平台经济发展，依法合规创新大数据、云计算、物联网、区块链等信息技术应用，强化平台数据整合和资源配置能力，加快传统交易场景的数字化重构，推动商品生产、流通和服务信息实时交互，实现上下游企业和周边服务企业的智能互联，推动中小企业向专、精、尖转型发展。

商务部、外交部、发展改革委、工业和信息化部、财政部、住房城乡建设部、交通运输部、文化和旅游部、卫生健康委、人民银行、海关总署、税务总局、市场监管总局、体育总局,《关于培育建设国际消费中心城市的指导意见》,商运发[2019]309号,2019年10月14日

推动消费融合创新。鼓励企业充分运用现代信息技术,发展新业态,探索新模式,推动实体商业转型升级。促进线上线下深入融合、商品和服务消费互动融合、流通和生产对接融合,打造一批商旅文体联动示范项目,推动商旅文体、游购娱融合发展。推动商品交易市场优化升级,培育现代供应链综合服务企业。

中国银保监会、商务部、国家外汇管理局,《中国银保监会 商务部 国家外汇管理局关于完善外贸金融服务的指导意见》,银保监发[2019]49号,2019年12月26日

银行保险机构应认真贯彻落实国家外贸发展政策,继续做好大宗商品、机电设备、劳动密集型产品、加工贸易等传统优势领域金融服务,持续加大对服务贸易、跨境电子商务、制造业转型升级和梯度转移、国际产能和装备制造合作、国际营销和售后服务体系建设、企业产业链全球布局、外贸品牌建设、中欧班列发展和铁路运单(提单)应用、通关便利化、市场采购贸易方式、国家进口贸易促进创新示范区建设等新业态、新领域的服务力度,培育外贸竞争新优势。

中国证监会,《关于在上海证券交易所设立科创板并试点注册制的实施意见》,证监会公告[2019]第2号,2019年1月28日

在上交所新设科创板,坚持面向世界科技前沿、面向经济主战场、面向国家重大需求,主要服务于符合国家战略、突破关键核心技术、市场认可度高的科技创新企业。重点支持新一代信息技术、高端装备、新材料、新能源、节能环保以及生物医药等高新技术产业和战略性新兴产业,推动互联网、大数据、云计算、人工智能和制造业深度融合,引领中高端消费,推动质量变革、效率变革、动力变革。

三、2020年文件节选汇编

(一)中共中央、国务院

中共中央政治局常务委员会会议,2020年3月4日

要把复工复产与扩大内需结合起来,把被抑制、被冻结的消费释放出来,把在疫情防控中催生的新型消费、升级消费培育壮大起来，使实物消费和服务消费得到回补。要选好投资项目，加强用地、用能、资金等政策配套，加快推进国家规划已明确的重大工程和基础设施建设。要加大公共卫生服务、应急物资保障领域投入，加快 5G 网络、数据中心等新型基础设施建设进度。要注重调动民间投资积极性。

中共中央、国务院,《中共中央 国务院关于构建更加完善的要素市场化配置体制机制的意见》，2020 年 3 月 30 日

提升社会数据资源价值。培育数字经济新产业、新业态和新模式，支持构建农业、工业、交通、教育、安防、城市管理、公共资源交易等领域规范化数据开发利用的场景。发挥行业协会商会作用，推动人工智能、可穿戴设备、车联网、物联网等领域数据采集标准化。

（二）国务院各部委、各直属机构和最高人民法院

国家发展改革委、中央网信办、科技部、工业和信息化部、公安部、财政部、自然资源部、住房城乡建设部、交通运输部、商务部、市场监管总局,《关于印发〈智能汽车创新发展战略〉的通知》，发改产业［2020］202 号，2020 年 2 月 10 日

创新产业发展形态。积极培育道路智能设施、高精度时空基准服务和智能汽车基础地图、车联网、网络安全、智能出行等新业态。加强智能汽车复杂使用场景的大数据应用，重点在数据增值、出行服务、金融保险等领域，培育新商业模式。优先在封闭区域探索开展智能汽车出行服务。

国家发展改革委、中央宣传部、教育部、工业和信息化部、公安部、民政部、财政部、人力资源社会保障部、自然资源部、生态环境部、住房城乡建设部、交通运输部、农业农村部、商务部、文化和旅游部、卫生健康委、人民银行、海关总署、税务总局、市场监管总局、广电总局、体育总局、证监会,《关于促进消费扩容提质加快形成强大国内市场的实施意见》，发改就业［2020］293 号，2020 年 2 月 28 日

鼓励线上线下融合等新消费模式发展。完善“互联网+”消费生态体系，鼓励建设“智慧商店”“智慧街区”“智慧商圈”，促进线上线下互动、商旅文体协同。鼓励有条件的城市和企业建设一批线上线下融合的新消费体验馆，促进消费新业态、新模式、新场景的普及应用。

国家发展改革委、中央网信办，《国家发展改革委 中央网信办印发〈关于推进“上云用数赋智”行动 培育新经济发展实施方案〉的通知》，发改高技［2020］552号，2020年4月7日

在已有工作基础上，大力培育数字经济新业态，深入推进企业数字化转型，打造数据供应链，以数据流引领物资流、人才流、技术流、资金流，形成产业链上下游和跨行业融合的数字化生态体系，构建设备数字化-生产线数字化-车间数字化-工厂数字化-企业数字化-产业链数字化-数字化生态的典型范式。

打造数字化企业。在企业“上云”等工作基础上，促进企业研发设计、生产加工、经营管理、销售服务等业务数字化转型。支持平台企业帮助中小微企业渡过难关，提供多层次、多样化服务，减成本、降门槛、缩周期，提高转型成功率，提升企业发展活力。

构建数字化产业链。打通产业链上下游企业数据通道，促进全渠道、全链路供需调配和精准对接，以数据供应链引领物资链，促进产业链高效协同，有力支撑产业基础高级化和产业链现代化。

培育数字化生态。打破传统商业模式，通过产业与金融、物流、交易市场、社交网络等生产性服务业的跨界融合，着力推进农业、工业服务型创新，培育新业态。以数字化平台为依托，构建“生产服务+商业模式+金融服务”数字化生态，形成数字经济新实体，充分发掘新内需。

科技部，《科技部印发〈关于科技创新支撑复工复产和经济平稳运行的若干措施〉的通知》，国科发区［2020］67号，2020年3月21日

大力推动关键核心技术攻关，加大5G、人工智能、量子通信、脑科学、工业互联网、重大传染病防治、重大新药、高端医疗器械、新能源、新材料等重大科技项目的实施和支持力度，突破关键核心技术，促进科技成果的转化应用和产业化，培育一批创新型企业和高科技产业，增强经济发展新动能。

科技部，《科技部印发〈关于推进国家技术创新中心建设的总体方案（暂行）〉的通知》，国科发区［2020］70号，2020年3月23日

到2025年，布局建设若干国家技术创新中心，突破制约我国产业安全的关键技术瓶颈，培育壮大一批具有核心创新能力的一流企业，催生若干以技术创新为引领、经济附加值高、带动作用强的重要产业，形成若干具有广泛辐射带动作用的区域创新高地，为构建现代化产业体系、实现高质量发展、加快建设创新型国家与世界科技强国提供强有力支撑。

工业和信息化部，《工业和信息化部印发〈关于有序推动工业通信业企业复工复产的指导意见〉》，工信部政法〔2020〕29 号，2020 年 2 月 24 日

支持新业态新模式，丰富 5G+、超高清视频、增强现实/虚拟现实等应用场景，推动发展远程医疗、在线教育、数字科普、在线办公、协同作业、服务机器人等，带动智能终端消费。积极稳定汽车等传统大宗消费，鼓励汽车限购地区适当增加汽车号牌配额，带动汽车及相关产品消费。加大生物医药、智能健康管理设备、高端医疗器械、医疗机器人、公共卫生智能监测检测系统等大健康产业投入力度，满足人民群众的健康需求。

工业和信息化部，《工业和信息化部关于推动 5G 加快发展的通知》，工信部通信〔2020〕49 号，2020 年 3 月 24 日

培育新型消费模式。鼓励基础电信企业通过套餐升级优惠、信用购机等举措，促进 5G 终端消费，加快用户向 5G 迁移。推广 5G+VR/AR、赛事直播、游戏娱乐、虚拟购物等应用，促进新型信息消费。鼓励基础电信企业、广电传媒企业和内容提供商等加强协作，丰富教育、传媒、娱乐等领域的 4K/8K、VR/AR 等新型多媒体内容源。

商务部，《商务部关于应对新冠肺炎疫情做好稳外贸稳外资促消费工作的通知》，商综发〔2020〕30 号，2020 年 2 月 18 日

指导跨境电商综试区提供海外仓信息服务，帮助企业利用海外仓扩大出口。支持市场采购贸易与跨境电商融合发展，探索试点市场闭市期间成交新渠道。积极推进二手车出口，为受疫情影响的企业提供便利服务。积极与周边国家沟通协调，疫情解除后尽快恢复开展边民互市贸易，支持边境贸易发展。

商务部、工业和信息化部、生态环境部、农业农村部、人民银行、市场监管总局、银保监会、中国物流与采购联合会，《商务部等 8 部门关于进一步做好供应链创新与应用试点工作的通知》，商建函〔2020〕111 号，2020 年 4 月 10 日

加快推进供应链数字化和智能化发展。试点城市要加大以信息技术为核心的新型基础设施投入，积极应用区块链、大数据等现代供应链管理技术和模式，加快数字化供应链公共服务平台建设，推动政府治理能力和治理体系现代化。加快推动智慧物流园区、智能仓储、智能货柜和供应链技术创新平台的科学规划与布局，补齐供应链硬件设施短板。

商务部，《商务部关于统筹推进商务系统消费促进重点工作的指导意见》，2020年4月22日

鼓励零售企业数字化发展，打造沉浸式、体验式消费，引导中小百货大楼向邻里型社区购物中心转型，促进消费新业态、新模式、新场景普及应用。加快线上线下深度融合，支持线上经济、平台经济合规有序发展，保持线上新型消费热度不减。

中国证监会，《关于创新试点红筹企业在境内上市相关安排的公告》，中国证券监督管理委员会公告〔2020〕26号，2020年4月30日

红筹企业申请境内发行股票或存托凭证，适用《国务院办公厅转发证监会关于开展创新企业境内发行股票或存托凭证试点若干意见的通知》（国办发〔2018〕21号）《试点创新企业境内发行股票或存托凭证并上市监管工作实施办法》（证监会公告〔2018〕13号）等规定。其中，已境外上市红筹企业的市值要求调整为符合下列标准之一：

（一）市值不低于2000亿元人民币；

（二）市值200亿元人民币以上，且拥有自主研发、国际领先技术，科技创新能力较强，同行业竞争中处于相对优势地位。

新经济常识和政策节选汇编者简介：

何勇博士，金融学博士后，副研究员，上海证券交易所投资者服务部高级经理，上海财经大学经济学院校外兼职硕士生导师，上海战略系统科学研究院特约研究员，主要研究领域为科创板与新经济。

后 记

在《中国新经济发展报告 2020》征稿之际，时逢新冠肺炎疫情突然袭来，六十多位撰稿人出于对发展新经济的执着追求，对战胜疫情的坚定信念，特别是许多撰稿人在海内外筹款捐物、防疫救人的百忙奔波之中，在抗击疫情与复工复产双重任务的压力下，仍为本书提笔撰文，其精神可嘉，其行为可敬，在此表示衷心地敬意。

本书得以付梓得到国家科技部、商务部、工业和信息化部等部委有关机构的悉心指导和大力支持。中国工信出版传媒集团电子工业出版社承担了本书的设计、编辑和出版发行，编审人员较高的专业素养和认真负责的工作态度保证了本书的质量。张凌云、何勇、李丹、张远舟、李清亮等同志为本书出版付出了辛勤劳动，还有很多同志和朋友为本书的策划、组稿做出了许多贡献。在此一并衷心致谢！

《中国新经济发展报告 2020》编委会

2020 年 6 月 16 日